AF325650

SAINTE BERTILLE

DE

MARŒUIL-EN-ARTOIS

SA VIE, SON ABBAYE, SON CULTE, SES MIRACLES

AVEC

L'HISTOIRE DE MARŒUIL, DU CHÂTEAU

ET DE LA

SEIGNEURIE DES ÉVÊQUES D'ARRAS

des Documents historiques et l'ancien Office de sainte Bertille

---

OUVRAGE ILLUSTRÉ

de la reproduction en phototypie des sceaux

et du plan de l'Abbaye.

PAR L'ABBÉ A. NICQ

CHANOINE HONORAIRE
ANCIEN PROFESSEUR DE THÉOLOGIE AU GRAND SÉMINAIRE D'ARRAS
CURÉ-DOYEN DE RIVIÈRE (PAS-DE-CALAIS)

EN VENTE

A L'ÉGLISE ET AU PRESBYTÈRE DE MARŒUIL

1909

SAINTE BERTILLE

DE

MARŒUIL-EN-ARTOIS

Rivière le 18 Xbre 1899

Monsieur le Directeur,

Je vous suis très reconnaissant
des indications que vous avez la
bonté de me donner. J'adresse
au secrétariat de l'Académie
des Inscriptions et Belles-Lettres
les deux volumes demandés, avec
une lettre indiquant que je désire
prendre part au concours pour
les Antiquités nationales.

Permettez-moi, Monsieur le Directeur,
de vous faire hommage de mon
travail et de vous offrir de nouveau
l'assurance de mes sentiments très
respectueux et très reconnaissants

Aug. Nieg
C. Juge de Rivière
Pas de Calais.

SAINTE BERTILLE

DE

MARŒUIL-EN-ARTOIS

SA VIE, SON ABBAYE, SON CULTE, SES MIRACLES

AVEC

L'HISTOIRE DE MARŒUIL, DU CHÂTEAU

ET DE LA

SEIGNEURIE DES ÉVÊQUES D'ARRAS

des Documents historiques et l'ancien Office de sainte Bertille

---

OUVRAGE ILLUSTRÉ

de la reproduction en phototypie des sceaux

et du plan de l'Abbaye.

PAR L'ABBÉ A. NICQ

CHANOINE HONORAIRE
ANCIEN PROFESSEUR DE THÉOLOGIE AU GRAND SÉMINAIRE D'ARRAS
CURÉ-DOYEN DE RIVIÈRE (PAS-DE-CALAIS).

EN VENTE

A L'ÉGLISE ET AU PRESBYTÈRE DE MARŒUIL

—

1900

DÉCLARATION DE L'AUTEUR

Conformément à la Constitution du Souverain Pontife Urbain VII, nous soumettons au jugement du Saint-Siège et des Pasteurs de l'Eglise cette histoire de sainte Bertille, et nous retranchons d'avance tout ce qui ne serait pas conforme aux décisions de l'Autorité ecclésiastique, à qui seule il appartient de prononcer sur les titres des saints, leurs mérites et leurs miracles.

PERMIS D'IMPRIMER

Arras, le 5 Octobre 1899.

Z. LIÉNARD,
vic. gén

PRÉFACE

Il y a sept ans, dans l' « Avertissement » placé en tête de l'histoire de sainte Bertille que nous avions préparée pour les pèlerins de la sainte de Marœuil, nous écrivions : « Cette notice est extraite d'un ouvrage plus important, dont l'impression est commencée et qui doit paraître incessamment. Cet ouvrage contiendra, outre l'histoire de sainte Bertille, de son culte et de ses miracles, l'histoire de l'abbaye de Marœuil, celle du village et de l'ancien château seigneurial que les Evêques d'Arras, héritiers de sainte Bertille ont possédé à Marœuil jusqu'à la Révolution..... C'est à ce livre qu'il faut se reporter, pour avoir les preuves de beaucoup de faits qui ne sont ici qu'énoncés ou racontés sans discussion. »

Le travail que nous annoncions ainsi il y a sept ans, paraît enfin. Divers évènements, des travaux absorbants, des recherches plus longtemps poursuivies, la maladie, bien des difficultés, sont venues se mettre à la traverse et ont fait obstacle à nos projets. C'est l'excuse que nous pouvons offrir de ce long retard. Ceux qui connaissent les difficultés des travaux où l'érudition et les recherches dans les archives ont une bonne part, ne s'étonneront pas de ces retards prolongés.

Puisse, au moins, notre étude ne pas se ressentir trop des interruptions forcées et des retardements pénibles ! Nous n'avons cherché qu'une chose : l'honneur d'une sainte de notre pays d'Artois. Nous avons voulu travailler au relèvement du culte et du pèlerinage qui attire les âmes chrétiennes et confiantes auprès des reliques de la Vierge de Marœuil, en montrant combien puissante est son intercession

Nous considérons comme une merveille de la protection de sainte Bertille, la vie à travers les siècles de l'œuvre constituée par la sainte abbesse ; c'est pourquoi nous avons voulu retracer l'histoire entière de l'abbaye de Marœuil. A part de légères défaillances au douzième siècle, défaillances qui déterminèrent l'évêque d'Arras à confier l'abbaye aux chanoines réguliers de saint Augustin de la Congrégation d'Arrouaise, la vie de l'abbaye est pleine d'édification. Marœuil n'a pas donné à l'Eglise de Jésus-Christ de ces grands moines qui ont ouvert, dans l'histoire de notre pays ou dans la science ecclésiastique, des sillons lumineux, mais il a contribué, pour sa part, à maintenir la foi et l'esprit religieux dans nos contrées, il a offert constamment à Dieu le sacrifice pur de l'adoration, de la louange, de la prière, de la mortification, et nous savons le bien que font dans une province, dans une nation, ces œuvres de salut et de bénédiction. C'est à ce titre que l'abbaye de Marœuil, comme toutes les maisons religieuses, mérite d'avoir son histoire.

Tout ce qui touche à l'ancien évêché d'Arras, excite au plus haut point notre intérêt. Marœuil garde des souvenirs, on peut dire incomparables, de nos anciens évêques. Sainte Bertille avait donné, au septième siècle, sa demeure seigneuriale à saint Vindicien, et depuis cette époque jusqu'à la Révolution française, l'espace de onze cents ans, les évêques d'Arras n'ont cessé de posséder ce riche et précieux héritage ; ils y ont fait souvent leur demeure ; quelques-uns même ont montré pour le château de Marœuil une prédilection, que leur dévotion à sainte Bertille peut seule expliquer. Nous avons fait, autant que les documents nous l'ont permis, l'histoire du château et de la seigneurie, que les évêques d'Arras ont possédés à Marœuil.

L'histoire du village de Marœuil est tellement mêlée à celle de l'abbaye, qu'il est impossible de les séparer. C'est ainsi que nous avons recueilli tous les documents anciens intéressant le village de sainte Bertille.

Comme le lecteur pourra le constater par les notes multipliées au bas de chaque page dans notre volume, nous avons dépouillé pour composer cette histoire toutes les archives qui nous sont restées de l'abbaye de Sainte-Bertille. Le dépôt des archives départementales conserve un cartulaire du XVᵉ siècle, des diplômes, des titres, des contrats, de toutes les époques. Nous avons lu, analysé, donné par extraits tous ces documents. Nous avons consacré plusieurs années à ce travail d'archives. (1)

Il nous est doux de le dire ici : ce travail de longues et fatigantes recherches, nous l'avions entrepris au moment même où une faiblesse de la vue semblait nous in-

----

(1) La Bibliothèque publique de Douai a été explorée, mais ne nous a donné aucun document intéressant.

poser au moins un repos momentané. A mesure que le travail se poursuivait au milieu de difficultés souvent rebutantes, nous n'avons pas été peu surpris de voir que loin de se fatiguer, nos yeux reprenaient leur première vigueur, et notre vue allait se raffermissant. Il ne nous paroît pas téméraire d'attribuer à sainte Bertille cette précieuse faveur, dont nous lui sommes pieusement reconnaissant.

Avec les archives, nous avons consulté les ouvrages historiques et hagiographiques, surtout les Vies des saints de notre pays, dans les Bollandistes, dans les *Acta Sanctorum Belgii*, dans les monographies publiées sur les saints et les abbayes des diocèses d'Arras, de Cambrai, de l'ancienne province ecclésiastique de Reims et de la province actuelle de l'archevêché de Malines. L'histoire manuscrite de *sainte Bertille et de l'abbaye de Marœuil*, composée en 1719 par le P. Watelet, religieux de Marœuil, nous a été d'un grand secours, ainsi que l'histoire publiée en 1847 par M. le chanoine Parenty, vicaire général d'Arras.

Nous devons remercier particulièrement Mademoiselle Pellechet, de Paris, dont les savantes recherches, et les précieux encouragements nous ont aidé dans notre labeur. C'est à sa générosité autant qu'à son habileté d'artiste, que nous devons la reproduction des sceaux et du plan de l'abbaye qui enrichit singulièrement ce volume. Qu'elle veuille bien agréer l'hommage de toute notre reconnaissance, et que l'œuvre qu'elle a illustrée lui soit un gage de la protection de la sainte de Marœuil.

Monsieur l'abbé Crinon, curé de Marœuil, a mis à notre disposition tout ce que sa piété envers sainte Bertille a pu découvrir de documents intéressants. Qu'il reçoive aussi une bonne part de nos remerciements.

Il ne nous reste plus qu'à demander au Dieu de toute gloire d'exaucer nos vœux en faveur de sainte Bertille, de son culte et de son pèlerinage. Dieu, sur la terre, ne peut être mieux glorifié que dans ses saints : *Mirabilis Deus in sanctis suis.*

Rivière, le 27 septembre 1899.

En la fête des saints Côme et Damiens.

SAINTE BERTILLE

de Marœuil-en-Artois

⁂

CHAPITRE Iᵉʳ.

NAISSANCE DE SAINTE BERTILLE.
SA FAMILLE.

Le siècle de Sainte Bertille. — Les trois Saintes Bertille. — La Noblesse chez les Francs. — Le père et la mère de Sainte Bertille. — Un comte de cité au VIIᵉ siècle. — La famille de Sainte Bertille. — Où est-elle née. — Date de sa naissance.

Sainte Bertille de Marœuil fait partie de cette innombrable phalange de saints qui a honoré l'Eglise de France, et particulièrement nos contrées du Nord, au VIIᵉ siècle. Mabillon dans ses Annales Bénédictines appelle ce siècle *le siècle d'or*; l'historien des Actes des Saints de la Belgique (1) l'appelle *le siècle saint*. Il est saint, en effet, ce siècle, dans lequel la France a vu monter, sur le trône de Mérovée, des fils de Clovis couronnés de l'auréole de la sainteté. Dans ce siècle aussi, les fils des conquérants de la Gaule, non moins vaillants que leurs pères, mais plus religieux, se sont livrés, avec une ardeur incomparable, à tous les travaux de la guerre

---

(1) Ghesquière. — Acta Sanctorum Belgii.

pour rendre inébranlable la domination des Francs sur la Gaule, et à tous les sacrifices religieux pour établir le règne de Jésus-Christ sur les âmes. Tous les sièges épiscopaux ont compté, dans ce siècle, des saints et des martyrs parmi leurs Pontifes. Presque tous les monastères de nos contrées, si nombreux autrefois et dont il ne nous reste plus que le souvenir, font remonter leur origine à ce siècle béni. Leurs fondateurs ont été des saints qui les ont enrichis de leurs exemples et de leurs biens (2).

Nous verrons dans le développement de l'histoire de sainte Bertille se dérouler une grande partie du tableau de la sainteté au VII⁰ siècle. La sainte de Marœuil tient dans ce tableau une place à part que l'on n'a peut-être pas assez remarquée.

(2) Nous empruntons la preuve de cette assertion à la vie manuscrite de Sainte Bertille, composée en 1719, par *sire Joseph Watelet prieur de l'abbaye de Marœuil.* « Je dirai donc premièrement que la célèbre cathédrale de Thérouanne présentement détruite et divisée en trois évêchés avait été bâtie par le roi Clotaire en six cent et cinq ; l'église et abbaye de St-Valery en Picardie par le même roi en six cent et treize, et gouvernée fort longtemps par le saint Abbé dont elle porte le nom ; l'église et abbaye d'Aubigny par le comte Eulfus en six cent et vingt ; il y a dans cette église les reliques de saint Kilien, évêque, qui vivait dans ce saint siècle. Cette église est à présent un prieuré dépendant de l'abbaye de Mont St-Éloi. S'ensuit la fameuse abbaye de Sithiu, à présent dite Saint Bertin, dans la ville de St Omer, de l'ordre de saint Benoît, dans laquelle se trouve une quantité de saints de ce même siècle, comme saint Bertin, saint Bertrant, saint Valbert comte d'Arques et son fils saint Bertin dit le jeune, etc. Elle fut fondée l'an six cent et vingt-six par l'illustre Adroalde. L'an six cent et trente, fut fondée l'abbaye de Marchienne par sainte Rictrude ; saint Amand contribua beaucoup à cette fondation par ses exhortations. Cette abbaye a été longtemps desservie par des religieux, aussi bien que celle d'Hamage, fondée, sur les exhortations du même saint, par sainte Gertrude, veuve de Rigomaire père de sainte Bertille, l'an six cent et quarante-neuf ; mais à présent ce sont des religieuses de l'ordre de saint Benoît qui la possèdent, avec les reliques de ladite sainte Rictrude, de sainte Gertrude et de sainte Eusébie. L'an six cent et trente-cinq, l'abbaye dite du Mont Saint Éloi eut son commencement par une petite chapelle que saint Éloi même y fit bâtir ; elle est à présent une très belle abbaye de chanoines réguliers qui possèdent les reliques de saint Vindicien évêque d'Arras. Saint Landelin abbé, filleul de saint Aubert évêque d'Arras, a fondé en l'an six cent et quarante-cinq, trois églises qui sont à présent trois belles abbayes, savoir : Crespin où il repose, Laube et l'abbaye d'Alne. La même année le comte saint Vincent et son épouse, sainte

Trois saintes ont porté dans le septième siècle le nom de Bertille. On les distingue par le nom des lieux où elles ont vécu.

Sainte Bertille de Chelles est née dans le Soissonnais sous Dagobert Ier, vers 630. Distinguée par saint Omer qui prédit à sa famille qu'elle serait l'honneur de l'ordre monastique, elle entra au monastère de Jouarre. Elle en avait été prieure pendant de longues années, lorsque sainte Bathilde reine de France lui confia la conduite du monastère de Chelles qu'elle avait fondé. Sous sa direction, ce monastère devint très florissant. Sainte Bathilde elle-même, après sa régence, vint à l'abbaye de Chelles finir humblement et saintement ses

Waultrude, fondèrent chacun une église, savoir saint Vincent l'abbaye de Grandmont, et sainte Waultrude l'illustre collégiale de chanoinesses de Mons où repose son corps, et celui de saint Vincent dans la collégiale de Soignies. L'an six cent et quarante-neuf la collégiale de Notre-Dame à Douai a été fondée par Ercanalde ; elle s'appelle présentement de Saint-Amé, à cause qu'elle possède, entre autres reliques, celle de ce saint et de saint Morand, tous deux de cet heureux siècle. C'est une des belles églises du pays, dans laquelle il est arrivé un miracle très considérable envers le Saint-Sacrement de nos autels, capable de confondre les plus opiniâtres hérétiques. C'est dans ce siècle d'or que fut aussi fondée l'illustre collégiale des chanoinesses de Nivelle, par les soins de saint Amand, qui persuada à sainte Gertrude vierge, fille de Pépin duc de Brabant, de convertir son propre palais en monastère de filles nobles. Cette église est présentement desservie par des chanoines et des chanoinesses, desquelles l'abbesse est appelée princesse. Entre les reliques, dont cette église est honorée, est le corps de la même sainte Gertrude, celui de saint Pépin son père et de sainte Itte sa mère. L'an six cent cinquante-sept, Sigebert roi fit bâtir, dans l'Austrasie, douze églises. L'abbaye présentement dite saint Vinoc fut fondée par lui-même en six cent soixante et-cinq ; Ses reliques y reposent. Et l'an six cent septante, Wambert, comte de Renty, fit bâtir dans le même lieu trois églises. La même année Jean et Eulalie, seigneurs de Haynaut, fondèrent l'abbaye d'Hasnon qui, après plusieurs bouleversements, est à présent une très belle abbaye de l'ordre de saint Benoît. L'an six cent et cinquante-six, l'illustre collégiale de saint Pierre à Aire eut son commencement. Six ans après, l'église et abbaye de Blangy fut aussi fondée par le roi Théodoric et par sainte Berthe, les reliques de laquelle reposent dans le même lieu. L'an six cent quatre-vingt-sept, saint Aubert évêque d'Arras, donna le commencement à la grande abbaye de Saint-Vaast en la ville d'Arras, après une vision angélique qu'il eut de bâtir une église dans cet endroit. Cette église, qui est la plus riche du pays, a sa part des reliques de ce saint siècle, en ce qu'elle possède celles de saint Hadulphe évêque d'Arras. Il faudrait des tomes entiers pour décrire la

jours sous la conduite de la sainte abbesse. Des princesses anglaises imitèrent son exemple. Sainte Bertille de Chelles mourut en 692 selon les uns, en 702 suivant d'autres. Elle est inscrite au martyrologe de France à la date du 5 novembre.

Sainte Bertille de Maubeuge est née dans les premières années du VIIᵉ siècle. Son époux, Walbert, occupait à la cour de Dagobert un rang fort élevé. Elle donna à l'Eglise ses deux filles, sainte Vaudru, qui après quelques années passées dans le mariage se retira au monastère de Chateaulieu à Mons, pendant que son époux, Mauger, plus connu sous le nom de saint Vincent, fondait l'abbaye de Hautmont, et sainte Aldegonde qui fut la fondatrice du monastère de Maubeuge. Elle suivit elle-même les exemples de ses filles, et après une vie austère et mortifiée, chargée d'ans et de mérites, elle rendit le dernier soupir dans les bras de sainte Aldegonde, à l'abbaye de Maubeuge. Sa fête se célèbre le 18 septembre.

Sainte Bertille de Marœuil réunit en elle les dons et les vertus qui ont brillé dans les deux saintes dont nous venons de résumer la vie. Elle est vierge et elle a vécu dans l'état du mariage. Le jour même de ses noces, elle détermina son époux à vouer à Dieu sa virginité. La grâce de reproduire si parfaitement la pureté du mariage de la Bienheureuse Vierge Marie et de saint Joseph père nourricier de Notre Seigneur Jésus-Christ, n'a été accordée qu'à bien peu de saints dans la suite des

sainteté de ce siècle. Que ne serais-je point obligé de vous dire d'un saint Géry, évêque de Cambrai, d'un saint Ablebert, évêque d'Arras, dont les reliques reposent à Maubeuge, de sa sœur sainte Renelde vierge et martyre, d'une sainte Gudule, patronne de Bruxelles, d'une sainte Pharaïlde, des saints Fursy, Germain, Foillan, Ultan, d'un saint Etton évêque, de saint Léger et Gérin, martyrs? Pourrais je oublier la sainteté d'un saint Willibrord, d'un saint Mommelin, abbé en Artois et ensuite évêque de Noyon, d'une sainte Austreberthe, d'une sainte Maxellende martyre en Cambrésis, et une infinité d'autres qui me rendraient, dis-je, trop prolixe? J'en ai dit assez pour prouver ce que j'ai avancé, que ce siècle mériterait à bon droit d'être appelé le siècle d'or. Il ne reste plus que de parler de la fondation de cette maison que j'aurais dû mettre au milieu de ce siècle, mais que j'ai gardée pour la fin comme faisant le plus à mon sujet. Notre ancienne abbaye de Marœuil a donc été aussi fondée dans ce saint siècle. »

siècles chrétiens. Presque seule, dans le VIIe siècle, sainte
Bertille de Marœuil a reçu de Dieu cette faveur et cette
gloire.

De quelle famille est née sainte Bertille de Marœuil ?

On l'ignore. Son plus ancien historien dit seulement
« que la sainte et glorieuse servante de Dieu, Bertille,
est née de la très noble race des Francs (1). » Essayons
de comprendre ce que signifient ces mots et le sens
qu'ils avaient au commencement du VIIe siècle.

Les Francs, conduits par Pharamond et Clodion,
s'étaient emparés de Tournai et de tout le territoire
entre la Lys et l'Escaut. Avec Clovis ils se rendirent
maîtres de toute la France occupée par les Romains.
Au VIIe siècle, cent ans à peine après la conquête définitive, les races qui occupaient le pays commençaient à
se confondre. Cependant on distinguait encore les Romains et les Gaulois ou Gallo-Romains d'avec les Francs.
Ceux-ci, descendants des vainqueurs, étaient entourés
d'honneurs particuliers. C'était une noblesse que de
descendre de la race des Francs.

Parmi les Francs il y avait une noblesse qui surpassait toutes les autres, c'était la noblesse du roi et de la
famille royale. En dehors du roi, les Francs ne connaissaient point de véritable noblesse (2). Les leudes n'étaient
pas des nobles héréditaires ; ils étaient les hommes, les
serviteurs du roi et n'étaient distingués du reste de la
nation qu'autant qu'ils recevaient du roi une fonction
qui les anoblissait.

Sainte Bertille appartenait-elle à la famille royale ? Si
nous en croyons Malbrancq, l'historien de la Morinie (3),
sainte Bertille serait de la famille de Clovis. Elle des-
cendait par son père, Rigomer, de Richaire frère de
Clovis. Avec Ragnachaire autre frère de Clovis, Richaire
occupait la Flandre, le Vermandois, l'Artois, le Ponthieu
et le Cambrésis. Ragnachaire et Richaire restés païens

---

(1) Boll. — Acta Sanctorum, III jan. Vita S. Bertiliæ, Cap. I.
« Sancta igitur ac gloriosa Dei famula Bertilia, ex nobilissimâ Francorum prosapiâ oriunda fuit. »
(2) Fustel de Coulanges, *La Monarchie franque.*
(3) De Morinis, lib. II. Cap. 37.

et ennemis de la religion de Jésus-Christ attaquèrent, vers 507, Clovis devenu chrétien. Ils furent défaits et perdirent la vie dans cette lutte fratricide.

Richaire laissait une fille, Richariana, *Richerianne*, dit le P. Watelet ; elle fut la mère de Rigomer qui hérita du comté d'Artois. Ragnachaire ne laissait qu'un petit-fils, Alchaire. Celui-ci fut le père de saint Richaire si connu sous le nom de saint Riquier. Saint Richaire avait eu en héritage le Ponthieu. Quand il se retira du monde pour entrer au monastère de Centulle qui a depuis porté son nom (1), il transmit le Ponthieu à sa parente Richerianne.

Le même historien (2) donne ainsi l'origine de la mère de sainte Bertille. La veuve de Ragnachaire épousa Aymerie, comte de Boulogne. De ce mariage naquit Vagon, qui lui-même eut trois fils. Le premier, dont on ignore le nom, fit épouser sa fille, Bertrude, à Clotaire II, roi de France. Le second fut saint Vigor, évêque de Bayeux. Le troisième, Théobald, eut pour fille sainte Gertrude qui épousa Rigomer et fut la mère de sainte Bertille.

Le pays des Atrebates, dit encore l'historien de la Morinie, se divisait en trois parties. La partie méridionale portait le nom de pays des Atrébates, la partie orientale le nom d'Ostrevent, la partie septentrionale le nom d'Artois. Rigomer, nous l'avons dit plus haut, était comte d'Artois. Sainte Gertrude lui apporta en dot le pays des Atrébates et l'Ostrevent. Tout le pays d'Arras, *le pagus Atrébatensis* se trouva ainsi réuni dans la même main. Ce fut même là un des motifs qui déterminèrent le roi Clotaire II et sa cour à favoriser l'union de Rigomer et de sainte Gertrude.

Le père de sainte Bertille était comte du pays d'Arras. Il ne sera pas inutile de déterminer, d'après les historiens de la Monarchie mérovingienne, les attributions des comtes dans les cités et les territoires qui en dépendaient.

(1) St-Riquier en Picardie.
(2) Ibid.

Les rois Francs trouvèrent en Gaule l'administration que les Romains y avaient établie et à laquelle les populations étaient habituées. La Gaule faisait partie d'une grande circonscription que l'on appelait la *Préfecture des Gaules*. Elle était partagée elle-même en *provinces*, dont le nombre n'était que de dix-sept pour la Gaule entière. Chaque province était divisée en *cités*, qui correspondaient aux diocèses ecclésiastiques et dont le nombre était de cent douze. Le territoire de chaque cité comprenait un nombre indéterminé de cantons ou *pagi* et de villages, *vici* ou *villæ*. La préfecture des Gaules avait disparu avant l'arrivée des Francs. Les provinces, comme grandes circonscriptions administratives, disparurent de même presque partout avant Clovis. Les Francs ne trouvèrent donc en Gaule d'autres divisions administratives que les cités. Ils les conservèrent.

Le comte était le gouverneur de la cité. Sous les Romains il était envoyé par l'autorité centrale. Les rois francs adoptèrent ce principe, et choisirent eux-mêmes les comtes des cités parmi les hommes et les serviteurs de leur palais. Régulièrement la fonction de comte n'était pas héréditaire ; d'après certains faits rapportés par saint Grégoire de Tours, leurs pouvoirs devaient être renouvelés chaque année. Nous pouvons croire, cependant, que les rois aimaient à conserver aux grands de la famille royale les fonctions qui leur avaient été confiées, et qu'ils en faisaient pour eux des charges héréditaires. C'est ainsi que le père de sainte Bertille avait reçu en héritage le comté d'Artois.

Une formule de nomination qui nous a été conservée, nous montre les attributions du comte. « Son premier devoir, y est-il dit, est de garder envers le roi une fidélité, une obéissance inaltérables. Il doit veiller ensuite à ce que toute la population de son ressort vive en paix sous son autorité ». « Conduis les hommes dans la voie droite, dit le roi, suivant leurs lois et coutumes ; sois le défenseur des veuves et des orphelins ; réprime sévèrement les larrons et malfaiteurs, afin que la population se tienne en ordre et en joie sous ton commandement. » Le comte exerçait la police et la justice dans le territoire qui lui était confié. Il était en même temps collecteur d'impôts : « Que tout ce qui est dû au fisc dans ta circonscription, ajoute le diplôme de nomination déjà cité, nous soit apporté chaque année par toi même en personne et déposé dans notre trésor. » (1)

Ces détails nous montrent quelle était la famille de sainte Bertille. On voit qu'elle est née au milieu des richesses et de la splendeur qui entouraient la puissance de son père. Ainsi s'expliquent ces paroles de son biographe : « la sainte et glorieuse servante de Dieu, Bertille, est née de la très noble race des Francs. Ses parents étaient tous deux de la plus haute noblesse. Leurs possessions étendues, leurs richesses, leur donnaient, avec la puissance, une large opulence. »

Où est née sainte Bertille ?

Les auteurs sont muets sur ce point. Nous ne pouvons procéder ici que par conjecture. Les trois parties de l'Artois ne contenaient que deux villes importantes, la cité d'Arras et Douai. Il est probable que Rigomer avait, de préférence, sa demeure dans la cité d'Arras, puisque c'était la capitale de son comté. On peut dès lors penser que sainte Bertille est née à Arras ou dans une des villas qui l'avoisinaient.

Le comte possédait, en effet, des villas qu'il avait héritées de sa mère, ou qu'il occupait comme fonctionnaire du roi. Marœuil était un de ces domaines, et Rigomer aimait, sans doute, à y conduire son épouse et ses enfants, pour se reposer dans la campagne, au sein de sa famille.

En quelle année devons-nous placer la naissance de sainte Bertille ?

La chronologie du sixième et du septième siècle a donné lieu à de nombreuses controverses. Sur le fronton de la petite chapelle construite au-dessus de la fontaine de sainte Bertille, à Marœuil, on lit cette date: SAINTE BERTILLE NÉE EN DCX. (610) Cette date est-elle exacte ? Si l'on admet la chronologie des Bollandistes qui placent la mort de sainte Bertille en 687, on peut retarder sa naissance jusqu'à l'année 610. Si au contraire sainte Bertille a eu, avec saint Valéry, les relations que sem-

____

(1) Fustel de Coulanges. — La monarchie franque.

ble indiquer la vie de ce saint abbé, mort vers 620, il est de toute nécessité de faire remonter la naissance de notre sainte jusqu'aux premières années du septième siècle.

Nous arrivons à la même conclusion par l'examen de quelques dates indiquées par l'auteur de la vie de sainte Rictrude. Sainte Gertrude mère de sainte Bertille, est morte en 649, ou 655 au plus tard. Or il est dit (1) que la fille de sainte Rictrude, Eusébie, avait douze ans à la mort de son aïeule. Elle était née par conséquent en 637 ou 643. Eusébie était arrière petite-fille de sainte Gertrude et petite-nièce de sainte Bertille. Il nous faut donc entre 637 ou 643 et l'époque de la naissance de sainte Bertille, placer deux générations. Cela nous conduit nécessairement, pour la naissance de sainte Bertille, à la fin du VIe siècle ou au commencement du VIIe. C'est donc vers l'an 600 qu'il nous paraît plus convenable de placer la naissance de sainte Bertille.

(1) Acta Sanctorum Belgii, tom. II.

CHAPITRE II.

EDUCATION DE SAINTE BERTILLE
SA PIEUSE ADOLESCENCE

Les premières années de sainte Bertille — L'éducation des enfants chez les Francs. — Sainte
Bertille et sa mère — L'enseignement religieux
au IIIe siècle. — Saint Amand. — Sainte Bertille
à la cour de Clotaire II. — L'école du Palais —
Exemples de sainteté. — Sainte Bertille et saint
Valéry.

« Les parents de sainte Bertille, nous dit son biographe anonyme du XIIe siècle, étaient tous deux de la
plus haute noblesse. Leurs possessions étendues, leurs
richesses leur donnaient, avec la puissance, une large
opulence. Non-seulement ils étaient chrétiens, mais ils
se distinguaient par une éminente piété. Sainte Bertille
se montra digne de sa noble origine. On peut affirmer
même qu'elle surpassa son père et sa mère, complétant en elle, autant qu'il lui était possible, ce qui pouvait
manquer à leur perfection.

« Dès ses premières années, encore enfant, elle apprit
à aimer le Christ de toutes les forces de son âme. Elle
ne soupirait du fond de son cœur que vers la patrie
céleste, où nous devons avoir notre éternelle demeure.
Tout ce qu'elle pouvait entendre dire du Christ ou des
saintes phalanges des habitants des cieux, elle s'attachait à le méditer, à le goûter; elle y revenait, pour
ainsi dire, à toute heure, pour s'en faire une nourriture
spirituelle. Son âme était si embrasée de la flamme de
l'amour divin, qu'elle n'était jamais une heure sans va-
quer à la prière, ou sans remplir, à l'égard des indigents,
quelque office de charité.

« Jamais elle ne manquait de se rendre à l'église
toutes les fois que la parole de Dieu y était annoncée.

Son plus grand bonheur était d'écouter parler de Dieu et du ciel. Les instructions qu'elle avait entendues, elle les gardait, surtout avec la mémoire du cœur. Jeune encore elle avait un esprit mûr. Sa vie sainte et ses vertus précoces la mettaient au-dessus des faiblesses du premier âge.

« Si déjà nous voyons la pieuse enfant tendre dès ses premières années à une aussi haute perfection et avancer si rapidement dans la vertu, que sera-ce donc dans un âge plus avancé ? Peut-on douter que plus ses années s'accrurent, plus aussi sa sainteté fit de progrès ? Contrairement à ce que font souvent les jeunes personnes qui aiment le plaisir, elle ne cherchait point à se montrer parée d'habits de soie couverts d'or et de pierres précieuses ; elle aimait mieux orner son âme de pureté et de droiture. Elle n'oubliait pas le précepte de l'apôtre saint Paul blâmant, dans les femmes, la passion des vêtements luxueux : « Qu'elles ne viennent pas à la prière avec des habits somptueux », dit le grand Apôtre. Il ne lui était pas toujours possible, cependant, en raison du rang qu'occupait sa famille, d'éviter l'usage de toutes ces superfluités.

« Nous aurions pu rapporter de la sainteté de son enfance, bien d'autres choses remarquables ; nous nous sommes décidés à les omettre, de peur d'ennuyer le lecteur en multipliant les détails. Il vaut mieux sur ce sujet prendre la voie royale, ne se détourner ni à droite ni à gauche, éviter d'aller trop loin ou de n'en pas dire assez. C'est ce que nous ferons en exposant sobrement les autres faits de la vie de sainte Bertille » (1).

Nous ne pouvons nous empêcher de regretter, que le biographe ait cru devoir taire tous les détails de la jeunesse de sainte Bertille, qu'il paraît avoir connus. Notre piété désirerait s'en nourrir ; aucun détail n'est fastidieux quand il s'agit des saints. Au défaut de ces faits précis que nous laisse seulement entrevoir l'historien de sainte Bertille, tâchons d'éclairer son récit par les traditions et par l'histoire.

(1) Vita S. Bertiliæ apud Boll.

Rigomer et sainte Gertrude, nous dit Malbrancq qui pour écrire son histoire de la Morinie a compulsé, au commencement du XVIIe siècle, toutes les annales des monastères du Nord, eurent trois enfants, Auselbert, Gerberthe et Bertille.

Si nous cherchons quelle éducation le comte d'Arras fit donner à ses enfants, et en particulier à sainte Bertille, il faut nous rappeler que dans les grandes familles franques le système d'éducation était encore celui des Romains. L'esclavage existait toujours dans la Gaule. Toutes les fonctions, dans les maisons des grands, étaient confiées à des esclaves ou à des affranchis qui restaient sous la dépendance de leur maitre. Sainte Gertrude choisit donc, parmi ses nombreux serviteurs et esclaves, des femmes à qui elle confia ses filles. Il est inutile d'insister sur le soin qu'elle dut mettre dans le choix de ces femmes. D'ailleurs elle ne leur abandonna jamais complètement ses enfants. Sa première préoccupation était toujours de veiller sur eux.

Lorsque Rigomer et sa pieuse épouse virent leurs enfants grandir, ils durent les confier à quelques serviteurs instruits dans les lettres et les arts, pour leur faire donner une éducation en rapport avec leur noblesse et leur rang. Le plus grand soin fut apporté encore, par le père et la mère de sainte Bertille, au choix de ces maitres et de ces précepteurs. Tous leurs serviteurs étaient chrétiens; mais ils choisirent de préférence les plus pieux et les plus dignes de cette charge importante. Le comte Rigomer, que le biographe de sainte Bertille nous représente comme éminent en piété, ne pouvait avoir rien de plus précieux que l'éducation de ses enfants. Il s'en occupait lui-même, autant que l'administration de son comté pouvait le lui permettre.

Dire que la mère de sainte Bertille était une sainte, c'est assez pour faire comprendre le soin qu'elle mit à élever sa fille, à lui apprendre tous les devoirs de la religion et de la piété. Les pieux détails, sur la jeunesse de sainte Bertille, que l'hagiographe nous a donnés plus haut, sont autant l'œuvre de sainte Gertrude que celle de la grâce divine. Bertille recevait des serviteurs les connaissances variées qui devaient orner son intelligence, mais c'est de sa mère surtout qu'elle recevait des leçons et des exemples de piété. Qui est-ce qui lui faisait connaître le Christ, notre Sauveur ? Qui le lui faisait aimer ? Qui dirigeait ses regards vers le ciel et lui faisait mépriser les biens de cette terre ? N'était-ce pas sa mère ? Tous ces sentiments de vraie piété doivent passer du cœur de la mère au cœur de la fille. Qui encore apprenait à Bertille le mépris des parures mondaines et lui faisait aimer la belle et pure simplicité ? C'était encore sa mère, par les exemples qu'elle lui donnait. Il est si rare qu'une fille bien née ne suive pas les exemples de sa mère !

Sainte Gertrude a bien montré le mépris qu'elle faisait de toutes les richesses. Après la mort de son époux, lorsque ses enfants n'eurent plus besoin de sa protection, elle se retira dans la solitude du monastère d'Hamage près de Douai, monastère qu'elle avait fondé de ses propres biens, et elle y vécut de longues années dans les austérités d'une vie toute de mortification et de prière. On comprend ce qu'une telle mère dut faire pour l'éducation de ses filles, Gerberthe et Bertille.

La mère peut beaucoup pour élever ses enfants dans la piété ; elle ne peut suffire cependant à leur donner une connaissance approfondie de la religion. C'est aux prêtres, ministres de Jésus-Christ et de l'Eglise qu'il faut s'adresser pour cela ; sainte Gertrude n'y manqua pas pour ses filles.

Dans les villes, au septième siècle, les paroisses étaient organisées à peu près comme elles le sont aujourd'hui dans nos contrées. Depuis saint Vaast, les églises avaient été relevées ; le service divin y était célébré, l'évangile annoncé régulièrement. C'est dans ces églises que sainte Bertille se rendait assidûment pour y recevoir l'instruction religieuse de la bouche des prêtres. Nous avons vu avec quelle avidité elle écoutait la parole de Dieu, et quel profit elle en tirait.

Quand la famille du Comte se trouvait à la campagne, à Marœuil ou dans une autre villa, il ne lui était pas plus difficile de recevoir l'instruction religieuse. Dans la maison du maître de la villa, se trouvait presque toujours une chapelle desservie par un prêtre. Les serviteurs, les esclaves, les affranchis, les colons de la villa s'y réunissaient et le maître chrétien savait tenir sa place à la tête de tous les colons de son domaine.

De temps en temps des prêtres, des évêques, traversaient les villes et les campagnes en missionnaires. La pieuse famille de Rigomer ne manquait pas de profiter de cette prédication extraordinaire et souvent merveilleuse de l'évangile. Ces missionnaires étaient des saints, qui se rendaient, pour la plupart, dans les peuplades encore païennes des bords de l'Escaut, de la Meuse et du Rhin, pour y détruire le culte des idoles. Ils semaient souvent les miracles sur leurs pas.

Tel était saint Amand, qui parti de la Bretagne et de Tours s'en vint, poussé par l'esprit de Dieu et la parole du Souverain Pontife, prêcher l'Evangile dans les contrées encore idolâtres de la Gaule Belgique. Rigomer et sainte Gertrude ne se contentèrent pas d'aller entendre ses prédications dans les églises où il passait, ils entrèrent avec lui en relations plus intimes, l'attirèrent dans leur famille et se mirent sous sa conduite spirituelle. Sainte Gertrude profita longtemps, et fit profiter ses filles de la direction du grand évêque. Faisant trève à ses courses apostoliques, le saint revenait, de temps en temps, dans la famille du comte de la cité d'Arras (1).

Fondateur de monastères autant que bâtisseur d'églises, saint Amand ne vivait que pour ces deux choses: convertir à la foi les peuples idolâtres, conduire à la perfection les âmes d'élite par la vie religieuse. Les monastères qu'il a établis sont innombrables. On conçoit facilement qu'elle a dû être l'influence de saint Amand sur sainte Gertrude et sur ses enfants. Les œuvres qu'il faisait, ils voulurent les accomplir eux-mêmes. La mère donna l'exemple en fondant le monastère d'Hamage, et en s'y consacrant à la vie religieuse. Gerberthe ne se donna pas à Dieu, du moins les historiens ne le disent pas. On croit d'ailleurs qu'elle mourut assez jeune; mais ses enfants et petits-enfants firent ce qu'elle n'avait pu faire elle-même. Nous verrons plus tard quelle efflorescence de sainteté jaillit de cette nouvelle tige de Jessé. Sainte Bertille, sa sœur, devait fonder le monastère de Marœuil.

(1) Destombes. Histoire de saint Amand. Ch. XII.

Le biographe de sainte Bertille nous a dit, plus haut, qu'en certaines circonstances, notre sainte ne pouvait éviter l'usage des ornements et des parures qui convenaient à son rang. Elle devait, en effet, se montrer quelquefois à côté de son père et de sa mère, aux jours de fête, dans la cité d'Arras ou dans la ville de Douai. Plus d'une fois aussi elle accompagna son père, dans les excursions qu'il faisait à travers les populations de son comté. Surtout elle devait paraître à la cour du roi. Nous sommes obligés d'entrer ici dans plus de détails pour faire comprendre ce qu'a pu être pour sainte Bertille le séjour à la cour du roi.

Les rois Mérovingiens n'aimaient point à vivre dans les villes. Le plus souvent ils habitaient à la campagne dans une de leurs villas qui s'appelait alors le Palais. Dans les documents de l'époque mérovingienne le mot palais, *palatium* est très fréquent. Il y a deux sens. Très souvent il désigne une demeure, ce que nous appelons encore un palais ; il ne s'applique, dans ce sens, qu'aux demeures royales. Les rois mérovingiens possédaient un grand nombre de palais, qui avaient appartenu aux empereurs Romains ou à leurs grands fonctionnaires dans la Gaule. En un autre sens, le mot palais ne signifie pas une demeure, il n'est pas une construction, il n'a même pas de place fixe et se transporte avec le roi de villa en villa, il constitue l'entourage du roi, le centre de l'état mérovingien, ou comme dit un auteur, le Palais des Francs. Les hommes qui faisaient partie de l'entourage du roi étaient nombreux. Etre de la Cour, vivre dans le Palais était un titre et un privilége fort envié. Les hagiographes de l'époque commencent volontiers l'éloge des saints dont ils écrivent l'histoire, en disant qu'ils ont passé de longues années dans le Palais. On distinguait les grands du Palais, les comtes, les serviteurs du roi, les convives du roi, les échansons, les chambellans, les sénéchaux, les connétables..... La vie de cour commençait d'ordinaire dès la première jeunesse. Les documents nous montrent assez souvent un père qui envoie son fils à la cour du roi, « pour qu'il soit nourri au Palais », « pour qu'il y soit instruit ». Pour ces jeunes gens il y avait une sorte d'école dans le Palais. Autant que nous pouvons en juger, cette éducation comprenait, pour les uns, les lettres latines, l'instruction religieuse, correspondant à ce que nous appelons aujourd'hui l'enseignement théologique ; pour les autres, l'exercice des armes, avec les connaissances nécessaires à la gestion des emplois administratifs.

Au centre de ce petit monde qui formait le Palais, entourée d'honneurs particuliers, se dressait la chapelle du roi. Là, s'offrait régulièrement le saint sacrifice de la messe, l'office divin était chanté tous les jours ; là, se trouvaient réunies les reliques des saints que les rois mérovingiens se montraient si avides de posséder et qu'ils avaient l'habitude d'emporter avec eux à chaque déplacement. Un clergé assez nombreux y était attaché, son chef s'appelait « abbé de l'oratoire du Palais » ou encore « gardien des reliques (1).

Rigomer, en raison de son titre de comte de la cité d'Arras et de membre de la famille royale, dut aller fréquemment au palais du roi de Neustrie. Il y plaça son fils Auselbert, qui épousa dans la suite la fille de Clotaire (2).

Rigomer conduisait aussi au Palais, sa femme, sainte Gertrude, et ses deux filles, et rien ne nous défend de penser qu'elles y faisaient de longs séjours.

Un hagiographe de l'époque parle du « palais de la reine (3). » Il est question aussi plus d'une fois dans les écrivains du VIe et du VIIe siècle « des filles d'honneur de la reine» (4). Ces expressions laissent entendre que la reine avait autour d'elle un service, organisé à peu près comme l'était celui du roi. Elle avait des filles nobles auprès d'elle, comme le roi gardait dans son palais les fils des plus nobles et des plus riches familles de son royaume.

Au milieu de cette cour, les filles de Rigomer avaient leur place marquée. Elles l'occupèrent, au moins de temps en temps, et durant des séjours assez prolongés. La reine Bertrude, cousine germaine de sainte Gertrude ne manqua pas de les y appeler et de les retenir.

(1) Fustel de Coulanges. La Monarchie franque, ch. VIII.
(2) Malbrancq, lib. II, cap. 57.
(3) S. Grég. de Tours, IX 30.
(4) Gesta Dagoberti.

C'est sous le roi Clotaire II, vers 615, que notre sainte dut commencer à séjourner au Palais, et peu après la réunion des trois couronnes de Neustrie, d'Austrasie et de Bourgogne sur la tête de ce prince. A la période de sang qui venait de finir avec la mort des jeunes rois d'Austrasie et de Bourgogne et de leur aïeule Brunehaut, succédait une ère de paix, qui allait permettre à la religion d'exercer sa féconde influence. Clotaire II rompant avec les traditions de son père Chilpéric et de sa mère Frédégonde se montrait plus fidèle aux enseignements de l'Eglise. Sous l'influence de la reine Bertrude, digne héritière des Clotilde et des Radegonde, le roi Franc s'efforçait de pratiquer les vertus évangéliques. « Il était, dit Frédégaire historien du VII° siècle, patient et miséricordieux, instruit dans les lettres, craignant le Seigneur, généreux envers les églises et les évêques, aumônier pour les pauvres, pieux et bienveillant pour tous. Le seul reproche qu'on eut à lui faire, était un goût trop vif pour la chasse et pour les plaisirs. » L'évêque de Paris, Céraunus, saint Céran, prit un utile ascendant sur l'esprit du prince. Céran joignait à la piété d'un évêque une tendre dévotion pour la mémoire des saints et un zèle éclairé pour leur culte. Il fit partager au roi sa dévotion pour les saints martyrs et pour les premiers apôtres des Gaules. Les idées chrétiennes pénétraient dans l'âme du monarque en même temps que les sentiments de vénération pour les saints. La cour de Clotaire devint le principal foyer de religion et de sainteté du monde catholique. On peut dire que son règne, qui se prolongea de 613 à 628, marqua réellement, dans les Gaules, le triomphe des idées de droit et de justice, que l'Eglise s'efforçait de faire prévaloir (1).

Les exemples de religion et de piété donnés par Clotaire II, portèrent d'admirables fruits autour de lui, dans sa cour et parmi les grands du royaume. Pour faire mieux comprendre l'heureuse influence que le Palais dut exercer sur la famille de sainte Gertrude, et sur sainte Bertille en particulier, nous donnerons, d'après l'illustre historien de saint Léger, un aperçu de ce qu'était l'école palatine sous Clotaire II.

(1) Darras. Hist. de l'église, tome XV, ch. V.

Saint Bohaire avait le titre d'archichapelain du Palais lorsqu'il fut élevé au siège épiscopal de Chartres, l'un de ses disciples Rusticus, lui succéda dans la direction de l'école royale, sous le titre d'abbé du Palais. « Entre tous les fils des leudes qui s'élevaient dans ce pieux asile, dit le cardinal Pitra, on comptait Arnulf de Metz, Cunibert de Cologne, Remacle de Tongres, Modoald de Trèves, Desiderius (Didier) de Cahors, Siagrius, qui tous brillèrent dans l'épiscopat par leur sainteté. Un jeune Burgonde qui ne portait qu'un nom de haute dignité, Faro, plus tard évêque de Meaux, frère de la noble Burgundo-fara la sainte fondatrice de Faremoutiers, y avait apporté son plus beau titre de gloire et de noblesse, la bénédiction du grand religieux, fondateur de monastères, saint Colomban. C'étaient encore Vivart et Gombert, deux saints frères, que rien ne put séparer de la charité du Christ, ni le temps, ni l'éternité ; Paul, depuis évêque de Verdun que nul ne surpassait dans l'art de bien ordonner un discours et de tracer élégamment des caractères ; Sigirran (saint Cyran) l'échanson du roi, Romain son chancelier, Gaugeric (saint Géri de Cambrai), le distributeur de ses aumônes. Nommons encore deux frères bénis par saint Colomban, Rado et Audoenus (saint Ouen), qui avaient fréquenté l'Académie florissante de saint Médard de Soissons où plus de quatre cents moines cultivaient les lettres et les règles saintes. »

Des mains de Rusticus la direction de l'école du palais passa à celles d'un maître également saint et non moins illustre, Sulpitius, surnommé *pius*, le pieux ou le débonnaire, honoré aujourd'hui sous le vocable de saint Sulpice. Vers l'an 625, Clotaire II fut attaqué d'une maladie violente ; tout le palais était en émoi et en pleurs. La jeune reine qui succédait à la pieuse Bertrude, morte l'année précédente, déchirait ses vêtements, arrachait sa chevelure et se livrait au désespoir. On accourut au bienheureux Sulpice, on le conjurait avec larmes de sauver le roi. Il se mit en prières, et demeura cinq jours en oraison, sans prendre aucune nourriture. Cependant l'état du royal malade allait en empirant. On crut même que l'agonie avait commencé et les disciples de Sulpice dirent à leur maître: — Rompez votre jeûne; le prince va mourir. — Non, répondit-il, je ne mangerai pas que je n'aie obtenu de Jésus-Christ, mon Seigneur et mon Dieu, le salut du roi. — En ce moment un mieux sensible se manifesta chez le moribond. Clotaire guérit bientôt et survécut quatre ans encore à ce miraculeux rétablissement. Il dut se séparer la même année du pieux abbé qui apportait tant de bénédictions à sa cour. La cité de Bourges avait élu Sulpice pour évêque. En quittant l'école palatine celui-ci laissait des disciples qui firent revivre la sainteté de leur maître ; Leodegar (saint Léger) plus tard évêque d'Autun et martyr, Vandrégisile (saint Vandrille), fondateur du célèbre monastère qui porta son nom, en Neustrie, Handeric qui fut maire du palais, le chancelier Romanus, et toute une pléiade de jeunes gens, qui portèrent dans leurs carrières diverses, la foi pure et la sainteté de vie dont Sulpice leur avait donné les préceptes et l'exemple.

Nous avons insisté sur l'histoire de l'école du Palais au temps de la jeunesse de sainte Bertille, parce que l'influence que tous ces saints personnages exercèrent, s'étendit jusqu'à elle et jusqu'à celui qui sera bientôt son époux. C'est là sans doute, en dehors de la grâce même de Dieu, qu'il faut chercher l'origine du vœu héroïque qu'elle offrira à son Dieu ; c'est là aussi qu'elle a puisé la pensée des fondations pieuses et des donations qu'elle devait faire dans la seconde partie de sa vie.

Tout la portait à ces pensées de piété généreuse. A l'influence du palais se joignait celle des saints qui brillaient dans l'Église. Saint Colomban, l'austère et grand religieux venu de la terre d'Irlande dont on racontait des merveilles de foi et de sainteté, le fondateur de l'abbaye de Luxeuil, qu'on appelait « le roi des Moines et le char de Dieu », proscrit par le roi de la Burgondie avait passé à la cour de Neustrie. Ses paroles et ses actes n'étaient pas encore oubliés quand sainte Bertille y arriva. Le successeur de saint Colomban dans son abbaye, saint Eustaise, suivait les exemples du maître ; des hommes de toutes les classes de la société se portaient en foule vers la vie religieuse, malgré ses austérités. Un grand nombre d'églises avaient à leur tête de saints évêques sortis des cloîtres et surtout de Luxeuil. Les monastères se multipliaient. Le noble Eligius, saint

Eloi, depuis évêque de Noyon, venait de fonder près de Limoges, le monastère de Solignac. En même temps il obtenait de la munificence royale et dotait à Paris une maison de religieuses, placée sous la direction de la vierge Aurea (sainte Aure). La sainte abbesse vit jusqu'à trois cents religieuses réunies sous sa direction. A Bourges, une franque de noble race nommée Berthoara, érigeait un monastère de filles. Aux environs de cette ville, le vénérable Théodulfe fondait deux couvents de religieux et deux communautés de vierges. Sainte Fare, au diocèse de Meaux, élevait son monastère d'Eboriacum, depuis si célèbre sous le nom de Faremoutiers : des centaines de vierges, des princesses du sang royal des Anglo-saxons, venaient y pratiquer au milieu de toutes sortes de merveilles de la grâce, les austérités de la règle de saint Colomban, et attendre dans la joie et l'allégresse, la mort qui devait les conduire à leur céleste époux.

Arrêtons-nous : nous en avons dit assez pour montrer l'admirable prédication de sainteté que reçut sainte Bertille. Il nous sera facile maintenant de comprendre l'épisode touchant de la vie de notre sainte par lequel nous devons terminer le tableau de ses premières années et de « sa pieuse adolescence ».

« Bien que Bertille réunît en elle tous les avantages de la naissance, de la beauté et de la fortune, bien qu'elle tînt, au jugement de tous, la première place parmi les jeunes filles franques, elle se faisait encore remarquer davantage par la gravité et la pureté de sa vie. Elle aimait à fuir le Palais et à se retirer de la cour pour jouir de la solitude. Son oncle Sigobard étant comte de Ponthieu, c'est auprès de lui qu'elle se rendait fréquemment. Elle y était attirée encore par le désir de jouir des entretiens de Walericus, abbé du monastère de Leuconaüs qui a depuis porté son nom et donné naissance à la ville de St-Valery. (1)

Saint Valery était un moine de Luxeuil. Il avait été attiré dans cette abbaye par la réputation de saint Colomban. Lorsque le saint abbé fut jeté en exil par le roi Thierry de Bourgogne, Valery aida saint Eustaise, son

_____
(1) Malbrancq. — De Morinis.

successeur, à défendre le monastère contre les envahisseurs, et quand la paix fut rétablie, il obtint de quitter Luxeuil et l'Auvergne son pays, pour aller prêcher l'Évangile dans des contrées encore païennes, avec un compagnon nommé Waldolène. Arrivés en Neustrie les deux apôtres demandèrent au roi Clotaire, la permission de se fixer dans ses états. Ce prince qui aimait et favorisait Luxeuil, les accueillit avec bienveillance et leur permit de s'établir où ils voudraient. Ils se dirigèrent du côté d'Amiens.

C'est ici que se place le miracle à l'occasion duquel sainte Bertille nous apparaît avec son esprit de piété et de dévotion pour les saints.

« Comme ils arrivaient à Walimago (1), écrit le biographe de saint Valéry, un comte, du nom de Sigobard, tenait, suivant l'usage du temps, son plaid, que les hommes de la campagne appellent le *mall*. Pour chaque méfait une sentence était prononcée, juste ordinairement, quelquefois injuste, cependant. Une condamnation à mort venait d'être portée, et avec justice, contre un misérable dont les crimes avaient mérité ce châtiment. La sentence avait été aussitôt exécutée ; le condamné avait été attaché à une potence, et il venait d'expirer. En voyant de loin le corps suspendu, Valéry sent ses entrailles émues de pitié ; il court de toutes ses forces vers le lieu du supplice. Les bourreaux défendent au saint d'approcher et de toucher le cadavre : lui, sans les écouter, coupe la corde, reçoit le mort dans ses bras, le dépose à terre ; puis se couchant sur lui face à face, enflammé par la plus ardente charité, il prie avec ferveur et répand d'abondantes larmes. Le Seigneur ne tarda pas à exaucer sa prière, tant elle avait été prompte et fervente. A la grande stupéfaction de tous ceux qui étaient là, la vie rentre dans les membres du supplicié

____

(1) Les historiens de saint Valéry ne sont pas d'accord sur l'identification de ce nom, avec l'une ou l'autre des localités existant aujourd'hui aux environs d'Amiens. Les uns y voient le village de Wailly à 12 kilomètres d'Amiens, les autres le bourg de Gamaches. Mabillon, pense que le miracle qui est ici raconté eut lieu à Amiens, parce que, suivant la tradition, la chapelle de Saint-Valery à Amiens, a été élevée en mémoire de ce miracle.

comme si le corps, au sortir d'un profond sommeil, retrouvait sa chaleur, et bientôt il se lève plein de force
et de santé. »

« Le miracle était évident aux yeux du peuple et du
comte. L'homme de Dieu supplie Sigobard de laisser
libre celui que la miséricorde divine venait de rendre à
la vie. Mais le comte, animé encore de fureur, refuse et
ordonne qu'on pende de nouveau le criminel. Alors le
serviteur de Dieu s'écrie : — Tu as déjà exécuté ta
sentence, et si cet homme vit encore, c'est par un miracle
de la puissance de Dieu. Tu ne me l'arracheras pas
ou tu me feras mourir avec lui. Et si tu dédaignes de
prêter l'oreille à un humble serviteur du Christ, sou-
viens-toi que le Créateur du monde ne méprise aucun
de ceux qui l'invoquent. Sa miséricorde, que nous connaissons, nous exaucera, parce que nous combattons
pour ses lois. — Sigobard, vaincu par ces paroles et
ces prières, fit grâce au coupable qui vécut encore de
longues années. »

« Nous ne pensons pas continue l'historien de saint
Valéry qu'il faille ici passer sous silence un fait digne de
mémoire arrivé à l'occasion de ce miracle. L'illustre
princesse, toute vouée à Dieu, Bertille, fit de grandes
largesses au bienheureux. Son esprit éclairé lui fit prévoir l'avenir. Reconnaissant qu'elle avait rencontré un
homme élevé à la plus haute sainteté, elle lui adressa
cette ardente prière : — Je ne demande qu'une chose,
très humblement, c'est que si par la volonté de Dieu,
malgré ma profonde misère, je viens à vous survivre,
j'obtienne la faveur d'ensevelir votre corps comme un
gage saint de votre protection. — On rapporte que le
saint répondit : — C'est à Dieu d'agir en cela suivant
sa volonté, où et comme il lui plaira. » (1)

(1) Boll. Acta ss. Aprilis. — Nous devons avouer que la dernière
partie de ce récit n'est pas sans présenter quelques difficultés. L'authenticité du récit lui-même n'est douteuse pour personne : la vie de
saint Valéry a été écrite par Bagimbert ou Raimbert abbé du monastère
de Lenconais, deuxième successeur et presque contemporain du saint.
Nous ne l'avons plus dans sa forme primitive : un moine du XI⁰ siècle
la trouvant écrite « en un style trop prolixe et trop simple », voulut
lui donner « une forme plus concise et plus polie » ; on s'accorde cependant pour lui reconnaître une grande valeur. — La question débat-

Cet épisode de la vie de notre sainte s'explique tout naturellement si l'on se rappelle les exemples que Bertille avait eus sous les yeux au Palais du roi. Rien n'y était apprécié et vénéré comme les reliques des saints. C'étaient des gages sacrés de protection, *pignora sancta*, que les rois gardaient toujours auprès d'eux. La jeune Bertille se trouvant tout à coup en face d'un saint qui venait d'opérer un prodige éclatant, ne put s'empêcher de penser au bonheur qu'il y aurait, de garder son tombeau et de posséder son corps sacré, comme un gage de protection divine, « *pro sancto pignore*, » c'est le mot dont elle se servit d'après l'hagiographe. De là sa prière à saint Valery et l'instance qu'elle mit à obtenir une promesse du saint. Ne sent-on pas ici l'ardente piété, la candeur et la dévotion pour les saints, qui animaient sainte Bertille dans sa jeunesse ?

lune t celle-ci : quelle est cette Bertille que l'hagiographe met ainsi en rapport avec saint Valery ? Pour le bollandiste Henschenius sainte Bertille de Marœuil était trop jeune à l'époque de la mort de saint Valery, pour qu'on puisse lui attribuer l'épisode que nous avons raconté. Saint Valery, dit-il est mort en 620 ou 622. Sainte Bertille n'avait alors que dix ou douze ans. D'autres, avec Malbrancq, n'hésitent pas à affirmer qu'il s'agit ici de sainte Bertille de Marœuil. — Il ne nous appartient pas de trancher cette question. Cependant si l'on admet comme nous l'avons exposé au chapitre précédent, que sainte Bertille est née vers l'an 600, la difficulté tirée du désaccord des dates disparaît. Sainte Bertille avait, à l'arrivée de saint Valery en Neustrie, de seize à dix sept ans, et rien ne s'oppose à ce qu'on lui attribue le rôle que lui donne l'hagiographe. On peut dire d'ailleurs, que ce récit porte avec lui son cachet de vraisemblance. C'est donc avec raison que nous conservons à cet épisode touchant, sa place dans la vie de notre sainte ; du moins jusqu'à plus ample informé, notre piété ne consentirait pas à l'en effacer.

CHAPITRE III.

SAINTE BERTILLE ÉPOUSE LE PRINCE GUTHLAND VERS 620.

Famille et éducation de Guthland. — Sur les instances de son père et de sa mère sainte Bertille consent à l'épouser. — Ses noces. — Son vœu de chasteté.

Le moment était arrivé pour sainte Bertille d'embrasser un état de vie, de fonder une famille ou de se consacrer entièrement au service de Dieu et des pauvres. La Providence la destinait au mariage, mais dans le mystérieux dessein de la faire arriver dans cet état à la plus haute perfection.

Reprenons le récit de l'historien de notre Sainte.

Un jeune homme du nom de Guthland, issu d'une famille noble et illustre, puissant et comblé de richesses, plus distingué encore par la pureté de ses mœurs, s'éprit d'affection pour la vierge du Christ, la pieuse fille de sainte Gertrude.

« Il était né en Auvergne, ajoute ici l'historien Malbrancq (1). Son nom rappelle les premiers conquérants de cette province, les Goths ; il y a lieu de croire qu'il tirait son origine de l'ancienne maison d'Auvergne, dont il faut reconnaître la tige, dans le fils de Léger ou de Léodgar comte de Boulogne. »

Comme tous les fils des grandes familles, Guthland avait passé les années de sa jeunesse à la cour du roi de France. L'Auvergne faisait partie du royaume de Burgondie ; mais à la mort de son jeune roi, Thierry, la couronne avait passé sur la tête de Clotaire II, roi de

T. I. liv. III. chap. X.

Neustrie. Guthland avait donc pu profiter, comme sainte Bertille, de l'éducation religieuse et des exemples de vertu donnés aux jeunes Francs dans le Palais du roi. Il faisait partie de l'école du Palais, et nous avons vu dans le chapitre précédent, ce qu'était cette école dans les premières années du VIIe siècle. C'est là que Guthland, au contact de pieux jeunes gens, et sous la direction de maîtres dont la sainteté égalait la science, avait appris à garder son âme dans la pureté, c'est là qu'il avait acquis cette noblesse de l'esprit et du cœur qui le distinguait parmi les jeunes nobles de son âge.

Les grandes familles, qui fréquentaient le Palais étaient appelées auprès du roi dans les circonstances solennelles; souvent même, nous l'avons dit, elles y faisaient des séjours prolongés. « Au milieu des autres jeunes filles de la cour, sainte Bertille attirait tous les regards par ses éminentes qualités. Sa conversation était agréable ; sa beauté remarquable était rehaussée par l'éclat de ses vertus, l'innocence de son âme et le rayonnement de la grâce divine, qui seul donne leur perfection aux plus nobles qualités naturelles. Charmé par tous ces attraits, Guhtland fit aux parents de Bertille les plus instantes prières pour obtenir sa main. Croyant que les présents pouvaient la déterminer à donner son consentement, il lui offrit des habits précieux, brodés d'or et enrichis de pierreries, il lui fit don de domaines considérables et d'esclaves sans nombre. La jeune vierge daignait à peine jeter un regard sur tous ces biens, tant ils avaient peu de valeur à ses yeux ; rien de tout cela n'était capable de toucher son cœur, ni de la détourner de la pensée de se consacrer à Dieu. Aucune considération humaine ne paraissait de nature à la faire changer de résolution. Elle méprisait souverainement les avantages temporels, et ne ressentait que de l'éloignement pour les jouissances mondaines. Les jeux et les amusements, dont les jeunes filles de son âge aiment à goûter les joies, n'avaient pour elle aucun attrait: elle n'y voyait que vanités et futilités indignes de l'occuper. Dominée par son amour, sans cesse grandissant, pour le divin époux des vierges, son âme fuyait le commerce des hommes, de ceux surtout qui étaient épris de l'amour du siècle, et cherchait la solitude. Elle aurait quitté le monde pour se retirer dans le désert, si la faiblesse de son sexe ne l'en avait empêchée. » (1)

Le comte Rigomer et son épouse ne connaissaient point toutes ces pensées de leur noble fille. Les délicatesses d'une modestie que le respect rendait plus timide, quelques incertitudes aussi peut-être, avaient tenu fermées les lèvres de la jeune vierge sur ses projets d'avenir. S'ils avaient vu leur fille décidée à se donner à Dieu, Rigomer et sainte Gertrude se seraient gardés de mettre aucun obstacle à ses pieux desseins. Mais non, ils la croyaient appelée, comme sa sœur Gerberthe, à vivre dans le monde, et leur préoccupation était de lui trouver un époux digne d'elle. « Persuadés que les grandes qualités de Guthland offraient pour l'avenir les plus grandes espérances, considérant d'ailleurs la puissance et la dignité auxquelles il devait être élevé, et les immenses possessions qui constitueraient son patrimoine, ils pressèrent Bertille de donner son consentement à la demande du jeune homme. Longtemps leurs exhortations et leurs prières furent inutiles. Enfin, vaincue par leurs instances, elle consentit à accepter Guthland pour époux, mais avec l'intention de ne rien diminuer de l'amour qu'elle portait à son Dieu. Le mariage, pour elle, n'avait point pour but la satisfaction d'une inclination naturelle, elle ne voulait que donner à Dieu et à l'Église de nouveaux enfants. » (2)

Qu'elles étaient pures, qu'elles étaient saintes ces dispositions de la vierge de Marœuil à la veille de ses noces ! Dieu pouvait-il ne point combler de ses bénédictions une âme si dignement préparée à recevoir le sacrement de mariage ?

Admirable exemple pour ceux qui se disposent à fonder une famille. Qu'ils n'aient comme sainte Bertille que des intentions saintes. Que les sentiments purs d'un véritable attachement éloignent de leurs cœurs le désir des plaisirs sensuels. Qu'ils considèrent, avant tout, la grâce et la mission que Dieu va leur confier. Les bénédictions du ciel, sur eux et sur leur familles, seront en proportion des

(1) Boll. Vita S. Bertiliæ.
(2) Ibid.

dispositions avec lesquelles ils s'approcheront de l'autel, en proportion aussi de la part qu'ils feront à la modestie et à la pureté dans leurs noces.

Les noces de Bertille et de Guthland furent célébrées avec toute la pompe et l'appareil qui convenaient à une alliance aussi distinguée. Les époux s'approchèrent de l'autel, tout rayonnants de pureté et de noblesse. Quelles ne durent pas être les pensées de sainte Bertille, quand elle entendit le ministre de Dieu, prononcer les paroles, usitées alors dans la bénédiction des époux, au milieu du saint sacrifice de la messe ! « Seigneur, sanctifiez votre servante ; que dans son heureuse et sainte union, elle observe les commandements de votre éternelle loi ; qu'elle se rappelle qu'elle est attachée à son époux, non seulement pour trouver auprès de lui le bonheur de la vie conjugale, mais pour garder la foi des saints et les préceptes de Dieu. Que sa piété fortifie sa faiblesse ; qu'elle soit instruite des célestes doctrines, qu'elle garde son âme forte et pure dans les épreuves, et qu'elle parvienne au bonheur des saints dans la céleste patrie. » (1)

Les deux époux s'approchèrent alors de la table sainte pour y recevoir le Dieu de l'Eucharistie. Moment béni pour la jeune épouse ! Celui qu'elle voulait aimer par dessus tout, elle le possédait dans son cœur. Son âme se livra aux plus doux et aux plus saints transports. Son Sauveur bien-aimé était à elle ; elle était à lui. Dans le céleste embrassement de Jésus, elle comprit ce que le divin époux des vierges désirait d'elle. Longtemps il l'avait sollicitée, attirée vers la vie toute sainte des âmes qui lui sont consacrées. Elle avait hésité, ébranlée par la sollicitation de l'affection paternelle ; maintenant elle voyait clairement la volonté de son Dieu. Son cœur généreux ne faillit plus. Elle venait de se lier, par des promesses de fidélité, à celui que la sollicitude de son père lui avait présenté comme époux ; elle voulut se consacrer en même temps, par un vœu héroïque, à celui que la grâce lui révélait comme le divin époux des grandes âmes. Elle promit à son Dieu de garder dans le mariage la chasteté parfaite. Son vœu devait être diffi-

____

(1) Martène. — *Missale Gallicum* Bened. Nupt.

cile à tenir. Elle sentit dans son cœur une voix qui lui disait d'avoir confiance. Qnand elle se releva pour quitter le temple saint avec Guthland, elle avait offert son sacrifice, demandant en retour que son époux eut part à son bonheur, que le divin Sauveur lui fit la grâce de l'appeler, lui aussi, à vivre de la vie des anges, au milieu des joies saintes d'un foyer sanctifié par la religion et la pureté.

CHAPITRE IV.

SAINTE BERTILLE GARDE LA CHASTETÉ DANS L'ÉTAT DU MARIAGE — SES ŒUVRES DE CHARITÉ

Influence de sainte Bertille sur son époux. — Exemples de chasteté dans le mariage avant le VII° siècle — Beautés de la chasteté — Sainte Bertille en Auvergne. — Sainte Bertille et les saints de l'Artois, ses contemporains : saint Valéry, saint Amand, saint Éloi, saint Aubert. — Sainte Bertille et les moines de Saint-Vaast.

Heureux d'avoir obtenu la main de sainte Bertille, le prince Guthland se proposait de vivre avec elle en chrétien fidèle, tout en suivant la voie commune, ouverte devant ceux qui s'engagent dans les liens du mariage. La grâce de Dieu, les exemples et les prières de sa sainte compagne devaient le conduire dans des voies plus parfaites et plus heureuses.

Lorsqu'il vit la piété, la pureté angélique de sa jeune épouse, il fut saisi d'un profond respect pour elle et d'un vif désir de l'imiter. Avant son mariage ses sentiments étaient singulièrement élevés ; il avait appris, au Palais du roi Clotaire II, à aimer les grandes et saintes choses de la religion. Sous l'influence de sainte Bertille, il fit de tels progrès dans la vertu qu'en peu de temps il se sentit animé du même zèle que son épouse, pour les œuvres de la piété. Enflammé par l'amour du Christ, il voulut faire à Dieu le sacrifice qu'avait fait la compagne de sa vie : il fit vœu de vivre dans la chasteté parfaite. Époux d'une sainte, il voulut être comme son frère et le gardien de sa virginité. Admirable exemple de ce que peut sur l'esprit de son époux une femme vraiment chrétienne ! Si toutes les épouses étaient sincèrement pieuses, si elles savaient prier comme sainte Bertille, faire le bien comme elle, quelle influence n'auraient-elles pas à leur foyer, non seulement sur leurs enfants, mais sur ceux à qui elles ont uni leur sort ! Epoux fidèles, ils iraient sans cesse s'excitant mutuellement à remplir leurs devoirs de chrétiens, de pères et de mères religieux; ils seraient heureux, et leur famille s'élèverait dans la crainte de Dieu et le respect de l'autorité paternelle.

Sainte Bertille et son époux Guthland allaient s'engager dans une voie que bien peu de saints avant eux avaient suivie, et que le monde ne comprend guère, voie glorieuse cependant, qui devait les conduire à toutes les grandeurs du ciel et de la terre.

Au troisième siècle sainte Cécile l'illustre martyre de Rome, avait, en convertissant son époux à la foi chrétienne et à la vertu des anges, gardé inviolable le vœu qu'elle avait fait à Jésus son époux céleste. A peu près vers le même temps, des saints martyrs de l'Orient, après une vie toute remplie des œuvres de la piété et de la charité, avaient versé, comme Cécile, leur sang pour la foi de Jésus-Christ. Un siècle plus tard la grande impératrice Pulchérie avait porté, sur le trône des Augustes, des vœux de chasteté sur lesquels la puissance souveraine avait jeté un merveilleux éclat. Déjà dans la Gaule Belgique de saints personnages avaient donné l'exemple de la pureté parfaite dans le mariage. C'était, à Auxerre, le noble romain Simplicius, qui, le jour de ses noces, s'engageait avec sa pieuse épouse, à vivre dans la pureté et dans la charité; c'était à Reims, Thierry, de condition très humble, qui après avoir contracté mariage, parvint à déterminer sa femme à faire avec lui le vœu de virginité sous la direction de saint Remi. Il entra dans un monastère et acquit une très grande autorité à la cour des fils de Clovis, par l'éclat de sa sainteté et de ses miracles.

Un fait plus récent dut avoir sur sainte Bertille et son époux une influence plus directe. Quelques années avant le règne de Clotaire II, la Gaule avait été toute remuée par le don fait à la reine Brunehaut, du corps sacré de saint Julien, illustre martyr de l'Orient sous Julien l'Apostat. On rapportait des choses merveilleuses de ce saint. Julien avait été engagé dans le mariage par ses parents, malgré son vœu de continence. Le jeune homme n'avait donné son consentement qu'après une apparition du Sauveur, qui lui avait promis son assistance divine. La cérémonie des noces s'accomplit sans incident. Lorsque le soir il se retira dans ses appartements et qu'il se mit en prières avec Basilisse son épouse, un parfum exquis de roses, d'œillets et de lys se répandit tout à coup dans la chambre, bien qu'on fût au milieu de l'hiver. Ravie de ce fait surprenant, Basilisse demande à son époux ce que cela voulait dire. — « C'est, répond-t Julien, l'ineffable parfum de la chasteté. Dieu nous le donne comme un avant-goût des plaisirs du paradis qu'il prépare à ceux qui, pour son amour, conservent leurs corps purs et immaculés, devant sa majesté. » — Basilisse, touchée de ces paroles et de la grâce n'hésita pas. Elle fit avec Julien le vœu de garder la virginité dans le mariage. Au même instant toute la maison trembla, et l'appartement fut éclairé d'une admirable lumière, au milieu de laquelle parurent deux chœurs célestes, l'un de saints, conduit par le Sauveur, et l'autre de saintes, présidé par la très sainte Vierge. Celui des saints chantait : « Tu as remporté la victoire, ô Julien, tu as remporté la victoire ! » Et celui des saintes répondait : « Sois bénie, ô Basilisse, qui as suivi les saints conseils de ton époux. Tu as méprisé les vains plaisirs du monde, tu es digne de la vie éternelle. » Deux des bienheureux, vêtus de blanc et tenant des couronnes entre leurs mains, s'approchèrent de Julien et de Basilisse, et leur dirent : « Levez-vous, vous avez remporté la victoire, et vous serez enrôlés parmi nous. » Puis un vieillard qui tenait un livre écrit en lettres d'or commanda à Julien d'y lire ces paroles : « Julien qui a méprisé le monde pour l'amour de Jésus-Christ, sera inscrit au nombre de ceux qui ne se sont pas souillés, et, pour Basilisse, son nom sera mis au livre des vierges, où Marie tient le premier rang. » Aussitôt les chœurs des saints répondirent *Amen*, et, s'élevant dans le ciel, disparurent, laissant les jeunes époux admirablement consolés de cette vision.

Ces pieux récits édifièrent la jeunesse de Bertille et de Gutaland, dans le Palais des rois, comme au sein de leurs familles. Ils étaient enfants lorsque les reliques de saint Julien furent apportées en Occident et données, par le pape saint Grégoire-le-Grand, à la reine Brune-haut. Ces faits ne manquèrent pas de produire une vive impression sur leurs cœurs ; ils les aidèrent à compren-dre la noblesse et la grandeur de la chasteté.

Quoi de plus beau, à la vérité, de plus grand et de plus admirable, que ce don parfait de l'homme à Dieu par le vœu de pureté ! Les âmes qui n'aiment pas le divin Sau-veur, ou qui se laissent dominer par les pensées de la terre et l'amour des plaisirs, ne le comprennent pas, mais comme il séduit les cœurs élevés et généreux ! La chas-teté, c'est une vertu austère, forte, mâle, délicate, difficile et tout ensemble pleine de délices. Quand l'âme éclairée par la foi et soutenue par la grâce, réfléchit à l'honneur que Dieu, le créateur et le maître de toutes choses, fait à son corps et à tout son être en le déclarant son œuvre et son bien, quand elle voit que Dieu va jusqu'à aimer sa faiblesse et son indigence, quand elle pense que le Verbe de Dieu s'est abaissé jusqu'à se revêtir de la nature humaine, d'un corps et d'une âme semblables aux nôtres, quand elle comprend l'ineffable grandeur que ce divin Sauveur nous apporte en s'unissant à nous par la grâce et par le don de lui-même dans la sainte communion, quel respect ne conçoit-elle pas pour ce corps et cette âme, devenus les membres du Jésus-Christ et les temples du Saint-Esprit ! Elle veut les conserver dignes de ces hôtes divins, et elle repousse tout ce qui peut non-seulement souiller, mais même diminuer la pureté et la beauté du corps. D'ailleurs, la vie de chasteté, surtout lorsqu'elle est fixée dans un vœu, pré-pare le cœur à toutes sortes de joies qui surpassent incomparablement tous les plaisirs, même légitimes, de la terre. Elle fait jouir l'homme des beautés de Dieu, dont les plus magnifiques spectacles de la terre ne peuvent être que de pâles reflets ; elle fait entrer dans son amour, et si l'amour d'une créature peut être une source de délices, que dire de l'amour du créateur ? Elle fait entrevoir enfin dans l'union avec le divin Rédemp-teur, union qui fait de l'âme l'épouse d'un Dieu, le bon-heur assuré, dans la possession sans fin de l'éternelle beauté.

Sainte Bertille avait compris tout cela ; son cœur sut

faire partager ses sentiments à son époux Guthland. En donnant sa main à ce prince, elle lui apporta de grandes richesses selon le monde, mais de toute sa dot, la plus riche part fut, sans aucun doute, la grâce de la virginité qu'elle lui apprit à aimer et à garder.

Les deux époux ne restèrent pas longtemps après leur mariage dans l'Artois. Le prince Guthland avait de nombreuses possessions en Auvergne. C'est là qu'il emmena son épouse, c'est là qu'il voulut vivre avec elle dans la pratique de toutes les bonnes œuvres (1).

Le prince dut prendre en mains le gouvernement des populations de ses domaines et l'administration de ses villas; mais, au sein des grandeurs et de la puissance, rien ne fut capable de détourner son cœur des promesses qu'il avait faites à Dieu. Les deux époux, disent les historiens de sainte Bertille (2), parurent être plutôt des anges que des hommes sur la terre, et il semblait qu'ils eussent fait entre eux un saint défi à qui avancerait plus promptement dans le chemin du ciel. Toute la province d'Auvergne en fut édifiée. « Qu'il suffise de « raconter, dit l'auteur de la vie de sainte Bertille (3) « quelle fut leur piété, comme elle fut féconde en bon-« nes œuvres. L'amour de Dieu et la vénération pour « ses saints faisaient taire en eux tous les sentiments ter-« restres, ce qui les portait vers l'exercice continuel des « œuvres de charité, et à devenir pour les pauvres une « providence visible. On les voyait constamment occu-« pés du soin de nourrir les malheureux, de visiter les « malades, de réconcilier les ennemis, de consoler les « affligés. Leurs biens ne furent plus à eux, car ils les « employèrent en très grande partie à fonder des hôpitaux « et des monastères. Si bien qu'on pouvait dire d'eux ce « que le saint roi David chantait sur ses instruments « prophétiques. *Ils ont largement dispersé et répandu* « *leurs biens dans la main des pauvres, et leur justice* « *demeure au siècle des siècles* (4).

(1) Note de Malbrancq sur le séjour de sainte Bertille en Auvergne.
(2) M. Parenty, chap. III, p. 9.
(3) Vie abrégée de sainte Bertille, par un religieux de Marœuil, citée par M. Parenty.
(4) Cfr. Acta SS. Vita s. Bertiliæ, cap. III.

Les deux époux ne furent point sans revenir faire d'assez fréquents séjours dans l'Artois. Tous leurs bienfaits, tous leurs exemples de vertu ne furent pas réservés à l'Auvergne.

Aussitôt après son mariage, Bertille, qui avait confié la direction de sa conscience à saint Valéry (1), fit connaître à Guthland le saint abbé, originaire comme lui de l'Auvergne. Le jeune prince entra en relation avec son saint compatriote et se mit, comme son épouse, sous sa conduite. « Saint Valéry, dit le P. Watelet, employa tout son pouvoir pour confirmer Guthland dans la résolution qu'il avait prise de garder la virginité avec sa chère épouse Bertille. » Le saint vieillard, accablé par le poids des années, ne fut pas longtemps leur soutien. Il ne tarda pas à quitter ce monde pour une vie meilleure. Pour témoigner leur reconnaissance du bien qu'il leur avait fait, Guthland et Bertille se plurent à enrichir de leurs biens le monastère qu'il avait fondé. « Il faut lire, dit encore le P. Watelet, les archives de l'abbaye de Saint-Valery, pour voir dans les mémoires de ce saint abbé, de combien ils ont augmenté les revenus de ce monastère, combien de richesses ils ont employées à revêtir les nus, à soulager les malades, nourrir les faméliques et à secourir toutes sortes d'indigents. » (2).

Sainte Bertille ne quittait pas l'Auvergne seulement pour venir chercher les conseils de saint Valéry, elle venait rendre visite au comte Rigomer son père et à sa mère sainte Gertrude.

Elle était auprès d'eux, sans doute, avec son frère Auselbert et sa sœur Gerberthe, quand l'illustre gouverneur de la cité d'Arras quitta sa pieuse famille pour entrer dans son éternité. Elle était là aussi quand sa mère sainte Gertrude annonça sa résolution de se retirer du monde pour entrer dans un monastère.

(1) Vie manuscrite de sainte Bertille, par le P. Watelet, p. 28.
(2) Nous regrettons de n'avoir pu vérifier ce qu'affirme ici le P. Watelet au sujet des dons faits par sainte Bertille à l'abbaye de Saint-Valery. Les archives de cette abbaye, si l'on en croit du moins l'inventaire officiel *des archives de la Somme*, ont presque totalement disparu. La *Gallia Christiana* note qu'il existait à Saint-Valery des diplômes très anciens, mais elle n'en donne pas l'analyse.

Sainte Gertrude, sur les conseils de saint Amand, qui, au milieu de ses courses apostoliques, n'avait cessé de diriger son âme, avait fondé près de Douai, l'abbaye d'Hamage. Après la mort de son mari elle voulut réaliser le désir qu'elle avait toujours nourri dans son cœur, d'aller y passer ses dernières années. Elle partagea toutes ses possessions entre ses enfants. L'aînée, Gerberthe, reçut le pays des Atrébates ; l'Ostrevent et l'Artois revinrent à Auselbert ; l'héritage de Bertille fut formé de domaines riches et nombreux de l'Artois. Le principal de ces domaines était Marœuil. (1) Faisant ensuite ses adieux à ses enfants et à ses petits-enfants (Gerberthe et Auselbert, en effet, avaient des enfants qui arrivaient à l'âge de l'adolescence), elle prit le chemin de l'abbaye d'Hamage. C'était vers 630, elle était âgée alors d'environ soixante ans. Elle devait passer dans la vie religieuse plus de vingt ans.

Sainte Bertille, par la mort de saint Valéry avait perdu le principal conseiller de sa vie. A l'exemple de sa mère, elle recourut alors à saint Amand. Le grand évêque-missionnaire était, à cette époque, occupé à l'évangélisation de la ville de Gand et des campagnes qui s'étendent sur les bords de l'Escaut. Œuvre difficile, s'il en fut, et dont il devait sortir glorieusement, après avoir fait remporter à l'Evangile le plus magnifique triomphe. Il se détachait, de temps en temps, de son labeur pénible, pour apparaître quelques jours au milieu des familles qui s'étaient placées sous sa conduite. Se trouva-t-il dans la famille de sainte Gertrude, à la mort du comte Rigomer ? Voulut-il lui-même aider sainte Gertrude à exécuter la résolution qu'elle avait prise de quitter le monde ? Nous l'ignorons, mais il paraît certain que sainte Bertille se mit vers cette époque en relations plus fréquentes avec lui. Ces relations devaient durer longtemps. Outre les lettres qu'elle put adresser au saint Evêque, elle eut plus d'une fois l'occasion de le voir à la cour de Dagobert I, successeur de Clotaire II. Saint Amand, en effet, fut souvent attiré au palais par ce grand roi, (2) et comblé

(1) Malbrancq, l. 2, c. 57.
(2) Destombes. Histoire de saint Amand, ch. VI et VII.

d'honneurs, malgré la franchise de sa parole apostolique, et les colères qu'elle excitait parfois.

Le prince Guthland ne pouvait se dispenser, à raison de la puissance de sa maison, de paraître de temps en temps à la cour du roi. Il se trouva à côté de Dagobert dans toutes les circonstances importantes du règne de ce monarque. Quand il se rendait à la cour, il y conduisait son épouse. Sainte Bertille retrouvait, auprès de la reine, la faveur dont elle avait joui auprès de Bertrude, sa parente, l'épouse si respectée du roi Clotaire. Elle voyait son frère Anselbert marié à la sœur du roi Dagobert, sa sœur Gerberthe et ses enfants, Sigebert, Erchinoald et Adalbaud, jeunes gens de si grande espérance. Bien des années se passèrent, partagées ainsi entre l'Auvergne, le Palais du Roi et les séjours dans l'Artois.

Ces voyages et ces différents séjours dans les provinces du Nord, permirent à sainte Bertille de prendre sa part de tous les événements et de toutes les grandes œuvres de son époque.

Elle connaissait saint Eloi et plus d'une fois, sans doute, elle l'aida dans le rachat des esclaves et la fondation des monastères. Quand le pieux ministre de Clotaire et de Dagobert eut ceint la mitre épiscopale, il passait de temps en temps près d'Arras, pour aller de Noyon à Tournai. Dans sa course, il aimait à se reposer sur les hauteurs qui ont depuis porté son nom, les hauteurs du Mont-St-Eloi.. N'arriva-t-il pas souvent à sainte Bertille d'arrêter le pieux voyageur et de lui offrir l'hospitalité dans sa demeure de Marœuil? Il serait très difficile de se refuser à l'admettre. C'était un grand bonheur, pour Guthland et pour elle, de jouir, quelques moments, de la conversation du saint qu'ils connaissaient. C'était aussi pour l'évêque de Noyon un temps de repos et une œuvre de zèle. Les maîtres de Marœuil devaient le remercier de sa condescendance, en participant largement aux grandes œuvres qu'il ne cessait d'entreprendre.

Sainte Bertille n'avait pas moins de vénération que le roi Dagobert, pour l'admirable Aubert, évêque d'Arras en même temps qu'il l'était de Cambrai. On sait que ce roi quittait souvent sa cour pour se rendre à

Cambrai auprès de ce saint pontife, jouir de son hospitalité et des pieux enseignements qu'il lui donnait.

Saint Aubert est le fondateur de l'abbaye de Saint-Vaast. Une nuit qu'il était à Arras, au milieu des chanoines, raconte son historien Fulbert, pendant que ses frères prenaient leur repos, il se leva selon sa coutume et se mit à prier jusqu'à l'aurore. Son oraison n'était pas encore achevée, lorsque, sortant de sa demeure, il se transporta sur les remparts de la ville comme pour se reposer en respirant l'air pur du matin. Là une pensée saisit tout à coup son esprit. Il se demandait à lui-même, pourquoi le bienheureux Vaast, renfermé si longtemps dans une humble sépulture, ne recevait pas sur la terre l'honneur qui lui était dû, tandis que dans le ciel il était déjà participant des joies de la céleste Jérusalem, où il brillait comme un astre au firmament. Il commençait à examiner en quel lieu il ferait transporter le corps saint, lorsqu'un ange lui apparut, une verge à la main, mesurant, au-delà de la petite rivière du Crinchon, l'emplacement d'une église. Cette vision fit cesser toutes les hésitations de saint Aubert. Il invita aussitôt le vénérable évêque de Thérouanne, saint Omer, à assister à la translation solennelle des reliques. Malgré son grand âge et ses infirmités, (il était aveugle,) le saint évêque se rendit avec empressement à Arras. On sait le miracle dont il fut l'objet, et la prière qu'il adressa au ciel. La vue lui fut rendue, mais il demanda aussitôt à Dieu de lui laisser son infirmité, qui lui permettait de se tenir plus recueilli en sa présence, et de se préparer à la mort avec plus de facilité. Sa demande fut exaucée.

Si nous en croyons une légende qui a cours encore aujourd'hui parmi les habitants de Marœuil, sainte Bertille et son époux auraient assisté et peut-être contribué à la fondation de l'abbaye de Saint-Vaast.

Voici cette légende.

Sainte Bertille se rendait presque toutes les nuits près d'Anzin-St-Aubin, sur une colline appelée encore aujourd'hui *Mont-Sainte-Bertille*, et distante du monastère de Saint-Vaast d'environ trois mille pas.

(1) Acta SS. Belgii. Vita Sancti Autberti.

Là elle récitait l'office divin, unissant sa prière à celle des moines de la nouvelle abbaye. Malgré la distance, elle entendait la voix des religieux et elle mêlait à leurs chants les accents de ses prières. Guthland étonné de ces absences, la suivit un soir jusqu'à la colline de St-Aubin. Quand elle y fut arrivée, il la vit ouvrir son livre de prières, et bientôt il l'entendit répondre aux psaumes et aux cantiques de l'office divin. Surpris, il s'approcha et lui demanda à qui elle répondait ainsi. — « Mettez, lui dit-elle, vos pieds sur la trace des miens, et vous entendrez la sainte mélodie. » — Guthland obéit. Il n'eut pas plus tôt pris la place de sainte Bertille, qu'il entendit des chants ravissants frapper son oreille et remuer toute son âme. Il comprit la merveilleuse faveur que Dieu faisait à sa sainte épouse et il la laissa en toute liberté, jouir de cette grâce et du bonheur qu'elle en éprouvait (1).

Nous ne savons si sainte Bertille prit part aux autres œuvres de saint Aubert.

Le zèle du saint Pontife s'exerçait activement dans ses deux diocèses d'Arras et de Cambrai. C'est avec les encouragements et les secours de saint Aubert, que saint Landelin, son fils spirituel, après trois voyages à Rome entrepris en esprit de pénitence, put fonder quatre monastères sur les bords de la Sambre. Saint Ghislain bâtissait alors, sous le patronage du saint évêque, son abbaye dont l'église fut consacrée par saint Amand et saint Aubert. A Hautmont, le comte Mauger, sous la même protection, élevait son monastère, pendant que son épouse, sainte Vaudru, se

---

(1) Il est difficile, sinon impossible, de fixer une date à l'épisode rapporté par cette légende. La translation des reliques de saint Vaast par saint Aubert et la fondation de l'abbaye eurent lieu, suivant l'historien de saint Aubert, en l'année 667. A cette époque sainte Bertille était de retour à Marœuil, et elle avait perdu son mari depuis plusieurs années, depuis dix ans peut-être, puisque suivant la tradition des religieux de Marœuil, sainte Bertille aurait fondé leur abbaye en 660.

On ne peut concilier ces dates, qu'en admettant qu'avant la translation des reliques de saint Vaast, il existait déjà, sur le lieu où devait s'élever la future abbaye, une maison où les religieux, disciples de saint Vaast, vivaient en commun et chantaient l'office divin, en souvenir de la vie religieuse que saint Vaast avait mené lui-même dans ce lieu. Saint Aubert, dans cette hypothèse, n'aurait fait que développer ce qui existait déjà.

retirait à Chateau-Lieu, près de Mons et que sa belle-
sœur sainte Aldegonde, consacrée à Dieu par les mains
des deux saints évêques, fondait le monastère de Maubeuge. On peut croire que sainte Bertille contribua à
un bon nombre de ces fondations, car l'auteur de sa vie
manuscrite ne craint pas d'écrire ces paroles que nous
rapportons sans pouvoir les contrôler : « Que ne doit-
on pas attendre des personnes qui ont assez de pouvoir
pour renoncer à eux-mêmes pour l'amour de Jésus-Christ.
Bertille et Guthland l'ont fait. En renonçant à tous les
vains plaisirs du mariage (je dis aux vains plaisirs, car
leur mariage ne sera point sans plaisir, n'étant point
stérile ; les vertus sont trop fertiles pour être sans pro-
duction), combien d'âmes n'ont-elles point produites à
Jésus-Christ par la fondation de monastères ou l'augmentation de leurs revenus ? La Picardie, l'Auvergne, le
Vermandois sont les premiers témoins de leurs largesses. » (1) Par ces derniers mots, le P. Watelet laisse
entendre que le pays de l'Artois et de l'Ostrevent, les
diocèses d'Arras et de Cambrai, furent particulièrement
favorisés des bienfaits de sainte Bertille. Nous nous
efforcerons de noter quelques-uns de ces bienfaits dans
la suite de cette histoire.

(1) P. Watelet, Vie manuscrite de sainte Bertille p. 29.

CHAPITRE V.

SAINTE BERTILLE PERD SON ÉPOUX. — SON RETOUR A MARŒUIL (vers 655.)

L'époux de sainte Bertille doit-il être placé au nombre des saints ? — Date de sa mort. — Mort de sainte Gertrude mère de sainte Bertille. — Sainte Bertille et sainte Rictrude. — Projets de sainte Bertille en rentrant a Marœuil.

Sainte Bertille avait passé de longues années dans le mariage, quand le prince Guthland fut rappelé à Dieu. Après une vie toute de pureté et charité, le pieux époux de sainte Bertille reçut le premier la récompense à laquelle il avait droit. « Nous ne pouvons en douter, dit le biographe de sainte Bertille, et nous sommes bien persuadé de ne pas nous tromper en l'affirmant, le bienheureux Guthland n'a quitté cette terre que pour entrer dans les délices du Paradis ()1. » Ces paroles de l'historien laissent assez entendre que le noble prince est mort en odeur de sainteté.

L'histoire n'a conservé que très peu de traces d'un culte qui lui aurait été rendu. Voici comment le P. Watelet, l'auteur de la vie manuscrite de sainte Bertille, parle de la mort de Guthland. « Dieu qui voyait Guthland, en peu de temps, arriver à une haute perfection, — *in brevi explevit tempora multa* (3) — le retire de ce monde, de crainte que la malice ne corrompît son cœur — *Ne malitia mutaret intellectum ejus,* — pour le placer

(2) Ghesquière. Tome V. Vita s. Bertillæ. — Boll. Acta SS. 3 Jan. — Beato igitur Guthlando prius ab hac vitâ discedente, atque ut indubitanter credimus et veraciter tenemus in sede hujus Paradisiacæ amœnitatis collocato....

(3) En peu de temps il a fait l'œuvre de beaucoup d'années.

dans le séjour des bienheureux, parmi les anges dont il avait voulu être l'imitateur en terre par sa chasteté. Sa mort doit être arrivée vers le milieu du septième siècle. Le catalogue des saints d'Artois le met au nombre des bienheureux ; le père Lhayer et le père Ribadeneira de même. D'anciens manuscrits, aussi bien que d'anciennes peintures de notre maison, lui donnent la même qualité. Et, en effet, tant de vertus ne sauraient être autrement récompensées que de l'immortalité. Son cœur doit être allé où il avait mis son trésor, et son âme, cherché la source de ses plaisirs. Toute notre peine est de n'avoir pas encore découvert le lieu de sa sépulture, afin de pouvoir obtenir de ses saintes reliques pour joindre à celles de sa sainte épouse. »

Les documents que nous avons pu consulter ne font que très rarement mention de l'époux de sainte Bertille. On trouve le nom de Guthland, associé à celui de sainte Bertille, dans les litanies très anciennes composées en l'honneur de la sainte patronne de Marœuil ; on le rencontre aussi dans l'office de sa fête, mais c'est tout. Il ne paraît pas qu'il ait jamais eu son culte particulier. Dans leur dévotion, les habitants de Marœuil n'ont jamais séparé les deux saints époux ; cependant la première et la principale place a toujours été donnée à sainte Bertille. L'Auvergne, si nous en croyons ses plus savants hagiographes, n'a conservé aucun souvenir du prince Guthland, pas plus d'ailleurs qu'elle n'a conservé la mémoire de sainte Bertille. (1)

A quelle époque sainte Bertille perdit-elle son époux ? Les documents précis faisant défaut, nous ne pouvons le savoir exactement. De quelques faits de la vie de notre sainte, nous pouvons inférer avec assez de vraisemblance que le prince est mort vers 635. Suivant les religieux de Marœuil, en effet, sainte Bertille aurait fondé leur abbaye en 660. Or cette fondation dut éprouver

(2) Monsieur le chanoine Chaix d'Est-Ange, le savant hagiographe de Clermont, a bien voulu nous écrire sur ce sujet : « Nous n'avons aucun document qui établisse que Guthland, époux de Bertille, était de l'Auvergne. Le culte de sainte Bertille n'est pas répandu parmi nous. »

des difficultés. Elle ne put s'accomplir que plusieurs années après le retour de la sainte veuve à Marœuil. Sainte Bertille d'ailleurs ne put quitter l'Auvergne aussitôt après la mort de son époux. Il nous semble donc naturel de placer la mort de Guthland vers 655. Les pieux époux, avaient passé ensemble environ trente-cinq ans. Long espace de temps, consacré, par l'un et par l'autre, aux œuvres de la piété et de la charité !

Lorsque sainte Bertille eut donné à la douleur et à la prière les premiers temps qui suivirent la mort de son époux, elle voulut mettre ordre à toutes ses affaires, pour être libre de se consacrer plus parfaitement à Dieu. Son époux lui avait laissé des biens considérables en Auvergne, elle en fit trois parts, outre celle qu'elle abandonna aux pauvres. Elle donna l'une à divers monastères de religieux, l'autre à des prêtres vivant sous une règle commune, et que l'historien de la sainte appelle des chanoines, la dernière enfin à des monastères de vierges consacrées à Dieu. Ces diverses donations furent faites par actes solennels et par diplômes autorisés, suivant toutes les formalités requises à cette époque. (1) Sainte Bertille se dépouillait ainsi de tous ses domaines, d'une manière irrévocable ; elle savait d'ailleurs qu'elle accomplissait le désir de celui qu'elle avait perdu. Le sacrifice ne pouvait coûter beaucoup à son cœur détaché depuis longtemps des biens de cette terre.

L'attrait qu'elle avait toujours eu pour l'Artois, le désir de se retrouver auprès de sa mère, de s'édifier encore au milieu des pieux enfants de sa sœur, l'espérance de recevoir plus facilement les conseils de saint Amand, tout contribuait à déterminer sainte Bertille à quitter l'Auvergne. C'est avec bonheur qu'elle reprit la route des provinces du Nord, et qu'elle revint se fixer à Marœuil.

C'est à peine si sainte Bertille put voir encore sa mère sainte Gertrude. La pieuse épouse de Rigomer

(1) Boll. « Vita S. Bertillæ. » Nam omnia patrimonia quæ ejus dominio devenerant post obitum patris matrisque, nec non etiam ea quæ suæ potestati supra memoratus vir suus reliquerat, diversorum locorum monachis, canonicis, atque sanctimonialibus, sub chartarum auctoritate delegavit. »

s'éteignit doucement dans un âge fort avancé, vers l'année 655. Elle s'était retirée, nous l'avons vu plus haut, dans le monastère d'Hamage près de Douai. C'est là qu'elle finit ses jours. Sainte Bertille était encore dans le deuil de la mort de Guthland quand elle dut venir fermer les yeux à sa vénérable mère. Ce fut pour elle une bien douce consolation, de la voir quitter cette terre, entourée de ses filles spirituelles, qui la soutenaient dans ses derniers moments. Eusébie, son arrière-petite fille, se trouvait aussi auprès de son aïeule. Elle était alors âgée de douze ans. Sainte Gertrude l'avait recueillie dans son monastère d'Hamage, après la mort de son père, saint Adalbaud, et l'entrée de sa mère, sainte Rictrude, au monastère de Marchiennes. Après avoir vu mourir son époux en prédestiné, sainte Bertille avait encore le bonheur de voir sa mère quitter cette terre, déjà couronnée de l'auréole des saints, toute préparée pour le bonheur du paradis. Il était douloureux de la quitter, cette mère vénérable, mais que la séparation est facile entre les saints ! La confiance de se retrouver bientôt réunis pour toujours dans le bonheur du ciel, adoucit les plus pénibles épreuves. Tôt ou tard, d'ailleurs, il faut se séparer. La pensée de la pieuse mort de ceux que nous avons perdus, est la seule qui puisse nous consoler vraiment, nous qui restons, pour de bien courtes années encore, sur la terre de l'épreuve !

Quelques années seulement avant la mort de sa mère, sainte Bertille avait vu dans sa famille, un exemple admirable de ce que peut faire une jeune veuve, privée de son soutien par la mort de son mari. Nous voulons parler de l'entrée de sainte Rictrude au monastère de Marchiennes. Nous ne pouvons passer ce fait important sous silence, en raison de l'influence qu'il dut avoir sur les projets que conçut sainte Bertille, après la mort du bienheureux Guthland. Il n'est pas impossible que sainte Bertille ait été témoin de la détermination de sa pieuse nièce, et qu'elle soit venue de Marœuil, où, nous l'avons vu, elle séjournait quelquefois avec son époux, à Boiry, depuis appelé Boiry-Sainte-Rictrude, près d'Arras, où se passa la scène que nous allons raconter.

Gerberthe, sœur de sainte Bertille, avait eu trois fils,

Erchinoald, Sigebert, et Adalbaud. Celui-ci, dans une expédition militaire en Gascogne, obtint la main de Rictrude, noble jeune fille qui s'était formée à la piété sous la direction de saint Amand, envoyé en exil, pendant quelques années, par le roi Dagobert, dans les provinces du midi de la France. Adalbaud avait été lui-même le fils spirituel du grand apôtre de la Gaule Belgique. Quand ils revinrent en Ostrevent, pour s'établir à Douai, le centre des possessions d'Adalbaud, les deux époux continuèrent de vivre sous la conduite spirituelle du saint évêque.

Quatre enfants, un fils et trois filles, naquirent de cette union bénie. Mauront, le premier, fut tenu sur les fonds baptismaux par saint Riquier. Clotsende, l'aînée des filles, fut baptisée par saint Amand. La reine Nanthilde, épouse de Dagobert et régente du royaume pour son fils Clovis II, voulut elle-même lever des fonts sacrés, la seconde, Eusébie. La troisième enfin, Adalsende, était au berceau lorsqu'arriva le tragique évènement qui priva sainte Rictrude de son époux.

Le duc Adalbaud avait été envoyé dans la Gascogne pour une nouvelle expédition militaire. Il fut traîtreusement mis à mort par des parents même de sa femme, encore furieux de ce que Rictrude s'était alliée à un Franc du Nord, c'est-à-dire à un de leurs vainqueurs, et ce qui était plus grave, à un chrétien. Ce fut, pour l'épouse du duc martyr, un coup affreux qu'elle ne put supporter qu'en abandonnant le monde pour se donner toute à Dieu.

Se retirer dans le monastère de Marchiennes bâti par saint Amand sur une terre que lui avait donné le saint duc Adalbaud, ce fut le projet qu'elle conçut aussitôt et qu'elle résolut d'exécuter au plus vite. Le consentement du roi était nécessaire ; elle le demanda avec instance, mais le roi refusa. Il lui fit même connaître que son désir était de la voir contracter une nouvelle alliance avec un des grands de sa cour. Rictrude, à ces propositions, garda d'abord un silence respectueux, qui disait assez que sa décision était inébranlable. Le roi insista ; il poussa même ses sollicitations jusqu'aux menaces. La duchesse de Douai osa les braver. Dans cette cruelle position, elle crut devoir consulter saint Amand. Ce digne évêque lui donna un conseil qui semblait venir du ciel, et dès lors elle parut condescendre aux désirs du roi.

A cet effet, elle fit les apprêts d'un grand festin dans son château de Boiry, auquel elle invita le roi et tous les seigneurs de sa cour. Elle n'épargna rien pour donner à cette réception la plus grande magnificence, de sorte que le roi put y voir comme un témoignage de la disposition où était la noble veuve de se conformer à ses volontés. Le repas était somptueux. Rictrude, par l'agrément de sa conversation, avait porté la joie parmi ses convives. Vers la fin du repas, au moment même où régnait la gaieté la plus franche et la plus cordiale, la duchesse se leva tout à coup, et demanda au roi la permission de lui adresser une prière. Le bruit des conversations se calma aussitôt. Qu'allait donc demander la veuve d'Adalbaud ? Tous étaient attentifs, on s'attendait à quelque chose d'extraordinaire. — « Le roi, dit la duchesse, me permet-il de faire dans ma propre maison ce que je désire, et d'agir en toute liberté devant lui ? » — Sans hésiter le prince y consentit. Elle prit alors à témoin de la parole royale qui lui était donnée, tous ceux qui étaient assis au banquet. Chacun s'imaginait qu'elle allait remplir une coupe et la boire à la santé du roi, pour engager, comme cela se pratiquait souvent en pareille circonstance, ses convives à faire de même ; chacun déjà applaudissait, quand soudain Rictrude, tirant de son sein un voile béni par saint Amand, le mit sur sa tête, en invoquant le nom terrible de Dieu et en le prenant à témoin du vœu qu'elle faisait d'embrasser la vie religieuse. Tous les assistants furent stupéfaits de la soudaineté de cet acte d'énergie ; le roi entra dans une grande colère ; il se leva de table et sortit brusquement de la salle du festin, indigné contre lui-même du consentement qu'il venait de donner à un acte qui contrariait ses projets. Tous les leudes invités se dispersèrent à la suite du roi, et Rictrude se trouva libre de suivre ses pieuses résolutions.

Elle ne prit que le temps de régler ses affaires et elle se retira au monastère de Marchiennes pour y vivre en simple religieuse.

Sainte Bertille, en rentrant à Marœuil, avait l'esprit et le cœur tout remplis des pensées qu'y avaient fait naître les grands et glorieux exemples de sa mère et de sa nièce. Elle avait vécu saintement avec son époux, elle voulait faire plus encore : elle désirait se consacrer à Dieu par la vie religieuse. Son cœur était avide de nouveaux sacrifices, avide aussi de sauver des âmes en les attirant dans la solitude d'un cloître. En revenant à Marœuil, elle allait se trouver libre de réaliser les pieux desseins que son amour pour le Sauveur lui suggérait, et qu'il lui tardait de mettre à exécution.

Les habitants de Marœuil furent heureux de voir revenir au milieu d'eux la noble et sainte fille de Rigomer. Ils avaient appris à l'aimer, lorsque, gracieuse et pure jeune fille, elle passait au milieu d'eux comme une vision du ciel, toute remplie de nobles attraits ; ils l'avaient aimée et respectée, lorsqu'avec son époux ils la voyaient venir, pour quelques jours, dans sa villa, toujours bonne et bienveillante, mais chaque année plus charitable. Ceux qui avaient pu approcher de plus près les saints époux, en avaient gardé une édification qui les avait touchés. Que serait-ce quand ils pourraient plus souvent revenir auprès de celle qu'ils regardaient déjà comme leur sainte? C'était donc un véritable bonheur pour Marœuil que le retour de sainte Bertille. C'est avec la joie la plus vive qu'on la vit rentrer dans la demeure somptueuse de la villa, trop longtemps abandonnée au gré des colons du domaine.

CHAPITRE VI.

SAINTE BERTILLE A MARŒUIL (655-660).

Une villa au VIIe siècle. — Reconstitution de la villa de sainte Bertille a Marœuil. — Sainte Bertille et les colons de sa villa. — Son zéle pour le bien des âmes — Les affranchissements d'esclaves. — Sa charité et sa bienfaisance. — La fontaine sainte Bertille.

Suivant, par la pensée, sainte Bertille rentrant dans son domaine de Marœuil, notre pieuse curiosité voudrait pouvoir rétablir la physionomie de toute sa villa ; il nous serait ainsi plus facile de comprendre les œuvres auxquelles nous allons la voir bientôt occupée. Nous essayerons de satisfaire ce désir en nous aidant des historiens qui nous ont décrit avec le plus d'exactitude, il nous semble, le domaine rural au septième siècle. Nous verrons, et non sans étonnement peut-être, que la physionomie de Marœuil ne s'est guère modifiée depuis douze siècles, et que la villa mérovingienne s'est conservée à peu près complète, dans son ensemble et dans ses lignes principales.

En dehors des cités, la terre était partagée, en Gaule, au septième siècle, en domaines ou villas, dont l'étendue de huit à quinze cents hectares, correspond à peu près aux terroirs de nos villages actuels. Ces domaines n'étaient pas occupés, comme aujourd'hui, par un certain nombre de propriétaires cultivant quelques portions de terre; chacun d'eux n'avait qu'un seul maître. Trop grand pour être cultivé par les mains de son propriétaire, le domaine était entretenu par des esclaves ou serfs.

Les habitations élevées sur une villa se divisaient en deux parties toujours distinctes. D'un côté la demeure du maître, avec ses dépendances, où logeaient les esclaves attachés à son service personnel ; de l'autre, les habitations des serfs occupés à la culture, et plus ou moins nombreux, suivant l'importance du domaine.

La maison du maître était construite, ordinairement, sur le penchant de la colline qui dominait les habitations des esclaves et des colons. Quand la chose était possible, elle était séparée par un cours d'eau, sur lequel on jetait un pont, pour établir une communication entre les deux parties de la villa.

Des écrivains de l'époque parlant des maisons qu'habitaient leurs amis, propriétaires de villas, nous disent qu'elles offraient aux regards des murs élevés, construits suivant toutes les règles de l'art. Il s'y trouvait des portiques, des thermes d'une grandeur admirable. On arrivait à la demeure du maître par une longue et large avenue qui en était le vestibule. On rencontrait d'abord un ensemble de constructions qui comprenaient des thermes, une piscine, une salle de parfums ; de là on entrait dans la maison. L'appartement des femmes se présentait d'abord ; il comprenait une salle de travail où se tissait la toile. De longs portiques soutenus par des colonnes, et d'où la vue s'étendait sur de beaux lacs, conduisaient jusqu'à une galerie fermée où le maître aimait à se promener avec ses amis. Cette galerie menait ordinairement à trois salles à manger. De celles-ci on passait dans une grande salle de repos où l'on pouvait à son choix dormir, causer, jouer. D'autres appartements s'élevaient au-dessus ou à côté de ceux-là, parmi lesquels il fallait distinguer l'oratoire. Dès le IV° siècle, en effet, c'était l'usage que les possesseurs de domaine eussent une église dans leur propriété. Telles étaient, plus ou moins riches, mais toujours importantes, les demeures habitées par les propriétaires des villas. On trouve encore de nos jours dans quelques provinces de France, des vestiges de ces châteaux des temps mérovingiens.

A côté de la maison du maître, se dressaient les cases habitées par ses esclaves personnels, ou comme on dirait aujourd'hui, par tous ses domestiques, avec les dépendances nécessaires pour son service. (1)

____

(1) Fustel de Coulanges : *L'Alleu et le domaine rural pendant l'époque mérovingienne*. Ch. 1er

En descendant du château, on arrivait après quelques centaines de pas, à un fouillis de petites maisons, constituant ce que l'on appelait la *villa rustique*. Ces petites cases abritaient les esclaves, qui, par dix ou vingt, allaient travailler aux champs de la villa, à peu près comme le font aujourd'hui les ouvriers de ferme. Tout le produit de leur travail appartenait au maître, qui était tenu de les nourrir. Cette villa rustique, avec son nombreux personnel, avec sa série d'étables et de granges, avec son moulin, son four, ses ateliers, formait une sorte de village qui était la propriété du maître de la villa.

Au delà, du côté des champs, s'élevaient d'autres maisons, entourées de petits jardins ou même de quelques pièces de terre. C'étaient les manoirs occupés par les familles d'anciens esclaves, qui avaient été affranchis et qui pouvaient travailler pour eux-mêmes. Seulement ils étaient tenus de fournir au maître de la villa, le vrai propriétaire de leurs maisons et de leurs terres, ou un nombre déterminé de journées de travail, ou un revenu fixé, chaque année, suivant l'importance des terres qu'ils cultivaient. Une maison de colon ou d'affranchi avec ses champs, s'appelait *mansus*, un manoir, un *metz* suivant les titres anciens de Marœuil. (1) On appelait encore ces petites fermes *huba* ou *hubana*.

Pénétrons maintenant dans Marœuil, par la rue qui porte maintenant le nom de *rue d'Arras* ou *de la Chapelle*. Nous allons voir se dérouler devant nous toutes les parties de la villa, telles qu'elles étaient au temps de sainte Bertille.

Le village s'étend sur deux collines dont les pentes douces descendent vers la Scarpe. De la hauteur qui nous fait face, et sur laquelle s'élève l'église, quelques rues se dirigent aussi vers la rivière et vont rejoindre la rue qui conduisait au château en longeant les bords de la Scarpe. Descendons la rue *de la Chapelle*. A droite et tout le long des champs, s'étend une rue dont le nom marque bien qu'elle a été autrefois occupée par les colons ou les affranchis de la villa. Elle s'appelle la rue

(2) V. Cartulaire et archives de Marœuil.

de Beaumetz. Sur les titres anciens, elle porte le nom d'*Hubametz*, d'*Hubaumetz*, d'*Hubanetz*. Ce mot ne paraît être qu'une corruption du mot *huba, hubana* qui désignait, comme nous l'avons dit plus haut, les manoirs occupés par des affranchis. — A gauche, les maisons ne tardent pas à se presser l'une contre l'autre pour former de petites rues aboutissant à la *rue du Four* et se dirigeant vers le pont du château. Tout ce fouillis de maisons, concentrées autour du four banal, c'est bien encore l'image de la villa du septième siècle.

La colline sur laquelle est construite aujourd'hui l'église, et sur laquelle s'est élevée l'abbaye, était alors occupée par une douzaine de manoirs ou de metz. C'est en suivant ces manoirs d'un côté, à droite, et à gauche les maisons plus restreintes des esclaves qu'on arrivait bientôt, en longeant les rives de la Scarpe l'espace de trois cents pas environ, au pont qui conduisait à la demeure de sainte Bertille. Ce pont existe encore, bien qu'il ne serve plus d'entrée à ce qui reste du château. (1)

Quand on s'avance sur ce pont on aperçoit, à droite, à côté de la rivière, contenue dans ses digues, une grande dépression de terrain, plantée d'arbres et toute verdoyante : cette prairie basse était, au temps de sainte Bertille, un bel étang poissonneux, un vivier, dont les eaux, retenues par une digue, servaient à faire tourner un moulin. Ce moulin était celui de la villa ; il se trouvait à gauche du pont (2). L'atelier de tissage qui s'y élève aujourd'hui, porte encore le nom de *moulin*. L'écluse n'est pas détruite : tout marque encore la destination ancienne de ce grand atelier construit sur les fondements du vieux moulin.

Ce pont arrivait, par une chaussée longue d'environ cinquante pas, à un portique qui débouchait dans le

(1) L'entrée actuelle de l'enclos du château n'est pas autre chose que la porte de la ferme, autrefois annexée au château.

(2) Avant d'arriver à ce moulin et au pont du château on a construit, il y a une quarantaine d'années, le pont qui est seul fréquenté aujourd'hui. Ce pont a remplacé le gué par lequel on traversait ordinairement la Scarpe. Quand les eaux couvraient le gué, les passants traversaient la rivière par le pont, la cour et la ferme du château. C'est pour se soustraire à cette servitude que les propriétaires actuels du château ont fait construire le pont dont nous venons de parler.

château. A droite s'élevait la demeure somptueuse des propriétaires, avec l'oratoire ; à gauche et formant un demi-cercle, les dépendances et les maisons habitées par les esclaves domestiques. La demeure seigneuriale de sainte Bertille s'étendait à peu près sur la moitié du terrain clos de murs anciens, qui porte aujourd'hui le nom de *château de Marœuil*. Elle avait vue sur les champs qui bordaient l'étang. Assez retirée pour que le calme ne fût point troublé par les bruits du village, elle était assez rapprochée de la villa rustique pour que la maîtresse du domaine pût entrer facilement en communication avec toute la population qui cultivait ses terres.

Tel était donc Marœuil au septième siècle, telle était la demeure que sainte Bertille, après la mort de son époux, venait occuper pour de longues années, on l'espérait.

La sainte veuve fit aussitôt deux parts de son temps, l'une fut consacrée au service de Dieu, l'autre au soin de son domaine, des esclaves et de ses colons.

Elle avait un oratoire dans sa demeure, et, pour le desservir, un prêtre y était habituellement attaché. C'est dans cet oratoire, auprès du Dieu de l'Eucharistie, qu'elle passait une grande partie de ses journées. Le saint sacrifice ne s'offrait pas sans qu'elle ne se fît un devoir d'y assister, entourée de ses serviteurs et des femmes occupées à son service personnel. S'exerçant déjà à la vie religieuse, elle aimait à dire et à chanter, avec de saintes filles qu'elle conduira bientôt dans la solitude du cloître, les louanges de Dieu dans l'office divin. Si, la nuit, elle ne pouvait pas unir sa voix à celle des religieux qui veillaient auprès de Dieu, elle ne manquait pas de descendre dans son oratoire pour s'y tenir en prière et en méditation.

L'amour de Dieu ne faisait point oublier à son cœur l'amour des âmes. Elle cherchait, autant qu'elle le pouvait, à attirer vers son oratoire tous ceux qui étaient attachés à son service, ou qui cultivaient son domaine. Le prêtre travaillait à instruire, à convertir, à faire de vrais chrétiens de tous les esclaves de la villa, et par cela même il les rendait dignes de l'affranchissement. La maîtresse

du domaine aidait de son autorité, de ses exemples surtout, l'apostolat du prêtre. Et quand parmi les esclaves
quelques-uns s'étaient distingués par leur conduite,
leur travail et leur fidélité, sainte Bertille les affranchissait. Elle invitait le représentant de l'évêque d'Arras
à constater au nom de l'Eglise la liberté qu'elle accordait.
Ceux qui étaient ainsi affranchis recevaient une maison,
un lot de terres, et désormais le produit de leur travail
leur appartenait : ils n'avaient à payer qu'une légère
redevance. Ils restaient attachés à la culture de la terre,
ainsi le voulaient les lois ; mais en dehors de cette servitude qui, en les tenant sous l'autorité du maître, les
gardait aussi sous sa protection et affirmait leur liberté,
ils avaient tous les droits de l'homme libre.

Mais pourquoi, dira-t-on, sainte Bertille n'affranchissait-
elle pas tous ses esclaves, et pourquoi n'accordait-elle
pas à ceux qu'elle affranchissait la liberté complète ? Les
lois défendaient l'affranchissement complet, et ces lois,
vu la condition de la société, n'étaient pas injustes. Les
esclaves étaient en fait à peu près dans la condition où
se trouve aujourd'hui la classe d'hommes que nous dé-
signons du nom de serviteurs, serviteurs de maison,
d'intérieur ou de terme. Comme les serviteurs d'aujour-
d'hui, ils ne travaillaient point pour eux-mêmes, mais
pour leurs maîtres. Seulement ils n'étaient pas libres de
quitter la maison de leur maître. En dehors des esclaves
il n'existait point de serviteurs. Or, comme la société a
besoin de la classe des serviteurs, il était impossible de
la faire disparaître tout d'un coup, même sous la forme
de l'esclavage que les lois romaines lui avaient donnée.
La législation d'ailleurs ne consacrant point cette liberté,
les malheureux qui auraient voulu en user, auraient été
exposés à retomber dans un esclavage plus dur peut-
être que le premier. Des mains d'un maître chrétien qui
les eût affranchis, ils seraient tombés dans celles d'un
maître païen, qui se serait emparé d'eux pour les en-
chaîner plus étroitement. Voilà pourquoi les affranchis
devaient rester sous l'autorité de leur ancien maître. La
société était divisée en deux classes, les protecteurs, les
maîtres, et les protégés, affranchis ou esclaves. Il n'y
avait pas d'intermédiaire. Seuls peut-être les artisans
des villes jouissaient d'une certaine indépendance sous

l'autorité des lois. Encore étaient-ils les protégés et les serviteurs des cités. L'esclavage était donc à l'époque de sainte Bertille dans les mœurs de la société et comme nécessaire à la vie du monde. L'Eglise avait fait entrevoir un idéal plus parfait. On y marchait, mais lentement, par des affranchissements toujours progressifs et assurés. Les transformations des peuples sont toujours lentes, et l'abaissement de la plus grande partie du genre humain avait été rendue si profonde par le paganisme, qu'il fallait de longs siècles pour relever ceux qui étaient si lentement déchus. Avec la foi chrétienne grandissait la liberté. Au septième siècle, l'Eglise voyait s'étendre son autorité. Aussi le nombre des esclaves diminuait. Dans nos contrées du Nord en particulier, les grands évêques saint Géri, saint Amand, saint Eloi, saint Aubert avaient multiplié les affranchissements. On allait à grands pas vers la liberté complète. Sainte Bertille suivait l'impulsion donnée par les conducteurs des âmes, elle n'aurait pu faire davantage, sans compromettre le bien qu'elle voulait assurer (1).

La sainte de Marœuil s'occupait encore du bienêtre de ses esclaves et de ses colons. Son absence avait pu favoriser certains désordres, l'oppression de quelques serfs par les moniteurs chargés de les conduire et de diriger leurs travaux ; elle fit droit aux plaintes qui étaient justes ; elle prêta l'oreille aux gémissements des plus faibles, comme elle entendit les réclamations des plus forts. Elle ne se contentait pas d'écouter ceux qui venaient à elle, elle allait elle-même voir les travaux de tous ses serviteurs. Plus d'une fois elle pénétra dans les cases des esclaves, plus d'une fois aussi elle franchit le seuil des manoirs de ses affranchis et de ses colons. Elle allait y porter des soulagements, des consolations aux souffrances, de ces paroles surtout qui, sorties de son cœur si pieux, élevaient comme naturellement les âmes vers le ciel. Sainte Bertille savait que, dans toutes les dépendances

(1) Voir sur cette question : Fustel de Coulanges. *La cité antique. La monarchie Franque. L'alleu et le domaine rural sous la monarchie mérovingienne.*

de son domaine, des chrétiens travaillaient pour elle,
elle se préoccupait du bien de leurs âmes, mais aussi du
bien de leurs corps. Pour elle, ces esclaves et ces colons
n'étaient plus des choses ne méritant aucun respect
ni aucune affection, c'étaient des frères baptisés, membres d'une même Église et destinés au même bonheur.

Souvent elle quittait sa demeure pour aller visiter
ses champs. Une tradition rapporte qu'elle sortait par
une porte donnant immédiatement sur les champs et
appelée depuis *la poterne sainte Bertille*. (1) Elle s'en
allait trouver ses colons jusque bien loin dans la campagne. Une colline porte encore le nom de sainte Bertille ; il y a encore aujourd'hui, entre Mont-Saint-Éloi
et Marœuil, un lieu qui porte le nom de *Buisson sainte
Bertille*. Là, sans doute, au milieu de ses courses, sainte
Bertille se reposait ; là aussi, ses serviteurs accouraient
auprès d'elle ; là, elle distribuait des secours, et ces
douces paroles qui attendrissaient les cœurs.

C'est à un acte de charité de notre sainte que la tradition attribue la naissance de la fontaine qui porte toujours
le nom de *Fontaine sainte Bertille*. Le pouvoir de
faire des miracles a été souvent accordé par Dieu à la
charité de ses saints.

Sainte Bertille était allée visiter les travaux de ses
colons et de tous ceux qui étaient employés à la moisson.
Les chaleurs étaient extrêmes et duraient depuis si
longtemps que le lit de la Scarpe était à sec. Elle trouva
tous ses moissonneurs dévorés d'une soif ardente,
exténués et accablés de souffrances. Avides de trouver
un peu d'eau, ils étaient descendus des collines qui
bordent la Scarpe, et ils cherchaient dans le lit desséché
de quoi se désaltérer. Il n'y avait plus une goutte d'eau,
et ils se retiraient déjà découragés, quand ils aperçurent
leur sainte maîtresse venant à eux. Aussitôt ils lui
font part de leurs souffrances, ils la supplient de leur
venir en aide, de leur donner de quoi étancher leur

____

(1) On montre encore aujourd'hui l'emplacement de cette poterne.
Vers le milieu de la grande muraille qui, du côté des champs, sert de
clôture au château, on voit se dessiner d'anciennes portes. C'est là
que s'ouvrait, suivant la tradition, la poterne de sainte Bertille.

soif. Sainte Bertille les prend en pitié, les exhorte à
mettre en Dieu leur confiance, se recueille un instant,
puis, frappant le sol, elle demande à Dieu de faire jaillir
l'eau dont ces pauvres travailleurs ont besoin pour se
désaltérer. On était à cent pas de la Scarpe et des rives
où l'eau coulait ordinairement avec abondance. Tout à
coup une source puissante jaillit de terre ; une source
qui donnait une eau fraîche, abondante, admirablement
pure. Tous les moissonneurs, remerciant Dieu et leur
sainte maîtresse, se jetèrent avec avidité sur cette eau
qui allait rafraîchir leurs poitrines haletantes, ils retrou-
vèrent, en se désaltérant, des forces nouvelles et ils
purent reprendre leur travail, malgré les ardeurs de
l'été. La source, sortie de terre à la voix de sainte
Bertille, n'a jamais tari depuis. Plus d'une fois on
a vu encore la Scarpe desséchée, mais jamais la source
n'a cessé de couler. Le ruisseau qu'elle forme se déroule
à travers les prairies, l'espace de quelques centaines de
pas. Il va ensuite se perdre dans la Scarpe. Son eau est
claire, délicieuse au goût. C'est à cette fontaine, qu'à
la suite des moissonneurs de Marœuil, les pèlerins de
sainte Bertille vont puiser l'eau qui leur rendra la vue,
en guérissant leurs yeux malades. Dieu, à la prière de
sa glorieuse servante, a donné à cette source une propriété merveilleuse. Nous rapporterons, dans le cours
de cette histoire, quelques-unes des guérisons miracu-
leuses opérées par l'eau de la fontaine de sainte Bertille ;
mais on peut dire que ces guérisons sont sans nombre :
Dieu seul connaît les faveurs qu'il a accordées à la
prière de la sainte patronne de Marœuil.

CHAPITRE VII.

SAINTE BERTILLE FONDE L'ABBAYE DE MARŒUIL (660).

Une basilique au VII⁰ siècle. — Édifices élevés par sainte Bertille. — Les premiers religieux de Marœuil. — Sainte Bertille abbesse de son monastère de vierges.

Au milieu de toutes ses œuvres de piété et de charité, sainte Bertille gardait au cœur une pensée qui sans cesse l'occupait. C'était de travailler à la gloire de Dieu en faisant honorer son nom béni par des âmes qui lui seraient consacrées. Pour elle-même, elle n'avait qu'un désir, que Dieu l'admit parmi ces pieuses âmes et lui permit de vivre enfin dans le véritable état d'épouse de Jésus-Christ.

Saint Amand était resté le directeur de sa vie; déjà elle lui avait ouvert son âme, et lui avait manifesté ses désirs. Le saint l'avait encouragée en promettant que le moment propice lui serait marqué par Dieu. Une dernière fois, vers 660, sainte Bertille prit conseil du saint évêque. Elle se trouvait à la tête de grands biens; ses richesses lui permettaient de tout entreprendre. Il lui était loisible de les employer comme elle le voulait. D'autre part, la mort de son époux l'avait rendue libre de se consacrer à Dieu. Le moment semblait venu de réaliser ses desseins. Tous les membres de sa famille étaient dans l'opulence. De ses neveux, l'aîné, Erchinoald, était maire du Palais; Sigebert avait épousé la fille de Rigobert, un des plus puissants comtes du Palais, sous Clovis II; Rictrude, la veuve de saint Adalbaud était entrée au monastère de Marchiennes, et ses enfants ne pensaient qu'à suivre l'exemple de leur mère. Rien donc ne s'opposait aux pieuses entreprises de sainte Bertille.

Le moment était venu aussi de donner, aux colons chrétiens de Marœuil, une église plus grande que l'oratoire de la villa. Tous aimaient à pratiquer les devoirs de la religion qui leur avaient été enseignés par leur pieuse maîtresse, l'oratoire était manifestement insuffisant.

Il était facile de trouver un emplacement convenable au monument qu'il s'agissait d'élever. En sortant de son château, sainte Bertille avait, devant ses regards, une colline assez élevée placée, à peu près à égale distance, entre sa demeure et les habitations des colons. Cette colline était fertile, défrichée depuis longtemps, et en partie seulement divisée en manoirs habités par des esclaves affranchis. C'est sur le penchant de cette colline que sainte Bertille résolut d'élever son église, à peu près sur l'emplacement de l'église actuelle.

Les monuments auxquels, au septième siècle, on donnait le nom de *basilique*, n'étaient pas comme aujourd'hui des édifices plus ou moins grandioses consacrés au culte, c'était tout un ensemble de constructions dont la principale était consacrée au culte divin, mais dont les autres devaient servir à abriter tous ceux qui prenaient part à l'office divin régulier. La prière n'était presque jamais interrompue dans ces églises. D'un côté s'élevaient, autour du cloître, des cellules habitées par des moines chargés de chanter les louanges de Dieu le jour et la nuit ; de l'autre côté, et comme abrité à l'ombre du sanctuaire, s'établissait un monastère de vierges, avides de prendre leur part de la célébration des saints offices, et, si on peut parler ainsi, de recueillir les miettes du festin que Dieu préparait chaque jour par les mains de ses prêtres. Quand les moines avaient, pendant de longues heures, offert à Dieu le tribut de leurs adorations, les vierges venaient les remplacer et continuer le concert sublime qui rappelle à l'hôte divin de nos temples, les chants de gloire de ses élus dans la Jérusalem céleste. Grandes et nobles pensées qu'avaient nos ancêtres dans la foi ! Ils s'efforçaient déjà d'établir sur la terre, la louange perpétuelle de Dieu, le *laus perennis*, comme on l'a appelée depuis (1).

(1) Ch. Destombes. — *Les vies des saints de Cambrai et d'Arras.* « Dans nos provinces, plusieurs monastères étaient doubles ou mixtes, c'est-à-dire destinés à des hommes et des femmes, mais dans des bâtiments distincts et entièrement séparés. C'est ce que l'on rencontre à Nivelles, à Marchiennes, à Hasnon et dans d'autres lieux. » Tome II Note.

Quelles furent la grandeur et la magnificence de cette
église et de ces monastères élevés par la piété de sainte
Bertille, nous l'ignorons. Aucun vestige, aucun document ne nous est resté, qui puisse satisfaire notre curiosité. Un siècle à peine après la mort de sainte Bertille,
les sauvages Normands envahissaient toutes nos contrées, portant partout le fer et le feu, pillant, égorgeant,
brûlant tout sur leur passage. Aucun édifice ne leur
résista. La basilique de sainte Bertille disparut dans la
tourmente. Elle fut reconstruite. Mais les guerres, les
ravages du temps, causèrent de nouvelles ruines, néces-
sitèrent de nouvelles reconstructions. Sous ces démoli-
tions et reconstructions successives, rien ne pouvait
rester de l'édifice primitif du septième siècle.

Une basilique avec ses deux monastères adjacents
était un monument considérable. Il fallut à sainte Bertille un temps assez considérable pour la faire construire.
La colline sur laquelle on bâtissait, fournissait les pierres
en abondance, les forêts environnantes donnaient le bois
nécessaire, et les ouvriers habiles ne faisaient point
défaut plus qu'aujourd'hui dans Marœuil.

Les monastères bâtis appelaient leurs hôtes, et la basilique ses prêtres. Sainte Bertille qui n'avait entrepris sa
fondation pieuse que sur les conseils de saint Amand,
les reçut de ses mains. Saint Amand, nous l'avons dit
déjà, avait entrepris de travailler à l'établissement de
la religion catholique dans nos contrées du Nord. Son
apostolat consistait en deux œuvres principales, la prédication et la fondation de monastères pour les hommes
et pour les femmes. Il avait pratiqué toutes les austérités
de la vie religieuse à Saint-Martin de Tours et à Bourges,
lorsqu'il put commencer, vers 625, son apostolat. Ses
missions devaient durer soixante ans. On cite plus de
trente monastères fondés par lui-même ou avec son concours (1). Il n'est pas téméraire d'affirmer que c'est par
ces centres de vie religieuse, autant et plus que par ses
prédications que saint Amand parvint à rendre durables
les changements de mœurs produits par sa parole, dans

(1) Destombes. — *Vie de saint Amand*, ch. XX.

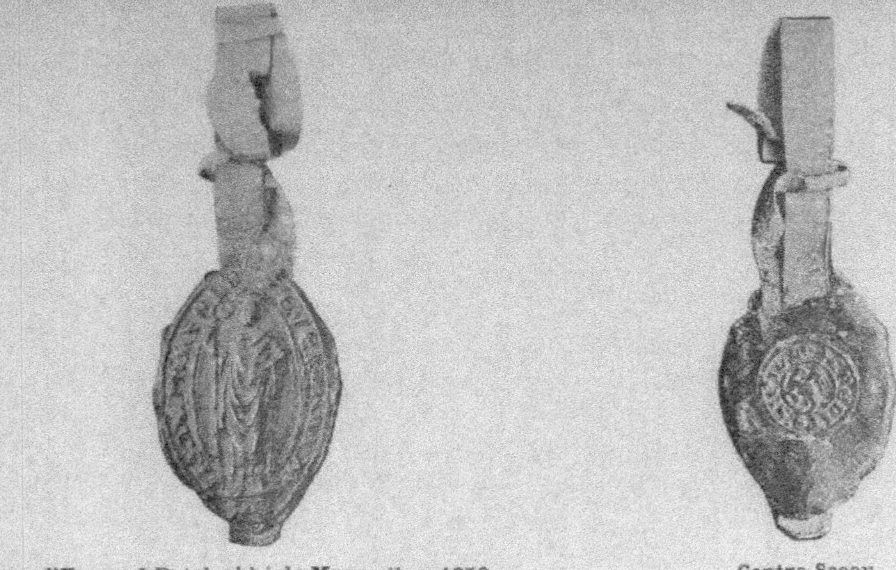

Sceau d'Everard Betel, abbé de Marœuil en 1252

Sceau ogival de 46 mill. en cire noire: Un évêque debout, nimbé, mitré, crossé, bénissant, entouré de ces mots : S. (igillum) EVERARDI ABBATIS DE MARKOLO.

Contre-Sceau

L'Agneau triomphant est entouré de ces mots : CREDITE SIGILLO.

Archives départementales. Fonds de Saint-Vaast. Cote ancienne S 3ª.
Transport du revenu de Bénifontaine, de l'abbaye de Marœuil à Saint-Vaast. Juillet 1252.

les peuples qu'il avait évangélisés. Lorsqu'un monastère était fondé au milieu d'une peuplade ou d'une contrée nouvellement convertie, des relations fréquentes s'établissaient entre les habitants et les religieux. Les moines cultivaient la terre, chantaient les louanges de Dieu, vivaient saintement en montrant quel usage on doit faire de la liberté, ils étaient hospitaliers et charitables : leurs exemples étaient une prédication constante, invitant sans cesse, à la vie religieuse et charitable, des âmes qui n'avaient longtemps connu que la superstition et la férocité.

Les monastères fondés par saint Amand ne tardèrent pas, sous l'action de son zèle et l'influence de la grâce divine, à se remplir d'hommes libres et d'esclaves libérés. Les premiers y venaient attirés par le désir de se donner à Dieu, de pratiquer dans la perfection les lois de la religion, ou de faire pénitence pour les violences qu'ils avaient exercées. Les seconds y étaient conduits par la charité qui les avait délivrés. Saint Amand comme ses amis, saint Éloi et saint Omer, comme saint Géri, évêque de Cambrai et d'Arras, a tiré de l'esclavage des multitudes de malheureux amenés de l'Angleterre en France par de véritables marchands de chair humaine (1). Ces malheureux s'attachaient ordinairement à ceux qui leur avaient rendu la liberté. Il leur était très difficile, sinon impossible de retourner dans leur patrie : quand ils avaient été vendus par leurs propres parents, ils ne pouvaient espérer retrouver un asile auprès d'eux ; s'ils avaient été enlevés de vive force, ils étaient exposés, dans leur retour, à être saisis de nouveau et rejetés dans un esclavage plus dur que le premier. Ils restaient donc auprès de leurs libérateurs Ceux-ci attachaient aux églises, à titre d'affranchis ou de colons, ceux qui étaient appelés à la vie commune ;

______

(1) Destombes, ch. XX. — Le culte de saint Amand, dit M. de Ram recteur de l'Université catholique de Louvain, était autrefois fort célèbre en Angleterre, puisqu'il a un office à neuf leçons dans le bréviaire de Sarum.

On fut encore obligé de défendre en Angleterre, l'an 1015, par une loi très sévère, de vendre les enfants et de les réduire en esclavage ; voir Lingard : Regne de Suénon, roi de Danemarck.

ceux qui se sentaient attirés vers un état supérieur étaient envoyés dans les monastères. Plusieurs devinrent les abbés des monastères où ils étaient entrés comme esclaves libérés.

Il était facile à saint Amand de choisir parmi les religieux qui habitaient dans les divers monastères qu'il avait déjà fondés en 660, un certain nombre de moines pour peupler l'abbaye de Marœuil. Qu'il l'ait fait en réalité, c'est l'opinion commune de tous ceux qui ont étudié l'histoire de Marœuil.

Ces moines étaient bénédictins, peut-être de l'abbaye d'Elnon, fondée par saint Amand et dont lui-même était abbé. Le P. Watelet a bien résumé dans sa vie manuscrite de sainte Bertille (1), les raisons qui portent à admettre que les premiers religieux de Marœuil furent des bénédictins.

« Il ne me paraît point trop hors de propos, dit-il, de résoudre ici le doute : quelle sorte de religieux sainte Bertille établit dans Marœuil. Je dis, le plus probable est que ce furent des religieux bénédictins, avec d'autant plus de raison qu'il n'y avait pour lors point encore de chanoines réguliers en France, et que sainte Bertille ayant été conduite dans sa jeunesse par saint Valéry abbé bénédictin (2) et ensuite par saint Amand aussi de l'ordre de saint Benoit, l'on ne saurait douter qu'elle n'ait eu une inclination particulière pour cet ordre. D'ailleurs l'exemple de sa mère qui avait fondé l'abbaye d'Hamage de cet ordre, et présentement encore le prieuré dépendant de l'abbaye de Marchiennes du même ordre, c'en était assez pour lui faire prendre ce parti. De plus, Locrius fait mention dans sa Chronique belgique, d'un abbé de Marœuil qui assista avec l'abbé de Marchiennes à la cérémonie de la pose de la première pierre de l'église d'Anchin par un comte

(1) P. 39 et 40.

(2) Saint Valéry, nous l'avons dit plus haut, suivait la règle de saint Colomban. Cette règle n'étant qu'une aggravation de la règle bénédictine, on a appelé aussi bénédictins les religieux qui l'ont suivie. La règle de saint Colomban ne tarda pas d'ailleurs à faire place à la seule règle de saint Benoit.

de Flandre (1). Et dans la grosse difficulté qui s'est élevée dans le onzième siècle entre les chanoines d'Arras et les religieux de Saint-Vaast pour les paroisses de Sainte-Croix et de Saint-Maurice, nous trouvons qu'un abbé de Marœuil, nommé Albert, a souscrit comme abbé bénédictin (2) à un synode assemblé pour l'accommodement de ladite difficulté du temps de Gérard second évêque d'Arras et de Cambrai. Au surplus l'élévation du corps de sainte Bertille qui se fit du temps de ce même prélat, fut commise à quatre abbés Bénédictins, ce prélat n'ayant pu y assister lui-même à cause d'une incommodité qui lui est survenue.

Nous parlerons plus au long de cette élévation dans le chapitre suivant. En voici assez pour faire voir que sainte Bertille a établi dans l'église de Marœuil des Bénédictins. »

Lorsque les moines eurent pris possession de l'abbaye qui leur avait été préparée, sainte Bertille voulut elle-même se consacrer à Dieu sous la règle bénédictine. Nous ne savons si elle reçut le voile des mains de saint Amand comme sa mère et sa nièce sainte Rictrude. Ce qui est affirmé par une tradition constante, c'est que sainte Bertille a vécu de la vie religieuse et même qu'elle a été abbesse du monastère de vierges qu'elle avait fondé. Elle avait réuni autour d'elle un certain nombre de femmes chrétiennes décidées à se donner à Dieu dans une vie toute de piété et de pureté. Elle n'eut qu'à leur montrer l'exemple, pour les faire entrer dans la voie de l'obéissance et de la pauvreté qui donne son complément à la vie religieuse parfaite.

(1) On ne voit pas bien quelle preuve le P. Watelet peut tirer de ce fait.

D'après Ferry de Locre, cette cérémonie eut lieu en 1181. Or à cette époque, l'abbaye de Marœuil était au pouvoir des chanoines réguliers depuis plus de 30 ans. L'abbé Nicolas, de Marœuil, dont il est question dans l'acte rapporté par Ferry de Locre, ne peut donc pas être un abbé bénédictin. On pourrait dire au plus que l'abbé de Marœuil était invité en souvenir des bénédictins qui avaient été les premiers religieux de son abbaye.

(2) V. Ferry de Locre, ann. 1090. Le titre de bénédictin ne lui est pas donné dans l'acte de Synode.

Ainsi sainte Bertille après avoir offert à Dieu ses richesses se consacrait elle-même à son service.

Dieu n'a point manqué de donner, même pour ce monde, la récompense que méritaient de telles générosités! Le nom de sainte Bertille brille entouré d'une gloire immortelle. Malgré toutes sortes de vicissitudes, son œuvre restera et pendant douze siècles des âmes généreuses viendront s'abriter dans le refuge construit par sa piété, contre les vices et les mensonges du monde ; pendant douze siècles, des expiations, des prières, des sacrifices s'élèveront sans cesse de ces cloîtres pour attirer les bénédictions de Dieu sur le monde et pour implorer sa miséricorde. Admirable fécondité de la sainteté et de la charité ! C'est à elles que nos contrées sont redevables de tant de siècles de foi, de gloire et de prospérité !

CHAPITRE VIII.

LES VINGT ANNÉES DE VIE RELIGIEUSE DE SAINTE BERTILLE (660-680).

Admirables exemples de sainteté dans la famille de sainte Bertille. — Sainte Rictrude et ses filles, Eusébie, Clotsende et Adalsende. — Saint Mauront. — Sainte Berthe et ses filles. — Sainte Bertille et Saint Hubert. — Les apôtres Irlandais. — Saint Léger. — Sainte Maxellende. — Sainte Saturnine.

Sainte Bertille avait bien profité des leçons de sa mère. Entrée comme elle dans le cloître, elle pouvait vivre, à son exemple, toute entière consacrée à son Dieu, véritable épouse de Jésus-Christ. Il ne lui restait plus rien non plus à envier à sa nièce Rictrude.

Sainte Bertille jouira de son bonheur pendant plus de vingt ans.

La vie régulière des âmes dans les cloîtres, n'a point de ces éclats qui frappent tous les regards et qui éblouissent. Elle est monotone en apparence ; en réalité, c'est une joie, une paix sans cesse renouvelées qui remplissent le cœur et font passer des années délicieuses. Ces années n'ont point d'histoire ici-bas. Dieu seul avec ses anges, en a contemplé et récompensé les merveilleuses beautés. Cependant, même à travers les murs d'un cloître la sainteté rayonne et produit des fruits abondants de bénédiction. C'est ce que nous pouvons constater pour sainte Bertille. La force de ses exemples va se joindre à l'édifiante impression que produisaient déjà les sacrifices héroïques de sainte Rictrude, la pieuse abbesse de Marchiennes : nous en verrons sortir une étonnante efflorescence de sainteté, dans sa famille d'abord, et par sa famille dans toutes nos contrées.

Les premières qui ressentirent l'influence de l'abbesse de Marœuil furent l'épouse de son neveu Sigebert et

ses filles. Sigebert ou Sigefrid, frère de saint Adalbaud,
avait épousé Berthe la fille unique du comte Rigobert
doté, à cause de ses exploits, par Clovis II, de la terre
de Blangy-sur-Ternoise. Cinq enfants, cinq filles, naquirent de cette heureuse union ; deux moururent en bas-
âge. Sigebert et son épouse reproduisirent à leur foyer
les vertus dont leur frère saint Adalbaud avait donné
l'exemple. Comme le noble duc de Douai, Sigebert mourut
jeune. Lorsque Berthe se vit privée de son époux, vers
678, elle ne pensa plus qu'à marcher sur les traces de
sa belle-sœur Rictrude, de sa tante Bertille et de son
aïeule sainte Gertrude. Elle résolut, comme elles, de
bâtir une église avec un monastère de vierges, et de s'y
enfermer avec ses trois filles, Gertrude, Déotile et
Emma.

Les historiens (1) de sainte Berthe nous rapportent un
fait qui montre bien la foi et l'énergie religieuse de
la fondatrice du monastère de Blangy.

De ce monastère il ne restait plus à construire que le
sanctuaire de l'église, lorsque voulant faire ses derniers adieux à sa belle-sœur sainte Rictrude et à sa
tante sainte Bertille, elle se rendit à Quiéry, l'une de
ses terres, où elle se rencontra avec l'abbesse de Marchiennes. Les deux sœurs s'entretinrent longtemps des
deux monastères, de Blangy et de Marchiennes. Sainte
Berthe entendit tout à coup un bruit semblable à celui
d'un édifice qui s'écroule. En même temps elle fut saisie d'une sorte de tremblement. Sainte Rictrude, étonnée de voir l'effroi soudain de sa belle-sœur, l'interrogea
avec anxiété.

— « Un bruit étrange m'a frappée tout à coup, répondit-elle, comme si je venais d'assister à la chûte de
l'église dont nous parlons. »

Et en effet, peu de temps après, au moment où sainte
Berthe se disposait à retourner à Blangy, on vint lui
apprendre la triste nouvelle que son monastère s'était
entièrement écroulé, à l'heure même où elle avait entendu
ce grand bruit. La peine qu'elle ressentit fut très vive ;
cependant ce qui l'affligeait, ce n'était pas la perte

(1) Boll. IV jul. — Parenty, *Histoire de sainte Berthe*. — Destombes,
Les vies des saints des diocèses de Cambrai et d'Arras.

même qu'elle éprouvait, mais le retard qu'allait subir l'exécution de son projet. Sainte Rictrude, ferme dans sa foi et habituée à mettre en Dieu toutes ses espérances, s'empressa de l'encourager.

— « Ce qui vient d'arriver, ma sœur, lui dit-elle, est une preuve de la bonté divine. Le Sauveur se joue de nos desseins quand ils ne sont pas d'accord avec les siens. Je pense qu'il a choisi un autre lieu où il veut que vous lui éleviez un temple, que les siècles ne pourront détruire. »

— « Ma sœur, reprit Berthe, j'ai déjà rendu grâces à Dieu du fond de mon cœur de ce qu'il a renversé ces premières constructions. Je comprends qu'il m'avertit que je ne suis point encore détachée des choses de la terre. J'aurais dû me renoncer davantage, pour mériter de le suivre, conformément au conseil qu'il donne dans son saint évangile. Mais comment m'assurer que le divin maître demande un autre monastère ? Comment connaîtrai-je aussi le lieu où il veut que je le construise ? »

Sainte Berthe supplia alors sainte Rictrude de permettre que toute sa communauté se mît en prières. On le fit et pendant trois jours on observa un jeûne rigoureux. Durant la nuit qui termina le jeûne, un ange montra à sainte Berthe la place d'une église qui devait être assise dans l'une des fertiles prairies dépendantes du château de Blangy, située sur la rive de la Ternoise. Le messager dessina une croix latine : C'était le plan de l'église autour de laquelle devaient s'élever les bâtiments destinés à recevoir une communauté de vierges.

Soutenue par cette vision, Berthe s'empressa de retourner à Blangy, pour reprendre son œuvre avec une ardeur nouvelle. A Marœuil où elle revint sans doute pour quelques moments, elle dut recevoir de précieux encouragements. La vue de cette double communauté religieuse vivant des bienfaits de sa tante, les exemples de détachement de toutes choses, qu'elle put y contempler, les beautés de l'œuvre sortie de la charité de la vénérable abbesse dont elle voulait suivre les traces, l'affermirent dans ses résolutions. Revenue dans sa villa de Blangy, elle ne se laissa pas arrêter par la dépense que devait lui causer la reconstruction de l'église et de son monastère, elle fit venir les ouvriers les plus habiles, et aussitôt les nouvelles fondations furent commencées.

Deux ans à peine s'étaient écoulés que l'abbaye était terminée. Ravengarius, coadjuteur de saint Omer, évêque de Thérouanne, assisté de plusieurs autres prélats évêques et abbés, la consacra solennellement. Des seigneurs de la cour du roi s'y rendirent pour donner un éclatant témoignage du respect et de l'estime dont ils étaient pénétrés pour sainte Berthe.

Sainte Bertille voyait la piété fleurir avec plus de vigueur encore dans la famille de sainte Rictrude. Le jeune fils d'Adalbaud, Mauront, venait de se donner à Dieu avec une admirable générosité. Elevé dans le Palais de Clovis II, il gagna, par son rare mérite et la sagesse de sa conduite, la faveur du roi. Nommé intendant des forêts royales, le jeune Leude prit rang parmi les comtes du Palais. De concert avec le roi, sainte Rictrude lui ménageait une illustre alliance, lorsque rompant soudain avec toutes les propositions qui lui étaient faites, il s'enfuit auprès de saint Amand. Quelques temps après, il brisait tous les liens qui l'attachaient au monde, déposait tous les insignes de ses dignités et de sa noblesse et s'en allait fonder une abbaye dans les possessions de sa famille, sur les bords de la Lys. Cette abbaye qui porta d'abord le nom de Bruel donna naissance à la cité de Merville. Cette conversion éclatante étonna toute la Gaule, en même temps qu'elle remplissait de joie le cœur de sainte Bertille et de sainte Rictrude.

Les filles du saint martyr Adalbaud ne le cédaient point à leur frère. Eusébie, l'aînée, avait succédé à son aïeule sainte Gertrude, dans le gouvernement de l'abbaye d'Hamage; elle ne laissait rien tomber de ce qu'avait édifié son aïeule. Lorsque jeune encore, vers 673, elle vit venir la mort, elle put offrir à son époux céleste les fleurs toutes belles et toutes vives de sa pureté virginale et de son amour parfait.

Elle fut bientôt suivie de sa sœur Adalsende, enlevée comme elle à la fleur de l'âge. Elle venait à peine de briser entièrement avec le monde et de refuser les plus brillantes alliances, quand Dieu l'appela pour lui donner au ciel la couronne qui ne se flétrit pas.

Clotsende resta seule auprès de sa mère. Elle lui succéda dans la suite et vécut de longues années à la tête de l'abbaye de Marchiennes. Comme ses sœurs, elle mérita l'auréole de la sainteté.

Se peut-il plus belle et plus illustre famille que celle de sainte Bertille ? Il n'y a peut-être pas d'autre exemple de tant de saints sortis, en quelques années, d'une même tige. Qu'elle est puissante aussi la gloire qui s'attache au nom des saints, puisqu'après douze siècles, nous redisons les noms de cette famille bénie, nous recherchons leurs traces, nous méditons leur vie, et nous recourons encore à leur intercession auprès de Dieu !

Si l'on en croit une tradition rapportée par plusieurs historiens de sainte Bertille, la vénérable abbesse de Marœuil aurait étendu son action sur d'autres branches encore de sa famille. C'est à elle principalement que l'on devrait la conversion du grand évêque de Maëstricht et de Liège, saint Hubert. Voici ce que rapporte un historien (1) de la sainte, d'après le P. Malbrancq.

« Les archives de l'abbaye d'Andaine disent qu'elle leva sur les fonts du baptême, saint Hubert, ce grand évêque de Tongres (2), et c'est peut-être pour cette raison que cette église (3) a été gratifiée d'une partie des reliques de ce grand saint. Le père Malbrancq (4) dit la même chose en ajoutant que sainte Bertille travailla à la conversion de saint Hubert qui était encore païen quoiqu'en adolescence. Il dit avoir appris de l'illustre Jacques Regnier de la Tour en Boulonnais, que ledit saint Hubert tirait son origine du Boulonnais, et qu'il avait encore connu un des chefs de la famille de saint

(1) Vie manuscrite de sainte Bertille, p. 45.

(2) Saint Hubert, avant de transférer son siège épiscopal de Maëstricht à Liège l'avait établi pendant quelque temps à Tongres C'est en raison de cette translation qu'on l'appelle aussi évêque de Tongres.

(3) L'église de Marœuil. La relique de saint Hubert est conservée aujourd'hui encore, à l'église de Marœuil.

(4) De Morinis, lib. IV, cap. VIII.

Hubert, demeurant à Moriaucourt (1), village près de Saint-Pol, qui guérissait de la rage. Et ainsi, il peut avoir demeuré en Artois et en Boulonnais, du temps du veuvage de Sainte Bertille. Un ancien tableau du baptême de saint Hubert, dans l'église de Saint-Marck à Tournay, nous y représente sainte Bertille comme marraine de saint Hubert et sur les reliques du saint qui sont à Marœuil, il est écrit : *Ex ossibus sancti Huberti filii in baptismo sanctæ Bertiliæ virginis.* »

Les faits que nous venons de rapporter, sont peut-être la cause du culte qui est rendu à sainte Bertille dans le diocèse de Liège. Ce culte est immémorial. La dévotion à sainte Bertille est très populaire, et attire chaque année d'innombrables pèlerins qui se rendent, de toutes les contrées de la Belgique au splendide sanctuaire qui lui est consacré. Est-il téméraire de faire remonter l'origine de ce culte aux relations de sainte Bertille avec le saint évêque de Liège, si célèbre et si populaire ? Le souvenir de ces relations s'est à peine conservé dans l'histoire, mais la piété du peuple, plus fidèle, a gardé ses sentiments de vénération pour celle qui a contribué à donner à la Belgique son incomparable thaumaturge. Ou plutôt, Dieu a voulu lui-même conserver, dans ce culte, le souvenir de la grande œuvre, accomplie par le zèle et les prières de sa pieuse servante.

Ces relations avec saint Hubert étendraient singulièrement l'influence de sainte Bertille, dans la seconde moitié du septième siècle. Elle nous montrent la sainte abbesse de Marœuil préoccupée non seulement de la sanctification de sa vie, de la christianisation des habitants de ses domaines, de la perfection des moines et des vierges qu'elle avait réunis autour de sa basilique, mais encore de la propagation de l'Evangile dans sa famille, dans les contrées du Nord de la France et de la Belgique et jusqu'à la cour des rois de France. Saint Hubert, qu'elle devait amener au baptême, se trouvait

(1) V. Bollandistes. — Tome I de novembre. *Gloria postuma Sti Huberti,* Sect. II. S. VI. A.

(2) A Brusthem dans la province du Limbourg, près de la ville de Saint-Amand.

(3) Notice du pèlerinage publiée en 1885.

en effet à la cour du roi Thierry, quand les premières
sollicitations de la grâce se firent sentir à son âme. Il
y occupait un rang important, et cherchait à combattre
l'influence d'Ebroïn, le fameux maire du Palais. On sait
quelle transformation s'opéra en lui, et à quel admirable apostolat Dieu le destinait sur le siège épiscopal
de Maëstricht, occupé quelques années auparavant
par un autre saint, dont nous avons souvent parlé,
saint Amand, le directeur et le guide de sainte Bertille,
dans toutes ses œuvres.

Le zèle de sainte Bertille devait profiter de toutes les
occasions pour s'exercer. De 660 à 680 nos contrées
furent sillonnées de missionnaires venus principalement
de l'Irlande. C'étaient les saints Fursy, Foillan et Ultan,
saint Wasnon, saint Etton, saint Kilien à Aubigny-en-
Artois, saint Vulgan à Lens, saint Autborde à Wancourt,
saint Adalgire près d'Avesnes et surtout l'admirable
apôtre saint Liévin dont « toute l'église des Gaules ho-
nora la mort ». Le nombre des Irlandais sur le continent
devint tel, dit l'historien de la civilisation chez les
Francs (1), qu'en plusieurs lieux on éleva des hospices
destinés aux pèlerins de leur nation. Combien de ces
missionnaires et de ces pèlerins passèrent par Marœuil,
combien furent secourus par la sainte Abbesse, Dieu
seul le sait. Nous devons croire que sainte Bertille ne
ménagea pas ses secours et ses encouragements. Elle
ne désirait rien tant que de participer à l'œuvre de la
propagation de la foi de Jésus-Christ et de l'évangélisation de nos contrées.

Malgré les difficultés nombreuses que rencontrait
l'apostolat, elle espérait que tous les peuples de la
Gaule Belgique se convertiraient bientôt à la religion
chrétienne. Les persécutions ne décourageaient pas son
zèle et ne l'effrayaient pas. C'était l'époque (678) où saint
Léger le grand évêque d'Autun poursuivi par la haine
féroce d'Ebroïn, les yeux déjà arrachés, fuyait en vain
devant les satellites de Thierry III et de son cruel
maire du palais. Rien n'était capable de toucher le cœur
de ses bourreaux : il était mis à mort, en haine de la foi,

____

(1) Ozanam : *La civilisation chrétienne chez les Francs*, chap. VI.

dans la forêt de Sarcing non loin d'Arras. Entre Arras et Cambrai, deux vierges étaient frappées du glaive parce qu'elles voulaient défendre leur pureté contre les passions de ceux qui prétendaient les épouser malgré leurs vœux : c'était Maxellende à Caudry près de Cambrai, et Saturnine à Sains-lez-Marquion. Les mœurs étaient encore bien sauvages, mais le sang versé devait être, ici comme partout, une semence de chrétiens : grâce aux prières et aux exemples des religieux déjà nombreux dans les monastères, grâce aux sacrifices généreux des vierges, comme sainte Bertille, l'Evangile commençait à porter des fruits, et déjà ces fruits étaient admirables.

Le siècle ne se terminera pas sans donner à l'Eglise de la terre et à celle du Ciel, une moisson de saints telle qu'aucun autre siècle ne l'a égalée.

CHAPITRE IX.

SAINTE BERTILLE ÉLÈVE UN AUTEL A
SAINT AMAND ET LUI CONSACRE SON
ABBAYE. — SA DONATION A SAINT VINDI-
CIEN (684).

Mort de saint Amand — Vision de sainte Alde-
gonde. — Sainte Bertille élève un autel à saint
Amand. — Importance de cet acte. — Comment
sainte Bertille y fut amenée. — Sainte Bertille et
Saint Vindicien. — Donations de sainte Bertille. —
Leur certitude. — Leur importance.

Le saint directeur de l'abbesse de Marœuil et de toute
sa famille était arrivé à la plus extrême vieillesse. Il
avait quatre-vingt-dix ans. « Sa tête blanchie par les
années et les travaux, s'inclinait faiblement sur sa poitrine, où battait toujours un cœur embrasé de l'amour
de Dieu et des hommes. Le corps, il est vrai avait perdu
sa force et son activité ; mais autant la nature s'était
affaiblie par les austérités et les fatigues de l'apostolat,
autant l'âme semblait avoir conservé de courage et
d'énergie (1). »

Le saint abbé sentant venir sa fin, se fit transporter
par ses moines dans l'église de son monastère d'Elnon.
C'est là qu'au milieu des prières et des larmes de ses
fils spirituels, il rendit à Dieu sa grande âme, dans la
paix et le calme d'une mort qui n'était que l'entrée dans
la gloire éternelle.

« Or il plut au sauveur Jésus, ajoute l'historien de
saint Amand (2), d'en donner aussitôt l'assurance, en
manifestant la gloire et le triomphe de son serviteur

(1) Destombes, *Vie de saint Amand*, ch. XXIII.
(2) Destombes, ibid.

à la pieuse Aldegonde, l'une des saintes âmes qu'il avait consacrées à Dieu, et qui la première devait le suivre au séjour des élus. A l'heure où le bienheureux rendait le dernier soupir, une vision se présenta à cette vierge tandis qu'elle reposait dans son monastère de Maubeuge. Un ange descendu des cieux la conduisait dans un séjour ravissant et délicieux, et là elle apercevait un beau vieillard, le front rayonnant, le port majestueux; il était revêtu d'habits sacerdotaux d'une grande beauté, et tenait à sa main la crosse pastorale. Elle le voyait en cet état tout brillant et environné d'une lumière éclatante monter vers le ciel : devant et derrière lui s'avançaient des troupes nombreuses revêtues d'habits aussi blancs que la neige : elles formaient son cortège. La vierge Aldegonde, frappée de ce spectacle, désirait aussi s'élancer à leur suite pour partager leur bonheur : l'ange alors lui demanda si elle savait bien quel était ce noble et vénérable vieillard, et sur sa réponse qu'elle l'ignorait: — C'est Amand, lui dit-il, le serviteur de Dieu, qui, après avoir dignement et en toute innocence achevé le cours de sa vie mortelle, abandonne la terre et entre, plein de mérites et de joie, dans la gloire de son Maître et Seigneur, afin qu'en récompense de ses travaux il jouisse du repos éternel, et soit pleinement rassasié de la possession de Dieu. Quant à cette troupe innombrable qui s'avance avec lui, ce sont tous ceux qui ayant été convertis par ses prédications et instruits par ses exemples, se sont rendus dignes d'être inscrits au livre de vie. Ils lui font compagnie pour témoigner leur juste reconnaissance et lui rendre les honneurs qu'il mérite (2). — Après ces paroles la vision disparut et Aldegonde se hâta de faire connaître à sainte Waudru, sa sœur, et au vénérable saint Ghislain la mort bienheureuse de leur commun père Amand. »

Ce récit nous était nécessaire pour comprendre l'œuvre entreprise par sainte Bertille pour la glorification de saint Amand. Nous sommes obligés d'admettre en effet ou bien qu'elle reçut communication de la vision de sainte Aldegonde, ou bien qu'elle fut favorisée par

(2) Bolland. VI feb. *Vita S. Amandi* p. 872.

Dieu d'une semblable vision. On ne peut pas expliquer autrement qu'elle ait pu concevoir la pensée d'élever un autel, aussitôt après sa mort, au saint évêque abbé d'Elnon. Un autel à saint Amand, c'était un culte public qui lui était rendu, c'était la proclamation de sa sainteté sur la terre et de sa gloire dans le ciel.

L'acte de sainte Bertille avait une importance extrêmement grave.

Au septième siècle les règles sur le culte des saints n'étaient pas aussi sévères qu'elles le sont aujourd'hui ; cependant le peuple chrétien n'avait pas toute liberté de rendre à qui il le voulait le culte et les honneurs dont on entoure la mémoire des saints. Si l'on n'était pas obligé de recourir au Saint-Siège, il fallait au moins l'approbation de l'évêque et cette approbation n'était pas accordée facilement. Nous le verrons pour le culte de sainte Bertille elle-même. Ce n'est qu'après plus de trois siècles écoulés depuis sa mort, après de nombreux miracles que l'évêque d'Arras et de Cambrai permit l'élévation de son corps, ce qui équivalait à une canonisation.

Nous ne voyons que bien rarement dans l'histoire des saints, des canonisations faites, si on peut parler ainsi, par Dieu lui-même. Il est arrivé quelquefois que, dans une révélation particulière, Dieu ait commandé d'honorer quelqu'un de ses saints et de lui rendre un culte public. C'est ce que nous trouvons ici pour saint Amand.

Pour que sainte Bertille conçût l'idée d'élever un autel à saint Amand, il fallait ou bien qu'elle eût été informée de la vision de sainte Aldegonde, ou qu'elle eût été favorisée d'une révélation de la gloire du saint fondateur, ou bien enfin que l'évêque d'Arras, saint Vindicien eût prononcé sur la sainteté de l'évêque de Maëstricht. Or, rien ne prouve que saint Vindicien ait porté ce jugement sur la vie de saint Amand. C'est donc à une révélation spéciale qu'il faut attribuer l'acte important de sainte Bertille. Si cette révélation a été faite directement par Dieu à l'abbesse de Marœuil, nous devons y trouver un gage merveilleux de la sainteté de sa vie ; si, au contraire, sainte Bertille n'a fait que tirer les conséquences de la vision de sainte Aldegonde, nous devons admirer la hardiesse de sa foi, l'ardeur de sa piété et de sa reconnaissance pour saint Amand. Nous avons peine cependant à croire que sainte Bertille aurait pu, sans une illumination venue de Dieu, se décider à violer les lois de l'église, dans une question de cette gravité.

Le biographe anonyme du douzième siècle n'a pas insisté sur ce fait : il se contente de dire que sainte Bertille, après avoir construit sa basilique « y éleva un autel en l'honneur du noble Amand » (1). Il faut cependant y voir, comme nous l'avons dit, un acte très grave et très important. Très grave, en raison de la révélation miraculeuse qu'il suppose, et de la violation apparente de la discipline de l'église ; très important, parce qu'il a introduit dans la dévotion du peuple et le culte de l'Eglise un saint dont le temps n'avait pas encore consacré la gloire. Sainte Bertille fut donc la première à invoquer et à faire prier saint Amand ; la première elle le donna comme patron à sa basilique et à ses deux monastères. Son abbaye s'appellera *Abbaye de Saint-Amand*. Ce n'est que longtemps après la mort de la sainte fondatrice qu'elle sera appelée *l'abbaye de Saint-Amand et Sainte-Bertille*. Aujourd'hui encore la paroisse de Marœuil conserve saint Amand pour patron avec sainte Bertille, et elle est heureuse de posséder une relique relativement importante du grand évêque, conseiller de sainte Bertille, fondateur à ce titre de son ancienne abbaye et apôtre, peut-être à certains jours, de la population qui habitait la villa de la sainte, au septième siècle.

L'acte de sainte Bertille n'a pas dû être inconnu cependant de l'évêque d'Arras. Après la mort de saint Amand, la vénérable abbesse pria, en effet, saint Vindicien de se faire le guide de ses dernières années, et le saint évêque voulut bien y consentir. Il est impossible que sainte Bertille ne lui ait pas fait connaître alors l'œuvre qu'elle avait entreprise en l'honneur de saint Amand. Si l'évêque ne crut pas devoir donner alors une approbation publique, au moins il dut, par un consentement tacite, permettre à sainte Bertille de garder

______

(1) Ibidemque aram statuit in honore almi Amandi. Boll. — Vita S. Bertiliæ.

l'autel qu'elle avait élevé. C'était assez pour légitimer
la conduite de la sainte abbesse.

Saint Vindicien était évêque d'Arras et de Cambrai
depuis plus de dix ans lorsque sainte Bertille lui confia
la direction de sa vie. Les relations avaient dû être
assez fréquentes entre l'abbesse de Marœuil et l'évêque
d'Arras. Vindicien, né à Bullecourt, non loin d'Arras,
avait passé de longues années dans la solitude au petit
village de Saint-Aubin, tout proche de Marœuil. Quand
le pieux solitaire se fut donné à saint Eloi pour être son
disciple et son compagnon habituel, plus d'une fois il
visita, avec l'évêque de Noyon, les maîtres si pieux et
si généreux de la villa de Marœuil. Saint Vindicien fut
dans la suite chargé par saint Aubert d'administrer
l'Église d'Arras, à titre d'archidiacre ; sainte Bertille
qui fondait alors son monastère, dut avoir souvent
recours à ses conseils. L'archidiacre ne tarda pas à
monter sur le siège épiscopal de saint Aubert. Il ne put
que protéger plus efficacement encore l'œuvre importante de sainte Bertille. La vénération le conduisit aussi
bien souvent auprès de saint Amand. Son nom est écrit
au bas du testament du grand évêque missionnaire. (1)
Ces rapports de saint Vindicien et de saint Amand rendaient encore plus faciles les relations de sainte Bertille
et de l'évêque d'Arras.

Sous la conduite de saint Vindicien, l'abbesse de
Marœuil s'avança jusqu'aux dernières limites du détachement de toutes choses, qu'elle avait déjà pratiqué si
généreusement. Nous avons vu plus haut qu'elle avait
donné à des monastères, à des communautés de clercs
et de religieuses tous les biens que lui avait laissé son
époux Guthland ; elle avait fait de même pour sa part
de l'héritage de son père et de sa mère ; elle ne s'était
réservé que la villa de Marœuil. Les revenus de cette
villa lui étaient nécessaires, sans doute, pour ses œuvres
de charité qu'elle voulait continuer, et pour l'établissement du double monastère qu'elle avait entrepris de
fonder. Dans ses dernières années, elle voulut faire

____

(1) Boll. *Vita S. Amandi.* — Destombes. *Vie de saint Amand.*

plus. Pour se dépouiller entièrement, elle voulut aussi léguer à l'Eglise sa villa de Marœuil : elle en fit don solennellement et par acte authentique, à la basilique de Sainte-Marie de la Cité d'Arras. (1)

Saint Vindicien voulut lui-même assurer de ses propres biens l'avenir de son église. Il lui fit des donations importantes de villas. L'énumération s'en trouve tout au long dans la Chronique de Cambrai (2). Pour assurer l'effet de ses libéralités et de celles de sainte Bertille, l'évêque s'adressa au roi Thierry et au souverain pontife Jean V : il sollicita la confirmation solennelle de ces donations. Le roi ne pouvait lui refuser cette faveur. Depuis qu'il avait été forcé par les remontrances sévères de saint Vindicien d'expier le crime qu'il avait laissé commettre sur saint Léger, évêque d'Autun, il se montrait docile à tous les conseils de l'évêque d'Arras. Dans un plaid général tenu en présence du roi et de nombreux évêques, saint Vindicien déclara sa volonté de soustraire à jamais son église à toute puissance séculière et judiciaire. Le roi et les évêques souscrivirent l'acte écrit par lui et confirmé par le Souverain Pontife. C'est sur cette donation, constatée déjà au XI° siècle par Baldéric, ancien secrétaire de plusieurs évêques de Cambrai, qu'ont reposé jusqu'à la Révolution les droits de propriété de l'ancien chapitre de la cathédrale d'Arras (3).

Dans cet acte, Marœuil est cité en ces termes : *Maraculum cum integritate, ecclesia cum dote.* « Marœuil dans son entier, l'église avec sa dotation. » Tout ce que nous avons dit déjà de la villa de sainte Bertille et de la fondation de sa basilique doit nous aider maintenant à comprendre toute la signification de ces termes.

(1) Ancienne église cathédrale d'Arras, détruite après la révolution et remplacée aujourd'hui par l'église paroissiale de Saint-Nicolas-en-Cité.

(2) Chronique de Baldéric, lib. I, chap. XXV, éd. Le Glay.

(3) Le P. Le Cointe, dans ses Annales, à l'année 680, a contesté l'authenticité de cet acte de saint Vindicien. Qu'il nous suffise de faire remarquer que cet acte confirmé par le fait des possessions de l'église d'Arras, était reconnu comme authentique au XI° siècle, puisque, d'après le récit de Baldéric, on peut croire que ce chroniqueur a vu l'acte même signé par saint Vindicien, et confirmé par le pape Jean V.

« Marœuil dans son entier » ne peut signifier que la villa de Marœuil avec tous ses hommes, esclaves, affranchis et colons, avec toutes ses terres, avec la demeure de sainte Bertille et toutes les constructions qui abritaient les habitants. Sainte Bertille n'avait pas excepté de sa donation « son église et sa dotation ; » par conséquent elle avait voulu donner à l'évêque d'Arras la propriété de son église, et de tous les biens qu'elle avait affectés à son entretien. La jouissance seule de l'église et des monastères qu'elle avait élevés auprès de sa basilique, était laissée aux moines et aux religieuses qui les occupaient.

Ces quelques mots de la donation de saint Vindicien ne nous donnent que le résumé de l'acte même que sainte Bertille a dû souscrire en faveur de l'église d'Arras. Cet acte devait contenir le partage des biens qu'elle laissait, entre l'évêque d'Arras et le Chapitre de sa cathédrale. Au défaut de la donation authentique qui ne nous a pas été conservée, nous devons le rechercher dans les faits, c'est-à-dire dans les possessions attribuées en réalité à l'un et à l'autre, pendant tout le moyen âge et l'époque moderne jusqu'à la Révolution.

Or pendant ce long espace de temps qui va du XIIe siècle à 1789, les évêques d'Arras ont toujours été reconnus comme seigneurs de Marœuil et propriétaires du château. C'est à eux que tous les habitants payaient le droit de terrage, c'est à eux que revenait l'administration de la justice. Ils nommaient le lieutenant et les échevins administrateurs de la commune, ils percevaient tous les droits afférents à leur seigneurie. (1) Nous pouvons déduire de là que saint Vindicien et les évêques d'Arras ont été constitués par sainte Bertille, propriétaires de sa villa. Le droit féodal du moyen âge n'est pas autre chose en effet que le droit ancien des propriétaires de villas. Une lente transformation s'est opérée à travers les siècles dans la propriété et l'état des personnes. Tous les colons et les esclaves du VIIe siècle sont devenus libres ; peu à peu ils ont acquis la

____

(1) Archives départementales. Fonds de l'abbaye de Marœuil. Fonds de l'Evêché. Carte du terroir de Marœuil indiquant les terrages dus à l'Evêque, 1750.

jouissance perpétuelle des terres qu'ils avaient cultivées comme serfs ou affranchis. Le droit ancien du propriétaire de la villa n'est plus constaté que par les redevances, payées sous forme de terrage ou autre impôt ; la villa mérovingienne s'est transformée en commune et son propriétaire est devenu seigneur féodal. Il a fortifié sa demeure pour en faire un château : il règne maintenant sur ceux qu'il a achetés autrefois comme esclaves et qui sont devenus ses sujets. Cette transformation n'est nulle part peut-être plus visible et plus intéressante à suivre que dans Marœuil.

Telle est donc l'origine de la seigneurie des évêques d'Arras, sur Marœuil. Sainte Bertille leur a donné sa villa. Cette villa s'est changée en commune et les évêques, de propriétaires sont devenus seigneurs féodaux.

L'évêque d'Arras recueillant les droits de propriété de sainte Bertille sur sa villa, le Chapitre ne pouvait recevoir que des terres. C'est bien ce qu'il a toujours possédé sur le terroir de Marœuil. A la Révolution il était propriétaire de deux cents à deux cent-cinquante mesures de terre, environ cent hectares (1). Ces terres ont dû constituer la part faite au Chapitre par sainte Bertille. Il est impossible d'assigner une autre origine aux droits du Chapitre sur ces terres ; tout autre titre de propriété fait défaut et la tradition se prononce clairement sur ce point.

A la Révolution, outre la seigneurie, les évêques possédaient encore à Marœuil quatre cents mesures de terre. Ces terres ont dû constituer la partie du domaine que sainte Bertille faisait cultiver pour elle-même, ce que l'on appelait *dominium indominicatum* (2), le reste étant donné aux colons ou affranchis moyennant redevance. Les évêques, en recevant la propriété de toute la villa sont devenus également les propriétaires de ces terres. Sainte Bertille avait fait de sa villa, on le voit, une des plus importantes sources de revenus pour l'évêché d'Arras.

En même temps que saint Vindicien recevait la villa de Marœuil, il était aussi constitué propriétaire de la

<hr>

(1) Archives départementales.
(2) Fustel de Coulanges. *L'alleu et le domaine rural sous la monarchie mérovingienne.*

basilique construite par sainte Bertille, et de la dotation qu'elle y avait affectée. C'est ce que signifient ces mots de l'acte de saint Vindicien : « *Ecclesia cum dote.* » La jouissance de l'église et des abbayes, les revenus des terres qui constituaient la dotation, étaient laissés aux moines et aux religieuses des deux monastères, mais la nue-propriété appartenait à l'évêque. La conséquence de cet état de choses était que si un jour les religieux venaient à disparaître, l'église et les terres devaient faire retour à l'évêque. Plus tard aussi, lorsque le droit mérovingien aurait fait place au droit féodal, la propriété des évêques sur l'abbaye devait se transformer en droit seigneurial ; l'abbaye elle-même devait n'être plus qu'un fief de la seigneurie de Marœuil. Les abbés dès lors seraient tenus de prêter foi et hommage à l'évêque, et de payer, à leur élection, un droit de relief qui constatait leur dépendance temporelle à l'égard de l'évêque d'Arras.

C'est bien là ce que nous trouvons dans les documents qui nous sont restés sur Marœuil.

Au IX⁰ siècle, le monastère avait été détruit par les Normands. Dans les premières années du siècle suivant, Fulbert, évêque d'Arras et de Cambrai, le releva de ses ruines et le dota de nouveau de terres et de revenus. En 977 (1), Lothaire, roi de France, délivra en faveur de l'abbaye de Saint-Amand et Sainte-Bertille, un diplôme, confirmant les donations faites au monastère par Fulbert et ses successeurs. Or, il n'est pas question, dans le diplôme, d'une simple *restitution*, que Fulbert aurait faite à l'abbaye, des biens qu'elle possédait auparavant : il n'est fait mention que des *donations* de Fulbert, comme si Fulbert était le premier fondateur de l'abbaye. Cela est si vrai qu'un certain nombre d'historiens s'y sont trompés et qu'ils ont cru que l'abbaye de Marœuil n'avait pas été fondée par sainte Bertille au VII⁰ siècle, mais seulement par Fulbert au X⁰. Leur erreur provient de ce qu'ils n'ont pas assez fait attention aux termes du diplôme, et qu'ils n'ont pas tenu compte du droit mérovingien, qui régissait encore les propriétés au IX⁰ siècle. L'église avec sa dotation avait été donnée

(1) Cartul. de l'abbaye de Marœuil, folio 1, v⁰. — Ghesquière, Ferry de Locres. V. les documents insérés à la fin du volume.

par sainte Bertille à l'évêque d'Arras. En conséquence
tous les biens abandonnés revenaient à l'évêque à raison
de son titre de propriétaire de la villa et de seigneur du
village. Le passage des Normands en dispersant les
moines avait fait rentrer les évêques d'Arras dans la
possession de l'abbaye. En rétablissant le monastère,
Fulbert faisait donc une donation nouvelle, des biens de
son évêché, il devenait le nouveau fondateur de l'abbaye
qui allait prendre la place de la première. Ainsi s'explique le titre qui lui est donné par le diplôme de Lothaire, ainsi même la donation de sainte Bertille se
trouve confirmée.

Nous trouvons une autre preuve de cette interprétation de la donation de sainte Bertille, dans les *dénombre-
ments* faits à l'évêque d'Arras, par les abbés de Marœuil
(1). Dans ces actes qui devaient être renouvelés après
chaque élection, l'abbé se reconnaissait vassal de l'évêque, en raison du fief qu'il possédait. Ce fief n'était
autre chose que l'abbaye, avec toutes les terres et tous
les revenus qui constituaient sa dotation. Or, le fief,
dans tout le moyen âge, n'était que la transformation en
propriété dépendante de la seigneurie, des terres occupées autrefois avec le consentement du propriétaire de
la villa. Les abbés de Marœuil avaient profité de l'émancipation commune. Avec le temps, les esclaves, les
colons et les affranchis étaient devenus seuls propriétaires, à condition de payer une simple redevance au
seigneur. Il en était de même pour l'abbaye. Par la force
des choses, les religieux avaient été reconnus par les
évêques comme propriétaires, ils n'avaient plus qu'à
remplir les devoirs imposés par les lois féodales
aux possesseurs de fiefs. Il faut donc revenir encore à
la conclusion précédente, et admettre que les évêques
d'Arras ont été établis par sainte Bertille, propriétaires
de sa villa de Marœuil. L'abbaye était sous leur dépendance temporelle, autant et plus même qu'elle n'était
sous leur dépendance spirituelle.

---

(1) Archives départementales. — Fonds de l'Evêché d'Arras. —
Dénombrement présenté à l'évêque d'Arras par l'abbé de Marœuil. —
On appelle *dénombrement* la pièce écrite que le vassal présentait à
son seigneur à certaines époques déterminées, et dans laquelle il
consignait l'énumération des biens qu'il reconnaissait tenir en fief.

Quelle était l'importance de la dotation constituée par sainte Bertille, en faveur de son abbaye ? Il nous est impossible, au défaut de document de l'époque, de le déterminer exactement. Si nous supposons, et cette hypothèse paraît légitime d'après le diplôme de Lothaire, que Fulbert a rendu à l'abbaye à peu près les mêmes terres qu'elle possédait avant sa ruine par les Normands, nous arrivons au chiffre de trois à quatre cents mesures de terre. Lothaire dit, en effet, qu'il confirme la donation faite aux Frères, c'est-à-dire aux religieux de l'abbaye, de vingt-quatre bonniers de terre. Or, le bonnier valait de trois à quatre hectares. Cette donation paraîtra peu importante, si l'on considère qu'il fallait subvenir à l'entretien de religieux dont le nombre devait être assez important à la fin de la vie de sainte Bertille. Aussi nous devons penser que sainte Bertille a fait d'autres donations à son abbaye. Il est assez difficile de dire, dans l'état actuel des connaissances que nous possédons, sur le VIIe siècle et sur le moyen âge, par rapport à nos contrées du Nord, quelles ont été ces donations. Nous aurons peut-être l'occasion plus loin, dans l'histoire de l'abbaye de Marœuil, de jeter quelque lumière sur cette question.

Quoi qu'il en soit, on peut juger maintenant de la générosité de sainte Bertille. Se dépouiller de tous ses biens, pour que tout serve à la gloire du nom de Dieu, à l'entretien des ministres de la religion et au soulagement des pauvres, telle est la pensée de la noble abbesse. Cette pensée, elle la réalise si bien que pendant onze siècles, l'église d'Arras trouve dans sa donation une notable partie des revenus qui lui étaient nécessaires. C'est ainsi que, dès le septième siècle, le service religieux était assuré aux populations devenues chrétiennes, sans qu'il leur coutât aucun impôt à payer (2).

(1) Les ventes faites, à la Révolution, des terres de l'abbaye, ne portent que sur quatre cents mesures ou mencaudées. Archives départementales.

(2) Qu'on nous permette d'ajouter ici quelques mots sur l'origine des anciens revenus ecclésiastiques et en particulier sur les dîmes. On croit, et on écrit souvent, que les dîmes étaient un impôt purement ecclésiastique. C'est une erreur. Il y avait dans chaque village autrefois, autant et plus de dîmes seigneuriales que de dîmes ecclésiastiques. Il faut remonter au VIIe et au VIIIe siècle pour comprendre l'origine

CHAPITRE X.

SAINTE BERTILLE RECLUSE. — SA MORT
(684-687).

Sainte Bertille se construit une cellule. — Sa vie de
recluse. — Les saintes qui l'avaient précédée dans
cette voie. — Mort de sainte Bertille. — Appréciation de sa vie. — Date de sa mort. — Ses premiers
miracles. — Inscriptions anciennes en l'honneur
de sainte Bertille.

Après avoir vu tout ce que sainte Bertille a fait, nous
serions portés à croire que la pieuse abbesse ne devait
plus penser qu'à terminer sa vie dans la paix, au milieu
des religieuses, ses filles. Elle était octogénaire. A un
âge si avancé, nous ne comprenons guère qu'il soit possible de concevoir encore des projets de vie plus retirée
et plus pénitente. Et ces projets, comment les exécuter ?

C'est cependant le dessein que conçut sainte Bertille
et qu'elle mit à exécution dans ses dernières années.
La vie de recueillement religieux ne lui suffisait plus,
les mortifications de la règle bénédictine ne satisfai-
saient plus ses désirs de pénitence, elle résolut de chercher une plus profonde retraite et un genre de vie plus
crucifiant pour la nature. L'amour de Dieu est plus fort
que l'amour de l'homme pour lui-même, plus fort même
que l'amour de la vie !

de ces dîmes. Nous avons vu que les propriétaires de villas percevaient
certaines redevances sur les terres cultivées par leurs colons ou leurs
affranchis. Les dîmes ne sont pas autre chose qu'une partie de ces
redevances. Lorsque les propriétaires devenus chrétiens voulurent
assurer la présence et le maintien d'un prêtre aux populations de leurs
villas, ils affectèrent à son entretien quelques-unes de ces redevances
qui leur étaient payées annuellement. On voulut reproduire de cette
manière l'institution mosaïque de la dîme chez les Juifs, et c'est ainsi
que ces redevances prirent le nom de dîmes. Rarement elles étaient
le dixième des produits de la terre : ordinairement elles n'étaient
que le douzième, le quinzième, le vingtième, quelquefois le vingt-
septième ou le vingt-huitième, comme on le trouve encore aujourd'hui
au Canada.

Pour exécuter son dessein, sainte Bertille fit élever attenant à sa basilique, entre les deux monastères qu'elle avait construits, une cellule étroite, nue et pauvre, pareille à ces cabanes que dressaient dans le désert les ermites de la Thébaïde.

Trois murs peu élevés adossés au chœur de l'église, un petit toit pour défendre de la pluie, une ouverture sur l'autel pour la sainte communion, une autre dans la porte extérieure pour la pauvre nourriture de chaque jour ou de chaque semaine, telle était la cellule des reclus, telle était la cellule de sainte Bertille. Oh ! comme nous voudrions pouvoir déterminer exactement le petit coin de terre où s'éleva cette humble et pauvre cellule de notre Sainte ! Quel bonheur de pouvoir y prier à la suite de sainte Bertille ! Quelle grâce de pouvoir recueillir quelque chose des bénédictions divines qui descendaient sur ce sol sanctifié par tant de mortifications !

Le souvenir de l'emplacement de la cellule de sainte Bertille est malheureusement perdu ; les documents d'archives, la tradition sont muets sur ce point. Nous connaissons seulement l'emplacement de l'église du moyen-âge, nous savons où était le chœur de cette église, mais c'est tout. L'église du moyen âge a-t-elle été construite exactement sur l'emplacement de la basilique de sainte Bertille, de quel côté de l'église s'élevait la cellule de notre sainte, ce sont autant de questions qu'il nous est aujourd'hui impossible de résoudre avec certitude ?

L'église du moyen âge était orientée de l'est à l'ouest. Le chœur se trouvait à peu près sur le prolongement du transept de droite, un peu au-dessus de la sacristie actuelle. Il est probable que c'est dans ce coin de terre que s'est élevée la cellule de sainte Bertille. C'est là aussi qu'elle est morte. On aimait autrefois à élever le chœur des églises sur les lieux rendus vénérables par le séjour des saints. Les religieux de Marœuil n'ont pas dû agir autrement pour l'emplacement de la cellule de sainte Bertille.

Le biographe de la Sainte de Marœuil nous a laissé quelques détails sur la vie de recluse menée par sainte Bertille.

« Pour goûter davantage, dit-il, et avec plus de liberté, les délices de la vie contemplative, elle se fit construire une cellule attenante à l'un des murs latéraux de la basilique. C'est là, que seule avec Dieu, n'ayant devant les yeux que la vision de la paix suprême, elle multipliait ses bonnes œuvres et sans cesse hâtait sa marche de tous les instants vers le bonheur céleste. Comment raconter avec quel soin elle mit à profit pour se sanctifier de plus en plus les heures du jour et celles de la nuit, jusqu'à son dernier souffle ? Notre récit serait sans fin : qu'il nous suffise de dire, pour tout résoudre en un mot, qu'elle a émigré de cette terre comblée d'œuvres et d'années, vraiment mûre pour la récompense éternelle. (1) »

L'impression que produisit la réclusion de la vénérable abbesse de Marœuil sur les habitants et sur tout le pays d'Arras, dut être bien profonde.

Qui n'aurait été touché de voir une telle abnégation de toutes choses, un tel amour de Dieu. Aux yeux de ceux qui restaient encore partisans du paganisme, quel plus puissant témoignage pouvait être donné en faveur de la religion de Jésus-Christ ? Quelle exhortation plus énergique à la pénitence pour les chrétiens et même pour les religieux déjà consacrés à Dieu ? On connaissait bien quelques exemples de saintes femmes, de généreuses vierges, consacrées à Dieu à l'exemple de sainte Madeleine, dans la vie de recluses. Mais ces exemples étaient rares. Les hagiographes en citaient quelques-uns de l'Orient. A Rome, dès le milieu du Ve siècle, sainte Galla, fille du célèbre patricien Symmaque, s'était fait construire une cellule sur le Vatican, près du tombeau des saints Apôtres Pierre et Paul. Dans la Gaule, au temps de saint Hilaire, trois siècles avant sainte Bertille, deux vierges, sainte Florence et sainte Triaise, venues de l'Orient à la suite du grand docteur rentrant de son exil, avaient mené auprès des basiliques de Poitiers, la vie solitaire des recluses de l'Orient. Dans le VIe siècle, Monégonde, à Chartres, avait pleuré dans la solitude la perte des enfants que Dieu lui avait donnés. La Gaule-Belgique avait vu, quelques années avant la naissance

(1) Boll. *Vita S. Bertilæ*, c. IV.

de sainte Bertille, la pieuse Ermelinde de la famille de
Pépin d'Héristal, au diocèse de Malines, mourir en
odeur de sainteté dans sa cellule de Meldort. C'était tout;
sainte Bertille, pas plus ici que dans son vœu de chasteté, et dans la fondation de son monastère, n'était
la première à ouvrir la voie, mais à cette vie de cellule
qui effraye tant la mollesse de la nature, elle ajoutait
quelque chose qu'on ne trouve point chez celles qui
l'ont précédée ; elle s'enfermait à un âge où on ne peut
plus subir de pareilles épreuves.

Qui n'admirerait l'énergie d'une femme rompant à
plus de quatre-vingts ans avec ce qui l'entoure et semble
devoir la soutenir? Sainte Bertille était déjà consacrée à
Dieu ; mais il y a loin de la vie religieuse au milieu
de compagnes toujours prêtes à donner leur aide bienveillante aux faiblesses de l'âge, à la privation absolue
de tout secours et de tout soutien de la vie de réclusion.
Sainte Bertille n'a pas reculé devant ces privations si
pénibles : il est juste que nous le notions ici à l'honneur
de son nom et pour l'édification de tous ceux qui aiment
à la vénérer.

Sainte Bertille vécut plusieurs années dans sa cellule,
ne voyant personne, n'entendant que les chants religieux de son église, ne conversant plus qu'avec Dieu. Se
peut-il préparation plus parfaite à l'abandon de ce monde
par la mort? Une cellule, c'est un tombeau où l'homme
s'enferme vivant, pour ressusciter bientôt au bonheur
du ciel.

La résurrection devait venir vite pour sainte Bertille.

« Une nuit, raconte l'hagiographe, qu'elle s'était, plus
encore que de coutume, adonnée à l'oraison, fatiguée
de prières et de veilles, elle s'était retirée pour donner
à ses membres lassés un peu de repos dans le sommeil.
Tout à coup elle fut frappée d'un malaise général qui
la priva de ses forces. Il en résulta une langueur qui
ruina en peu de temps sa santé. La pieuse femme ne
cessait pourtant pas de prier sans relâche; plus ses douleurs devenaient aigues, plus elle implorait avec ardeur
la divine miséricorde, suppliant le Seigneur d'éloigner
d'elle les embûches de l'ennemi du salut et de permettre
qu'elle se tînt ferme contre les difficultés de ce moment

suprême. Pour se fortifier dans cette lutte, elle reçut dévotement, suivant le précepte du divin Maître, les derniers sacrements. Quoique ses forces physiques fussent très épuisées par la maladie, la confiance dans la grâce de Dieu la soutenait : Dieu lui donnait la certitude de son prochain passage aux délices célestes ; avec un entier abandon, elle remettait son âme entre les mains du Dieu tout puissant. C'est ainsi que délivrée des liens de la chair et dégagée des biens périssables de cette vie, elle fut associée à l'assemblée des saints dans le bonheur du Ciel. »

La mort de sainte Bertille arriva le 3 janvier. C'est à cette date que l'abbaye de Marœuil a toujours célébré sa fête ; c'est aussi à cette date que les martyrologes ont toujours rapporté la « naissance pour le ciel » de la sainte de Marœuil.

L'auteur des Actes des saints de la Belgique, Ghesquière, suivant, d'ailleurs, la chronologie des Bollandistes, place la mort de sainte Bertille en 687. Nous admettons cette date, bien qu'elle ne soit pas sans offrir quelques difficultés. Nous avons dit que sainte Bertille était née vers l'an 600 ; il faut en conclure qu'elle a vécu environ quatre-vingt-sept ans. (1)

Dieu a donné à sa pieuse servante une vie très longue sur la terre. Quel admirable usage elle en a fait ! Sainte Bertille a su prendre sa place au milieu des grands hommes et des nobles femmes de ce septième siècle si riche en hommes et en œuvres. Elle n'a point ouvert de nouvelles voies ; mais elle a suivi toutes celles que la religion avait préparées aux âmes avides de perfection. Dès ses premières années la pureté avait pour elle tous les attraits : elle s'y livra généreusement et porta ses vœux jusque dans un mariage tout angélique. Sa charité l'a dépouillée de tous ses biens. Des monastères

(1) Nous sommes ici en désaccord avec le P. Watelet, auteur de la vie manuscrite de sainte Bertille. D'après lui, sainte Bertille n'aurait eu, en 660, que 25 ou 26 ans et elle serait morte seulement dans les premières années du VIIIᵉ siècle, en 703. Il est facile de voir que ces dates ne peuvent pas concorder avec les différents faits de la vie de sainte Bertille, que nous avons rapportés. Cette date d'ailleurs de 703 est communément rejetée par les hagiographes.

avaient été élevés par des membres de sa famille, elle a construit le sien et elle l'a fait avec une libéralité qui a rarement été égalée. Elle avait vu des âmes, éprises de l'amour de Dieu, se donner elles-mêmes au divin époux des âmes, par la vie religieuse : elle se consacra au service de son Dieu sous une règle austère. D'autres avaient renoncé à toute conversation humaine pour ne plus vivre qu'avec Dieu : elle le fit, et à un âge où les autres avaient fini cette carrière de mortification extra-ordinaire. Modèle des vierges, elle a été aussi le modèle des épouses. Les pauvres ont ressenti sa charité, comme les esclaves ; elle a converti à la vraie religion des âmes perdues dans le paganisme, et elle a élevé à la perfection des âmes qui s'étaient consacrées à Dieu. Née dans les grandeurs et les richesses, elle a su se servir, pour le bien de la religion et de sa patrie, des unes et des autres, et, après s'en être servie, elle a su les mépriser. Rares qualités, plus rare désintéressement des biens de ce monde, tels sont les traits qui marquent la vie de sainte Bertille dans l'histoire. Au milieu des gloires si nombreuses du septième siècle, comme beaucoup d'autres, elle a passé inaperçue aux yeux des historiens ; mais l'Eglise, plus attentive et plus reconnaissante que l'histoire, n'a point oublié les services qu'elle lui a rendus. Elle a proclamé ses vertus, elle a couronné son nom de l'auréole des saints. Douze siècles sont passés depuis sa mort, ce n'est pas assez pour l'honorer : elle sera invoquée jusqu'à la fin des temps. La gloire des saints dans l'Eglise est immortelle !

Quel fut le deuil des religieux et des habitants de Marœuil, ou plutôt quelle fut leur vénération pour la sainte abbesse et pour ses restes précieux l'hagiographe ne le dit pas. Nous devinons bien d'ailleurs ce qu'ils durent être. On ne pouvait s'empêcher de pleurer la perte de celle qui était la providence visible de la contrée, mais tous les cœurs se réjouissaient, pensant à la protection que Bertille, du sein de Dieu, exercerait sur son église, ses religieux, ses colons, et ses affranchis.

On entoura des plus grands respects la dépouille mortelle de la sainte recluse. Son tombeau fut creusé dans la basilique qu'elle avait fait construire, et on y déposa son corps vénérable au milieu d'un grand concours de peuple, qui témoignait de toutes manières son admiration pour la sainte de Marœuil et sa confiance dans sa puissante intercession.

Bien que l'historien (1) de sainte Bertille ne le dise pas expressément, nous pouvons croire cependant que des miracles se produisirent autour du corps et du tombeau de la sainte.

Voici du reste les paroles mêmes du biographe « Tous ceux qui, par les mérites de Bertille ont obtenu des bienfaits nombreux, avec dévotion et reconnaissance célèbrent le nom et la gloire du Dieu tout-puissant. » Lorsque Gérard II, évêque d'Arras et de Cambrai, accorda aux sollicitations du peuple chrétien de Marœuil, l'élévation de sainte Bertille il constata ces mêmes miracles.

C'est donc aussitôt après sa mort que sainte Bertille a commencé à multiplier ces miracles et ces faveurs, qui se continuant à travers les siècles, viendront jusqu'à nous. Que notre vénération, que notre confiance égalent le respect et l'amour des premiers admirateurs de sainte Bertille à la fin du septième siècle, et nous obtiendrons de sa puissante protection les mêmes faveurs et les mêmes prodiges.

Ce fut l'intime persuasion de tous, que Marœuil en perdant son abbesse, perdait une sainte, mais qu'il acquérait une protectrice puissante dans le ciel.

Suivant le P. Watelet, on aurait placé sur le tombeau de sainte Bertille l'épitaphe suivante :

> Progenie clara, Christo Bertilia chara,
> Hujus matrona Villæ manet atque patrona.
> Est data Guthlando, fit conjux integra virgo.
> Perstat et est virgo secum remanente marito,
> Hinc ponit vile cœnum; Regale cubile
> Intrat, donatur Regi, Regina locatur. (2)

Suivant Ferry de Locres, (3) ces vers seraient tirés

(1) Boll Vita s. Bertiliæ. C. IV. 11.

(2) De race illustre, Bertille, chère au Christ, — reste de cette villa la maîtresse et la patronne. — Donnée en mariage à Guthland elle devient épouse en restant vierge. — Elle demeure vierge en gardant auprès d'elle son mari, — C'est d'ici qu'elle a quitté la boue de la chair ; au sein du Roi des rois — elle est entrée, elle est reine dans le ciel.

(3) Ferry de Locres, à l'année 930.

d'un manuscrit de Marœuil. On trouve dans le même manuscrit (1), ajoute le P. Watelet, ces autres vers à la louange de sainte Bertille :

> Plaudunt Deo cœli cives.
> In æternum quia vives.
> Omni bono facta dives.
> In æterna gloriâ. (2).

Cette strophe rythmée nous paraît extraite d'une prose ancienne composée sans doute pour l'office de sainte Bertille. Elle montre bien la gloire dont la mémoire de sainte Bertille a été entourée aussitôt après sa mort.

(1) Ce manuscrit précieux est malheureusement perdu.

(2) Les habitants des cieux applaudissent l'œuvre divine, — parce que vous vivez à jamais (ô Bertille), — enrichie de tout bien — dans l'éternelle gloire.

CHAPITRE XI.

MARŒUIL ET LES RAVAGES DES NORMANDS.

Un siècle de prospérité. — Les Normands et l'abbaye
de Marœuil. — Le château de sainte Bertille après
le passage des Normands. — Usurpation des biens
de l'abbaye. — Restauration par les évêques Etienne
d'Alsace, Fulbert, Bérengaire, Engramne, Teudon.
Affermissement de l'œuvre des évêques par le
diplôme du roi Lothaire donné en 977.

De la mort de sainte Bertille à la fin du IXe siècle,
nous ne savons rien de précis sur l'histoire de Marœuil.
Les évêques d'Arras avaient pris possession de la villa
de sainte Bertille et de sa demeure seigneuriale. Comme
ils faisaient leur résidence à Cambrai, ils ne durent que
bien rarement séjourner à Marœuil. Aucun document,
aucune tradition de Marœuil ne nous restent pour nous
donner quelques détails sur leur séjour.

Pour l'abbaye il est vraisemblable que son sort n'a
pas dû être différent de celui des abbayes qui s'étaient
établies non loin d'elle. Nous voulons parler surtout de
l'abbaye de Mont-Saint-Éloi, fondée, en souvenir du
saint évêque de Noyon, par saint Vindicien son disciple.
Or, voici ce qu'un abbé du Mont-Saint-Éloi, Doresmieux, rapporte sur cette époque dans son histoire de
saint Éloi.

« Sous le gouvernement de ses souverains les rois de
France, et de ses maîtres particuliers, notre région jouit
pendant longtemps d'une paix ininterrompue qui lui permit de développer ses richesses et sa prospérité. Les ecclésiastiques, les séculiers arrivaient en foule au Mont-
Saint-Éloi demandant à se consacrer à Dieu dans la vie
religieuse. Le nombre des moines qui ont alors peuplé
notre abbaye, paraît invraisemblable tant il était grand.

Touché de voir cette affluence, Halitgaire, ce grand évêque de Cambrai et d'Arras, aussi illustre par la sainteté de sa vie que par les grandes affaires et les différentes légations dont il a été chargé, voulut être enseveli dans notre église. »

Il n'est pas téméraire de penser que l'abbaye de sainte Bertille eut sa part, quoique plus modeste, de cette prospérité. Le nombre de ses religieux allait croissant et la dévotion à sainte Bertille attirait sur la contrée les faveurs du ciel.

Un siècle et demi s'était à peine écoulé dans cette paix, lorsque les Normands apparurent dans l'Artois. Avec ces barbares c'était la ruine et le carnage qui envahissaient la province. Les villages, les villes elles-mêmes cédèrent devant ce torrent dévastateur : comment les monastères auraient-ils pu résister ? Voici le triste tableau que trace l'historien de Saint-Éloi des désastres et de la désolation qui suivit le passage de ces hordes sauvages.

« Hélas ! triste retour des choses humaines, à ces temps si tranquilles et si heureux succédèrent de longues années de troubles affreux et de calamités sans nom. Les Normands et les Danois, ces féroces idolâtres, ne tardèrent pas à débarquer sur nos côtes et à se répandre comme un torrent furieux sur toute la province. Personne ne put les arrêter : rien n'était organisé pour la résistance. Tous les édifices, les temples, les monastères, les villages, les châteaux, les villes fortifiées elles-mêmes, Thérouanne, Cambrai, Arras, tout succomba et fut livré au fer et au feu. Le village de Mont-St-Éloi avec toutes ses habitations, le monastère avec tous ses édifices, son église, ses cloîtres, furent détruits par les flammes. Au loin la campagne n'offrait plus que des ruines, les églises étaient dépouillées, ce qu'elles avaient de précieux avait été emporté, les prêtres avaient été égorgés, les moines et les religieux erraient sans guides par les champs et les bois, quand la peur ne les tenait pas cachés dans les cavernes les plus profondes. La désolation était d'autant plus affreuse que la fureur des barbares pouvait impunément se rassasier de toutes les atrocités, de toutes les abominations qu'inventait leur rage insensée. Personne n'osait faire la moindre résistance. Le roi lui-même, Charles le simple, ne fut-il pas obligé de leur concéder une province où ils voulurent bien s'établir en lui donnant leur nom ! Tout avait donc été mis à feu et à sac. Le Mont-Saint-Éloi autrefois si peuplé, si glorieux des prodiges opérés dans son église, si fier de ses monuments sacrés, était désert ; ce n'était plus que des ruines affreuses et désolées, qu'envahit bientôt une forêt verdoyante de plantes et d'arbres de toutes sortes. Pendant soixante ans, le tombeau de saint Vindicien demeura enseveli sous les décombres et les buissons qui croissaient en liberté, on perdit même le souvenir du lieu où reposait le corps sacré. »

Ce tableau où l'écrivain de Mont-Saint-Eloi s'est efforcé de peindre la désolation qui suivit le passage des Normands peut, sans aucun doute, s'appliquer à Marœuil. Comment si proche du monastère de saint Vindicien, l'abbaye de sainte Bertille aurait-elle été épargnée ? L'œuvre de la sainte fondatrice fut donc détruite de fond en comble ; sa demeure, son église et son monastère incendiés, ses moines, ses religieuses égorgés, peut-être sur les ruines de leurs cellules. Que de martyrs dont le nom ne nous est pas parvenu ! Que de sang chrétien a été versé sur le sol où s'élève aujourd'hui l'église de sainte Bertille ! Aimons à évoquer le souvenir de ces saints qui ont confessé la foi de Jésus-Christ sous le fer des barbares, et prions-les de nous donner, pour notre sainte religion, un amour égal au leur, et un courage non moins généreux !

Il semble pourtant que la ruine de l'abbaye de Marœuil n'a pas été aussi profonde que celle du monastère de Saint-Eloi. Nous ne voyons nulle part, en effet, que le souvenir du lieu où était enseveli le corps de sainte Bertille ait jamais été perdu. Aucune tradition, aucun récit ne nous a été transmis qui rappelle la découverte de ses saintes reliques, comme nous le trouvons raconté pour saint Vindicien.

Le château de sainte Bertille, domaine des Evêques d'Arras ne dut pas échapper au désastre qui atteignait l'abbaye. Le fer et le feu passèrent dans la demeure restée intacte jusque là de la sainte. Tout fut mis au pil-

lage. Il faudra de longues années, il faudra un évêque puissant, entreprenant, pour relever les ruines accumulées.

Nous n'avons aucun détail sur l'état du château de sainte Bertille, après le passage des barbares du Nord ; mais on se figure bien quelle dut être la désolation de ce lieu tout rempli jusque là des souvenirs de la sainte de Marœuil, devenu maintenant un monceau de ruines informes, bientôt envahies, comme l'abbaye de Saint-Éloi, de ronces et d'épines. Un siècle s'écoula avant que les évêques d'Arras fussent en état de relever leur château. L'évêque Fulbert qui reconstruisit l'abbaye de Marœuil et celle de Mont-St-Éloi, commença par rebâtir sa demeure. Ses travaux dans nos contrées supposent en effet qu'il y fit de longs séjours. L'évêque ne pouvait habiter des ruines. C'est ainsi qu'il dut reconstruire le château de sainte Bertille.

Cette nouvelle demeure était loin d'avoir la magnificence de l'ancienne. L'évêque dut se borner au nécessaire. Les clôtures furent relevées, un corps de bâtiment fort simple remplaça les différents édifices qui constituaient l'ancienne villa. Il faudra attendre jusqu'au XV° siècle pour que le modeste château des Evêques d'Arras, héritiers de sainte Bertille, reçoive le développement et l'ornementation qui lui conviennent (1).

A la suite du passage des Normands, lorsque la tranquillité commença à reparaître, les habitants qui avaient échappé aux massacres, relevèrent leurs maisons et reprirent la culture des champs. Ils ne se contentèrent pas de rentrer en possession de leurs terres, ils envahirent à leur tour ce qui restait des biens de l'abbaye. L'autorité des lois ecclésiastiques et civiles avait peine à se faire sentir après de pareils désastres ; la cupidité et la rapacité ne trouvaient plus de frein qui pût les arrêter. Les séculiers s'emparèrent donc de tout le domaine de

---

(1) Dans les documents que nous possédons sur Marœuil il n'est parlé du château des évêques qu'en 1144, à l'occasion de la prise de possession de l'abbaye par les chanoines réguliers. Il est dit simplement que l'abbé Bauduin de Bailleul, fut obligé d'y accepter l'hospitalité parce qu'il n'y avait dans l'abbaye aucun appartement où il pût se loger. Cartul. *Notice hist, préliminaire.*

l'abbaye et sans doute d'une grande partie des terres de
la villa qui appartenaient à l'évêque d'Arras. Ce n'est
qu'en 896 que l'évêque Etienne d'Alsace put leur arracher tout ce qu'ils s'étaient approprié.

« Etienne d'Alsace succéda à Dodilon, disent les Actes
de l'église de N.-D. de la Cité, dans la chaire épiscopale
d'Arras. Sa science, sa sainteté, lui avaient acquis une
grande renommée. L'une de ses principales œuvres fut
d'obtenir du roi Charles que tout le domaine des évêques
d'Arras, qui s'étend sur l'espace d'une lieue, du Crinchon
à la Scarpe, serait soustrait, pour l'administration et
la justice, à toutes les autorités séculières. Il se fit
accorder de plus l'exemption de tous les impôts que le
fisc royal prétendait percevoir sur ces mêmes propriétés. Toutes ces exemptions furent confirmées par des
diplômes royaux. Dans le même privilège il obtint
encore du Roi la villa de Lambres avec sa monnaie et
son droit de tonlieu, qui depuis ont été transportés à
Douai. Les revenus de ce double droit devaient être
mis à la disposition des évêques d'Arras. Dans ce diplôme, il lui donnait à lui-même, sur sa demande, le
titre d'évêque d'Arras (1). Il retira des mains des
séculiers deux abbayes : celle de Crespin et celle de
Marœuil (2). »

Etienne d'Alsace on le voit, rétablissait dans leur
intégrité les donations de saint Vindicien. Il reven-
diquait avec énergie les droits de son siège épiscopal
en même temps qu'il rentrait en possession de toutes
les terres qui lui appartenaient légitimement. Il repre-
nait Marœuil avec tous ses biens, suivant son droit de
propriété ; en même temps il affirmait son autorité
temporelle sur les biens de l'abbaye : c'était l'annonce
du relèvement de l'abbaye elle-même.

Etienne d'Alsace eut pour successeur Fulbert, fils du
duc de Brabant. Profitant de sa faveur auprès de l'empereur Othon, il obtint d'abord la confirmation de tous
les privilèges concédés ou plutôt restitués aux églises de

(1) Après le passage des Normands, les évêques de Cambrai avaient
cessé de revendiquer le titre d'évêque d'Arras.
(2) Laurius, *Chronicon Belgicum*, anno 896. — Vie manuscrite de
sainte Bertille, p. 46 et 47.

Cambrai et d'Arras par Charles le Simple (1). Préoccupé
ensuite de relever les ruines accumulées depuis si
longtemps par les Normands, il entreprit de rebâtir les
deux abbayes de Saint-Eloi et de Marœuil. C'était vers
930. Que restait-il encore de l'ancien monastère de
sainte Bertille ? Son église était-elle encore debout ?
Nous ne saurions le dire. Quoi qu'il en soit, nous croyons,
comme nous l'avons dit plus haut, que la ruine n'avait
pas été aussi profonde qu'au Mont-Saint-Eloi. L'église au
moins avait dû résister aux coups des envahisseurs.
Nous ne voyons pas en effet que le tombeau de sainte
Bertille soit jamais tombé dans l'abandon et l'oubli
comme celui de saint Vindicien. Ce qui est certain, c'est
qu'après quelques années de travaux, l'abbaye était
prête à recevoir ses nouveaux hôtes. L'évêque n'avait
rien ménagé pour reproduire quelque chose au moins
des splendeurs de l'ancien édifice. Le roi Lothaire, dans
son diplôme, dit, en effet, que le monastère de sainte
Bertille avait été « noblement » reconstruit par le vénérable Fulbert, évêque d'Arras.

Il était malheureusement impossible d'y faire rentrer
les moines de saint Benoît qui l'avaient inaugurée sous
sainte Bertille. Fulbert la confia « à des clercs de la vie
commune, dit le P. Watelet, que l'on nommait chanoines réguliers, quoiqu'ils ne fissent pas les trois vœux
solennels que l'on fait aujourd'hui ». (2)

En même temps qu'il relevait les cloîtres de sainte
Bertille, l'évêque s'attachait aussi à doter la nouvelle
abbaye. Il donna « pour l'usage des frères » (3) le manoir qui faisait partie du domaine privé du propriétaire
de la villa, manoir qui s'étend jusqu'au fleuve de la
Scarpe (4). Depuis que le monastère avait été abandonné,
l'église, ce qui restait des cloîtres, les jardins, tout l'ensemble du manoir monastique avait fait retour à
l'évêque, propriétaire de la villa. Etienne d'Alsace qui

(1) Locrius, ad annum 925.
(2) P. Watelet, p. 47. — Locrius, ad annum 930. — Diplôme de
Lothaire 977.
(3) Ad opus fratrum. Dipl. de Lothaire. V. documents.
(4) Mansum indominicatum (in dominicatu, suivant une autre lecture), quod Fulbertus episcopus dedit eis in villa Marœolo usque ad
fluvium Satis.

les avait revendiqués avec tant d'énergie contre les séculiers, les avait incorporés de nouveau à son *Dominicum*, c'est-à-dire au domaine qu'il faisait cultiver pour lui-même dans sa villa ; c'est ainsi que s'explique le mot « *mansum indominicatum* » appliqué à l'ancien manoir de l'abbaye, par le diplôme du roi Lothaire.

Il fallait des revenus au nouveau monastère : Fulbert donna deux manoirs de la villa, sans doute deux habitations de colons ou d'affranchis avec leurs champs, et vingt-quatre bonniers de terres labourables, ce qui équivalait à peu près à une centaine d'hectares de terre. Fulbert dut consacrer, on le voit, des ressources considérables au relèvement de l'abbaye de Marœuil ; il n'épargna rien non plus pour en assurer l'avenir. C'est avec justice qu'on l'a appelé le second fondateur de l'abbaye de sainte Bertille.

La vie religieuse, l'office divin, furent repris sur le tombeau de sainte Bertille. Les chants sacrés se firent entendre de nouveau dans l'antique basilique, muette depuis un siècle ; des clercs ayant à leur tête un prévôt (1) rappelèrent aux habitants de Marœuil les exemples de vie chrétienne et religieuse qu'ils avaient reçus des premiers enfants de sainte Bertille. Le culte de la sainte en reçut un grand accroissement qui devait aboutir à l'élévation de ses restes précieux.

De 835, date de la mort du saint évêque Fulbert, à 977, année mémorable en raison du diplôme de Lothaire en faveur de l'abbaye de Marœuil, nous n'avons que quelques noms à citer et quelques donations à inscrire, pour faire l'histoire du nouveau monastère. Nous connaissons le nom d'un prévôt, c'est Andrémare. Peut-être fut-il le premier prévôt établi par Fulbert lui-même. Il était mort en effet en 977, et le diplôme de Lothaire rapporte la donation qu'il fit à son monastère, de la moitié des revenus d'une brasserie. (2)

Les successeurs de Fulbert, Bérenger (935-956), Engramne (968-961), pendant les vingt-cinq ans qu'ils

(1) Diplôme de Lothaire.

(2) Medietatem etiam caminæ datam ab Andremaro præposito ipsius loci. — *Diplôme de Lothaire.* — Le mot *camina* ou, suivant d'autres lectures (V. du Cange au mot CAMINA) *camma* ou *camba*, est traduit par *brasserie* par M. Parenty. Cfr. du Cange au mot CAMBA.

occupèrent le siège d'Arras, soutinrent par leurs encouragements et leurs largesses l'œuvre de leur prédécesseur. Le premier donna à l'abbaye le moulin et le manoir qui se trouvent en face du domaine ecclésiastique.

« Remarquez, dit le P. Watelet, qu'il faut que ce soit celui qui est encore devant le château qui était la demeure des évêques,comme cela s'entend assez de soi-même.»(1) Avec le moulin qui faisait auparavant partie de la villa, c'est-à-dire du domaine spécial de l'évêque propriétaire, Berenger remit entre les mains des religieux la grange,*area*, ou la ferme qui était annexée au moulin. (2) Engramne ajouta à cette donation importante la dîme sur quatre moulins. Nous ne savons où se trouvaient ces moulins. « Tout cela ne se voit plus aujourd'hui, dit le P. Watelet. Quoiqu'il en soit, nous lui avons toujours obligation (à l'évêque Engramne), et sa mémoire nous sera toujours plus vénérable que celle de Teudon aussi évêque d'Arras et troisième successeur au susnommé, qui réduisit cette maison à deux doigts de sa perte. L'on n'oserait ainsi parler d'un prélat, si les lettres en question de Lothaire n'en portaient un témoignage authentique. »

L'accusation ainsi lancée contre l'évêque Teddon ou Teudon, n'est cependant pas admise par tous ceux qui se sont occupés de l'histoire de Marœuil. Les termes du diplôme de Lothaire sont formels, il est vrai : « Au moment présent, dit le roi, le monastère est complètement détruit par les violences des séculiers et la trop grande cupidité de l'évêque Teudon. (3) » Remarquons d'abord que d'après les paroles mêmes de Lothaire, Teudon n'est pas seul coupable de la ruine de l'abbaye.

---

(1) Nous avons dit déjà que l'emplacement du moulin était aujourd'hui occupé par un atelier de tissage qui s'appelle toujours *le moulin*. Il est facile de voir encore maintenant que le bâtiment de cet atelier a dû servir autrefois pour le moulin à eau. Les digues qui enserraient le lit de la Scarpe, avec la chute d'eau qui faisait tourner le moulin, ont été conservées. Le moulin a marché jusqu'en 1850.

(2) Dans Ferry de Locres et dans le P. Watelet qui s'est sans doute servi du texte publié par le religieux de St-Pol, la désignation de ce moulin a été omise : *molendinum unum cum area in qua extat a Berengario praesule mansum unum situm coram manso ecclesiastico.*

(3) Nunc vero penitus destructum per violentiam saecularium et nimiam cupiditatem Teudonis episcopi.

Il faut l'attribuer avant tout à la violence des séculiers. Les usurpations qui avaient suivi le passage des Normands et qu'Étienne d'Alsace avait réprimées, avaient recommencé. La nouvelle communauté des religieux était faible ; l'évêque, qui résidait habituellement à Cambrai, ne pouvait la protéger contre les tentatives fréquemment renouvelées de ceux qui ne pouvaient supporter de se voir privés des terres dont ils s'étaient emparés ; l'occupation brutale des champs, et peut-être de certaines parties du monastère, recommença avec plus de violence que précédemment.

L'évêque dont on accuse ici la cupidité, trouvait-il quelqu'avantage à cet état de choses ? Il nous semble que l'avantage devait être bien faible. Tout au plus pouvait-il recueillir des usurpateurs quelques redevances que les religieux n'étaient pas en état de payer : l'avantage ne pouvait pas aller au delà. Il faut avouer que c'est peu pour exciter la cupidité d'un évêque qui possédait par ailleurs des revenus considérables.

Remarquons enfin que l'évêque Teudon a gardé dans l'histoire la réputation d'un saint ; Baldéric (1) rapporte même un miracle de la Sainte-Hostie qui arriva pendant qu'il célébrait la Messe pieusement à Cambrai. L'accusation « de cupidité », exagérée encore par le qualificatif que le monarque y ajoute (2), ne s'accorde guère avec ces faits. La parole sévère du roi s'explique d'ailleurs fort naturellement.

Teudon, prévôt de St-Séverin à Cologne, avait été nommé au siège épiscopal de Cambrai par l'empereur d'Allemagne ; malgré les menaces et les attaques à main armée de Lothaire, il était resté l'ami fidèle de son maître, Othon, avec lequel le roi de France se trouvait en hostilité perpétuelle. (3) Il était dès lors bien difficile que l'appréciation de la conduite de l'évêque d'Arras par le roi Lothaire ne fût pas trop sévère.

En 977, sous le successeur de Teudon, Rothard, l'abbaye de Marœuil se trouvait de nouveau ruinée par les usurpations violentes des séculiers. C'est alors que la reine

(1) Chronicon Cameracense. Chap. CXIX.
(2) Nimiam.
(3) V. Parenty. *Hist. de sainte Bertille*, p. 25.

Emma, épouse du roi Lothaire, prit en pitié ce malheureux monastère. Dans un voyage à Arras, son attention fut attirée sur l'œuvre de sainte Bertille. Elle constata elle-même la désolation de son église et de son monastère.

Après la mort d'Arnoul le Vieux comte de Flandre, le roi de France, Lothaire, prit occasion de la minorité d'Arnoul le jeune, pour s'emparer d'Arras et en même temps des possessions de l'évêché. La reine Emma, pendant le séjour qu'elle dut faire en Artois avec Lothaire, vint visiter Marœuil. Elle résolut alors de mettre un terme aux violences qui le ruinaient. Elle s'adressa au roi et lui demanda de rétablir les religieux dans la possession de tout ce qui leur avait été donné par les évêques Fulbert, Bérenger, Engramne et le prévôt Andrémare. Le roi accéda volontiers aux prières de la reine, et aux avis favorables du « fidèle Dudon ».

Le début de son diplôme ne manque pas de solennité. Il y proclame sa foi en la sainte et indivisible Trinité, et le motif qui le fait agir : « Si dans les choses qui concernent le culte divin, nous nous efforçons de maintenir l'Église dans toute la splendeur qui lui convient, nous sommes persuadé que l'Auteur de tout bien nous récompensera ».

Lothaire montrait par là qu'il connaissait les avantages, même matériels, qu'une société retire des honneurs qu'elle rend à Dieu.

Après avoir retracé le triste état de l'abbaye de Saint-Amand et Sainte-Bertille, il confirme les donations anciennes qui avaient été faites en sa faveur, et il ajoute : « que les religieux prient chaque jour pour nous et pour la prospérité de notre royaume. » Langage vraiment chrétien et qui ne se justifie que trop ! La société ne peut avec ses seules forces conserver sa prospérité ; le meilleur gouvernement ne peut éviter certains désastres, il lui faut le secours d'en haut.

Le diplôme de Lothaire a été donné à Laon, *Lauduni Clavati*, en l'année de l'Incarnation du Seigneur 977 (1).

Les désastres accumulés par les Normands, et dont l'abbaye avait eu tant de peine à se relever, se trou-

(1) Voir le texte du diplôme aux Documents.

vaient enfin réparés par l'acte solennel du roi de France.
Une ère de paix s'ouvrait pour de longs siècles. La
gloire de sainte Bertille allait renaître aussi et briller,
avec son œuvre rajeunie, d'un éclat qu'elle n'avait pas
encore connu.

CHAPITRE XII.

ÉLÉVATION DES RELIQUES DE
SAINTE BERTILLE.

Le culte de sainte Bertille se développe. — On demande l'Élévation des reliques de la sainte. —
Décret de canonisation de Gérard II évêque de
Cambrai et d'Arras. — Gérard II a-t-il fait rentrer
les bénédictins dans l'abbaye de sainte Bertille ?

Le peuple, malgré les troubles si profonds qui avaient
bouleversé le pays, n'avait cessé de venir au tombeau de
sainte Bertille. La foi des premiers jours et la confiance
dans le pouvoir de la sainte de Marœuil, n'avaient fait
que croître. Sur le tombeau, à la fontaine de sainte
Bertille, de nombreux miracles s'opéraient, à la prière
de tous ceux qui venaient demander la guérison de leurs
maux. Ému par tant de preuves de la sainteté glorieuse
de sainte Bertille, le peuple chrétien de l'Artois se
leva tout entier pour demander à l'évêque d'Arras
l'élévation du corps de sainte Bertille.

L'évêque d'Arras et de Cambrai, sièges toujours réunis, était alors Gérard, deuxième du nom. Ancien prévôt de Saint-Vaast, il connaissait bien Marœuil et sa
sainte patronne. S'il n'avait pas été témoin lui-même
des miracles, il avait dû en entendre plus d'une fois le
récit. Personne ne devait être plus disposé que lui à
écouter favorablement la prière du peuple. Ce n'était pas
seulement l'abbé de Marœuil (1) et ses religieux, c'était
encore tout le clergé d'Arras, le peuple de la Cité et tous
les habitants de Marœuil, qui demandaient avec instance la glorification de la sainte. On rappelait ses ver-

___

(1) En 1090 l'abbé de Marœuil s'appelait Albert. Son nom est inscrit au bas d'un acte synodal qui tranchait une question débattue
entre les religieux de Saint-Vaast et le curé de Sainte-Croix.
V. Ferry de Locres, ad annum 1090.

tus, ses miracles, la gloire de son tombeau, la vénération même et le culte que des évêques d'Arras lui avaient rendu. Gérard comprit que le moment était venu d'honorer d'un culte public la mémoire de sainte Bertille. Quatre cents ans s'étaient écoulés depuis la mort de la fondatrice du monastère de Marœuil ; loin de diminuer avec le temps, la renommée de ses vertus et de ses miracles n'avait fait que s'accroître : on ne pouvait plus hésiter, sous peine de paraître désapprouver la dévotion du peuple. L'évêque après avoir imploré la grâce de Dieu, annonça solennellement que l'élévation du corps de sainte Bertille aurait lieu le 8 mai, jour de la fête de l'Exaltation de la Sainte-Croix.

L'élévation des reliques d'un saint était, pour un évêque de cette époque, l'œuvre la plus considérable qu'il pût entreprendre. Ce que le Souverain Pontife fait aujourd'hui pour les saints de l'univers catholique, l'évêque le faisait pour les saints de son diocèse. Après un procès en règle, l'examen approfondi des vertus et des miracles, il portait des décrets de béatification et de canonisation, et ces décrets étaient définitifs. On conçoit quelle importance l'évêque attachait à l'acte qu'il allait accomplir : il s'en réservait la proclamation et il présidait lui-même aux fêtes solennelles de cette canonisation.

Gérard fut malheureusement empêché par une grave maladie de paraître à Marœuil, pour le jour qu'il avait lui-même fixé. Il ne voulut cependant point priver le peuple de la solennité qu'il attendait avec impatience. Il délégua, pour tenir sa place, quatre abbés bénédictins, hommes de grande vertu et de haute réputation : Gautier, abbé de Cambrai, Aloyde, abbé d'Arras, Alard, abbé d'Anchin, et Alard, abbé de Marchiennes.

L'élévation de sainte Bertille fut célébrée avec pompe au milieu de l'allégresse du peuple. « On était en l'année 1081 du Seigneur, Grégoire VII occupait le trône pontifical depuis neuf ans, Philippe Ier était roi de France, Henri était roi de Lorraine, Robert le Pieux commandait la Flandre (1) ». Le corps précieux de la sainte fut placé dans une châsse de bois couverte de lames d'or et

____

(1) Boll. Vita S. Bertiliæ, 14. — Le P. Watelet p. 53.

d'argent. Pour garder le souvenir de l'acte solennel accompli à Marœuil, l'évêque Gérard fit remettre à l'abbaye et publia le décret de canonisation qu'il avait porté en faveur de sainte Bertille. En voici la traduction : (1)

« Gérard, second du nom, par la grâce de Dieu évêque de Cambrai, à ses successeurs et aux fidèles à venir, joie éternelle. Qu'il soit connu de tous que dans la cinquième année de mon pontificat, le clergé et le peuple d'Arras et la pieuse dévotion de ceux qui demeurent avec moi, me demandèrent de faire l'Elévation de la sainte Vierge Bertille. L'excellence de ses mérites, la publicité de ses miracles l'ont déjà fait connaître; son élévation de terre dans une châsse la rendra plus célèbre. C'est pourquoi, considérant le grand et public respect que nos prédécesseurs ont porté à cette Vierge et le culte qu'ils lui ont rendu, moi aussi, de peur qu'on ne me trouve moins rempli de dévotion pour Elle, j'ai acquiescé aux prières de tous et j'ai ordonné l'Elévation de la glorieuse Vierge en la fête de l'Exaltation de la Sainte Croix. Avant ce jour, par la volonté de Dieu, j'ai été atteint par une infirmité grave. Cependant, pour ne point frustrer l'attente du peuple, j'ai députe à Marœuil des hommes de bonne réputation, les religieux abbés Dom Gautier, abbé de Cambrai, Dom Aloyde, abbé d'Arras, Dom Alard, abbé d'Anchin, et Dom Alard, abbé de Marchiennes. Je leur ai confié l'exécution, à ma place, de mon décret d'Elévation. »

(1) Secundus Gerardus, Dei gratia Præsul Cameracensium, successoribus suis, posterisque fidelibus æternum gaudium. Notum sit omnibus quod in quinto Pontificatus mei anno, Atrebatensium Clerus et populus et commanentium pia devotio, de Elevatione sanctæ Virginis Bertiliæ ut fieret mihi suggesserunt, ut quam meritorum prærogativa et miraculorum publicaverat ostensio, celebriorem faceret de terra in feretro Elevatio. Considerans itaque magnam ab antecessoribus meis præfatæ Virginis claram reverentiam et cultu frequentatam, ego quoque, ne minùs devotus invenirer, omnium precibus consensi et Virginis Elevationem in Exaltatione Sanctæ Crucis celebrandam indixi. Ante quam diem, nutu Dei, magnæ infirmitatis præventus molestia ; ne tamen defraudarem populi expectationem, bonæ opinionis et religiosos abbates Dominum Walterum, Cameracensem abbatem ; Dominum Aloydum Atrebatensem abbatem ; Dominum Alardum Aquicinensem abbatem ; Dominumque Alardum, Marcelensem abbatem, eo direxi et executionis agendæ vicem eis credidi.

On enferma dans la châsse le récit en vers (1) de l'élévation solennelle de la sainte et on exposa le précieux trésor à la vénération publique.

D'après le P. Watelet, Gérard II ne se serait pas contenté de placer sur les autels la sainte de Marœuil, il aurait voulu rétablir son abbaye dans les conditions où elle était au temps de sainte Bertille. Il aurait confié le monastère à des religieux Bénédictins. La raison qu'il en donne c'est qu'en 1087, six ans après l'élévation de Sainte Bertille, on trouve un abbé de Marœuil, *Albert*, au synode tenu à Arras par l'évêque Gérard. Or s'il n'avait pas été bénédictin, dit le P. Watelet, l'abbé de Marœuil n'aurait pu prendre rang, comme il l'a fait, au milieu des représentants de cet ordre, ni apposer sa signature au milieu des leurs (2). C'est donc que Gérard avait ramené les bénédictins à Marœuil.

Cette conclusion ne nous paraît pas rigoureuse. Dans le récit que nous aurons à faire, au chapitre suivant, de l'arrivée des chanoines réguliers à Marœuil, nous verrons, en effet, qu'il n'est jamais question pour eux de remplacer des religieux bénédictins, mais des clercs séculiers. Or cette prise de possession des chanoines réguliers eut lieu quarante ans environ après le synode dont il a été question plus haut. Il paraît impossible que dans ce peu d'années les bénédictins eussent quitté Marœuil, et que des clercs séculiers aient eu assez de temps pour laisser tomber dans le plus triste délabrement l'abbaye et l'église de Marœuil. Gérard II n'a donc pas confié l'abbaye de sainte Bertille à des bénédictins. Il l'a con-

---

(1) Père Watelet. — Locrius, ad annum 1081, p. 54.
    Hic ut juncta lebes, sanctis Bertilia sedes
    Sic datur in cœlis prudens virgoque fidelis
    Semper peccantum votis assiste precantum
    Proque tuis ora, cum mortis venerit hora.
    Hic est laudandus merito, cui nomen Amandus ;
    Nam dat laudari, bene vivere, nomen amari
    Hunc qui patronum celebrant, habeant sibi pronum. Etc.

(2) Locrius, ad annum 1099. Voici les signatures rapportées par Ferry de Locres : Subsignaverunt Gerardus episcopus, Aloldus Atrebatensis, Alardus Laubiensis, Alardus Marcenensis, Americus Aquicinctensis, Albertus Hasnoniensis, Albertus Mareolensis, Guffridus Novi Castelli, Abbates, Diderus Matselinus etc. Archidiaconi ; Hugo, Raynetus etc. Decani, aliique.

servée aux clercs séculiers qui l'occupaient, et son prévôt Albert prit place au synode et signa comme représentant de l'abbaye de sainte Bertille.

Le cartulaire de l'abbaye renferme une pièce datée de 1122, dans laquelle il est question d'un abbé de Marœuil du nom de Gautier. C'est une confirmation par Pierre, évêque d'Arras, d'une donation de dîmes, terrage et autres biens possédés à Noyelle-Godault par Amaury de Foschères (Fouquières), Gille sa mère, ses frères et sa sœur. Gautier, porte dans cette pièce le titre d'abbé (1). S'il était abbé bénédictin, il faudrait en inférer que les clercs séculiers n'auraient occupé l'abbaye de Marœuil qu'une vingtaine d'années, ce qui est invraisemblable, étant donné, comme nous l'avons dit déjà, l'état de délabrement de l'abbaye, attribué par le chroniqueur, en 1144, aux clercs séculiers. Il nous semble donc que Gautier était abbé séculier de Marœuil. Nous ne connaissons d'ailleurs que son nom, par la donation que nous venons d'analyser, et par un contrat signé par lui, à l'occasion de la dîme de Vendin, en 1129.

L'abbé Gautier (2) et le couvent de Marœuil avaient prêté à Jean Petelon quatre-vingts marcs d'argent sur

(1) Petrus divina paciencia atrebatensis ecclesie minister humilis omnibus Christi fidelibus tam presentibus quam futuris in perpetuum. Quom ea quæ legitime aguntur a memoria hominum tracto temporis evanescunt, ipsa decet scriptorum annotacione firmari per quæ possit ad posterorum noticiam pervenire ; proptera notum facimus quod Amolricus de Foschires et Gilla mater ejus, fratres ipsius et soror, totam decimam cum terragio et omnia quæ in parrochia de Noellâ juxta B. at possidebant, in presencia nostra Roberto de Foschires, de cujus feodo ipsa decima esse videbatur reddiderunt. Robertus vero et Amolricus, mater ipsius, fratres et soror, Galtero abbati et ecclesie Sti Amandi de Marcolo in perpetuum tenenda dederunt. Ut autem hec donatio firma permaneat nomina eorum qui interfoerunt annotare curavimus. Actum incarnati Verbi anno Mº. Cº. XXº, IIº, indictione, Xª. Hujus rei testes sunt : Drogo decanus, Robertus sacerdos de Vermela, Desiderius sacerdos, Nicholaus Libluns, Hugo sacerdos de S. Leodegario, Walterus Cosin, Engelrannus Hubaut, Albricus Oisuns, Joannes Turcins, Albricus Ruser, Jacobus Hadons, Robertus de Foschires, Balduinus de Seclin, Hugo Torteaus, Johannes de Orton, Hugo de Aisse. *Cart. f*º *XLIX* rº.

(2) Gautier se désigne ainsi : *Ego Walterus, Dei paciencia dictus abbas de Marcolo.* Gautier, nous l'avons dit, était abbé séculier de Marœuil. Pourrait-on de cette formule tirer une preuve qu'il n'était

une dîme que celui-ci possédait à Vendin, paroisse dépendant de l'abbaye de Marœuil. Pour s'acquitter Jean Petelon, sa femme et son fils donnèrent l'usufruit de la dîme en aumône à l'église de Marœuil. Pour que cet abandon constituât un acte ferme et irrévocable, l'abbé Gautier demanda et obtint le consentement d'Eustache châtelain de Lens, de la seigneurie duquel la dîme dépendait, et l'assentiment de son épouse et de ses fils. Il est stipulé que la dîme ne pourra être rachetée par ses premiers possesseurs avant huit ans révolus, et à l'époque de la Nativité du Seigneur (Noël). « En outre, qu'il soit connu de tous, ajoute la charte, qu'aussi longtemps que nous posséderons la dîme dont il vient d'être question, nous ne serons tenus à aucun service envers le châtelain de Lens ». La convention est scellée du double sceau de l'abbé et du châtelain de Lens. Elle a été faite au tribunal du châtelain de Lens, *in curiâ Lensensi,* l'an de l'Incarnation du Seigneur, 1129, indiction dixième. Les témoins de cet acte sont à peu près les mêmes que pour l'acte précédent concernant la dîme de Noyelles-Godault (1). Nous y trouvons des clercs, Oger, chanoine, Nicolas Leblon, Hugues, curé de St-Léger, Gauthier Cosin, Engelranne Hubaut, Aubry Loison, Robert Habur, Jean Turcin, Etienne de Peskebuef ; des échevins, Albéric Ruser, Fourment de Vermele,

pas abbé régulier, qu'il tenait seulement la place du véritable abbé ? Nous ne le pensons pas. Ce ne sont là que des expressions d'humilité que l'on rencontre dans les actes de l'époque. Un peu plus tard, sous les abbés réguliers, cette formule se modifiera ainsi : *N. humilis abbas de Marœolo* ; mais le sens n'en sera pas changé.

(1) *Sigillum Castellani de Lens de eadem decimâ de Wendin.*
Ego Walterus, Dei paciencia dictus abbas de Marœolo, una cum convento nostro, utile duximus scripto commendare quod nos accommodavimus Johanni Petelon LXXX marchas argenti super decimam quam apud Wendin in nostra possidebat parochia. Ipse vero et uxor ejus, et filius ipsius, usumfructum ejusdem decime in eleemosynam nostre contulerunt ecclesie. Ut autem istud ratum et inconvulsum habeatur, factum est assensu et consensu uxoris predicti Johannis et Eustachii Lensensis castellani necnon et uxoris sue suorumque filiorum. Et sciendum est quod hec decima non potest redimi usque ad octo annos et in nativitate Domini. Preterea notum sit omnibus quod quandiu sepedictam decimam tenebimus, nullum Lensensi castellano reddere debemus servicium. Ut autem hec pactio rata et firma permaneat sigillo nostro et sigillo predicti castellani munire curavimus. Actum in

Jacques Hadons, et les hommes du châtelain de Lens,
Ledewin Soleaus, Robert de Fouquières, Bauduin de
Seclin, Hugues Torteaus, Hugues de Aisse, Robert de
Aisse, Jean de Ourton, Wicart de Liévin, Roger Macer,
Roger Mollère.

curia Lensensi, anno Dominice Incarnationis Mᵒ Cᵒ XXᵒ Nᵒ indictione
decima. Hujus rei testes sunt clerici Ogerus canonicus, Nicholaus Li
Bluns, Hugo sacerdos Sti Leodegarii, Walterus Cosin, Engelrannus Hubaut, Albericus Oisuns, Robertus Habur, Joannes Turcia, Stephanus
de Peskebuef ; scabini, Albricus Buser, Furmenc de Vermele, Jacobus
Hadons ; homines castellani, Ledewins Soleaus, Robertus de Fusceres,
Balduinus de Seclin, Hugo Torteaus, Hugo de Aisse, Robertus de
Aisse, Johannes de Orton, Wicars de Laivin, Rogerus Macer, Rogerus Mollere. *Cart. fᵒ CXIX vᵒ.*

CHAPITRE XIII.

LES CHANOINES RÉGULIERS A MARŒUIL
(1138).

L'évêque Alvise et le délabrement de l'abbaye de
sainte Bertille. — Les chanoines réguliers ; Arrouaise et Eaucourt. — Bauduin de Bailleul premier
abbé. — Charte d'Alvise. — Administration temporelle et spirituelle de Bauduin de Bailleul. —
Austérité de la vie religieuse à Marœuil. — Privilège du Pape Eugène III. — Charte de Simon
d'Oisy. — Mort de Bauduin de Bailleul.

Un des écrivains du cartulaire de Marœuil nous a
transmis, dans des pages, malheureusement incom-
plètes, des détails précieux sur l'entrée des chanoines
réguliers de Saint-Augustin dans l'abbaye de sainte
Bertille. C'est cette chronique que nous allons suivre
pas à pas l'espace d'un siècle environ.

« En l'an du Verbe incarné 1132, Louis VI régnant
sur la France, Thierry, frère de Philippe, gouvernant
les Flandres, Alvise, d'abord abbé d'Anchin, monta
sur le siège épiscopal d'Arras. On connaît par les
œuvres qu'il a faites, son amour pour la religion et
son zèle pour le culte divin ; seule notre église suffit
à témoigner de ses pieuses libéralités. Il était évêque
d'Arras depuis douze ans (1), lorsqu'il s'aperçut de la
négligence des chanoines séculiers de Marœuil pour
l'office divin. La modicité de leurs revenus ne suffisait
pas à excuser leur négligence. L'évêque ne crut pas

---

(1) Il y a ici une erreur de date manifeste. Alvise (Auvise, selon d'autres), fut élu comme évêque d'Arras en 1132. D'après le chroniqueur
ce ne serait que douze ans après, en 1144, qu'il aurait confié Marœuil
aux chanoines réguliers. Cette date est contredite par la première
charte du cartulaire, celle même d'Alvise, faisant en 1138, des donations à Bauduin, déjà nommé abbé de Marœuil. C'est donc au moins
à cette date de 1138 qu'il faut faire remonter l'entrée des chanoines
réguliers à Marœuil.

pouvoir la tolérer plus longtemps. La dignité de l'église de sainte Bertille, exigeait qu'on y portât remède. Il ne vit d'autre moyen que de retirer le monastère des mains des clers séculiers pour le faire passer dans celles d'une congrégation religieuse ».

« L'évêque pensait à cette transformation de l'œuvre de sainte Bertille, lorsqu'il arriva qu'un de ses chapelains nommé Casywalon, vint visiter l'église de Marœuil. Il y entra au moment où la messe se célébrait. Un seul ministre assistait au divin sacrifice, le seul, qui de tous les clercs fût prêtre. L'église, le chœur, étaient dans un tel délabrement, l'autel si négligé, que le chapelain vit courir les rats et les souris jusque dans le sanctuaire. Il vit même un rat s'approcher jusqu'au vase qui contenait le vin pour le calice ; le vase n'avait pas de couvercle, le rat put y boire sans que le ministre s'en aperçût, et rentrer fort tranquillement dans son trou. Le calice était d'argent, mais fendu vers le milieu de la coupe : il n'était plus digne de servir pour le sacrifice. Le reste des ornements, les livres, les vêtements sacerdotaux, tout était d'une pauvreté qui touchait à l'indécence. Je ne veux pas entrer dans plus de détails : ceux que j'ai rapportés suffisent à faire juger de l'état de délabrement de notre église. Les murs eux-mêmes étaient fendus, ouverts à certains endroits, tellement qu'en chantant l'office les clercs n'étaient pas sans crainte de les voir s'écrouler. » Le P. Watelet (1) ajoute, d'après « certains vieux mémoires latins de son abbaye », que la châsse de sainte Bertille avait été dépouillée de ses lames d'or et d'argent par des voleurs. Elle tombait de vétusté. C'était, au regard de tous ceux qui la voyaient, une honte de laisser les reliques précieuses de la sainte et grande patronne de Marœuil, dans un reliquaire si peu convenable et si dévoré par le temps. »

« Le chapelain ne manqua pas de rapporter tout ce qu'il avait vu. L'évêque n'en fut que plus excité à mettre la main à l'œuvre sans retard. L'important était de trouver un homme capable de l'aider dans cette grave entreprise, un homme qui fût comme l'architecte prudent de l'édifice qu'il fallait reconstruire. »

(1) P. 56.

Les chanoines réguliers avaient acquis alors une grande renommée. Depuis que saint Chrodegand, évêque de Metz, les avait établis, en 750, dans son église, ils s'étaient beaucoup répandus en France et à l'étranger. Yves de Chartres, lorsqu'il était prévôt de Saint-Quentin, les avait introduits dans son église ; devenu évêque de Chartres en 1097, il leur donna sa cathédrale. Un peu plus tard, en 1108, l'abbaye de Saint-Victor de Paris, réformée par eux, donna à la Congrégation une renommée universelle.

En 1090, les chanoines réguliers avaient fondé Arrouaise, qui devait être le centre d'un mouvement religieux considérable.

Heldemare, son premier fondateur, ne porta que le titre de prévôt, mais son successeur, Conon, donna un grand lustre au nouveau monastère. Il fut élevé au cardinalat par le pape Pascal II, tout en gardant son titre de prévôt d'Arrouaise. Pour gouverner le monastère, il avait mis à sa place le prieur de Licques, Richer. Celui-ci dirigea le monastère avec sagesse, et quand Gervais, (1) ancien secrétaire d'Eustache III comte de Boulogne et frère de Godefroy de Bouillon, succéda à Conon, il put recevoir le titre d'abbé. Robert, évêque d'Arras, le bénit en cette qualité, en 1121.

Gervais ajouta à la règle de saint Augustin des constitutions austères qui lui valurent le titre de réformateur de l'Ordre. Il s'entendit pour cela avec saint Bernard et calqua sa réforme sur celle de Cîteaux. Bientôt des abbayes du même ordre embrassèrent la règle nouvelle et s'affilièrent à l'abbaye d'Arrouaise (2). Des diocèses environnants, de Thérouanne, de Soissons, de Noyon, de Tournai, on lui demanda des religieux pour la réforme des monastères. En peu d'années, la Congrégation d'Arrouaise obtint une grande célébrité (3).

---

(1) Le P. Watelet l'appelle Gelase, p. 58.

(2) L'abbaye d'Arrouaise, dont il ne reste plus aujourd'hui que le souvenir, était située sur le territoire de la commune du Transloy, près de Bapaume.

(3) Note de M. Parenty, p. 39. Les abbayes d'Eaucourt et d'Hénin-Liétard furent les premières qui embrassèrent la réforme en s'affiliant à celle d'Arrouaise. Vingt-deux autres maisons (le P. Watelet, p. 58, dit vingt-huit), s'agrégèrent depuis à cette célèbre congrégation.

Il était naturel que l'évêque d'Arras, pour relever l'abbaye de Marœuil, pensât aux chanoines réguliers.

« Il se décida, dit le chroniqueur, à appeler près de lui Odon, abbé d'Eaucourt (1). Lorsqu'il lui eut exposé son dessein, il lui demanda de mettre à sa disposition, dans les quinze jours qui allaient suivre, Bauduin de Bailleul, dont la bonne renommée était venue jusqu'à lui. Ce religieux avait été prévôt de l'église Saint-Nicolas de Furnes, mais il détestait tant l'esprit turbulent et séditieux de ceux qui étaient attachés à cette église, qu'il s'était retiré de sa charge et était venu chercher le repos auprès de l'abbé d'Eaucourt. »

« Sur ces entrefaites, un incendie violent dévora le palais épiscopal. L'abbé d'Eaucourt, à cette nouvelle, se rendit auprès de l'évêque. En lui offrant ses condoléances, il chercha à faire entendre au prélat que le désastre, si malheureusement survenu, était une raison

(1) Nous empruntons à M. Parenty la notice qu'il donne sur l'abbaye d'Eaucourt. *Histoire de sainte Bertille*, p. 35, note 1.

« Cette abbaye, de l'ordre de saint Augustin, était située à l'extrémité sud de la province d'Artois, près de la route royale de Bapaume à Amiens, dans la paroisse de Warlencourt. Lambert de Guînes, évêque d'Arras, fonda ce monastère, en 1101 et en confia la direction au saint prêtre Odon, qui s'était créé une solitude dans la forêt d'Arrouaise. Ce bois qui couvrait alors les territoires de Bapaume et des villages environnants, est connu dans l'histoire sous le nom d'*Arida gamantia*. Il s'étendait depuis Encre-Albert, en Picardie, jusqu'en Belgique et fut défriché, en partie, par les religieux de Saint-Vaast, de Corbie, de St-Quentin et de Honnecourt. Odon mourut en odeur de sainteté, en 1142. Anselme, seigneur d'Houdain, dota son monastère par la cession qu'il lui fit des fiefs de Courcelles le Comte et de Bailliencourt ou Bailloscourt. Un seigneur de Gomiecourt, vint ajouter à ces libéralités, et fut inhumé par Odon, dans l'église abbatiale. Les chanoines réguliers d'Eaucourt, étaient sous la juridiction des évêques d'Arras. Leurs abbés siégaient aux états provinciaux d'Artois. Le dernier de ces prélats, M. Boitez, mourut à Arras, le 12 août 1821. Mgr l'Evêque d'Arras l'avait agrégé à son chapitre et l'avait nommé archidiacre de Boulogne. L'enclos du monastère contenait environ cinq hectares de terrain. On y trouve encore (M. Parenty écrivait en 1847) les fondations de l'église et le tracé des bâtiments claustraux. Il ne reste que le quartier abbatial et la ferme dans laquelle on a établi une fabrique de sucre indigène. A un kilomètre de ce lieu, est une butte de terre de dix mètres de hauteur, et qui recouvre près d'un hectare de terrain. On pense que ce tertre, évidemment fait de main d'homme, est un tumulus gallo-romain. Au siècle dernier, on découvrit, en cet endroit, des briques romaines et des monnaies frappées au coin de l'empereur Marc-Aurèle (*Mémorial historique*). »

de remettre à plus tard la visite que devait lui faire
Bauduin de Bailleul ».

— « Non, répondit l'évêque, il faut, au contraire, vous
presser de m'envoyer le religieux dont nous avons
parlé. J'en suis persuadé, j'ai trop différé le bien que
je devais faire ; Dieu me punit en m'infligeant ce désastre. »

« Le digne abbé ne pouvait insister davantage. Il retourna à son monastère et il envoya immédiatement le
vénérable religieux que le prélat avait désigné. »

« Bauduin de Bailleul ne fut pas plus tôt aux pieds de
l'évêque, que celui-ci lui découvrit tous ses desseins, lui
demandant avec instance de se dévouer à l'œuvre qu'il
voulait lui confier. »

« Le bon religieux qui ne cherchait qu'à vivre dans
la solitude et la paix, supplia l'évêque de ne pas lui imposer un tel fardeau : tout l'effrayait, la difficulté de
l'œuvre, le délabrement du monastère, l'insuffisance de
ses revenus. Ce n'est qu'à force de prières, d'autorité
et d'instances que le prélat parvint à vaincre sa résistance. »

« Aussitôt qu'il eut donné son consentement, Bauduin
partit pour Marœuil. Arrivé là, il lui fallut chercher un
gîte. Chose incroyable, dans tout le domaine de l'église,
il ne trouva pas un abri suffisant pour son cheval. Lui-
même dut demander l'hospitalité au château de l'évêque. Le jour, il demeurait au château, la nuit, il était
reçu dans une maison attenante à l'église ; c'est de là
qu'il se rendait au chœur pour assister aux matines. »

« Les desseins nouveaux de Dieu sur l'œuvre de sainte
Bertille allaient enfin s'accomplir. Dans sa bonté ineffable, il voulait, pour la gloire de notre sainte patronne,
relever l'église de Marœuil et réparer les ruines hon-
teuses au milieu desquelles son culte sacré allait
s'éteindre. C'est dans cette vue, qu'en l'an du Verbe
incarné 1131, première année de l'épiscopat d'Alvise,
il fit sortir des cloîtres l'abbé de Furnes. »

« Dans la suite l'évêque distingua Bauduin d'heureuse
mémoire, et malgré ses répugnances lui confia le gouvernement de l'église de Marœuil. »

« L'évêque vint en personne à Marœuil le quatre des
calendes de mai (28 avril), pour la remise, entre ses

mains, par les clercs séculiers, de l'abbaye de sainte Bertille. Lorsqu'il l'eut reçue, il la confia aussitôt à Bauduin. »

« La rumeur publique apprit bientôt au prélat que des alleux du patrimoine de sainte Bertille, entre autres le quart du territoire de Soncamp, étaient injustement occupés par Bauduin Calderous. Les clercs négligents ne s'étaient pas mis en peine de réclamer contre cette usurpation. L'évêque et le nouvel abbé envoyèrent aussitôt à Bauduin Calderous l'ordre de restituer à l'abbaye ces alleux. L'usurpateur se rendit sans peine aux réclamations qui lui étaient adressées ; il remit ces alleux, mais il ne se contenta pas de cette restitution. Il voulut contribuer généreusement à la construction d'une maison à l'usage de l'abbaye. Quelques années après, il fit démolir la chapelle que l'abbé Bauduin, vu sa grande pauvreté, avait été obligé de bâtir en bois, et de ses propres deniers il la fit construire telle qu'elle est encore aujourd'hui (1). »

« Les autels de Blavincourt (Bavincourt) et de Warluzel depuis la plus haute antiquité, avaient été occupés par l'abbaye ; l'évêque Alvise y ajouta l'autel de Sombrin, ceux de Noyelles-Godault, de Wingles et de Bénifontaine. »

Dans une charte qui est en tête du cartulaire de Maroeuil, outre l'autel de Noyelle-Godault, le prélat ajoute quelques terres et quelques revenus sur Maroeuil. Il fit donation à l'abbaye du manoir dit de l'évêque, et des revenus de douze courtils ou enclos avec habitation, situés devant le portique de l'église. Il ne mit à sa donation que cette réserve : que les religieux paieraient à lui-même et à ses successeurs, chaque année, le jeudi saint, un cens de deux sous. « Nous ajoutons à tout cela, c'est ainsi que finit la donation, la dime de nos moulins dans cette villa de Maroeuil, et une barque flottant dans notre vivier. »

L'emplacement de ce vivier est encore visible aujourd'hui comme nous l'avons dit plus haut dans l'essai de reconstitution de la demeure de sainte Bertille. La

(1) Le chroniqueur écrit à la fin du XIV⁰ ou au commencement du XV⁰ siècle.

dépression de terrain au-dessus de laquelle s'élèvent maintenant les digues de l'ancien moulin, était la partie principale du vivier qui communiquait avec les fossés du château.

« Les religieux pourront ainsi, comme nous, dit le généreux évêque, se procurer de l'herbe pour les animaux de leur ferme. » La charte d'Alvise était signée de nombreux dignitaires de la cathédrale, et de plusieurs abbés (1).

« L'autel de Wendin, poursuit le chroniqueur, fut donné à l'abbé Bauduin par l'évêque Godescalc. Tout ce que l'abbaye possède à Riskepont, village de Flandre près de Bailleul, vient en partie du patrimoine du même abbé, en partie aussi du patrimoine de ses frères Gauthier, Frumauld, Lambert et de ses parents. Nos biens de Merville proviennent d'achats faits par Bauduin. Ce sont ses nièces qui nous ont donné le beurre que nous recevons toujours de Bailleul. Nous devons à un chanoine diacre du temps de Bauduin, Guillaume de Guînes, les alleux que nous possédons dans le Boulonnais. »

Ce religieux était de l'illustre maison des comtes de Guînes. Les alleux qu'il avait donnés à l'abbaye devaient assurer au monastère une redevance annuelle de quelques milliers de harengs. Bauduin abandonna cette terre, en 1165, à Enguerrand seigneur de Fiennes, à charge par lui de procurer chaque année aux religieux, deux mille harengs saurs qui seraient livrés à l'abbaye de Beaulieu. Ce traité fut confirmé par Milon évêque de Thérouanne. (2)

« Tels sont les biens, qu'avec d'autres moins importants, notre premier abbé procura à notre église » (3).

Le chroniqueur a résumé dans les pages qui précèdent toute l'administration temporelle de Bauduin de Bailleul ; nous devons regretter qu'il n'ait rien dit de son administration spirituelle.

Quels furent ses premiers disciples et ses premiers religieux ? Nous n'en savons rien. Un seul nous est

(1) V. Documents.
(2) M. Parenty, d'après le Cartulaire de Marœuil, f. XX r° et v°.
(3) V. aux documents : *Chronique de Marœuil.*

nommé, c'est Guillaume de Guines qui fit une donation importante à l'abbaye, comme nous l'avons dit plus haut.

L'abbé Bauduin fut-il longtemps à recruter des religieux? Eut-il le don d'attirer en peu de temps à Marœuil un certain nombre d'hommes capables de remplacer les chanoines et les clercs séculiers? Nous l'ignoronsencore. A la fin de sa vie, d'après un titre du cartulaire (1), Bauduin laissa dans son monastère une dizaine de chanoines, tant prêtres que diacres ou sous-diacres. Le monastère ne dépassera jamais beaucoup ce nombre. A la Révolution française, en 1791, nous retrouverons le même chiffre de dix à quinze religieux.

En dehors de l'abbé, il n'y avait comme dignité que celle de prieur. Le prieur remplaçait l'abbé quand celui-ci était empêché.

La règle que l'abbé de Marœuil établit dans son monastère devait être sévère et se rapprocher de celle d'Arrouaise. Il était, en effet, depuis quelques années seulement à la tête de son abbaye, lorsqu'il résolut de l'affilier à cette Congrégation dont la réforme jetait un si vif éclat.

« Notre manière de vivre en ce temps-là, dit le P. Watelet, était selon la règle de saint Augustin comme à présent, mais nous ne mangions point de viande et ne nous servions point de chemises de lin, comme le rapporte Jacques de Vitry, en son Histoire Occidentale (2). »

L'étude était fort recommandée dans la Congrégation des chanoines réguliers d'Arrouaise ; mais on s'y occupait aussi beaucoup du défrichement des forêts et de la culture des terres. Le travail des mains, ordonné par le chapitre VII des Constitutions, s'exerçait dans le voisinage du monastère. On y était conduit par le prieur et l'on chantait l'office canonial en pleine campagne, aux heures prescrites.

(1) Accord avec Eustache abbé du Mont-Saint-Eloi concernant les droits de terrage et de dîme de Soncamp et de Sombrin. — Le titre est de 1173, deux ans après la mort de Bauduin. Voici les noms, Martin, abbé, Simon, prieur, Bauduin, Jean, Gérard, Lambert, prêtres ; Gomer et Philippe, diacres ; Hugues, sous-diacre. — V. Parenty, p. 50.

(2) Voici les paroles de Jacques de Vitry : « Siquidem fundamentum Regulæ B. Augustini iethnentes, ut carnem suam cum vitiis et concupiscentiis arctius crucifigerent, carnes a refectorio suo subtraxerunt ; camisis insuper non utuntur sed cum tunicis laneis nocte in domitorio suo quiescunt. » P. Wavelet, p. 58.

Le costume des religieux consistait en une tunicelle ou chemise de laine, des hauts de chausse avec des bas, des chaussons, des bottines ou brodequins, une pelisse ou robe de peau avec le capuce, une aumusse de drap ou de peau noire sur la tête et sur les épaules, le scapulaire, le surplis ou la chape (1).

L'ordre d'Arrouaise que Bauduin de Bailleul avait introduit dans la maison de Marœuil était austère comme ceux de Citeaux et de Prémontré, fondés presqu'en même temps par saint Bernard et saint Norbert, et qui lui avaient servi de modèles. La pauvreté religieuse s'observait avec une telle sévérité, que lorsqu'après la mort d'un religieux, on découvrait qu'il était demeuré possesseur d'une valeur quelconque, on le privait de la sépulture ecclésiastique. Celui qui, pendant sa vie, conservait une propriété, soit mobilière soit immobilière, encourait l'excommunication, quand, après l'avertissement de l'abbé, il refusait d'abandonner ce qu'il retenait en propre.

On jeûnait depuis les ides de septembre jusqu'à Pâques, et pendant ce long espace de temps, on ne mangeait qu'une fois par jour, excepté les dimanches.

Le nombre des religieux était considérable dans chacune des maisons de l'Ordre. Ils formaient deux classes: les uns plus instruits étaient promus aux ordres sacrés, les autres qu'on nommait frères lais ou laïques, s'occupaient davantage de la culture des terres. Il y avait encore des sœurs converses attachées à chacune des abbayes.

L'hospitalité était regardée dans l'ordre d'Arrouaise comme l'un des devoirs les plus sacrés. On recevait un grand nombre d'étrangers; un quartier d'habitation leur était réservé dans le monastère. Un chanoine hospitalier, qui avait sous lui quelques frères, était chargé de recevoir les hôtes. « Comme tous les fidèles, est-il dit dans les Statuts généraux, doivent être hospitaliers, selon l'Apôtre, chaque maison exercera l'hospitalité conformément à ses moyens. Chaque hôte sera reçu selon sa condition. On n'admettra point de femmes, à moins que ce ne soient des dames de telle qualité, qu'il

(1) M. Parenty, p. 40 et 41, (note).

ne soit pas possible de s'en défendre, sans de grands inconvénients. »

Il est prescrit aux abbés, dans ces mêmes Statuts, d'être en tout et partout les modèles de leurs inférieurs : de chanter avec eux les heures canoniales ; de remplir en commun les devoirs du cloître et du chapitre ; d'habiter le même dortoir et de manger au réfectoire commun, à moins qu'une juste raison ne les en dispense. Il leur est défendu de recevoir aucun sujet, sans avoir obtenu le consentement de la plus saine partie de la communauté, et de donner l'habit religieux à quiconque n'aurait pas atteint l'âge de dix-huit ans. L'abbé ne pourra établir ni prébende, ni pension, si ce n'est du consentement de son chapitre, des définiteurs de l'Ordre et de l'évêque diocésain. Défense absolue lui est faite d'accorder la moindre faveur à ses parents ou amis (1).

L'abbé de Marœuil ne se contenta pas de ramener la ferveur et la discipline dans l'abbaye de Sainte-Bertille, il entreprit la reconstruction de l'église et des bâtiments claustraux. Tout tombait en ruine, nous l'avons vu, à l'arrivée de Bauduin ; le pieux religieux se mit à l'œuvre avec courage et activité. Les ressources lui manquèrent pour relever toutes les ruines. Il était réservé à son successeur de mener à bonne fin l'œuvre qu'il avait entreprise si courageusement.

Pour assurer l'avenir de son monastère, le digne abbé chercha à obtenir du Souverain Pontife, des lettres de confirmation. Elles devaient rendre inviolables les biens qui lui avaient été donnés, et déterminer les règles à suivre pour le choix de ses successeurs. Il obtint, en 1152, (2) du pape Eugène III, des lettres ratifiant tout ce qu'avait fait l'évêque d'Arras en faveur de Marœuil. Les donations de terres, de revenus, de manoirs, de dîmes, d'autels, étaient mises à l'abri de toute attaque, par la menace de l'excommunication. Chose plus importante, le Souverain Pontife accordait au monastère le droit d'élire en toute liberté les successeurs de Bauduin dans

____

(1) Cfr. *Constitutiones ordinis Aroasiæ*, manuscrit de la bibliothèque du Grand Séminaire d'Arras.

(2) En même temps que l'église d'Arras obtenait de Rome la confirmation de ses droits et privilèges.

la charge abbatiale. Il confirmait enfin l'affiliation à Saint-Nicolas d'Arrouaise, et il défendait de rien changer à ce qui avait été fait. Le dernier privilège accordé par la Bulle devait être particulièrement utile pour maintenir les religieux dans l'abbaye et sous l'autorité de l'abbé : « Nous défendons, disait le Pape, qu'aucun des frères, après avoir fait profession dans le monastère de Marœuil, quitte le cloître sans la permission de l'abbé et des autres religieux, et que personne n'ait l'audace de recevoir et de retenir le profès qui se serait retiré de l'abbaye de Marœuil. »

On peut dire que cette Bulle d'Eugène III est la véritable charte de fondation de l'abbaye restaurée de sainte Bertille. C'est sur ce fondement solide des privilèges du Pontife Romain, que va s'élever le noble édifice de l'abbaye, qui traversera, sans défaillir, le long espace de six siècles. En dehors de la bénédiction et de l'autorité du Vicaire de Jésus-Christ sur la terre, rien ne peut se fonder solidement ; avec son concours tout puissant, les œuvres les plus humbles grandissent et demeurent, malgré toutes sortes de vicissitudes et de luttes.

L'œuvre de relèvement que le vénérable religieux, avait si courageusement entreprise, fut affermie et assurée par la prudence et la sagesse de Bauduin de Bailleul.

Sa sainteté et l'austérité de sa vie avaient acquis une grande autorité à l'abbé de Marœuil. Dès 1141, il fut appelé à souscrire le diplôme par lequel Thierry d'Alsace, comte de Flandre, avait ratifié les donations, faites à l'abbaye d'Arrouaise, en faveur de l'abbé Gervais, par Eustache III, comte de Boulogne, notamment les biens situés à St-Omer-Capelle. En 1153, il signa la charte dans laquelle Godescalc (1), évêque d'Arras,

(1) Ce prélat, né en Brabant, était abbé du Mont-St-Martin, ordre de Prémontré, près de Laon, lorsqu'il fut appelé à succéder à Alvise, en 1150. Il se montra très libéral envers son chapitre, auquel il abandonna les autels de Bailleul, de Boiry, d'Hébuterne, de Rouvroy, de Servins-en-Gohelle, de Noyelles-sous-Vermelles, la paroisse de N. D. et l'église de St-Nicolas-en-Méaulens, avec les dépendances de ces paroisses. Il érigea en cure l'église dite la Chapelette-au-Jardin, dans la ville d'Arras. Godescalc, recommandable par une haute piété, et par une grande libéralité envers les pauvres, mérita les éloges des

faisait l'énumération des biens que le chanoine Robert et
Ermenfride, son frère, abandonnaient à sa cathédrale.
Il fut même choisi en qualité d'arbitre, avec Eustache
abbé de Saint-Eloi, pour juger quelques différends qui
existaient entre l'abbaye d'Arrouaise et le chapitre
d'Arras, concernant les dîmes de Bucquoy et de Douchy.
En 1163 un désaccord s'était élevé entre l'abbaye d'Arrouaise et celle de Cercamp (près de Frévent), au sujet
de la terre de Beauvoir. Bauduin fut choisi comme témoin de la convention qui fut souscrite par les deux
parties. On trouve sa signature au bas de l'acte qui
contient les stipulations du contrat (1).

Touché de la générosité avec laquelle Bauduin avait
consacré non seulement ses jours, mais ses propres
biens, au relèvement de l'abbaye de sainte Bertille,
Symon d'Oisy, banneret d'Artois, qui jouissait dans la
province d'une grande puissance féodale, fit rédiger, en
faveur de l'abbaye de Mareuil, une charte dont nous
donnons ici la traduction d'après M. Parenty : « Je,
Simon d'Oisy, fais savoir à tous présents et à venir, que
moi et mon épouse, nos fils, Hugues et Pierre ; nos filles
Heldiarde et Mathilde, ainsi que leurs maris André et
Ratzon, avons concédé et confirmons par cette concession, l'aumône (2) que Hugues mon père et Heldiarde
ma mère, ont faite à l'église de Mareuil, pour le salut
de leurs âmes : ajoutant même à cette aumône, pour
notre sanctification et le repos éternel de Gilles, notre
fils, que tous les courtils (3) compris dans les murs de
l'abbaye, seront désormais tenus, par les frères, exempts
de tout cens et de *toute réserve*, à l'exception que si un
voleur était pris dans cet enclos, il me soit livré ou à mon
lieutenant, à l'entrée du portique de l'abbaye (*in introitu*

Papes Eugène III et Adrien IV. Cassé de vieillesse et accablé d'infirmités, il se démit de son évêché, en 1161, et se retira dans l'abbaye
du Mont-St-Martin, où il mourut, le 7 août 1170.

(1) Arch. dép. d'Arras. — *Fonds de Cercamp.*

(2) Nous n'avons aucun détail sur cette donation faite par Hugues
d'Oisy à l'abbaye de Mareuil.

(3) M. Parenty traduit : « Quidquid curtilionum. » par « tout le
terrain. » Nous rétablissons la tradition littérale de ces termes, d'autant plus qu'il y a dans ces mots une confirmation de la donation
d'Alvise.

atrii). Je veux encore que nul, fût-il mon chef, ne puisse y mettre la main sur moi. Que si un malfaiteur vient à se réfugier à votre cour, ou dans les dépendances de *votre abbaye* (1), les moines ne le retiendront point chez eux contre ma volonté. Et afin que ces dons deviennent fermes et inébranlables, j'ai muni cet acte de l'impression de mon sceau, sous le témoignage de mes hommes. Les témoins sont : Gui, chanoine, Engelrame son frère, Ratzon mon gendre, Bauduin d'Hénin, Godefroy son parrain, Bauduin Wagon chevalier, et tous les échevins de Marœuil. Fait à Crèvecœur (2), en l'an de l'Incarnation de Notre-Seigneur, MCLXV. Indiction XIIIᵉ. »

Ce titre est intéressant pour l'histoire de l'Artois. Il nous montre que les comtes d'Oisy, seigneurs de Crèvecœur, exerçaient, au milieu du douzième siècle, une véritable autorité sur l'Artois. D'où leur venait cette puissance ? Nous pensons qu'elle leur avait été donnée par le roi ou le comte de Flandre, dont ils ont été quelque temps les représentants dans ces contrées. (3) Ce titre nous révèle en outre que Marœuil était administré par des échevins, à une époque où plusieurs de nos villes n'avaient pu encore obtenir leur émancipation.

C'est encore dans le même temps que Bauduin reçut une donation importante dont les actes se trouvent au cartulaire de l'abbaye. Il s'agit de la terre dite de Pascau, sur les territoires de Lestrem et de Merville. L'acte de donation n'est pas rapporté ; mais nous y trouvons les actes de confirmation des Avoués de Béthune, dont cette terre dépendait. Le donateur de cette terre était Guillaume de Mallingehem. Voici comment se fit la donation. Comme Guillaume tenait la terre de Pascau de Hugues, son frère, il la lui remit entre les mains ; puis Hugues, à qui l'acte donne le titre de prévôt, ses fils, Pierre et Hugues, la remirent eux-mêmes entre les mains de Robert, Avoué de Béthune. Celui-ci en fit la

---

(1) Le sens que nous donnons ici au diplôme de Simon d'Oisy est différent de celui que lui attribue M. Parenty. Les comtes d'Oisy, suivant lui, étaient seigneurs de Marœuil et y possédaient un château. Nous pensons que cette interprétation repose sur une erreur de lecture. V. Documents.

(2) Dans le Cambrésis.

(3) Telle est l'opinion de M. Parenty.

donation solennelle à l'église de Saint-Amand. « Bien que cette terre, dit-il, ait fait partie jusqu'ici de notre fief, nous la donnons en aumône et en libre alleu, pour le salut de notre âme, à l'église de Saint-Amand. Nous stipulons toutefois qu'il sera dû à Hugues et à ses successeurs, par l'église de Marœuil, douze deniers, monnaie de Flandre, par année. A partir de ce jour, nous voulons que l'église Saint-Amand possède la terre de Pascau libre de toute exaction. » L'acte rapporte enfin les noms des témoins. La simple énumération de ces noms montre que les paroisses des environs de Béthune existaient, au XIIe siècle, avec leurs noms distinctifs ; on y retrouve aussi des noms de familles qui se sont perpétuées jusqu'à nos jours (1).

En 1153, le même Robert, avoué de Béthune, confirme une autre donation faite par Robert, surnommé *Raseis*. Ce nouveau bienfaiteur donne à l'abbaye tout l'alleu qu'il possède au territoire de Pascau, près du ruisseau d'Hunesbecq. La pièce qui constate cette donation est encore intéressante à cause des noms de ceux qui l'ont signée (2).

L'église de Marœuil possédait à Florinton (diocèse de Thérouanne), une terre assez importante. D'où lui était venue cette possession ? Nous l'ignorons. L'abbé Bauduin et le chapitre de son église, trouvèrent avantageux de la concéder à Enguerrand, fils d'Eustache de Finles, moyennant une redevance annuelle de deux mille harengs « bien salés et de bonne conservation », dit l'acte du cartulaire ; *sub ceasu duorum millium a lecium bene sallitorum et legitimorum*. Les harengs devaient être livrés à l'abbaye de Beaulieu du même diocèse de Thérouanne, à la fête de Saint-André (30 novembre). Le contrat eut lieu en 1165. Il fut approuvé par Milon, évêque de Thérouanne. Des chanoines avec Guerrad, abbé du Bois, *de Nemore*, furent témoins à l'acte dressé avec l'approbation de l'évêque (3). Les religieux de Marœuil pratiquant l'abstinence perpétuelle, les harengs tenaient

(1) Cart. fo XLV. ro
(2) Ibid. ro et vo.
(3) Ibid. fo XX, ro et vo.

une grande place dans leur alimentation ordinaire.
C'est ainsi que s'explique la convention que nous venons
de rapporter. Les harengs d'ailleurs constituèrent toujours une partie importante de la nourriture des religieux de sainte Bertille. Nous aurons l'occasion de le
constater plus loin dans le règlement sur le temporel de
l'abbaye, qui interviendra entre l'abbé Michel et ses
religieux ; c'est encore aujourd'hui un fait connu dans
Marœuil et attesté par les vieillards qui en ont fréquemment entendu parler dans leur jeunesse, « qu'à l'abbaye
on mangeait beaucoup de harengs ».

On voit, par tous ces faits et par ces donations, que
Dieu avait bien choisi l'homme qu'il fallait pour relever
le culte de sainte Bertille. Il lui accorda des jours assez
longs pour qu'il pût asseoir son œuvre sur des fondements solides. L'abbé Bauduin passa à Marœuil plus
de trente ans. « Appelé à une vie meilleure, dit le
chroniqueur, rendant à la terre ce qui lui appartient, le
4 des ides de mars (12 mars), il abandonna cette vie, en
l'an du Seigneur 1171. »

CHAPITRE XIV.

RECONSTRUCTION DE L'ÉGLISE DE SAINTE BERTILLE. (1191)

Election de l'abbé Martin. — Premières donations reçues par lui. — Reconstruction de l'église de sainte Bertille. — Essai de reconstitution de cette église. — Nouveaux privilèges des Papes.

« Aussitôt après la sépulture de l'abbé Bauduin, continue le chroniqueur de Marœuil, avant que les personnages réunis pour ce funèbre devoir se fussent retirés, sur le conseil même qu'ils donnèrent, la communauté s'assembla pour l'élection d'un abbé. Ce fut le prieur, Martin, qui fut élevé, par le choix unanime des frères, à la dignité abbatiale. Quelques jours après, en la fête de l'Annonciation, il fut bénit par le seigneur André, évêque d'Arras. »

La mission du successeur de Bauduin de Bailleul était de continuer et de développer l'œuvre que le restaurateur de l'abbaye avait si bien commencée. Il fallait assurer des revenus suffisants pour la subsistance des moines dont le nombre devait aller en augmentant, il fallait construire l'église dont Bauduin avait jeté les fondements, il fallait mettre son abbaye à l'abri des difficultés, tant spirituelles que temporelles, qu'il était juste de prévoir. L'abbé Martin remplit admirablement ce programme, et put ainsi consolider le noble édifice entrepris par son prédécesseur.

« L'abbé Martin procura d'importants revenus à notre église. C'est à lui que nous devons la part de dîmes que nous percevons à Menricourt (Méricourt). Il nous acquit une partie des dîmes de Saulty. Ces dîmes ont été, depuis, échangées contre le droit de terrage et la dîme que les chanoines de Sainte-Marie d'Arras possédaient sur le terroir de Marœuil. A lui aussi nous devons la dîme de Herlies, et beaucoup d'autres revenus qu'il serait trop long d'énumérer. »

Le cartulaire de Marœuil nous a conservé tous les titres de ces acquisitions faites et de ces donations reçues par l'abbé Martin.

Déja l'abbaye de Marœuil possédait, à Bailleul, diverses propriétés provenant des donations de Bauduin, son premier abbé. Oda et ses deux fils, Lambert et Bauduin, avec deux sœurs d'Alexis, époux d'Oda, y ajoutèrent, en 1174, dix arpents de terre. Bauduin, seigneur de Bailleul, approuva la donation la même année (1).

Du vivant de l'abbé Bauduin, un ecclésiastique d'Agnez-lez-Duisans Philippe qui se dit « clerc d'Agnez» *clericus de Anes*, et son frère Jean, avaient donné à l'église de Saint-Amand de Marœuil, une dîme qu'ils possédaient sur le terroir de la villa d'Agnez. Cette donation reçut l'approbation de Lamonlde chevalier d'Agnez, dont le fief s'étendait sur cette dime. Le chevalier ne se contenta pas de cette approbation : il voulut lui donner une solennité particulière. «D'abord, dit la charte, c'est au monastère même de Marœuil, au temps de l'abbé Martin, en présence de l'abbé et des frères que les donateurs renouvelèrent et qu'ils voulurent confirmer la donation de Philippe et de son frère ; ce fut ensuite à Duisans, en présence de Maître Frumauld élu depuis peu et appelé à gouverner l'église d'Arras. Etaient présents, avec Frumauld, des chanoines d'Arras, Pierre, doyen, Anastase, chanoine, Jean, chanoine de Marœuil, Bauduin, curé de Duisans, Rénier et Gérulfe, chapelains de l'église d'Etrun, il y avait aussi les clercs de Bauduin Tortons, Jean d'Agnez, Nicolas de Hudighem, Richard et Liger de Duisans et Jean d'Estrun (2). »

Si nous ne nous trompons, cette charte nous met en présence d'une école cléricale du XII° siècle dans nos contrées. Le curé de Duisans avait réuni autour de lui un certain nombre de jeunes gens qu'il préparait au sacerdoce. Après plusieurs années passées sous sa conduite, ces jeunes gens qui, dès le début de leurs études,

(1) Cartulaire f° XXIV, r°.
(2) Cartul. f° XIX v°.

avaient reçu la tonsure, devaient se présenter suivant les Statuts diocésains, aux représentants de l'évêque pour recevoir l'ordination. L'un de ces jeunes clercs, fit à l'abbaye de Marœuil une donation. Le chevalier Lamonlde s'intéressait vivement à l'œuvre du curé de Duisans, en même temps qu'il favorisait l'abbaye de Marœuil. Heureux de cette donation qu'il devait ratifier et de l'occasion qu'elle lui fournissait de montrer son estime et son attachement pour l'œuvre cléricale de Duisans et le monastère de Marœuil, le pieux chevalier provoqua lui-même, *instantia et industria*, comme dit la charte, l'acte solennel que nous avons rapporté. Le pays était fier du choix qui venait d'être fait de Frumauld pour l'évêché d'Arras. Depuis trois ans le diocèse n'avait plus de pasteur. Après la mort d'André de Paris arrivée en 1171, c'était le chevalier de Flandre, Robert, doyen de Saint-Donatien de Bruges et prévôt de Saint-Pierre d'Aire, qui avait gouverné le diocèse. Lorsque l'archidiacre d'Ostrevent fut élu, ce dût être une explosion de joie dans tout le diocèse et surtout à Arras. C'est alors que Lamonlde, ami sans doute de Frumauld, comme il l'était du curé de Duisans et de l'abbé de Marœuil, invita l'archidiacre à venir confirmer par sa présence la donation qu'il s'agissait de rendre définitive. L'évêque élu ne manqua pas de profiter de l'occasion qui lui était offerte pour témoigner son estime pour l'œuvre de Duisans et de Marœuil.

Il vint, accompagné de Pierre, doyen du chapitre, et du chanoine Anastase. Autour de lui se réunirent les chapelains d'Etrun et Jean, chanoine de Marœuil. La journée dut être mémorable pour la paroisse de Duisans.

Suivant le cérémonial usité, les donateurs se présentèrent à l'église pour remettre entre les mains de l'évêque le gage de la donation qu'ils voulaient faire à l'église de Marœuil.

C'est après cette solennité que la charte fut signée, et, comme la donation avait été faite par un des clercs du curé de Duisans, tous ceux qui comme lui, se formaient au sacerdoce sous la conduite du pieux curé, furent appelés à apposer leur signature à l'acte dressé séance tenante. La présence de l'évêque dans ces circonstances ne fut-elle pas le plus gracieux encouragement pour tous, pour les jeunes clercs comme pour le curé, pour le chevalier comme pour les religieux de Marœuil !

L'abbé Martin fit confirmer en 1175, par Frumauld, évêque d'Arras, la donation faite à sa maison et aux Templiers d'Arras, de la troisième partie de la dîme de « Menricourt » provenant de Segaud Hukedeu, par suite d'achat fait de Wicard « de Roveroi ». « Comme nous tenons ces dîmes en toute liberté, dit le donateur Hukedeu, par la concession du second et du troisième seigneur qui pouvaient y avoir quelque droit, nous avons voulu la donner en aumône, en la partageant également entre les Templiers d'Arras et l'église de Marœuil (1). »

L'année 1176 est remarquable par une convention intervenue entre l'abbé Martin et Jean, prévôt de la collégiale de Saint-Amé à Douai. Les religieux de Marœuil, qui possédaient à Merville le fief dit de Pascau, désiraient construire un oratoire dans la maison de leur ferme, pour pouvoir y célébrer l'office divin quand ils visiteraient leur terre. Seulement tout le « pouvoir » de Merville dépendant de la collégiale de Saint-Amé, il fallait l'assentiment des chanoines de Douai et leur autorisation.

Le chapitre de Saint-Amé accueillit favorablement la demande de l'abbé Martin et de ses religieux, mais il mit à son autorisation des conditions très précises qui montrent avec quel soin chaque église défendait ses droits contre toute atteinte. Ce n'était d'ailleurs que très juste : les conventions précises et nettes sont la meilleure garantie contre les difficultés que l'avenir peut toujours susciter.

(1) Cartulaire, fol. LXXXVII. Ce diplôme est très intéressant. Il établit, sans aucune contestation possible, l'existence d'une maison de Templiers à Arras. Il nous donne des renseignements sur la manière dont se faisait l'achat des dîmes, et par qui elles étaient possédées. Ces deuxièmes et troisièmes propriétaires de dîmes, sont les seigneurs qui, en raison de leur autorité féodale, avaient droit de recueillir les dîmes au défaut de celui qui les possédait réellement. Pour faire sa donation, Huke-leu dut obtenir l'assentiment de ces seigneurs et se libérer ainsi du droit de retour que ces seigneurs possédaient. Pour qu'on puisse juger mieux de l'intérêt de cette pièce, nous la citons toute entière avec les noms et les titres des signataires. V. Documents.

Le prévôt de Saint-Amé, Jean, le doyen de la collégiale désigné par les initiales Th. et le chapitre, déclarent d'abord qu'ils accordent à l'abbé Martin de Marœuil l'autorisation d'établir un oratoire dans sa ferme de Merville, *in curte sud apud Menrivillam*. Quand l'abbé ou quelqu'un de ses religieux viendra à Merville, il pourra ainsi célébrer l'office divin dans son oratoire. « Mais comme il arrive souvent que ce qu'on a fait avec des intentions pieuses, finit par amener des abus et des difficultés, il est arrêté que jamais l'abbaye de Marœuil ne mettra dans cet oratoire un prêtre séculier, ni même un de ses religieux qui y resterait habituellement et d'une manière stable. L'abbé seul ou quelques religieux venant à Merville, tantôt l'un, tantôt l'autre, pourront y célébrer l'office divin.

« Si des oblations (1) sont faites à cet oratoire, elles seront remises au curé de Merville et au prévôt, sans aucune diminution. Et si du *pouvoir* de Merville on offre à l'église de Marœuil des biens meubles, les religieux en gardent les deux tiers; l'autre partie reviendra au curé de Merville et au prévôt. Les religieux ne recevront pas non plus du même pouvoir de Merville, des terres ou autres héritages, sans avoir obtenu le consentement et l'autorisation de notre église. »

Non content d'avoir prévu et réglé à l'avance les difficultés que l'avenir pouvait réserver, le chapitre de Douai prend toutes ses précautions pour que le contrat ainsi dressé soit irrévocable.

« Voici enfin ce qui a été promis entre nous et les religieux de Marœuil : des clauses précédentes rien ne pourra être modifié ; engagement est pris de ne chercher jamais à les modifier ni en faisant appel au Seigneur Pape, ni par l'intervention de l'archevêque ou de l'évêque, ni enfin par l'influence de personnes puissantes. Ce n'est que du consentement libre et spontané de notre église de Saint-Amé qu'un changement quelconque pourra avoir lieu. »

---

(1) C'est ce que nous appelons aujourd'hui des honoraires de messe. Saint Chrodegand dans sa règle prescrivait de ne pas célébrer la messe aux intentions et avec les oblations des fidèles dans les maisons ou les oratoires privés. *Reg. Can.* c. 72.

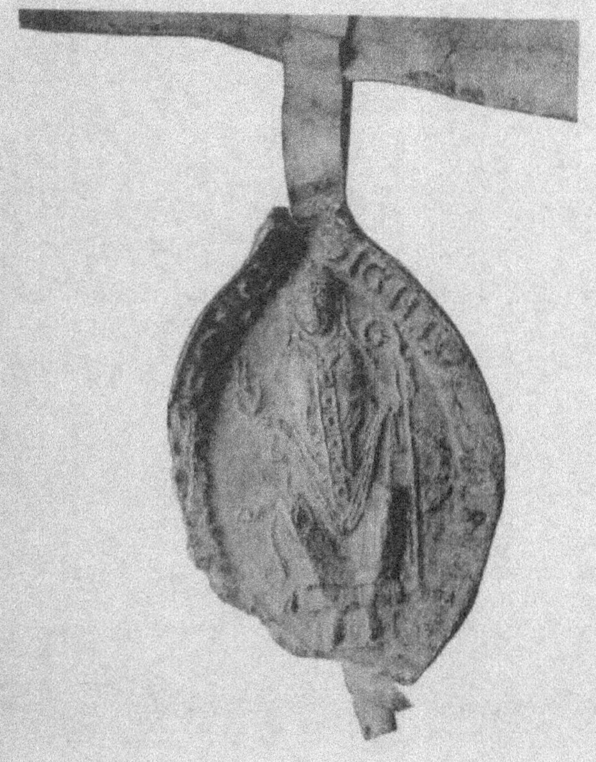

Sceau de l'Abbaye de Marœuil (1252).

Arch. du Pas-de-Calais ; fonds de Saint-Vaast.

(Demay, Sceaux d'Artois et de Picardie, M. 2610.)

L'acte est fait sous la double approbation de l'évêque de Thérouanne, Didier, et de l'évêque d'Arras, Frumauld. Ce n'est pas encore assez pour en assurer l'inviolabilité. La charte se termine par ces menaces : «Que ceux qui auraient l'audace d'enfreindre cette convention ou d'en modifier les clauses, encourent, par l'autorité de ces deux pontifes, la colère de Dieu, de la bienheureuse Vierge Marie, mère de Dieu, et de tous les saints ; qu'ils tombent de plus sous le coup de l'anathème jusqu'à ce qu'ils aient donné satisfaction. Fait en l'année 1176, Philippe étant comte d'Artois et de Vermandois (1). »

Ces conventions furent tenues, comme le voulaient les chanoines de Saint-Amé. Dans l'espace de six siècles, de 1176 à 1788, l'abbaye de Marœuil n'a pas accru ses possessions de Merville (2).

Une seule fois nous avons pu constater la présence d'un religieux à la ferme de Merville. Dans les années 1570 à 1575, Nicolas de le Saulx, appelé par le receveur de l'abbaye pour Merville, Lestrem, Rexponde et Bailleul en Flandre, coadjuteur de Marœuil, paraît y avoir séjourné pendant un certain temps (3).

Le comte de Flandre, en 1477, donna une preuve de l'intérêt qu'il portait au monastère, par une donation conçue dans les termes suivants : « Moi, Philippe, comte de Flandre et de Vermandois, veux qu'il soit connu de tous que pour le salut de mon âme, j'ai donné à l'église de Marœuil vingt-cinq sous à recevoir chaque année, à Bapaume, le dimanche des Rameaux, de celui qui y touche mes revenus, réglant que ces deniers serviront seulement à acheter le pain et le vin pour le service de l'autel. Et afin que, dans la suite, cette aumône ne puisse être annulée par qui que ce soit, j'ai ordonné que la présente charte fût munie de l'autorité de mon sceau. L'an du Seigneur 1177. » Cette donation fut con-

(1) Cart. fol. LXXXIV, v°.

(2) Dans un état des revenus de l'abbaye présenté au roi à l'occasion de l'élection de l'abbé Dorlencourt en 1788, les terres de Merville ne comprennent que 130 mesures. *Archives départ. d'Arras, Série C. États d'Artois*, n° 5.

(3) *Arch. dép. Fonds de Marœuil*, 5e liasse. *Merville.*

firmée par le roi Philippe dans un diplôme donné à Hesdin quelques années plus tard, en 1192 (1).

En 1177 encore, Segaud Hukedeu donne à l'abbaye une rente d'une demi *marca* « par droit d'hostage », qui sera prise sur la maison et le manoir de Frémauld Empirevillein, à Arras. L'autre moitié du droit d'hostage est donnée à l'église d'Arras (2).

En 1180, Lamvin, seigneur de Warluzel, abandonna aux religieux les dîmes qu'il possédait en ce lieu (3). Cette donation fut faite entre les mains de Maître Syger, chanoine d'Arras, remplaçant l'évêque tout récemment promu, en présence de plusieurs chanoines de la Cathédrale et de quelques seigneurs, tels que Roger de Sombrin et Théobald d'Agny. Lamvin avait pris soin d'obtenir, pour sa donation, l'assentiment de sa femme et de sa fille unique, de son frère aîné et du fils aîné de ce même frère. Il avait, comme le droit l'exigeait, remis ses dîmes à la disposition du sénéchal Hellin, de qui il les tenait en fief; celui-ci les avait résignées solennellement entre les mains de Syger, pour l'abbaye de Marœuil. Symon III, seigneur d'Hennecourt, avait approuvé et confirmé le tout. Cependant dix ans ne s'étaient pas écoulés, que Aélide, épouse de Lamvin, et Mathilde sa fille, poussées sans doute par Guillaume, époux de Mathilde, reprirent par force à l'abbaye ce que Lamvin avait donné solennellement. Tous les trois furent excommuniés. Après quelque temps, ils revinrent à de meilleures dispositions, reconnurent les droits de Marœuil, et l'évêque Pierre, en 1195, en les délivrant de l'excommunication, put donner une nouvelle confirmation des droits de propriété de l'abbaye.

En 1183, l'abbé de Marœuil obtint du chapitre d'Arras la cession de la dîme et du terrage qu'il possédait à Marœuil, pour la sixième partie de la dîme de Saulty, (4) moyennant une redevance annuelle de douze deniers. C'est l'échange dont nous avait parlé plus haut le chro-

(1) Cartulaire f° XX r°.

(2) Cartulaire f° X.

(3) Warluzel, canton d'Avesnes-le-Comte.

(4) Saulty près de l'Arbret, canton d'Avesnes-le-Comte.

niqueur de l'abbaye. Cette dîme de Saulty avait été
acquise de Jehan de Fosseux, quelques années aupara-
ravant (1).

Une donation importante fut faite encore en l'année
1180, en faveur du monastère de Sainte-Bertille : ce fut la
donation des deux parties de la dîme d'Herlies (2). Cette
donation se fit, à peu près dans les mêmes conditions que
celle de Warluzel, par Guillaume d'Obère. Comme
Lamvin, Guillaume avait obtenu le consentement de sa
femme, de son fils aîné et de ses autres enfants, il avait
obtenu l'assentiment de ses pairs dans la possession de ce
fief, « *paribus suis in eodem feodo astantibus et hæc fideliter disponentibus.* » Robert, avoué d'Arras, avait approuvé la donation, Pierre, évêque d'Arras, l'avait confirmée. Solennellement, « *ramo et cespite* », le pieux
donateur avait consigné son aumône entre les mains de
l'abbé de Marœuil, et cependant les religieux ne purent
jouir en paix des revenus de la dîme. Le fils de Guillaume, Pierre, surnommé *Warius*, ne tarda pas à les inquiéter. Lorsqu'en 1196 il reconnut l'injustice qu'il avait
commise, Guillaume, le fils de Robert, avoué d'Arras et
de Béthune et seigneur de Terremonde, approuva de
nouveau la donation. Il faudra arriver à 1217 pour que
l'abbaye puisse jouir en paix de ses portions de dîmes
sur Herlies. Amaury de Bertencourt, seigneur d'Obère,
vint alors, en son nom et au nom de son épouse, Adeloïse, faire amende honorable aux religieux de Marœuil
et leur demander pardon des torts qu'il leur avait faits (3).

L'abbé Martin était arrivé, grâce à toutes les donations
qui lui avaient été faites, à augmenter notablement
les ressources de sa maison. Il en profita d'abord pour
améliorer la nourriture de ses religieux. Les chanoines
de la congrégation d'Arrouaise, nous l'avons dit déjà,

(1) Cartulaire de Marœuil, fol. XLII r° et v°.

(2) Herlies faisait autrefois partie du diocèse d'Arras. Ce village,
d'un millier d'habitants, après la Révolution, a été compris dans les
limites du diocèse de Cambrai. Herlies est situé dans l'arrondissement
de Lille, canton de La Bassée.

(3) Voici les noms des religieux de Marœuil qui en 1217, ont souscrit l'acte de réparation signé par Amaury de Bertencourt : Petrus
abbas, Balduinus prior, Henricus, Clemens, Rogerus, Joannes, Michael
sacerdotes ; Eustachius, Hermerus, Balduinus dyaconi. Cartul. f. XXXV.

ne mangeaient pas de viande. La pauvreté de la maison de Marœuil réduisait ses religieux à ne se nourrir que de légumes. Grâce à l'augmentation des revenus, l'abbé put faire paraître sur la table plus que frugale de l'abbaye, de temps en temps au moins, aux jours de fête principalement, du poisson et un peu de vin.

Mais ce qui l'occupait le plus, c'était la construction de l'église. Il faisait recueillir toutes les aumônes que la charité et la piété des fidèles pouvaient mettre à sa disposition, et il activait le travail autant que les ressources le lui permettaient. Dieu lui accorda de ne pas voir arriver la mort avant d'avoir pu contempler de ses yeux l'église qu'il parvint, après vingt ans de travaux, à élever en l'honneur de la sainte patronne de Marœuil. Toute entière, à part les fondements, elle était son œuvre. Que de sollicitations pénibles, que d'inquiétudes, que de travaux elle lui avait coûté ! Lorsqu'il la vit enfin arrivée à son terme, le pieux abbé pria l'évêque d'Arras, Pierre Ier, qui l'avait soutenu au milieu de toutes ses difficultés, de venir lui-même faire la dédicace de l'édifice. L'évêque ne pouvait se refuser aux désirs du saint vieillard. Il vint donc à Marœuil, et le neuf des Calendes de juin, 23 juin 1191, il en fit la dédicace solennelle, sous le double vocable de saint Amand et sainte Bertille.

« Le pieux abbé Martin dit ce jour-là à l'un de ses religieux, qu'il avait assez vécu, puisque Dieu lui donnait une consolation qu'il attendait comme le comble de ses vœux, celle de voir enfin la dédicace de l'église qui était l'œuvre de toute sa vie et de tous ses efforts » (1).

Nous pensons qu'il reste des vestiges de l'église construite au douzième siècle par le vénérable abbé Martin. Si nous ne nous trompons, le mur en pierres qui fait face au transept ouest de l'église actuelle, n'est pas autre chose que la base du frontispice de cette antique église. Au milieu de la façade se trouvait le portail, dont on voit encore la voûte profonde et toute noircie. Son enfoncement se dessine dans l'épaisse muraille. Cette voûte est en plein cintre ; elle est élégante, légèrement surélevée. On devine que l'entrée du portail, en s'élar-

____

(1) Chronique de Marœuil.

gissant un peu, avec ses colonnes légères appliquées sur
le mur, devait présenter un coup d'œil très agréable
dans sa simplicité.

Nous disons : « on devine », parce que l'entrée elle-
même a été fermée par une maçonnerie qui en masque les
dessins. Le mur, dans lequel se trouve le portail, sert en
effet de clôture à une remise, qui s'étend à peu près sur
toute sa longueur. A droite de l'enfoncement voûté dont
nous venons de parler, à quelques mètres, on remarque
les vestiges d'un mur épais que l'on a taillé pour le
mettre à l'alignement de la muraille principale. Il est
facile de voir que c'était le pilastre qui séparait la nef
principale de la nef latérale de droite. Si nous passons,
en effet, de l'autre côté de la muraille que nous avons
décrite, de la pelouse qui s'étend au pied du château de Mme de Becquincourt, nous apercevons une
arcade de fenêtre, dont le dessin est demeuré dans toute
sa pureté. C'était la fenêtre de la nef latérale qui s'ouvrait sur la façade. Cette fenêtre aussi est en plein
cintre un peu surélevé, porté sur deux colonnes
légères appliquées sur le mur.

Avec ces quelques éléments, nous pouvons nous faire
une idée de l'église élevée par l'abbé Martin.

Elle était de ce style roman si pur et si élégant, qui a
précédé immédiatement le gothique du XIIIe siècle. Ses
deux (1) nefs s'étendaient de l'est à l'ouest, et se prolon-
geaient à peu près jusqu'à la muraille de l'église
actuelle. Venait alors le chœur, sur l'emplacement du
chœur d'aujourd'hui. Les voûtes ne devaient pas être
bien élevées, si l'on en juge d'après l'arcade de fenêtre
dont nous avons parlé ; mais elles tendaient à s'élancer,
présageant les hardiesses des églises du siècle suivant ;
elles étaient très simples et en même temps fort élé-
gantes. L'ensemble devait présenter un coup d'œil très
agréable. On conçoit que le vénérable abbé Martin fût
heureux d'avoir élevé un tel monument en l'honneur de
sainte Bertille.

____

(1) Nous pensons qu'il n'y avait que deux nefs, parce que l'église
qui a succédé à celle que nous essayons de reconstituer, n'en avait
que deux, l'une affectée aux offices des religieux, l'autre à ceux de
la paroisse. — Sur l'ancienne muraille dont nous avons parlé, on
n'aperçoit que les vestiges de deux nefs.

Les offices religieux dans la nouvelle église prirent une ampleur qu'ils n'avaient pas connue jusque-là. Les chanoines devinrent plus nombreux, comme l'atteste un titre du cartulaire (1).

C'est que l'abbé Martin n'avait pas négligé l'administration spirituelle de sa maison. Trois ans avant sa mort, il la mit en relation de prières avec plusieurs abbayes, notamment celles de Bergues Saint-Winoc, de Chocques et de Saint-Amand. Surtout il prit soin de faire descendre sur elle les bénédictions apostoliques du Saint Siège.

A deux reprises, en 1183 et en 1188, il obtint des papes Lucius III (2) et Clément III, outre la confirmation de ses possessions temporelles, des privilèges spirituels très importants. De ces deux pontifes, le premier surtout a multiplié ses grâces et ses privilèges en faveur de notre abbaye. Clément III n'a fait que confirmer les donations reçues par les religieux. Nous rapportons ici les principales clauses de la Bulle de Lucius III.

Le pontife ratifie toutes les coutumes légitimes, toutes les libertés anciennes, toutes les immunités accordées par les évêques ou les archevêques, et restées en vigueur jusqu'à la date de sa Bulle. Il défend à tout supérieur ecclésiastique de lancer l'excommunication contre l'abbaye, à moins qu'il n'y ait de raison manifeste de le faire. Il en sera de même pour l'interdit. Les religieux posséderont, sans que personne puisse en rien détourner, les dîmes des terres qu'ils auront défrichées de leurs propres mains ou à leurs frais, ou par les instruments et animaux de leurs fermes.

« Vous aurez le droit, ajoute le Pontife, de recevoir au milieu de vous, les clercs et les laïques qui voudront fuir le siècle pour la vie religieuse, pourvu qu'ils soient de condition libre, et qu'ils n'aient point été condamnés. Il vous sera permis aussi de les garder au milieu de vous, sans que personne puisse vous contester ce droit. » Pour une congrégation ou une abbaye qui se fonde, ce droit de garder les sujets qui se présentent, est très im-

---

(1) Herlies 1217. Cartul. folio XXXV.

(2) La bulle de Lucius III porte de nombreuses signatures de cardinaux. On les trouvera aux documents.

portant : c'est l'avenir de la congrégation ou de l'abbaye assuré par la liberté, pour les fondateurs, de se recruter comme ils le voudront

Le Pape accorde encore d'autres privilèges. « Si un interdit général venait à être lancé par l'autorité ecclésiastique, nous vous accordons, dit-il, le droit de célébrer l'office divin à voix basse, en ayant soin d'écarter de votre église les excommuniés et les interdits, et avec défense de sonner les cloches. Dans vos paroisses, personne n'aura le droit d'élever aucune chapelle ou oratoire, sans la permission de l'évêque du diocèse et la vôtre. Cependant nous voulons que les chanoines de votre Ordre, placés à la tête de vos églises paroissiales, soient dépendants de l'autorité épiscopale pour tout ce qui touche au gouvernement paroissial, tout en demeurant soumis à la discipline religieuse pour tout le reste. »

Par une dernière faveur, très estimée à cette époque, le Souverain Pontife déclarait libre la sépulture de l'église. Par là, il était loisible aux religieux d'accorder la sépulture, dans leur église, à tous ceux qui la demanderaient par dévotion ou par acte de dernière volonté.

Tels étaient les principaux privilèges accordés par le Souverain Pontife à l'abbaye de Marœuil. Au douzième siècle tous ces privilèges avaient leur grande importance. Quelques-uns n'ont plus à notre époque la même valeur réelle. Ils n'en restent pas moins précieux ; et on conçoit le respect qu'une abbaye mettait à conserver intact le dépôt de ces privilèges. Ils sont toujours placés en tête des cartulaires, et c'est avec un soin pieux qu'on les serrait dans des coffrets en bois précieux, pour les mettre à la place d'honneur, dans les bibliothèques et les archives. C'est ainsi que les parchemins authentiques des anciens titres de nos abbayes ont pu parvenir jusqu'à nous dans leur intégrité, pour faire aujourd'hui, après plus de sept siècles écoulés, la richesse de nos archives publiques.

Le jour de la dédicace de son église, l'abbé Martin avait dit, avec la plus admirable joie et le plus parfait abandon à Dieu, son *Nunc dimittis* ; la mort ne tarda pas à venir lui apporter la récompense de ses travaux. Douze jours s'étaient à peine écoulés, quand il s'endormit doucement dans le Seigneur. Le chroniqueur ne donne aucun détail sur cette pieuse mort. Il dit seulement : « Le douzième jour écoulé, c'est-à-dire le quatre des nones de juillet (4 juillet), il termina sa vie, l'année du Seigneur mil quatre-vingt-onze. »

CHAPITRE XV.

TRANSLATION DES RELIQUES DE SAINTE BERTILLE (1228).

L'abbé Gautier. — L'abbé Robert. — L'abbé Pierre I.
— Privilèges pontificaux. — Pierre II. — Terres
et dîmes. — La nouvelle châsse de sainte Bertille.
Translation des reliques. — Miracles. — Donations.
— État de l'abbaye à la mort de Pierre II

« Le jour des funérailles de Martin, du consentement
commun, le seigneur Gautier fut élu comme abbé. Pierre,
évêque d'Arras, lui donna peu après la bénédiction
abbatiale. »

Le chroniqueur se borne à cette simple mention pour
l'abbé Gautier, et passe sans transition à sa déposition.
Nous complétons ces notions trop sommaires par quelques faits qui nous sont fournis par le Cartulaire.

Gautier reçut presque aussitôt après son intronisation,
la confirmation, par le roi Philippe-Auguste, de la donation faite par Philippe, comte de Flandre et de Vermandois, en faveur de sa maison, en 1177, sous l'abbé
Martin. Le diplôme de Philippe Auguste a été donné à
Hesdin. Il est daté de 1192 (1).

L'abbaye d'Arrouaise presque ruinée alors par la
guerre désastreuse qui s'était déclarée entre Philippe-
Auguste et Philippe d'Alsace, comte de Flandre (1), se
vit contrainte d'aliéner une partie de ses biens. « L'église
de St-Nicolas d'Arrouaise était grevée de dettes, disent
les religieux d'Arrouaise. Elle avait subi toutes sortes
de pertes ; les dégâts produits par la grêle et les oura-

(1) Parenty, p. 55. — Cart. f. XX r°.

gans avaient encore été aggravés par les guerres inces-
santes. L'abbaye souffrait d'une véritable disette (1).
Sur le conseil et avec la permission de Willon, archevêque de Reims, de Pierre, évêque d'Arras, d'Étienne,
évêque de Noyon, de Lambert, évêque des Morins, nous
nous sommes décidés à aliéner une partie de nos biens. »
L'abbaye de Marœuil acquit les possessions que la maison d'Arrouaise avait à Gosnay, entre autres une terre
située près du château qu'eut en ce lieu la comtesse
Mahaut d'Artois, et dont elle fit une Chartreuse. Cette
propriété fut échangée, en 1321, sur la demande de
cette comtesse, contre un autre bien situé à Maisnil.

Quelques années après, en 1195, Pierre, évêque d'Arras, faisait connaître la renonciation de Robert de Biez
aux droits qu'il avait prétendus sur la dîme d'Herlies.

En 1198, en souvenir, sans doute, de l'intervention de
l'abbé Bauduin dans un acte analogue, l'abbé Gautier
fut appelé avec les abbés d'Hénin, de Clerfay et de Valenciennes, pour régler un nouveau différend survenu
entre Arrouaise et Cercamp à l'occasion de la vente de
la terre de Beauvoir (2).

Sainte Bertille parut prendre elle-même la défense
des possessions de son abbaye. Le fait suivant raconté
par le P. Watelet (3) en est une preuve frappante.

Un nommé Jean Malet, natif de Marœuil, se trouvant
en nécessité d'argent, s'adressa à notre saint abbé, nommé
Gautier, à qui il vendit une terre, avec toutes les conditions
requises de droit. Jean venant à mourir peu de temps
après, laissa pour héritier de ses biens un de ses neveux
nommé aussi Jean, lequel, je ne sais sous quel prétexte,
prétendit annuler la vente que son oncle avait faite. Ce que

(1) Dans son approbation particulière de l'acte de vente, l'évêque
d'Arras donne une autre raison qui lui a fait conseiller cette vente.
Les intérêts à payer pour les dettes contractées par l'abbaye d'Arrouaise devenaient trop lourds ; les religieux ne pouvaient plus suffire
à les acquitter : *Propter summam usurarum*, dit-il, *ultra modum
excrescentem*. On voit par ces quelques mots que le prêt à intérêt
n'était pas inconnu au XII° siècle. Ce n'est pas seulement des particuliers que les prêteurs exigeaient des intérêts usuraires. C'était
encore aux abbayes les plus importantes qu'ils savaient imposer leurs
exigences.

(2) Arch. départ. d'Arras. *Fonds de Cercamp*.

(3) Vie manuscrite de sainte Bertille p. 73.

n'ayant pu obtenir en justice, il se résolut, par le conseil de sa mère, de reprendre ses terres par voie de fait. C'est pourquoi s'étant associé quelques complices bien armés, il s'en alla attaquer les domestiques de l'abbaye travaillant dans les susdites terres. Après les avoir maltraités, Jean Malet et ses complices les chassèrent par violence, avec menace de mort, s'ils tentaient d'y venir encore travailler.

La chose s'étant ainsi passée, sa mère qui avait donné le conseil de commettre cet attentat, se casse la jambe, et le fils, auteur du fait, se trouve attaqué d'une maladie terrible et inconnue. Il implore en vain le secours des médecins qui lui déclarent que cette maladie n'est point naturelle, mais une manifeste punition de Dieu. Cette déclaration fait rentrer le malade en lui-même ; il demande dans un esprit de pénitence d'être porté à l'église de sainte Bertille pour y faire amende honorable. Ce qu'ayant fait en présence de plusieurs témoins, on le reporta chez lui, où il expira peu de temps après (1).

L'abbé Gautier « *non bono acquiescens coasilio* », dit le chroniqueur de Marœuil, tomba en désaccord avec l'évêque ; il fut déposé par lui, après avoir gouverné dix ans le monastère. Il vécut encore cinq ans et mourut le 20 janvier 1206.

Après la déposition de Gautier, l'évêque, Pierre, conseilla aux religieux d'élire Robert, ancien abbé d'Arrouaise. Robert avait dirigé avec sagesse cette abbaye en qualité d'abbé général de l'Ordre, durant les temps calamiteux dont nous avons parlé. Il s'était volontairement et saintement démis de cette charge, lorsque, sur les instances de l'évêque d'Arras, il prit la direction de Marœuil. Il n'y demeura guère plus d'un an, durant lequel il fit confirmer par Eustache, châtelain de Lens la donation d'une partie des dîmes de Vendin et de Wingles, faite par Jean Pétillon et Nicolas son fils, seigneurs de Vendin.

Cet abbé fut rappelé ensuite à Arrouaise, où il prit de nouveau le gouvernement du monastère. Il composa,

(1) Nous avons lieu de douter de la vérité de ce dernier trait rapporté par le P. Watelet. Nous trouvons, en effet, dans le cartulaire de Marœuil un titre qui nous parle d'une nouvelle réclamation de Jean Malez (le cartulaire écrit Malez) à la date de 1238.

selon dom Gosse, une continuation de la chronique de
cette abbaye depuis 1179 jusqu'à la fin du XII⁰ siècle.
« Les actes qui nous restent de cet abbé, dit cet historien, sont autant de témoignages de sa prudence et de
sa fermeté ». Ferry de Locres et le P. Watelet (1), le
font à tort régner à Marœuil jusqu'en 1206.

Pierre, premier de ce nom, anglais de nation, chanoine
régulier d'Arrouaise, d'abord abbé de Doudeauville, ensuite de Saint-Jean de Valenciennes, obtint les suffrages
du chapitre de Marœuil, après le retour du précédent à la
Maison-Mère.

Raoul de Neuville qui venait d'être élu évêque d'Arras, exempta, en qualité de seigneur du lieu, cet abbé
et ses successeurs de la juridiction des échevins.
Voici la charte qu'il rédigea à cet effet. « Raoul, évêque élu de l'église d'Arras, par la permission divine,
à tous ceux à qui il arrivera de voir ces lettres, salut
éternel en Notre-Seigneur Jésus-Christ. Faisons savoir
à tous, présents et à venir, qu'ayant ouï dire qu'il existait à Marœuil la coutume de faire comparaître l'abbé,
même par contrainte, devant les échevins du lieu, lorsqu'il s'agissait, entre lui et quelques particuliers, de
dettes ou d'autres effets mobiliers sujets à contention
ou procès, nous, qui désirons d'agir bénignement avec
cet abbé, l'avons déchargé de cette coutume, de sorte
qu'à l'avenir il ne soit plus tenu de comparaître devant
les échevins pour ces sortes d'affaires ; à moins qu'il
ne s'agisse des propriétés de l'abbaye, ou que de sa
propre volonté et de son autorité particulière, il veuille
bien se soumettre à leur jugement en certains cas. Et
afin que ce privilège demeure à perpétuité et qu'il soit
transmis à la postérité, nous avons fait apposer, au titre
de cette confirmation, notre sceau. Donné au mois d'octobre de l'an du Seigneur 1203 » (2).

L'année suivante Raoul (3) confirma les possessions

(1) P. 64.
(2) Cartulaire de Marœuil, f⁰ V.
(3) Raoul de Neuville, archidiacre d'Arras, fut sacré à Rome, par le
pape Innocent III, qui le nomma cardinal du titre de sainte Sabine.
Il gouverna très pieusement son peuple et ordonna qu'un cierge fût
entretenu « ardent nuit et jour, devant le Saint-Sacrement, en son
église de Notre-Dame. » (Gazet).

de l'abbaye, mais une convention intervint entre lui et les religieux. L'abbé et le chapitre promettaient de donner un des chanoines comme chapelain du château épiscopal. « Chaque semaine, dit le prélat, il devra célébrer le saint sacrifice, au moins trois fois, dans notre chapelle de Marœuil. L'abbaye promettait en même temps d'offrir la sainte messe pour l'évêque après sa mort, comme elle le faisait pour le défunt prélat, Pierre, de très heureuse mémoire ». Cette lettre, comme la précédente, a été donnée au mois d'octobre, mais un an plus tard, en 1204 (1).

C'est sans doute à la faveur dont jouissait le cardinal évêque d'Arras près d'Innocent III, que l'abbaye dut le privilège que ce grand pape lui accorda la première année. Le monastère était déclaré libre de tout péage, vinage, rouage et de toutes les autres servitudes envers les séculiers, quels qu'ils fussent ; libre également de tout droit à payer « pour terre et eau », *propter terram et aquam*, « pour le vin blanc » *pro blando vino*, la laine et les autres objets qu'il arrive aux religieux d'acheter pour leur usage. Ce diplôme pontifical est datée de Lyon, le 2 des ides de juin (12 juin), la sixième année du pontificat d'Innocent III.

Quelques années après, en 1207, l'abbaye obtint un nouveau privilège du pape Innocent. Il lui était accordé de pouvoir, en toute liberté, recevoir en héritage les biens, quels qu'ils fussent, des religieux de l'abbaye. Etaient exceptés seulement les biens possédés en forme de fiefs.

L'abbé Pierre fit plusieurs acquisitions au profit de son abbaye.

Nous trouvons en effet, dans le cartulaire, deux pièces, datées de 1206, dans lesquelles il est question d'achat de dîmes. Dans la première Hugues d'Aussi confirma la vente faite par son père, Matthieu, à l'abbaye de Marœuil de la dîme de Bavincourt (alors Bavelincourt) pour la somme de deux cent-vingt livres parisis (2). Hugues

(1) Cartulaire de Marœuil, f° IV. L'original de ce diplôme existe encore aux Archives départementales. Sur le sceau, l'évêque est représenté sans crosse et en diacre.

(2) La livre valait alors à peu près 22 francs (d'Avenel, *La fortune mobilière dans l'histoire*, 1892).

d'Aussi donna son approbation, parce qu'il était le haut seigneur ou le suzerain de cette dîme. L'acte rapporte que les fils d'Hugues d'Aussi donnèrent leur consentement à cette vente, ainsi que l'épouse de Matthieu, qui reconnut que sa dot n'était nullement intéressée dans cette dîme. L'acte d'approbation fut dressé à Avesnes ; il porte les signatures de Pierre, abbé de Marœuil, Gautier et Hugues prêtres et chanoines, Nicolas convers et Symon doyen de Duisans, Martin et Bellon curés.

La même année, Raoul, évêque d'Arras, approuva de son côté l'acquisition de la dîme par l'abbaye.

En 1207, Pierre de Gouy, chevalier, homme lige de l'évêque d'Arras, donna, en présence de ses pairs, à l'abbaye, tous ses droits sur quatre mencaudées de terre, appelées *de Ferbus*, qu'il tenait en fief de l'évêque. L'église de Marœuil n'était pas sans avoir des droits sur cette terre située à Bavincourt. Elle la cultivait déjà en payant une rente au chevalier de Gouy : c'est cette rente que le chevalier remet en réalité à l'abbaye. Cette donation est approuvée par Roscèle, épouse du chevalier, et par Jean son fils (1).

En 1211, l'abbaye, pour Bavincourt encore, faisait un échange de terre avec Matthieu d'Agnez. Celui-ci donnait au monastère de Marœuil six quartiers de terre situés auprès du manoir du presbytère, tandis que les religieux faisaient l'abandon de onze quartiers. Cet échange était utile à l'abbaye, il lui permettait d'agrandir le manoir du presbytère.

Un nouveau privilège pontifical fut obtenu par l'abbé Pierre en 1213. Innocent IV accordait à l'abbaye le droit de ne recevoir aucun religieux étranger pourvu par Bref d'une dignité dans son sein, à moins que le Bref ne fît mention expresse du privilège accordé par le Pape et ne voulût ainsi y déroger. Ce privilège devait mettre l'abbaye à l'abri des intrigues ambitieuses qui pouvaient se nouer autour de la chaire pontificale.

En même temps qu'il cherchait à assurer l'avenir de l'abbaye, Pierre Ier savait défendre ses biens et ses revenus. En 1216, Robert de Warlus, habitant d'Arras,

____

(1) Cart. f° XLIX 1°.

voulut contester à l'abbaye le revenu d'une *marcha*, (1) que sa mère, Rassende, avait donné à l'abbaye sur deux manoirs de la Cité d'Arras, l'un dit de Bertulphe, l'autre de Jean Tripet. Ce dernier, d'après l'acte de revendication rapporté au Cartulaire de l'abbaye, était directeur d'écoles « *scolas regit* ». Ces deux manoirs étaient situés en face de la maison de Robert de Warlus, auprès du manoir, vulgairement appelé *Mestiers* (2). La contestation fut portée devant l'Evêque d'Arras, qui prononça en faveur de l'abbaye.

L'abbé Pierre touchait à la fin de sa carrière abbatiale.

Depuis longtemps déjà il avait formé le dessein de se démettre de son abbaye pour terminer ses jours dans le repos et la solitude. Il avait gouverné son église pendant quatorze ans ; autant que les temps le lui avaient permis, il avait contribué à assurer son avenir, il pouvait transmettre à un autre sa chaire abbatiale.

« Il le fit de son plein gré, en l'année 1216 (3), dit le chroniqueur de Marœuil, et il se retira au lieu où il avait fait sa profession, c'est-à-dire à Arrouaise. Quelques années après, plein de mérites et d'années, il rendit en paix son âme à Dieu et entra dans le repos de son éternité. »

(1) D'après du Cange la *Marcha* valait une demi livre. Comme la livre valait à la fin du XII⁰ siècle environ 22 francs, le revenu dont il s'agit ici était de 11 francs environ.

(2) Cartulaire f⁰ X r⁰.

(3) M. Parenty (p. 59) note ici une divergence de date entre le chroniqueur de Marœuil et Ferry de Locres. D'après ce dernier, Pierre Iᵉʳ aurait quitté Marœuil en 1221, tandis que d'après les dates rapportées par le chroniqueur, il faut fixer sa retraite en 1216 ou 1217. Le chroniqueur, en effet, dit expressément que Pierre II, le successeur immédiat de Pierre Iᵉʳ, a gouverné son abbaye pendant 28 ans, et qu'en 1244 il était mort. Il nous faut donc remonter jusqu'à 1216 pour avoir la date de la retraite de Pierre Iᵉʳ. L'erreur de Ferry de Locres vient, croyons-nous, d'un passage du chroniqueur qui n'indique pas clairement en quelle année eut lieu le remplacement de l'abbé Gautier déposé en 1201 par l'évêque d'Arras. On peut penser, d'après son texte, que cet abbé n'a été remplacé qu'en 1206, date de sa mort ; de là erreur de cinq ans dans la chronologie de ses successeurs. Mais on voit, d'après les dates rapportées plus haut, qu'il faut fixer la retraite de Pierre Iᵉʳ à 1216. Comme il a tenu la crosse quatorze ans, d'après le chroniqueur, il faut en conclure que son prédécesseur, qui n'a occupé le siège abbatial qu'un an a été élu en 1201, l'année même de la déposition de Gautier.

« Après la retraite de l'abbé Pierre I⁰ʳ, le gouvernement de notre église, continue le chroniqueur, fut
donné à Pierre, chanoine de notre Ordre et prieur de
l'abbaye. Il était d'Arras. Élu en la fête de sainte
Benoîte, vierge, (8 octobre) il fut bénit le lendemain, en
la solennité de saint Denis, martyr. Cette fête tombait
un dimanche. La bénédiction abbatiale lui fut donnée
par le vénérable Raoul, évêque d'Arras, dans l'église
Sainte-Marie (cathédrale Notre-Dame). »

Le nouvel abbé se proposa de continuer l'œuvre de
son prédécesseur. Il s'occupa d'abord de l'administration temporelle de l'abbaye. « Il parvint, dit le
chroniqueur, à augmenter notablement les ressources
de notre église. Beaucoup d'ecclésiastiques et de
laïques nous firent de pieuses et abondantes aumônes. »

Une première difficulté surgit en 1217, à propos de la
dîme d'Herlies, donnée à l'abbaye, dès 1180, par Guillaume d'Obère. La donation avait reçu toutes les appro-
bations nécessaires. L'épouse, l'aîné des enfants, les
enfants mineurs, les pairs du fief de Warneston, avaient
donné leur consentement solennel; Robert d'Arras,
avoué de Béthune, son fils Guillaume, avaient autorisé
le contrat. Seize ans après la donation, Pierre, le fils de
Guillaume d'Obère, avait encore reconnu en présence
de Guillaume, avoué de Béthune, que c'était sans aucun
droit qu'il avait inquiété l'abbaye de Marœuil, dans la
jouissance de sa dîme. Cependant, vers 1215, Amaury
de Bertencourt, seigneur d'Obère, s'appuyant sur les
prétendus droits de sa femme, Adeloïse, recommença à
inquiéter les religieux. Eustache et Symon, chanoines
de Marœuil, demeuraient alors à Herlies. Après bien
des difficultés, Amaury vint enfin à résipiscence, en
1217. Il déclare lui-même, dans son acte de confirmation,
qu'à la demande des frères de l'église de Marœuil il est
venu en personne à l'abbaye et qu'il a fait donation solennelle, « *par cep et rame* » déposés sur l'autel en présence
de tout le couvent, de ce qu'il réclamait auparavant
sur la dîme d'Herlies. Il fit le serment de ne plus jamais
inquiéter l'abbaye dans la jouissance de son bien. « Et
comme ma femme Adeloïse, ajoute-t-il, au temps où je
suis venu à Marœuil, souffrait d'une indisposition cor-

porelle qui l'a empêchée de venir avec moi, j'ai promis qu'après sa guérison elle viendrait elle-même à Marœuil, et qu'elle mettrait, de son côté, les frères en pleine possession de la dîme qui leur avait été donnée. » L'acte est signé par l'abbé Pierre, le prieur Bauduin, cinq chanoines prêtres, trois diacres et plusieurs chevaliers, Jean le Roux, Guillaume Delfai, Mathieu d'Estrées, Gille de Pascaus, Gille de Solesme, et Michel de Robais.

La même année, l'évêque d'Arras donna son approbation à l'acte d'Amaury.

Nous avons vu déjà que Raoul évêque d'Arras, (1) favorisait l'abbaye de Marœuil. En 1218, il accorda aux religieux le droit de faire moudre à ses moulins un muid de froment à la mesure d'Arras. Les religieux devaient faire moudre leur blé le samedi, et il leur était défendu d'en faire moudre plus d'un muid par semaine. Comme droit de mouture, ils étaient tenus de payer un quart de mencaud du froment qu'ils donnaient à moudre. Le chapitre d'Arras fut appelé à donner son consentement à cet arrangement (2).

La même année, l'évêque d'Arras rendit publique une donation faite par le chevalier Gilles de Noyelles à ses derniers moments, et la solution d'un procès survenu à l'occasion de ce legs. La donation était assez importante. Le chevalier donnait à l'abbaye quatre mencaudées de terre situées sur le terroir de Sombrin ; il lui transmettait en même temps le droit de terrage sur vingt-quatre autres mencaudées, et tous les revenus de ces mêmes terres. Ces terres et ces revenus devaient constituer la dotation nécessaire pour la résidence perpétuelle, à Sombrin, d'un religieux de Marœuil, chargé de desservir l'église. Sur ces terres,

(1) Cet évêque est plus souvent appelé Robert que Raoul, dans le Cartulaire de Marœuil.

(2) Cartul. f° V v° — D'après M. Parenty, le chapitre d'Arras avait des droits féodaux sur Marœuil, et c'est à raison de ces droits qu'il fut appelé à donner son consentement à l'arrangement pris par l'évêque Raoul. Cette affirmation ne se concilie guère avec ce que nous avons vu jusqu'ici. Le chapitre possédait des biens sur Marœuil, mais c'était à l'évêque qu'appartenaient les droits seigneuriaux. Aussi nous pensons plutôt que le chapitre fut appelé à donner son consentement dans le but de rendre, suivant le droit, la concession de l'Évêque ferme et perpétuelle.

le chevalier retenait seulement, pour lui et pour les siens, le droit de justice et le haut domaine.

Une difficulté ne tarda pas à s'élever, au sujet de cette donation, entre la veuve de Gilles, Elisabeth, dame de Noyelles, et l'abbaye. Elisabeth de Noyelles prétendait qu'en raison de son droit de justice et de son droit foncier, les impôts dits d'entrée, de sortie, de relief, devaient lui revenir. L'église de Marœuil au contraire prétendait que ces impôts faisaient partie des revenus qui leur avaient été donnés par le seigneur de Noyelles. Le procès fut porté devant l'évêque d'Arras. Après les plaidoyers pour chaque partie, l'audition des témoins, mûr examen de la part des juges, l'évêque prononça en faveur de l'abbaye: « Les droits d'entrée, de sortie, de relief, doivent être regardés comme faisant partie des revenus de la terre qui lui a été concédée ».

Le cartulaire de Marœuil nous fournit jusqu'à cinq actes importants conclus par l'abbaye en 1219. C'est d'abord l'achat fait au chevalier Nicolas d'Ablaing, du bois dit d'*Hugez* sur le terroir d'Ablaing. La contenance de ce bois était d'environ trente mencaudées. En raison de l'importance de cette vente, non-seulement Guillaume de *Kuen*, seigneur de *Karenci*, dont le chevalier d'Ablaing était l'homme lige, fut appelé à autoriser le contrat, mais encore les pairs du chevalier, hommes liges, comme lui, du seigneur de Carency, eurent à se prononcer sur la légitimité des motifs qui avaient déterminé le chevalier à consentir à la vente de son fief. Quelle était donc la raison de cette vente ? L'acte la donne en deux mots : *propter urgentissimam necessitatem*. Cette nécessité si urgente, n'était pas autre chose que le besoin d'argent, dans lequel se trouvait le chevalier d'Ablaing à la veille de partir pour la croisade. C'est en ces termes, en effet, que les actes rapportent ordinairement les motifs déterminants des contrats conclus par les croisés avant leur départ pour la Terre sainte (1). Comme gage

(1) Il n'y eut point de croisade proprement dite de 1205 à 1227. On ne cessait jamais toutefois de faire des préparatifs. Les empereurs d'Allemagne, Frédéric II surtout, promettaient sans cesse aux papes de partir pour la Terre sainte. On peut croire, d'ailleurs, que les croisés de Constantinople et de la Syrie réclamaient constamment des renforts pour maintenir leur position. Nicolas d'Ablaing fit sans doute partie d'une troupe de secours envoyée en Orient.

de vente, Nicolas d'Ablaing déposa sur l'autel de l'église de Carency, sous forme d'aumône, une branche d'arbre et un cep de vigne représentant la terre qu'il avait au préalable remise à la disposition de son seigneur, Guillaume de Kaeu. Celui-ci la donna enfin en toute propriété au monastère avec droit d'en jouir en toute liberté et tranquillité, exempte de toute servitude et exaction. L'épouse du chevalier, Marie, avait donné son consentement à la vente, à condition toutefois que la moitié du bois d'Hugez, qui faisait partie de son douaire, serait échangée contre d'autres biens.

Raoul, évêque d'Arras, en 1219, Nicolas, fils aîné du seigneur d'Ablaing, en 1225, donnèrent leur consentement à la vente faite par le chevalier d'Ablaing à l'église de Marœuil.

Un acte à peu près semblable, et pour les mêmes motifs, fut conclu avec Gauthier de Baillelet, sa femme, Surète, et ses deux fils, Jean et Robert. Il s'agit ici non plus d'un bois, mais d'une dîme sur le terroir de *Bacelincourt* (Bavincourt). La nécessité où se trouve le seigneur de Baillelet est constatée en ces termes : *propter nimiam et a paribus suis inferius notandis cognitam et approbatam necessitatem.* Voici les conditions de la vente : les religieux prêteront 160 livres parisis, et, comme gage, ils percevront pendant neuf ans à partir de la fête de saint Remi (1ᵉʳ octobre), les revenus de la dîme. Après les neuf ans écoulés, la dîme sera rachetable, chaque année à la même fête, ou entre la saint Rémi et la Noël, pour la somme qui avait été prêtée.

Jean de Baillelet, l'aîné des fils de Gauthier ne tarda pas à faire donation de la dîme elle-même à l'abbaye. A la date de 1222, il lui en abandonnait la propriété. L'acte est signé par Michel, prieur de Marœuil, témoin de la donation. Dans l'acte de confirmation de Pontius, évêque d'Arras (1222), il est mentionné que le seigneur de Beaufort de qui Jean tenait la dîme en fief, a donné son consentement, ainsi que Surète, mère de Jean, Sibile son épouse, Robert son frère, et tous les hommes du seigneur de Beaufort, pairs de Jean de Baillelet.

(1) Cart. f. L.

Si par la régularité de ses religieux, l'abbaye méritait ces donations faites par la piété des contemporains, l'abbé Pierre avait de son côté assez d'autorité et d'habileté pour obtenir de ceux qui voulaient créer des difficultés à son église, des compositions, des arrangements avantageux. Nous pouvons en citer deux dont l'importance n'échappera pas au lecteur.

Ils ont été conclus en 1219.

Le premier a trait à la terre de Pascau, donnée à l'abbaye sous Bauduin de Bailleul, son premier abbé régulier de l'Ordre de saint Augustin.

Jean de Pascau, pair du château de Béthune, dont dépendaient les cinquante journaux de terre de l'église de Marœuil, réclamait, à titre de seigneur, des droits de propriété et d'impôt. L'abbaye refusait d'admettre toutes les prétentions du seigneur de Pascau. Voici l'arrangement qui intervint. L'église reconnait devoir à Jean de Pascau et à son héritier, chaque année, vingt-cinq sous, monnaie de Béthune, un mencaud de froment, mesure de Béthune, quatre chapons, le tout sous peine de deux sous d'amende, et, à la mort de l'abbé, cinquante sous de relief (1) Si l'église venait à vendre sa terre, Jean ou son héritier percevrait pour chaque journal de terre, douze deniers. Point d'autre taille ou exigence. Quant au droit de juger les meurtriers, les voleurs, d'exercer la haute justice, l'église ne réclame rien. Si l'abbaye vient à donner sa terre, en tout ou en partie, à des colons, soit pour la faire cultiver, soit pour en retirer un fermage annuel, l'église de Marœuil percevra les droits d'entrée, de sortie et de relief. Tous les procès d'héritages, qu'il s'agisse d'immeubles ou de *cateux* (2) toutes les causes de justice, à l'exception des meurtres, des vols et de la haute justice, reviendront de droit à l'abbaye. « Ainsi fut-il jugé, ajoute Daniel, avoué de Béthune, par les pairs du château de Béthune, en notre absence, pendant que nous étions sur la route

____

(1) Le droit de *relief* n'était rien autre chose que l'impôt de succession que nous payons aujourd'hui. Le mot *relever* pour désigner l'impôt de succession est resté dans la langue populaire.

(2) *Catalla* : ce mot désigne des biens intermédiaires entre les meubles et les immeubles.

de Constantinople (1). Comme cette composition a été
bien et légitimement faite, en vue d'accroître notre fief,
dont dépend la terre de Pascau, ma mère, Mathilde, qui
avait alors le gouvernement de ma terre, du conseil des
pairs de mon château, consentit à cette composition et
daigna l'approuver. Nous déclarons que si Jean ou son
héritier ne remplissaient pas, en raison de leur fief,
leurs obligations à l'égard du seigneur de Béthune, nous
ne pourrions prendre, sur la terre de l'église de Marœuil, rien autre chose que ce qui est fixé dans l'arrangement que nous approuvons » (2).

Les mêmes difficultés avaient surgi pour la terre de
Wingles, au sujet des entrées et sorties, des reliefs,
droits de juger les réclamations foncières, de prononcer
dans les questions d'héritages, de recueillir les amendes,
sur les droits de pêche dans les fossés, les délimitations
des terres soit des colons, soit des tenanciers. Nous ne
pouvons entrer de nouveau dans le détail des conventions, malgré tout l'intérêt qu'elles peuvent offrir pour
l'histoire des institutions de notre pays. L'Evêque
d'Arras confirma de son autorité la convention intervenue sur ce sujet entre Elyssende, mère de Mahelin
de Meternes chevalier et ses héritiers d'une part, et
l'abbaye de Marœuil, d'autre part.

En 1220, l'abbé Pierre fit encore l'acquisition de la
dîme sur le terroir de Baudricourt. Elle fut vendue, par
Etienne de Baudricourt, du consentement de son épouse
Oda. Adam de Maisnil dont Etienne était l'homme lige,
donna son approbation, et l'évêque de Thérouanne,
Adam, confirma de son autorité l'acte de vente.

L'année suivante il recueillit encore une donation de
quatre mesures de terre, faite par la châtelaine d'Ypres
et de Bailleul, Mabille. « Ces quatre mesures sont prises,
dit la châtelaine, dans ma culture (3), près de la terre

dite de *la charité* des prêtres du doyenné de Bailleul
(en Flandre). »

L'abbé de Marœuil se préoccupait aussi de faire confirmer les donations précédentes faites à l'abbaye. C'est
ainsi que, entre 1222 et 1228, il obtint de l'évêque
d'Arras la confirmation des donations de la famille de
Baillelet, du fils de Nicolas d'Ablaing l'approbation de
la vente consentie par son père, des héritiers de Jean
Malez leur désistement dans l'opposition qu'ils faisaient
à l'achat déjà ancien des biens de leur père par l'abbaye.

Le monastère de Sainte Bertille sortait ainsi des difficultés matérielles dans lesquelles il s'était débattu pendant si longtemps. Il commençait à pouvoir se suffire.

L'abbé Pierre ne laissa pas la piété envers sainte
Bertille se refroidir dans son peuple. Il résolut de transférer dans une châsse plus digne, les reliques de la
sainte patronne de Marœuil.

Voici dans quels termes un témoin oculaire a trans-
crit ces faits mémorables de l'histoire de Marœuil (1).

« Le corps de sainte Bertille étant resté cent quarante
ans dans la même châsse, des voleurs vinrent enlever
l'or et l'argent dont elle était ornée. Ce fut pitié de voir
que, par suite de ce sacrilège, les reliques de la sainte
fussent déposées dans une châsse aussi peu décente.
Pierre, abbé de Marœuil, et ses religieux, affligés de cet
état de choses, firent confectionner une autre châsse
qui fut couverte de plaques d'argent doré et portant en
relief, en divers endroits, plusieurs figures artistement
ciselées. Ils demandèrent donc, qu'à un jour convenu,
les reliques y fussent honorablement déposées ».

« Cela étant fait et tout étant préparé, l'abbé et le couvent de Marœuil s'adressèrent humblement à Ponce (2),

populaire de nos contrées. — Déjà au XIIIᵉ siècle des fondations en
faveur des prêtres âgés ou infirmes avaient été faites par des âmes
charitables. Le mot de *charité des prêtres du doyenné de Bailleul*, en
est une preuve péremptoire.

(1) M. Parenty pense que c'est à l'auteur de ce récit que nous devons la vie de sainte Bertille, telle qu'elle est rapportée dans les Bollandistes.

(2) Pontius. Dans le langage vulgaire le nom de cet évêque était
Ponçon. — Pontius, archidiacre d'Arras, succéda, par élection, à Raoul
de Neuville en 1221. Il fit construire la chapelle du palais épiscopal, et

évêque d'Arras, le suppliant de concourir à l'accom-
plissement du vœu qu'ils avaient conçu de transférer le
corps de leur sainte patronne dans une nouvelle châsse.
Ce zélé pasteur accueillit leur demande avec une piété
pleine de bienveillance et leur promit de présider lui-
même, s'il le pouvait, à cette solennité, qu'il fixa au huit
des Ides d'octobre (8 octobre), pour n'apporter aucun
retard au vœu exprimé par la communauté. Ce jour
étant venu, Dieu qui protège ses saints, permit qu'il fit
un temps magnifique quoiqu'il eût plu considérablement
la veille. Cette faveur fut attribuée à l'intercession de
sainte Bertille. »

« L'évêque vint donc comme il l'avait promis. La cérémonie commença par une procession solennelle à laquelle assistait un nombreux clergé, l'abbé d'Arrouaise,
général de l'Ordre des chanoines réguliers, les abbés
d'Hénin-Liétard et du Mont-Saint-Éloi, l'abbesse d'Étrun,
le doyen du Chapitre d'Arras et l'un des archidiacres
du diocèse. Un immense concours de fidèles s'était en
même temps réuni à Marœuil. L'église ne pouvant contenir tout ce peuple, on établit en plein air, dans l'enclos du monastère (1), une estrade que les religieux
décorèrent de tapis magnifiques et d'étoffes de toutes
sortes. Pontius et les abbés y prirent place ; Maître
Asson chanoine de la Cathédrale prononça un élégant
discours dans lequel il fit l'éloge de sainte Bertille. Le
vénérable prélat ordonna qu'à tous ceux qui avaient
assisté à la solennité de ce jour avec dévotion, il serait
accordé une indulgence spirituelle, par une miséricor-
dieuse rémission de trente jours sur les pénitences qui
leur avaient été imposées. L'évêque ajouta que cette

donna divers ornement à sa cathédrale. On loue sa piété et sa charité envers les pauvres. Il assista, en 1223, au Concile de Paris, réuni
pour condamner les Albigeois, et fut présent, en même temps, aux
obsèques du roi Philippe-Auguste. Il a mis à Arras les Cordeliers et
les Augustines, qui s'établirent au faubourg de Ronville. Ce prélat
fit déposer le bailly d'Arras (en Cité) par suite d'un meurtre commis
dans la cathédrale sur le prévôt de cette église, Thomas d'Argenteuil.
Pontius mourut en 1231, et fut inhumé dans son église.

(1) *In curiâ B. Amandi apud Marcolum*, porte le texte, *dans la cour
de saint Amand*, dit le P. Watelet.

remise de peines canoniques durerait pendant quarante jours. »

« Cela étant fait, on présenta au pontife l'ancienne châsse dans laquelle reposaient encore les ossements de la sainte. L'évêque en avait rompu les sceaux la veille de la solennité. En présence donc de toute l'assemblée, il retira les ossements qu'il y trouva ; il montra au clergé et au peuple la partie principale des reliques, la tête et les ossements les plus volumineux. Il les réunit ensuite avec le plus grand soin, et les enveloppa dans une étoffe de soie. Le chœur chanta le *Te Deum* et le *Veni Creator*, tandis que l'évêque déposait les reliques dans la nouvelle châsse (1). Un orfèvre avait été appelé pour la clore avec soin, et l'évêque y apposa son scel après y avoir introduit l'acte authentique de cette translation, muni pareillement de son sceau et du seing des abbés et autres personnes de marque qui assistaient à cette cérémonie » (2). Le chroniqueur rapporte ici les noms des principaux personnages. Ce sont : D. Robert doyen, D. Barthélemy archidiacre d'Arras, D. Pierre abbé d'Arrouaise, D. Richard abbé d'Hénin, D. Pierre abbé de Marœuil, D. Richard abbé de Mont-Saint-Eloi, D. Agnès abbesse d'Etrun. « Il y en avait beaucoup d'autres, ajoute l'écrivain, tant clercs que laïques ; nous omettons leurs noms pour ne pas être trop longs. »

« Ces choses étant faites, Pontius se rendit à l'église où il fit transporter le corps de la sainte, et célébra solennellement la messe dont l'introït commence par *Gaude-amus* (3). Lorsqu'elle fut achevée, on congédia tout le

(1) « Qui se voit encore aujourd'hui, ajoute ici le P. Watelet qui écrivait en 1729, quoiqu'un peu délabrée à cause de divers accidents arrivés à la maison. » *Vie manusc. de sainte Bertille*, p. 67.

(2) Le P. Watelet dit « qu'on enferma aussi les vers suivants qui témoignent de l'année de la translation. »

> Anno milleno, bis quarto, bis quoque deno
> Atque ducenteno, sub P.* sereno,
> Idibus octavis octobris, odore suavis
> In vas e vase fecit Bertilia phase.

* Pontio vel Petro.

(3) Introït de la messe de l'Assomption de la sainte Vierge. La liturgie tolérait alors, sans doute, ces appropriations d'offices dans des circonstances solennelles. Le Missel en a conservé quelques exemples.

peuple et chacun retourna dans sa demeure tout pénétré d'édification et de joie (1).

« Durant les quarante jours qui suivirent, la châsse de sainte Bertille fut déposée dans l'église, hors du chœur, afin que les pèlerins pussent commodément satisfaire leur piété et gagner l'indulgence. Plusieurs d'entre eux atteints de graves infirmités furent radicalement guéris en invoquant le nom du Sauveur par la médiation de sainte Bertille » (2).

« La solennité n'eût point été accomplie, poursuit le P. Watelet, si les hommes seuls y eussent contribué.

« Dieu même voulut comme rajeunir la gloire de sa fidèle servante de nouveaux miracles, entre lesquels j'en rapporterai ici quatre, tirés de nos archives et d'un ancien office propre de sainte Bertille (3). »

Un homme extraordinairement affligé de la vue, avait visité (4) une quantité de saints lieux pour obtenir sa guérison ; mais Dieu qui gardait cette gloire à sainte Bertille, permit qu'il vînt à Marœuil dans le temps même de l'indulgence accordée par l'évêque. Il entra dans l'église avec un cœur véritablement contrit et humilié ; on le conduisit à la châsse de sainte Bertille, il y fit sa prière, il la toucha, et à l'instant il fut guéri, affirmant par serment, en présence de tout le monde, qu'il ne se sentait plus aucun mal.

Après lui un pauvre enfant qui avait tout à fait perdu un œil, vint se prosterner devant la châsse de sainte Bertille, où, avec toute la dévotion que le discernement de son âge lui donnait, il implora la miséricorde de Dieu par les mérites de sainte Bertille. Il lui parut sentir tomber une paille de son œil, et à l'instant il vit aussi clair de cet œil que de l'autre. Ce fut un grand sujet

---

(1) Le texte des Bollandistes se termine ici. Après avoir donné un titre : *Miraculum de cæco*, et les premiers mots : Durante vero tempore indulgentiæ, le P. Bolland a ajouté simplement *Cetera nobis desunt*. Il y a quelques lignes de plus dans l'office que nous donnerons aux Documents.

(2) Office de sainte Bertille, 6ᵉ leçon du jour octave.

(3) Cet office ne nous a pas été conservé.

(4) Nous suivons de très près le récit du P. Watelet.

d'admiration pour tous ceux, et ils étaient nombreux, qui peu d'instants auparavant avaient pu constater que son œil était perdu.

Le jour même de la translation de sainte Bertille une femme emporta par dévotion un peu de bois de l'ancienne châsse de la sainte. A son retour dans sa demeure, on lui apprit qu'une de ses voisines était très affligée, parce qu'elle était menacée de perdre un cheval atteint depuis trois jours, d'un mal auquel on ne trouvait pas de remède. Remplie de confiance en sainte Bertille, elle n'hésita pas. Elle mit tremper dans l'eau le morceau de bois qu'elle avait rapporté, et elle en donna à boire au cheval. L'animal fut guéri à l'instant.

Dans le même temps de la translation des reliques de la sainte, il y avait près de Marœuil une femme fort charitable pour les pauvres. Son mari était dans des dispositions différentes ; aussi devait-elle souvent exercer sa charité en cachette. Un jour, son mari avait mis à part une certaine quantité de grains, se proposant de l'employer à une destination fixée dans son esprit. La femme, en vue de faire de plus abondantes aumônes, en retire six mesures. Le mari ne tarde pas à s'apercevoir d'une certaine diminution dans son tas de grain. Il s'en prend à sa femme, l'accuse de vol, et la menace des plus mauvais traitements si, au mesurage, il retrouve moins que ce qu'il a mis. Effrayée, la pauvre femme se retire dans sa chambre, implore, par les mérites de sainte Bertille, la divine clémence, et attend son mari, résignée à supporter tout ce que Dieu voudra permettre. Pendant ce temps, le mari mesurait son grain et retrouvait son compte plein et entier. Dieu pour récompenser la femme charitable, avait multiplié le grain. On peut facilement imaginer quelles furent les actions de grâces de la pieuse femme, quand elle put venir à l'église se prosterner devant la statue de sainte Bertille !

« C'est ainsi que notre pieux abbé, dit le P. Watelet, vit son dessein accompli et approuvé de Dieu même. »

Le haut crédit dont jouissait sainte Bertille auprès de Dieu, était un encouragement pour la piété, et les miracles qui s'opéraient à son tombeau ajoutaient encore à la considération des religieux qui desservaient l'église

qu'elle avait fondée. Aussi, voyons-nous que des donations continuent d'être faites à cette sainte maison.

Hugues d'Harnes donna à l'abbaye, sur quatre mencaudées de terre situées *au-dessus de la vigne de Louez* (1),
le droit de dîme à percevoir après sa mort et celle de
Marguerite sa femme. (1226). Robert, doyen du chapitre d'Arras après avoir acheté à Bauduin, l'homme lige
de Hugues, seigneur de Berlette, des terres situées à
Oppy, en fit don à l'église de Marœuil (1228). En 1229,
Mathieu d'Aussi, chevalier, seigneur de Bavincourt, du
consentement de son frère et héritier Eustache, voulut
contribuer à assurer le service de l'église de Bavincourt
par les religieux de Marœuil. Il donna au prêtre chargé
de cette paroisse, au lieu de la dîme sur son droit de
terrage, douze mencauds de blé, quatre pour le prêtre
lui-même, quatre pour l'entretien de l'église, et quatre
pour le luminaire.

Celui qui se distingua le plus par sa générosité fut
Sagualou ou Segaud Hakelin d'Arras. De concert avec
Emma son épouse, il fit don à l'abbaye de tout un manoir situé à Saint-Aubin, et du moulin de ce lieu, lequel
était tenu en fief de l'abbaye de Saint-Vaast. (1230)
Cette donation était importante ; elle équivalait à une
rente annuelle de cent quarante livres parisis. Outre
son manoir de Saint-Aubin avec toutes ses dépendances,
ses eaux et ses terres, outre son moulin, il transporta encore à l'abbaye toutes les rentes qu'il possédait
sur des personnes d'Arras, tant en revenus fonciers
qu'en deniers et chapons. Le chroniqueur après avoir
fait cette énumération ajoute qu'il y avait, dans cette
donation, d'autres biens qu'il serait trop long d'énumérer. Segaud et Emma déclarent qu'ils ont fait cette
donation pour le salut de leurs âmes. Segaud ne survécut pas longtemps à sa donation. Les conditions qui
avaient été faites pour toute la vie d'Emma, sa veuve,
étaient assez onéreuses. Le contrat passé avec approbation de Jean, abbé de Saint-Vaast, par rapport au
moulin, n'était en fait qu'une constitution de rente

(1) Cartul. f° XLVIII r°. Cette dénomination, *la vigne de Louez*, semble indiquer que la vigne a été cultivée autrefois p..es d'Arras. *Louez*
est un hameau d'Etrun.

viagère en faveur d'Emma. Les religieux de Marœuil
étaient tenus, en effet, de payer à Emma chaque
semaine, treize sous parisis, et ils devaient lui faire
tenir cette somme en mains propres, pourvu que son
domicile ne fût pas éloigné de plus de trois lieues
d'Arras. L'abbaye était tenue encore de moudre, sans
aucune rétribution, tout le blé nécessaire à Emma et à
sa famille ; elle se chargeait également de faire transporter la farine au domicile de la donatrice. Après la
mort d'Emma, les revenus de son manoir et de son moulin devaient servir à fournir du vin aux religieux qui
jusque là en étaient toujours privés.

Jean, abbé de Saint-Vaast, ne laissa pas longtemps le
moulin qui dépendait de lui, aux mains des religieux de
Marœuil. Un échange fut concerté entre les deux abbés.
Moyennant une rente de douze livres en faveur de
l'église de Sainte-Bertille (1), le moulin fit retour à
Saint-Vaast, qui put le donner de nouveau à un homme
de fief.

A peu près dans le même temps un chapelain d'Etrun,
nommé Raoul, fit don à l'abbaye de Marœuil de la dîme
de Baudricourt (2) ; maître Robert de Saint-Pol, doyen
de la Bassée, la gratifia d'une terre à Noyelle-
Godault (3) ; Odon, curé d'Herlies, donna aussi, sous
certaines conditions, une petite propriété qu'il avait
achetée au même lieu (4).

En 1234, Gilles, mayeur de Marœuil, et Aélide, sa
femme, vendirent aux religieux trois mencaudées de
terre, au lieu qui se nommait alors le *Croket de la
Cauchie*. La vente fut approuvée par Gamelon de
Louez (5), seigneur de ce fief. Cette approbation fut
donnée avec solennité. En faveur de l'abbaye, le seigneur de Louez voulut renoncer à son droit d'exiger le

(1) Le P. Watelet note que l'abbaye de Marœuil ne recevait plus de
son temps que très peu de chose du moulin d'Anzin.

(2) Chronique de Marœuil.

(3) *Ibid.*

(4) P. Watelet, p. 72.

(5) De Longo Vado, de Longvast, de Longwy, de Longwez, ou de
Louez suivant la terminologie actuelle.

service de guerre, de justice, ou tout autre impôt, en présence et aux applaudissements de ses hommes liges.

La reine Blanche de Castille confirma, en 1235, un achat de dîme fait à Vendin-le-Vieil, au profit de l'abbaye. La charte est datée d'Arras, au mois de juin (1) et confirmée par Asson, évêque d'Arras. Elle n'est pas sans offrir de l'intérêt pour l'histoire de France.

Un acte de reconnaissance de propriété prouve que dès cette époque la maison de Marœuil possédait des biens à Ervillers.

En 1236, le doyen Robert, avec l'assentiment de Pierre, évêque de Thérouanne, complète la donation qu'il avait déjà faite, en offrant à l'abbaye douze journaux de terre sur le territoire d'Oppy. L'année suivante, le chevalier Bertulphe, seigneur de Bailleul et d'*Imericourt* (Méricourt), constitue en faveur de l'abbaye une rente de cinq mencauds de blé, mesure de Lens, quatre chapons et vingt-cinq deniers à prendre sur des terres d'Avion. Les seigneurs suzerains dont dépendait Bertulphe, Bauduin, châtelain d'Arras, et Garnier d'Hamelincourt, donnent leur approbation à cette aumône.

En 1238, Jean Malez réclame de nouveau contre la vente faite par son père de quarante-quatre mencaudées de terre, et il cherche à molester les religieux dans leur propriété. Après avoir été excommunié et absous, il reconnaît enfin ses torts et promet de laisser les religieux jouir tranquillement des terres qu'ils avaient achetées.

En même temps qu'il administrait les biens de l'abbaye, l'abbé Pierre ne manquait pas de fermeté pour

______

(1) Blanca Dei gratia Francorum regina omnibus ad quos littere præsentes pervenerint salutem. Notum facimus quod nos dilectis nostris in Christo abbati et conventui de mareolo empcionem decime site apud vetus Wendinium quam fecerunt a Vincencio preposito et Emma uxore ejus prout in nostra recognoverunt presencia, que decima movet de nostro feodo Willanarum quod ad manum nostram per empcionem devenit, divinæ pietatis intuitu et ob anime nostre remedium, salvo jure alieno concessimus libere et pacifice tenendam et perpetuo possidendam. In cujus rei memoriam præsentes litteras sigilli nostri munimine duximus roborandas. Actum apud Attrebattum anno Dnice Incarnationis M° CC° XXX° quinto, mense junio.

revendiquer les donations précédentes. C'est ainsi qu'on trouve, en 1240, la solution d'un procès fait à l'abbé et à ses religieux, devant l'officialité d'Arras, par Emma, veuve de Segaud Hakelin, mariée en secondes noces à Jacques de Louez. Pour conserver la donation de Segaud, l'abbaye dut faire de nouveaux sacrifices, et pour satisfaire le chevalier Eustache, seigneur de Saint-Aubin, l'abbé dut offrir, pour représenter l'abbaye, un homme capable de remplir les devoirs féodaux exigés par la possession des biens de Segaud Hakelin. Cet homme *vivant et mourant*, comme disait le droit de l'époque, fut Hugues d'Herlies choisi par l'abbaye (1).

L'abbé Pierre obtint confirmation de la donation et des conditions qu'on avait stipulées, de l'abbé de Saint-Vaast de qui les terres de Saint-Aubin dépendaient. C'est en vain que des réclamations s'élèveront encore, spécialement de la part de Jean de Boulogne, citoyen de Saint-Omer, qui portera de nouveau la question au tribunal de Saint-Vaast. La donation restera ferme, et l'abbaye se maintiendra dans ses droits.

En 1241, l'abbaye obtenait de Bernard de Bailleul en Flandre, le droit de justice sur les terres qu'elle possédait et sur leurs tenants et occupants. La même année, le chevalier Warin de Boisleux donnait, par testament, pour obtenir un service funèbre annuel après sa mort, quatre mencauds de blé à prendre sur six mencaudées de terre situées à Boisleux-au-Mont près d'Arras.

Il nous faut noter encore une donation assez importante faite en 1243, par Gauthier *li Goudaliers* et Aélide sa femme de trois maisons situées dans la ville d'Arras dont deux non loin de la porte *Miallens* (Méaulens), auprès du four ; la troisième auprès de la cour du seigneur, *ad dominicam curtem*, à l'opposé de la maison de Roger Verdière, « laquelle maison est occupée aujourd'hui, dit le titre, par maître Pierre de Bekerel, chanoine d'Arras » (2).

A Beaumont, une pieuse famille, Renier Dandins et Wydèle son épouse, donnent à l'abbaye de Marœuil jusqu'à douze mencaudées de terre, situées tant à Beau-

(1) Archives départementales. Fonds de Marœuil, 1re liasse.
(2) Archives départem. Fonds de Marœuil. 1re liasse. Arras.

mont qu'à Ervillers. Arsile, que l'acte du Cartulaire dit
fille de Wicard Dandins, et qui sans doute était parente
fort rapprochée de Renier, donna de son côté un manoir
avec sept mencaudées de terre (1). Vingt mesures de terre
encore sur le terroir de Beaumont étaient offertes par
les mêmes bienfaiteurs, mais à condition, pour les religieux, de payer comme rente viagère quatre-vingt-quatre
mencauds de froment. A la mort de l'un des donateurs,
deux mencaudées de terre devaient être mises à la disposition des frères Templiers ; le reste revenait à l'abbaye. Notons encore que l'abbaye devait compléter sa
rente viagère, par le don annuel « d'un porc gras, de
bois de chauffage et de tout le fourrage nécessaire pour
la nourriture d'une vache (2) ».

(1) Arsilia de Bello Monte filia quondam Wicardi Dandins recognovit
spontanea et in sana vita sua se in puram et perpetuam eleemosynam
contulisse abbati et conventui de Mareolo et eorum monasterio mansum quondam suum jure hœreditario cum suis pertinenciis situm in
villa de Bello Monte versus Hennig et septem menqualdatas terræ
quondam similiter sue jure hœreditario site in territorio dicte ville
de Bello Monte. Cujus terre decem cuppe site sunt ad locum qui
dicitur l'espinete et tenentur de domina Susanna. Quinque autem alie
cuppe site sunt ad locum qui dicitur *as ycalois* que similiter tenentur
de eadem Susanna, et tres menqualdate alie site sunt ad locum qui
dicitur campus Werini, que tenentur de Duo de Courceres sicut
eadem Arsilia coram nobis asseruit viva voce. Sub signo officialis
Atreb. Cartul. f° XXI.

Renerius Dandins et Wydela ejus uxor dant duodecim menqualdatas terre uno quarterio minus quam habebant instnut in territorio
de Bello Monte versus Hennig ex acquisito facto constante matrimonio
inter eos. Cujus terre due menqualdate tenent ad locum qui dicitur
tones inferne et tenentur de ecclesia Beate-Marie Lenseusis. Una
menqualdata tenet ad curtilia dicte ville de Bello Monte et tenetur
de Domino Roberto de Boba milite juniore ; una alia menqualdata
parum plus parum minus, in duabus pecuis versus *rubum de Drehon-
court* quarum novem cuppe tenentur de Michaele de Avions et residuum de ecclesia de Blangy in Ternesio prout dicti Renerius et Widela
coram nobis evidenuus sunt confessi... Confessi sunt etiam se modo
simili eteidem monasterio de Mareolo in perpetuam eleemosynam contulisse quinque menqualdatas terræ quondam sitæ in territorio *de
Yerriler* quam acquisierunt constante matrimonio inter eos ut dice-
bant. Signum Curiæ Atrebat. Cartulaire f° XXII. Cette pièce se trouve
aussi au f° XI.

(2) Jacobus Eps Attreb. approbat litteram abbatis et conventus Mareol.
qua « predictus abbas et conventus accipiunt a Renero de Biaumont
et Wydela ejus uxore concessionem omnium provectuum viginti mencaldatarum terre sue site in territorio de Beaumont a nobis recipien-

Ces différents actes étaient passés devant l'officialité diocésaine d'Arras. C'est aussi à ce tribunal que les religieux portaient leurs réclamations quand ils avaient à formuler quelque plainte en revendication de propriété. Témoin le prêtre Roger, chanoine de Marœuil, desservant la paroisse de Warluzel qui se plaignait, en cette année 1243, devant l'official, de ce que Michel Coullart et Gille du Bois-St-Léger, l'empêchaient de jouir d'une mencaudée de terre sise au terroir de Warluzel et donnée au presbytère de cette paroisse par Marie Ratel. Procès eut lieu avec débats. L'official prononça en faveur du prêtre Roger et ses adversaires durent reconnaître la validité de la donation faite par Marie Ratel. Déjà Hugues Ratel, époux de Marie, avait contesté la donation de sa femme. Il dut lui aussi reconnaître le bien-fondé des réclamations de Roger. La terre dont il s'agissait était située, dit l'acte du Cartulaire, au lieu dit *Vallis Crupi* (1).

Le dernier acte de l'abbé Pierre II fut une réclamation portée encore devant l'official d'Arras, contre Raoul de Wambertin et Gille son fils, à propos de quatre mencaudées et demie de terre situées sur le territoire *d'Hamelaincourt*. Les religieux avaient acheté ces terres de Raoul lui-même, et c'étaient Raoul et son fils qui empêchaient les religieux de les faire labourer. Les vendeurs durent reconnaître la légitimité de l'acte de vente qu'ils avaient consenti (2).

L'abbé Pierre était arrivé au terme de sa carrière bien remplie. Le chroniqueur après avoir rappelé ses actes

dorum singulis annis quibus simul ambo vixerint, tali conditione quod pro ipsis provectibus et aliis bonis que nobis fecerint, eisdem reddere debemus annuatim octoginta et quatuor mencaldos frumenti melioris post sementem eo termino quo voluerint post festum beati Remigii, de horreo nostro suscipiendos. Cum autem primus predictorum ab hac vita migraverit, due mencaldate prostate terre convertentur in usus *fratrum templi* et nos residuum tenebimus et juxta minoracionem mencaldatarum, solutio mencaldorum minuetur. Hoc etiam adjuncto quod prædictis R. et W. porcum crassum unum, ligna ad ignem faciendum et forragium ad esum vacce sue quolibet anno vite sue, si habere voluerint ex toto providere tenemur. » Cartul. f° XXIII.

(1) Cartul. f° CV et CVI.

(2) Cette pièce ne se trouve pas dans le Cartulaire. V. Fonds de Marœuil, liasse 1 (Hamelincourt).

en faveur de l'abbaye termine ainsi : « Après avoir acquis à son église beaucoup de terres et de rentes annuelles, après avoir gouverné notre monastère pendant près de vingt-huit ans, notre vénérable père, l'abbé Pierre, fut appelé à une vie meilleure et émigra vers le Seigneur, le 10 des calendes d'Août (23 juillet). C'est au milieu du deuil le plus profond et de la douleur la plus vive de tous les assistants, qu'il fut inhumé dans notre église, le 8 des calendes du même mois (25 juillet), devant le maître-autel. » (1)

A ne juger que d'après l'exposé que nous avons fait de ses œuvres, l'abbé Pierre II fut un digne successeur de Bauduin de Bailleul. Il fit beaucoup pour le temporel de son abbaye. Nous devons croire cependant que le monastère était encore loin de pouvoir se suffire. Voici en effet ce qu'ajoute aussitôt le chroniqueur. « Après sa mort, les frères qui, en raison des charges que faisait peser sur l'abbaye une lourde dette, avaient été dispersés en divers lieux, se trouvèrent tous réunis. » De quelle dette s'agit-il ici ? Comment avait-elle été contractée ? L'abbé Pierre n'avait-il pas su administrer convenablement les biens de son église, tout en recueillant des donations relativement nombreuses ? Quelques désastres étaient-ils survenus ? Ce sont là autant de questions auxquelles nous ne pouvons répondre que par conjectures. Nous serions assez porté à admettre que l'abbé Pierre n'avait pas su administrer convenablement ses biens, parce que nous trouvons dans le Cartulaire de l'abbaye un acte passé entre Michel, son successeur, et les religieux, dans le but précisément de déterminer l'emploi des revenus du monastère. Cet acte suppose qu'il y avait eu quelques abus sous le gouvernement du précédent abbé. C'est pour en empêcher le retour que les religieux firent, avec leur abbé, la convention dont nous parlons.

Nous l'exposerons plus loin avec détails.

(1) C'est sans doute à cause d'une erreur de typographie que M. Parenty fait mourir l'abbé Pierre II en 1234. Le chroniqueur note en effet que l'abbé Pierre gouverna son église pendant 28 ans. En additionnant ces années avec celles de ses prédécesseurs, nous arrivons à 1244. D'ailleurs jusqu'à cette date les titres du Cartulaire portent le nom de Pierre, abbé de Marœuil ; ce n'est qu'en 1244 que Michel, son successeur apparaît dans les actes.

CHAPITRE XVI.

MIRACLES OBTENUS PAR L'INTERCESSION DE SAINTE BERTILLE.

Sainte Bertille défend son abbaye. — La piété filiale récompensée. — En faveur des pauvres. — Un médecin guéri miraculeusement. — Femmes et enfants guéris. — Que faut-il penser de ces miracles ? — leur authenticité.

A l'exemple du P. Watelet, nous interrompons ici l'histoire de l'abbaye de Marœuil pour raconter les miracles opérés par sainte Bertille. Nous avons dit ce que devenait son abbaye; il est plus important pour nous de connaître quel culte la piété des peuples rendait à notre sainte, quelles foules se pressaient au pied de son autel, et surtout quelles faveurs sainte Bertille répandait sur ceux qui l'invoquaient avec foi et confiance. Nous suivrons ici pas à pas les récits du P. Watelet (1). Nous n'avons pas d'autre guide, les autres historiens ayant négligé de parler de ces miracles, et les documents primitifs se trouvant aujourd'hui perdus.

Le premier miracle rapporté par le P. Watelet remonte à la fin du XIIᵉ siècle. Nous l'avons rapporté au commencement du chapitre précédent, parmi les faits de l'administration de l'abbé Gautier.

« C'est ainsi que Dieu, dit le P. Watelet, prit un soin particulier de cette maison, comme il est arrivé en plusieurs autres circonstances. J'apporte ici les mots de nos anciens manuscrits. » Après son récit le P. Watelet ajoute :

Sane non solum in prædicto male facto ob injuriam ecclesiæ Beati Amandi de Mareolo et sanctæ Bertillæ

---

(1) Vie manuscrite de sainte Bertille, ch. 8ᵉ, p. 73 à 87.

irrogatam, suam Dominus exercuit ultionem. Verum omnes illos, qui eidem ecclesiæ aliquibus unquam temporibus mali aliquid intulerunt, subsecuta sunt infortunia postmodum et flagella. Quod nos in plerisque nostris temporibus manifeste vidimus contigisse ; et majores nostri et antiquiores nostri hoc idem suis quondam temporibus se vidisse posteritati suæ fideliter retulerunt (1).

Le fait qu'a rapporté le P. Watelet est assez frappant ; le texte ancien qu'il y a joint en est une confirmation très digne d'attention.

Voici d'autres faits non moins intéressants pour les fidèles qui aiment à se confier en sainte Bertille.

Un homme, attaqué d'une maladie honteuse, cherchait en vain le secours des hommes. Il recourut à Dieu par la prière, et fit vœu à sainte Bertille de faire présent à son église, tous les ans, d'une chandelle de sa hauteur. Peu de temps après il se trouvait guéri.

Une jeune femme violemment attaquée au sein d'un mal appelé parmi le peuple mal de Saint-Eloi, invoqua le secours de sainte Bertille. Elle en fut délivrée.

Le jour même où cette femme fut guérie, un enfant recouvra la santé, par les mérites de sainte Bertille. Sa mère avait fait un vœu pour lui.

Sainte Bertille, continue le P. Watelet, prend un soin tout particulier de ceux qui honorent leur père et leur mère. Voici un fait qui le prouve.

Une fille avait sa mère fort âgée et affligée. Elle la servait avec beaucoup de patience et une affection véritablement filiale. Cependant Dieu voulant éprouver davantage encore sa constance, lui envoya une fort longue maladie qui la conduisit à un tel état de langueur qu'elle était percluse de tous ses membres. Chan-

---

(1) Ce n'est pas seulement dans cette triste circonstance, que Dieu s'est chargé lui-même de venger les injustices faites à l'église Saint-Amand et Sainte-Bertille de Marœuil. Nous pouvons dire que tous ceux qui ont tenté de nuire en quelque chose à notre église, ont éprouvé dans la suite les plus tristes revers, ont été frappés des plus terribles fléaux. Nous l'avons vu nous-mêmes, plus d'une fois, dans notre temps et manifestement ; nos pères, ceux qui ont vécu longtemps avant nous, ont raconté fidèlement que de leur temps ils avaient été témoins des mêmes faits.

geant de forme, le mal parut tout à coup se jeter sur les yeux. Les douleurs qu'elle souffrait étaient extraordinaires. Elle ne tarda pas à perdre un de ses yeux. Une nuit que les douleurs l'attaquaient plus violemment qu'à l'ordinaire, elle fit vœu de faire, dès le lendemain, un voyage à l'église de sainte Bertille de Marœuil. Son vœu n'était pas plus tôt formulé qu'elle se trouva guérie. Dès le matin elle se mit en chemin pour s'acquitter de sa promesse. A genoux devant la châsse de sainte Bertille, elle fit serment qu'elle avait été guérie aussitôt qu'elle eut fait son vœu de se rendre en pélerinage à sainte Bertille. Tous les témoins regardèrent ce miracle comme une récompense des services qu'elle avait rendus à sa mère.

« Nos archives, poursuit le P. Watelet, (1) nous donnent ici un miracle fort particulier. Une certaine femme qui, selon toute apparence, n'était pas fort charitable, se trouva attaquée d'une fort longue maladie. Une nuit qu'elle était tout accablée de sommeil, il lui parut entendre une voix qui lui dit :

— « Donnez-moi du lait de votre ferme, et allez à Marœuil visiter les reliques qui y sont exposées ; vous y recouvrerez la santé. »

« Cette femme, étonnée, demande à la vision qui lui apparaissait :

— « Qui êtes-vous, madame ? »

Sainte Bertille, qui se montrait à elle, lui répond :

— « Ne doutez de rien, je suis Bertille, la servante de Jésus-Christ. »

Consolée par ces paroles, la malade n'attendit qu'avec impatience le jour, pour aller chercher le remède annoncé à son mal. Dès le lendemain, encore toute faible et affligée de son mal, elle vint à Marœuil. Lorsqu'elle eut fait sa prière devant les reliques de sainte Bertille, elle s'adressa à un pieux laïque qui avait alors le soin de l'église, et lui raconta sa vision.

— « Allez, lui dit le pieux serviteur de sainte Bertille, donnez de votre lait et de vos autres biens aux pauvres de Jésus-Christ, autant que votre condition le permet,

(1) P. 78

pour l'amour de Dieu et à l'honneur de sainte Bertille.
Notre bonne dame et vierge, sainte Bertille, n'a point
besoin de votre lait, ni d'autres aliments. »

La malade suivit le conseil de ce bon laïque, et au
bout de trois jours, elle vint rendre ses actions de grâces
à sainte Bertille, de ce que, par son intercession, elle se
trouvait remise en santé.

« Nos archives ajoutent, dit encore le P. Watelet, qu'il
ne faut pas se surprendre de ce miracle, d'autant que
sainte Bertille, ayant été charitable pendant sa vie,
jusqu'à donner tous ses biens aux pauvres, doit l'être
encore après sa mort et y exciter les âmes. On ne pourrait que très difficilement raconter tout le bien qu'elle
fait aux aveugles, aux fébricitants. Je cite les mots même
de nos archives : *nam quod surdis auditum, quod cœcis
visum et quod febricitantibus, tam quaternariis quam
aliis, restituerit sanitatem, nullus posset de facili bre-
viter enarrare* (1). »

Les miracles suivants ne sont rapportés que sommai-
rement par le prieur-curé de Marœuil.

Un homme dont la conversation tournait souvent au
badinage, vint en pèlerinage à sainte Bertille pour
obtenir d'être délivré de la fièvre. Il se trouva violemment attaqué de son mal dans l'église même. Tout trem-
blant de fièvre, il s'avança jusqu'auprès de la châsse ;
d'un cœur confiant il s'adressa à la sainte et lui dit :
« Sainte Bertille si vous ne me délivrez de mes fièvres,
je ne croirai plus en vous. » — Aussitôt il lui sortit de
la bouche et du nez une sorte d'écume, et il se trouva
guéri.

Un enfant d'Arras, âgé de deux ans, avait un os qui
lui sortait de la gorge. Sa mère vint le présenter à sainte
Bertille. On lui fit baiser les reliques de la sainte, et au
même instant l'os tomba et l'enfant fut guéri.

Une femme, aussi d'Arras, avait au côté une sorte de
mal cancéreux, qui la mettait en danger prochain de
mort. Elle vint faire un pèlerinage à sainte Bertille.
Prenant les reliques, elle traça une croix sur son mal et
elle fut guérie.

(1) P. Watelet, p. 80.

Une autre femme souffrant d'un mal d'yeux très aigu,
songea, pendant qu'elle était endormie, qu'elle priait
devant les reliques de sainte Bertille, et que se les
appliquant sur les yeux elle était guérie. Elle s'éveilla,
à cette pensée, et elle se trouva guérie. Le lendemain
elle vint rendre grâces à Dieu et à sainte Bertille dans
son église.

Un chirurgien d'Arras, attaqué de la fièvre, vint à
sainte Bertille. Il priait au pied des reliques, lorsqu'il
se sentit accablé d'un sommeil doux et bienfaisant. A son
réveil il se sentit guéri, et, en action de grâces, il offrit
à l'église de la sainte son portrait en cire.

Une femme paralytique avait inutilement employé
tous les remèdes humains. Elle eut recours aux remèdes
divins, et, par l'intercession de sainte Bertille, recouvra
l'usage de ses membres.

Une autre femme, d'humeur fort querelleuse, se sentit
un jour violemment attaquée de fièvres. Dans cet état,
elle se présenta aux reliques de sainte Bertille et fit vœu
de résister dans la suite à la passion qui était son défaut dominant, si par l'intercession de la sainte, elle recouvrait la santé. Elle fut exaucée.

Un enfant tristement attaqué d'épilepsie et présenté
par ses parents à sainte Bertille, se trouva guéri de ce
mal terrible qui lui « fracassait tous les membres et lui
faisait jeter de l'écume en abondance. »

Un maréchal-ferrant de Marœuil, qui demeurait dans
ce temps-là près du cimetière, (1) avait laissé ses deux
enfants tout jeunes s'amuser auprès d'une poutre. Tout
à coup la poutre vint à rouler, écrasant les enfants sous
son poids. Le maréchal et sa femme s'aperçurent aussitôt du malheur. Leur première pensée fut de recourir
à sainte Bertille : — « Sainte Bertille, sauvez nos enfants ! » — Ils accourent et soulèvent, non sans peine, la
poutre qui écrasait les pauvres petits. Ils pensaient les
trouver sans vie ; quelle ne fut pas leur surprise et leur
joie de les voir se lever aussitôt et se remettre à jouer
comme s'il ne leur était rien arrivé. Les parents attri-

(1) Le cimetière se trouvait à côté de l'église. L'église actuelle en
occupe à peu près le milieu.

buèrent ce bonheur aux mérites de sainte Bertille qu'ils avaient invoquée.

Une femme des environs de Marœuil était atteinte au sein d'un mal si affreux qu'elle était rejetée de tout le monde comme si elle avait eu la lèpre. Elle s'appelait Théophane. Confiante dans la puissance de sainte Bertille, elle eut recours à notre sainte patronne. Dieu l'exauça et fit paraître en elle sa puissance. Elle guérit de son mal et recouvra la santé. Pour témoigner de sa reconnaissance, elle vint à Marœuil et fit connaître publiquement de quelles grâces elle avait été favorisée. Sa déclaration causa beaucoup d'admiration à ses voisins qui l'avaient connue auparavant dans un si pitoyable état.

Une autre femme atteinte d'un mal très violent qu'elle devait dissimuler, vint à Marœuil le jour de la procession de sainte Bertille, le huit octobre. Elle s'approcha, avec un cœur contrit et humilié, de la châsse de sainte Bertille, la baisa avec respect, et demanda avec instance de recouvrer la santé. Elle sentit en même temps une douleur si vive qu'elle crut en mourir. C'était au contraire la guérison. A l'instant même elle se sentit délivrée de son mal. Pour la plus grande gloire de Dieu et l'honneur de sainte Bertille, elle voulut faire sa déclaration devant plusieurs personnes dignes de foi.

Une femme privée depuis trois ans de l'usage d'un bras fit vœu de donner un bras de cire à l'église de sainte Bertille. Elle fut guérie sur le champ.

Un enfant de deux ans était tombé dans une fosse. Il se blessa si grièvement au bras, et le membre s'enfla si rapidement et si fortement que sa mère ne put qu'à grande peine lui ôter ses vêtements. Toute affligée et saisie de crainte à la pensée qu'on accuserait sa négligence, la mère n'osait déclarer ce qui était arrivé. Peu de jours après, l'enfant comme divinement inspiré, de sa voix mourante dit à sa mère. — « Ma mère, habillez-moi,... portez-moi à l'église .. » Étonnée, la mère le prit dans ses bras, le porta à l'église et le présenta à sainte Bertille. A l'instant même, l'enfant fut guéri et put sortir de l'église à la main de sa mère. Tous ceux qui étaient présents proclamèrent le miracle et rendirent grâces à Dieu qui donne un tel pouvoir à ses saints.

Ici s'arrête le récit du P. Watelet. Que faut-il penser de toutes les guérisons merveilleuses qui viennent d'être rapportées ? Tous les faits cités par l'ancien curé de Marœuil sont-ils certains ? Faut-il y voir de véritables miracles ?

Pour établir la certitude de tous ces faits, nous aimerions à voir l'écrivain citer des dates et des noms. Nous ne sommes plus disposés aujourd'hui à nous contenter de simples affirmations et nous aimons à contrôler nous-mêmes les faits racontés, et surtout les faits qui ont un caractère miraculeux.

Il n'en était pas de même autrefois. On s'en rapportait plus à la bonne foi des écrivains et surtout des hagiographes. On admettait facilement, et avec raison, la possibilité des miracles ; on n'était pas étonné de voir les saints multiplier les faveurs de toutes sortes ; on n'était pas en défiance contre ceux qui racontaient ces faveurs.

N'est-ce pas à cette disposition des esprits, dans les siècles de foi, qu'il faut attribuer le peu d'importance attaché, dans ces sortes de récits, aux dates et aux noms ? N'est-ce pas ainsi qu'il faut expliquer la négligence des hagiographes à recueillir ces renseignements précis que nous recherchons aujourd'hui avec tant de préoccupation ? Ce n'est pas à dire pour cela que les récits des écrivains religieux manquent de fondement ; non, bien loin de là.

Il y a, en effet, un témoin à tous ces faits, un témoin dont l'instinct merveilleux reconnaît vite le divin, c'est la foule des chrétiens qui se pressent dans les sanctuaires favorisés des bénédictions divines. Il est impossible que ces foules se trompent. Elles pourraient être déçues quelques fois ; elles ne le sont jamais longtemps. Dans les foules, il y a des esprits clairvoyants, il y a des hommes de bonne foi, il y a des heures de bon sens. Les pèlerins croient et prient parce qu'ils ont vu des miracles, parce qu'ils ont entendu raconter par des personnes dignes de foi, quelles faveurs Dieu avait accordées. Il faudrait un miracle sans cesse renouvelé pour porter, pendant des siècles, les foules à un sanctuaire, si elles n'y étaient pas attirées par des miracles réellement obtenus par l'intercession des saints. Bien donc que nous n'ayons pas, pour les miracles rapportés plus haut, tous les détails recherchés et exigés aujourd'hui par une critique plus pédante que sérieuse, nous n'hésitons pas à en admettre l'authenticité. Le témoin dont nous parlions tout à l'heure, témoin que la saine raison ne permet pas de récuser, existe pour tous ces faits. Depuis de longs siècles les foules populaires se pressent au sanctuaire de sainte Bertille. Elles y viennent parce qu'elles y ont reconnu le miracle. Il n'y a pas d'autre explication possible à ces longs pèlerinages, à ces prières sans cesse renouvelées aux pieds de la sainte de Marœuil. Et peu importe que nous connaissions les noms des miraculés et l'époque où ils ont vécu : nous ne pouvons douter qu'il n'y ait eu dans le sanctuaire de sainte Bertille, des œuvres merveilleuses de la main de Dieu.

Est-ce que les foules qui, à notre époque, se précipitent vers Lourdes se sont trompées sur la présence du divin et du merveilleux à la grotte de Massabielle ? Non ; aujourd'hui la science reconnaît et proclame la réalité de l'action divine; mais, avant la science, la foi et la raison populaire l'avaient reconnue et proclamée. Les vrais témoins des miracles ne sont pas les savants, ce sont ceux qui ont le plus d'intérêt à le découvrir et à en profiter, comme il n'y a pas de meilleur chercheur d'or ou de diamants que l'homme avide de s'enrichir.

Ces réflexions se sont présentées tout naturellement à notre esprit, à la suite du récit du P. Watelet. Ce n'est pas à dire, pour cela, que le prieur de Marœuil ne cherche pas à établir l'authenticité de ses récits. Voici comment il termine le chapitre où il a raconté les miracles que nous avons rapportés après lui :

« Tous les miracles ci-dessus, ont été tirés d'un ancien office de sainte Bertille écrit à la main et traduit le plus succinctement qu'il a été possible pour ne point ennuyer le lecteur. L'on en trouvera encore quelqu'un dans la suite de cette histoire, quoique tous les fâcheux accidents des guerres et la négligence des écrivains nous aient privés de la connaissance d'un très grand nombre qui s'y sont opérés » (1).

(1) P. Watelet, p. 86-87.

L'origine attribuée par le P. Watelet à ses récits de miracles, est très digne de remarque « Ils sont tirés, dit-il, d'un ancien office », Or, l'Eglise a toujours été très sévère dans la composition des offices des saints. Elle en élimine avec soin, autant qu'elle le peut, toute erreur, même quand il s'agit de simples faits historiques. Quand il s'agit de miracles, sa sévérité scrupuleuse va beaucoup loin. Elle rejette impitoyablement tout ce qui n'offre pas de certitude, comme tout ce qui n'aurait que l'apparence du miracle. Savoir que tous les miracles racontés plus haut « sont tirés d'un ancien office de sainte Bertille », c'est donc une garantie précieuse de certitude et de vérité.

Nous aurons plus tard l'occasion de constater que Marœuil n'est pas moins favorisé aujourd'hui de faits merveilleux qu'il ne l'était au temps du P. Watelet (XVIIe siècle) et aux siècles précédents.

CHAPITRE XVII.

LA VIE RELIGIEUSE DANS L'ABBAYE DE SAINTE BERTILLE (1244).

Bénédiction de l'abbé Michel. — Concordat. — Les
pitances. — Les assemblées générales. — Réclamation en justice. — Donation. — Les sœurs converses
à Marœuil et dans l'ordre d'Arrouaise. — Fondations pour les sœurs de Soncamp. — Mort de l'abbé
Michel. — Jean de Waignart et Evrard Bertel, ses
successeurs.

« Après la mort de l'abbé Pierre II, les frères qui, en
raison des charges que faisait peser sur l'abbaye une
lourde dette, avaient été dispersés en divers lieux, se
réunirent en assemblée générale le jour de la fête de
saint Hyppolyte martyr (13 août). Dom Michel, né à
Marœuil même, chanoine de l'abbaye de sainte Bertille,
fut élu comme abbé. Le lendemain, vigile de la fête de la
bienheureuse vierge (14 août) qui tombait un dimanche,
il fut bénit par le seigneur évêque Asson, dans la chapelle du palais épiscopal, l'an 1244, l'année même où le
pape Innocent IV fuyant la persécution de l'empereur
Frédéric arriva en France. »

Ici s'arrête le texte du chroniqueur. Les quatre ou
cinq lignes laissées en blanc étaient destinées à résumer
la vie de l'abbé Michel. Elles n'ont pas été remplies,
nous nous efforcerons d'y suppléer par les faits que le
cartulaire nous a transmis.

L'un des premiers actes et le principal de l'abbé
Michel fut d'établir avec ses religieux une sorte de
concordat pour l'emploi des biens de l'abbaye. Cette
transaction était devenue nécessaire, après les dettes
contractées par l'abbé défunt. Les religieux ne voulaient
plus, et c'était justice, être réduits à se disperser dans

différentes paroisses pour que l'abbaye pût suffire à ses charges. Les revenus s'étaient augmentés : ils pensaient qu'en les administrant avec économie, on pourrait soutenir la vie de communauté, comme la règle des chanoines réguliers l'exigeait.

L'abbé d'Arrouaise qui était général de l'Ordre, l'abbé d'Hénin-Liétard vinrent à Marœuil pour être témoins à cette convention et pour donner leurs conseils.

L'important était de bien régler les dépenses, et d'affecter aux dépenses des revenus certains. Il fut décidé que deux des chanoines résidant à l'abbaye, le prieur et un autre chanoine élu par tout le chapitre, seraient chargés d'y pourvoir.

On arrêta que trois fois la semaine les religieux recevraient du vin, du poisson ou de la viande. Soixante livres étaient affectés à l'achat du vin chaque année, et quarante quatre livres à l'achat de la viande ou du poisson. La livre valait alors vingt francs.

« Ce fut sous l'abbé Michel, remarque le P. Watelet, l'an mil deux cent quarante-quatre, c'est-à-dire cent ans après notre établissement, que l'on commença à manger de la viande dans la congrégation, tant à cause de la disette de poisson dans certains pays où la congrégation était établie, qu'à cause que plusieurs ne pouvaient s'accommoder de cette manière de vivre qui minait leur santé. »

Malgré l'adoucissement apporté par le concordat, le régime était encore bien sévère, puisque les religieux n'avaient du vin, du poisson ou de la viande que trois fois la semaine. La somme d'ailleurs affectée à ces « pitances » n'était pas élevée ; et bien que le prix des vivres fût très modique, il était difficile de fournir largement aux besoins de dix ou douze religieux avec un budget de cent quatre livres (2080 fr.).

Cette somme devait être prise sur la « grange », c'est-à-dire sur les revenus des dîmes et des terres que l'abbaye possédait à Vendin et à Wingles. Si ces revenus venaient à faire défaut l'abbé était tenu d'y pourvoir des biens de son église, comme il était tenu d'y appliquer, par l'intermédiaire des chanoines délégués, toutes les aumônes que l'on pouvait faire en vue d'augmenter les pitances. Les « pitanciers » étaient tenus de rendre compte, chaque mois, de tout ce qu'ils recevaient, en présence de l'abbé et de toute la communauté.

A certains jours de fêtes solennelles ou « doubles », aux jours des saignées périodiques (1), c'était l'usage que la « pitance » ordinaire reçût quelque amélioration. Ce point fût spécifié dans la convention, et l'abbé fut chargé d'y pourvoir convenablement. Il était déterminé, que ces jours-là, l'abbé fournirait à chaque chanoine quatre œufs le matin, et trois le soir ; aux jours où on donnait de la viande, l'abbé devait faire servir des viandes salées, et aux temps convenables trois harengs saurs par jour (2) pour chaque religieux. Il était stipulé encore que tous les ans les chanoines recevraient de l'abbé un surplis neuf.

Il était important de fixer les jours d'assemblée générale de tous les religieux de l'abbaye. On décida que tous les chanoines, tant ceux qui étaient attachés à l'église de sainte Bertille, que ceux qui demeuraient dans les paroisses dépendant du monastère, se réuniraient deux fois l'année, le lendemain de la dédicace de

(1) Nous empruntons à M. Parenty, une note qui, nous le pensons, intéressera le lecteur.

« La saignée périodique était usitée dans presque tous les monastères d'hommes et de femmes au moyen-âge. Un règlement de saint Louis fixe les six saignées des religieuses de Pontoise, à Noël, au Mercredi des Cendres, à Pâques, à la fête de saint Pierre, à la mi-août et à la Toussaint. Pontius, évêque d'Arras, rendit, en 1222, un décret concernant les Dames d'Etrun, par lequel il règle qu'il sera assigné dix livres parisis pour les quatre saignées générales. Il veut aussi que ces religieuses fassent usage du bain tous les quinze jours. « Deux choses, disait saint Bernard, engagent à saigner, tantôt c'est la qualité, tantôt c'est la quantité du sang. » L'usage continuel d'aliments maigres et surtout du poisson salé, devait contribuer à échauffer le sang. Tel fut probablement le motif qui porta les fondateurs des instituts monastiques à prescrire les saignées dont l'usage, d'ailleurs, était généralement beaucoup plus fréquent qu'aujourd'hui. Quant aux bains, il faut se souvenir qu'on ne portait point de linge dans les abbayes, et que c'était un usage presque général de se coucher avec ses habits. Aussi saint Augustin fait-il, dans sa règle, un article particulier touchant le bain (*Histoire de sainte Bertille et de l'Abbaye de Marœuil, p.* 67-68.

(2) Les harengs saurs ont toujours tenu une grande place dans l'alimentation des chanoines de Marœuil. A la Révolution, en 1789, il en était encore ainsi. Les vieillards racontent encore aujourd'hui que leurs pères leur disaient qu' « on mangeait beaucoup de harengs à l'abbaye ».

l'église, et le lendemain de la fête de saint Amand
(7 février). Dans ces assemblées on devait s'occuper de
la réception des chanoines, des frères et des sœurs converses, des ventes, des achats ou des aliénations intéressant les biens de l'abbaye ; on devait en un mot y
traiter toutes les affaires importantes du monastère.

Un point qui n'intéressait pas moins les chanoines,
c'était la fixation des ressources nécessaires à l'entretien
de ceux qui desservaient les paroisses dépendant de
l'abbaye. Il fut convenu que l'abbé donnerait à chacun
d'eux une portion congrue jusqu'à concurrence de vingt
livres parisis par année.

L'infirmerie et l'hospice ou hôtellerie de la maison
sont aussi l'objet de conventions spéciales. Les dépenses
sont mises à la charge de l'abbé qui promet d'y pourvoir
le plus convenablement qu'il pourra (1).

Ce concordat nous fait pénétrer dans la vie intime des
religieux dans l'abbaye de sainte Bertille. Leur régime
était austère : l'abstinence perpétuelle n'y est tempérée
que par de très légers adoucissements. Encore ces
adoucissements dépendent de la volonté du supérieur.
Tout en observant cette abstinence rigoureuse, les religieux étaient tenus à l'office non-seulement le jour,
mais la nuit, au travail de l'étude ou au ministère paroissial. Pénitence et travail, c'est en ces deux mots qu'il
faut résumer la vie des chanoines réguliers de Marœuil.

L'abbé Michel ne gouverna pas longtemps son abbaye.
Quelques actes seulement nous restent de lui au Cartulaire. En 1245, il dut se faire rendre justice par l'official
d'Arras, d'une usurpation de bien commise par une
femme d'Ervillers nommée Ysabelle. L'abbaye avait
achetée d'Ysabelle et de son mari Radulfe, un manoir
avec toutes ses dépendances. Après la mort de Radulfe
de Wanketin, sa veuve ne craignit pas de réclamer la
possession du bien qu'elle avait vendu, prétendant que
sa dot y était intéressée et qu'elle devait la reprendre
sur ce manoir. Elle s'était fait envoyer en possession
par la justice séculière, malgré les promesses qu'elle
avait jurées au moment de la vente. Pendant même que

____

(1) Cartul. f° XLII, r° et v°.

l'abbaye réclamait auprès de la curie épiscopale, Ysabelle avait fait enlever tous les produits des terres et du manoir, en même temps qu'elle avait transformé la maison pour un commerce qu'elle prétendait y exercer. Pour tous ces préjudices l'abbaye demandait des dommages-intérêts s'élevant à la somme de dix livres et douze sous parisis. Le procès fut plaidé dans toutes les règles : serment des procureurs ou avoués de chaque partie, interrogatoire des parties, audition des témoins, publication des dépositions, tout se fit avec toutes les solennités voulues. L'official prononça enfin sa sentence en faveur de l'abbaye, annulant l'envoi en possession fait par l'autorité séculière (1). Ce procès nous montre comment au milieu du XIII° siècle, on observait toutes les règles de la justice. Notre procédure actuelle n'est que la continuation de celle que l'on suivait déjà dans les tribunaux ecclésiastiques et civils du moyen-âge.

En 1216, l'abbé Michel obtint de l'official d'Arras la confirmation de la cession faite par Gautier et Jean de Bailleulet en 1219 et en 1222, d'une dime sur le territoire de Bavlincourt (2).

L'année suivante le connétable des Flandres, seigneur de Harnes donnait à l'abbaye, par l'entremise de Frumauld, Évêque d'Arras, la neuvième partie d'une dime sur le territoire de Vendin ; cette dime, le connétable l'avait achetée de Hubert d'Hulluch et de son fils Evrard, et il en faisait don à l'abbaye de Marœuil dans le but de favoriser la vie religieuse dont la ferveur lui était connue.

Nous avons prononcé plus haut le nom des sœurs converses ; c'est que les Augustins de la congrégation d'Arrouaise avaient admis dans leur ordre des femmes qui s'engageaient à suivre leur règle. Les religieuses devaient aussi rendre quelques services aux chanoines des abbayes, surtout elles devaient exercer la charité à l'égard des femmes (3).

(1) Cartulaire fol. XLI, v°.
(1) Cartulaire fol XXIX v°.
(2) M. Parenty donne des détails intéressants sur les sœurs converses dans l'ordre d'Arrouaise. On a vu que la maison de Marœuil en recevait comme les autres monastères de cet institut, et qu'une colonie de ces sœurs occupait le prieuré de Soncamp. Il était du reste,

L'institution des sœurs converses fut cependant une cause de difficultés pour la congrégation, car dans les règles qui furent publiées à l'époque où nous sommes

fort commun, jusqu'à la fin du XIIIe siècle, de voir des sœurs converses dans les abbayes d'hommes. La plupart étaient des filles de service occupées à soigner les bestiaux, à filer la laine ou le lin et à d'autres travaux manuels. Il y avait cependant parmi elles, d'après dom Gosse, quelques personnes de condition qui se retiraient dans ces asiles ; mais on ne reconnaissait point entr'elles la distinction de dames de chœur et de converses. Cet auteur pense qu'elles n'avaient toutes qu'une même règle. Il y avait à leur tête une prieure. Ces filles, parmi lesquelles on admettait des veuves, portaient une tunique de serge, une pelisse de peau d'agneau, un manteau et un voile pareillement garnis de peau d'agneau. Le scapulaire leur tenait lieu de surplis ou de rochet.

Il paraît que dans quelques monastères de l'ordre, notamment dans celui d'Hénin-Liétard, ces converses étaient tellement nombreuses au XIIe siècle, que les chanoines de cette maison demandèrent et obtinrent qu'on en diminuât le nombre (1197), attendu qu'il leur était fort à charge.

Les religieux de Cysoing formulèrent les mêmes plaintes, et s'adressèrent au Saint Siège qui les renvoya à Raoul de Neuville, évêque d'Arras, permettant à ce prélat d'ordonner ce qu'il jugerait plus convenable.

« Nos chers fils et religieux de Cysoing, écrit Innocent III à cet évêque, nous ont représenté qu'il se trouve dans leur maison de Beaurepaire, outre les chanoines et les frères, une telle multitude de femmes qu'ils sont forcés de recevoir par les instances importunes des princes, que les biens de ce prieuré ne suffisent aucunement pour fournir à tant de bouches. L'Evêque d'Arras statua donc, par un décret daté de Juin 1208, qu'on ne recevrait plus de converses dans cette maison, jusqu'à ce que leur nombre fût réduit à douze. — Jacques de Dinant supprima entièrement les converses de la congrégation d'Arrouaise dans toute l'étendue de son diocèse, en 1255, à charge de substituer un chanoine à deux sœurs. Cette décision fut sanctionnée l'année suivante dans un concile provincial tenu à Saint-Quentin.

Mais l'abbé Laurent, général d'Arrouaise, fit observer que la condition de substituer un chanoine à deux converses était trop onéreuse, attendu qu'elles étaient fort nombreuses dans quelques maisons de l'ordre ; et que d'ailleurs, il n'y avait eu en faveur de ces filles que des fondations très peu importantes.

L'affaire fut portée en 1257, au concile de Compiègne où l'Archevêque de Reims, Thomas de Beaumetz, fils de Gilles de Beaumetz, châtelain de Bapaume, et l'Evêque d'Arras furent nommés commissaires et firent décider la suppression pure et simple des religieuses Arrouaisiennes. Le pape Alexandre IV souscrivit à cette mesure par une bulle du 25 juin de la même année. On trouve dans le Cartulaire de Marœuil les lettres par lesquelles l'archevêque de Reims et l'évêque d'Arras décident qu'à l'avenir on ne remplacera plus les converses qui viennent à décéder (M. Parenty. Ste Bertille, page 72 et seq.)

arrivés, le chapitre général en ordonna la suppression :
« Il est défendu à tous les abbés de notre ordre de recevoir aucune femme comme religieuse converse, à moins
que le chapitre général n'en donne permission ou encore
que la personne soit à l'article de la mort ; si la femme
reçue comme converse à l'article de la mort vient à
survivre et qu'elle veuille rester en religion, l'abbé ne
doit pas pour cela la recevoir ; il est défendu aussi de
recevoir de jeunes personnes dans les monastères de
chanoines, soit pour les élever, soit pour les instruire.
« *Omnibus abbatibus nostri ordinis sub honoris sui
periculo est inhibitum ne ullam fœminam præsumant
recipere in conversam nisi de licentia Capituli Generalis, vel forte in articulo mortis. Si in articulo tali
recepta supervixerit et in Ecclesiâ remanere voluerit,
abbas, propter hujus arbitrium, non debebit. Nec reci-
piatur puella ad nutriendum sive litteris imbuenda in
conventibus canonicorum.* — Constitution d'Arrouaise,
2ᵉ partie, chap. XXXIII (1) ».

Les religieuses qui se rattachaient à l'ordre d'Arrouaise se constituèrent dès lors en monastères particuliers. Dès 1206, nous trouvons au Cartulaire de Marœuil
une donation, faite par Eve de Wanquetin, d'une terre
sise à Soncamp, achetée de Suger, seigneur de Sombrin.
Cette donation est faite pour l'entretien du luminaire
dans l'église de Soncamp. Ce luminaire est déterminé
par Eve elle-même : une lampe doit brûler perpétuellement devant l'autel dans le monastère des chanoines
résidant à Soncamp ; la seconde doit être placée dans la
chapelle des dames religieuses et la troisième dans le
dortoir de ces mêmes religieuses. La donatrice interdit
tout autre usage des revenus de la terre dont elle fait
donation (2).

Gilles de Pas ne tarda pas à approuver les donations
faites à la maison de Soncamp. En 1257 il confirma
une donation qui avait été faite par Baudouin, son
aïeul, en faveur des sœurs de Soncamp. Il s'agissait
d'un demi boisseau de blé auquel le seigneur de Pas
avait droit sur le moulin de Liauve et qu'il transmettait
aux religieuses ; il leur accordait de plus la permission

(1) De fœminis non recipiendis intra monasterium et canonicatum.
(2) Cartulaire, fol. XCVIII, v° et fol. XCIX R°.

de faire moudre, sans aucun frais, à son moulin, les
farines qui leur seraient nécessaires. La condition im-
posée était pour les sœurs l'obligation de célébrer un
obit anniversaire pour les nobles personnes « de Anselme, son père, fils de Bauduin, Charlotte, sa mère,
Gilles, Eustache et Guillaume, frères d'Anselme, Mathilde leur sœur et Bauduin lui-même. »

La mère de Gilles de Pas avait elle-même donné
une rente de vingt sous parisis, qui devait être
consacrée à l'achat de harengs pour les sœurs. Le seigneur de Fienles avait donné la même somme au monastère ; et Mathilde, la sœur de Bauduin, du consentement de sa fille, la dame Charlotte, avait fait donation
de quatre mencaudées de terre sise au territoire de
Grenast. Le revenu de ces terres devait être employé à
l'entretien de l'infirmerie ; à défaut des sœurs, les religieux de Marœuil, qui avaient leur maison à Soncamp,
étaient appelés à jouir des revenus de toutes ces donations et à remplir les conditions imposées aux religieuses.

En 1258, Robert, écolâtre et official d'Arras, approuvait toutes ces donations. En 1305 « Yakes sire de Helly
et de Pas, chevalier, » déclare qu'il a vu « lettres et
chartes scellées de ses prédichesseurs ychiaux, an-
chienne charte et obligacion contenans dons d'aumônes de ces dits prédichesseurs, confermé deument : est
à savoir XX sols parisis è religieuses suers de la maison condist de Soncamp dont l'églize de Marœuil de les
Arras est kies. Et si les suers devant dites estaient dé-
fallans et plus ne neust en la maison de Soncamp, li
devant dicte rente par l'ordonnanche de mes prédichesseurs doit être baillié et délivré par devers les religieux
de l'église de Marœuil demeurans à Soncamp » (1).

A la même époque, Gilles, châtelain de Bapaume,
donnait à la maison de Soncamp un setier d'avoine
mesure de Dorlens (Doullens) et le droit de terrage sur
trois mencaudées de terre avec deux chapons et quatre
merimis (charges de bois) (2).

(1) Cartulaire fol. CI r°.
(2) Cartulaire CII r°. Les témoins de cette donation sont « Bar-
tholomœus de Bellomanso, Helbertus de Laignicourt, Renerus mayor
de Colomont et Hugo majori filius.

Toutes ces donations complétaient celle qu'avait faite Marguerite le Farde, de dix deniers à prendre sur une maison d'Arras sise hors la porte Saint Nicolas. « *In vico Jacobi Rouyier, quæ domus fuit Mathæi vituli* ».

Tous ces actes nous montrent que les religieuses se rattachant à l'abbaye de Marœuil subsistèrent au moins jusqu'à la fin du XIII° siècle. Quand leur couvent disparut-il ? Nous ne le savons pas. Il est probable que les guerres qui causèrent au XIV° siècle tant de troubles dans nos contrées ne permirent plus à ces religieuses de vivre en communauté. A partir de cette époque, nous ne trouvons plus en effet d'actes faisant mention des religieuses de Soncamp.

Quelques âmes d'élite, imitant les premières converses, purent se rattacher encore, en vue de faire une pénitence plus sévère, en vue surtout de profiter des mérites acquis par les religieux, à l'Ordre des chanoines Augustins ; mais elles cessèrent de vivre en communautés particulières.

L'abbé Michel ne survécut que peu de temps à la promulgation du règlement qu'il donna aux religieux de Marœuil. Après sa mort, les religieux réunis élurent pour abbé le seigneur Jean de Waignart, chanoine profès de l'église de Phalempin, au diocèse de Tournay (1).

C'était un homme d'une haute piété, d'une vie toute sainte et d'un caractère doux et facile. Dans l'administration de son église, il devint bientôt le modèle de tous ses religieux. Portant dans toutes ses œuvres des signes de sa grande piété, il se fit aimer de tous. « De son temps, dit le chroniqueur, nos biens se développèrent autant que le permit la brièveté de son règne ».

Le seigneur de Miraumont donna une rente en grains à percevoir chaque année sur les moulins de ce village (2).

L'abbé Jean commença la revendication contre Jean de Boulogne, châtelain de Saint-Omer, des biens don-

(1) La chronique de Marœuil dit que Jean de Waignart était né « de Claviacensi natione. » Le P. Watelet traduit : natif de Cluny. M Parenty, dit : né à Chauny.

(2) Parenty, page 70.

nés à l'abbaye par Segaud Hakelin et Emma son épouse au village de Saint-Aubin.

L'abbé Waignart ne jouit pas longtemps de ces biens, il mourut fort regretté de ses religieux deux ans après son intronisation, en 1248. « Il fut inhumé, dit le chroniqueur, dans notre église, avec ses pères, devant le maître-autel, *cum mœrore astantium et angustia cordis.*

Sur le conseil de l'Évêque d'Arras, Jacques de Dinant, les religieux élurent, pour le remplacer, un chanoine de Marœuil, Évrard Bertel. Le nouvel abbé était d'Arras ; il fut bénit dans la chapelle du palais épiscopal. Evrard ne se vit pas plus tôt en possession de sa nouvelle charge, que, voulant jouir de la liberté que semblaient lui accorder ses fonctions, il secoua le joug des observances du cloître au mépris des conseils que lui donnaient les gens de bien, il se laissa aller à poursuivre les plaisirs du monde. Evrard continua cependant les revendications commencées par son prédécesseur et parvint à faire rendre justice à son abbaye, en obtenant contre Jean de Boulogne l'intervention de l'abbé de Saint-Vaast et du chevalier Eustache, seigneur de Saint-Aubin (1). Evrard garda d'ailleurs peu de temps la dignité abbatiale.

(1) Cartul.

CHAPITRE XVIII.

L'ABBAYE ET LE CULTE DE Ste BERTILLE DU XIIIe AU XVe SIÈCLE.

Acquisitions et donations. — Les abbés du XIIIe siècle. — Conventions paroissiales. — Jean Brochard.
Jacques de Bay. — Fondation pieuse. — La guerre
dans l'Artois. — Le Refuge. — Les abbés au XIVe
siècle. — Conventions paroissiales. — Encore le
Refuge. — Le château des évêques. — La guerre. —
Le culte de sainte Bertille en Belgique, à Brusthem et à Rosmeer.

La chronique de Marœuil s'arrête à Evrard Bertel.
Nous ne pouvons pour les deux siècles qui suivent que
glaner quelques faits rapportés par des actes du cartulaire de l'abbaye. Les noms des abbés ne nous sont pas
même complétement connus : Ferry de Locres et après
lui le P. Watelet se contentent d'en dresser une liste
par ordre alphabétique (1).

En 1253, Robert de Wailly, official d'Arras, confirme
la vente faite par Marie dite Lefaverène de Marœuil, de
deux mencaudées de terre, qu'elle possédait au terroir
de Sombrin ; cette vente était faite au prix de cent sous
parisis. La même année, l'abbesse de Sainte-Marie de
Brayelle d'Annay vendait à l'église de Marœuil une
rente d'un demi-mencaud d'avoine et de neuf deniers
qui était tenue en fief de l'église de Marœuil (2).

(1) Antoine de Longaville, Antoine de la Caverne, Estienne de
Vienne, Eustache de Histo, François de Bécourt, Gérard, Gilles le-
Grand, Hugue, Jacques premier, Jacques de Bay, Jean Brocars, Jean
Chevalier, Jean Nodoul, abbé en 1329, Nicolas Hustin, Pierre de
Marchienne, Renold, Robert deuxième, Thomas premier et Walleran.
(P. Watelet, p. 90 et seq.), Ferry de Locres (Chronicon Belgigum,
p. 304).
(2) Archi. départ. fonds de Marœuil, 1249.

L'année suivante, des difficultés s'élevaient de nouveau au sujet des terres de Saint-Aubin ; l'abbé de Saint-Vaast, à la demande d'Eustache, seigneur de Saint-Aubin, reconnaissait la légitimité des possessions de Marœuil sur le terroir de Saint-Aubin. L'abbé Nicolas du Bois, possédait à Noyelles-Godault une portion de dîme sur trente razières et six coupes de terre qui faisaient partie, au terroir de Noyelles, du patronat de l'église de Marœuil ; l'abbé échangea sa portion de dîme contre un revenu de seize razières de blé, mesure de Douai, que l'église de Marœuil devait lui payer chaque année (1).

D'autre part, l'abbaye achetait de Guillaume de Hondschote « chevalier », une terre qu'il avait « en la paroche de Rexpond et en celi de Waren que on appelle la terre de Harnes, ensi cum je le tenoie en toutes causes par l'assince de me très chière femme medame Mahaut d'Ablaing et de me fille Ysabielle ». Cette vente fut confirmée par Marguerite, comtesse de Flandre et de Hainaut, qui réserva cependant ses droits de justice.

Les années suivantes, 1260-1261, apportèrent à l'abbaye de nouveaux biens tant au spirituel qu'au temporel. Robert le clerc, Guillaume son frère, fils d'Allart Dandin de Beaumont, reconnurent l'injustice des vexations dont ils s'étaient rendus coupables à l'égard de l'abbaye. L'abbé de Saint-Vaast fait un échange avantageux à Marœuil des dîmes perçues précédemment sur des terres de Coulmont contre une dîme à percevoir sur une partie du terroir de Sombrin et de Soncamp. Le Souverain Pontife, le pape Urbain, confirme de son côté les privilèges et la liberté dont jouit l'église ou monastère de Marœuil.

D'autre part, l'abbaye entre en possession d'une relique insigne, le corps entier d'une des compagnes de sainte Ursule. Le P. Watelet dit : « cette relique est encore à présent (1719) gardée avec vénération dans cette église, dans une châsse de bois doré ».

Quelques années après eut lieu un échange de cinq mencaudées de terre appartenant à l'abbaye contre cinq

____

(1) Cart. f. 90 r° et v°.

mencaudées appartenant à Pierre Roussiau de Warluzel, à la condition toutefois que Pierre payerait chaque
année à la maison de Soncamp dix neuf sous parisis
« sans nul barat et sans nul enjieu » (1).

Marœuil contribuait aussi à l'accroissement des biens
de l'abbaye. Jehan Librisperes et Marguerite sa femme
assuraient une rente sur un manoir qu'ils tenaient de
Marie de Bruay. D'autre part, le sire de Vendin-le-
Vieil confirmait la vente d'un manoir situé en ce lieu
« enclos d'yeaue et de fosses », à charge pour l'abbaye
d'un droit de relief à payer à la mort de l'homme « mo-
rant et vivant » que l'abbaye était tenue de désigner au
seigneur de Vendin. Cet homme mourant et vivant fut
d'abord Pierre d'Ablaing (2).

Le chatelain de Bapaume, seigneur de Beaumetz,
approuvait de son côté la donation faite précédemment
à l'abbaye des terres de Saint-Aubin. Le bois que l'abbaye possédait sur Ablaing s'augmenta de dix coupes
de terre données par Pierre dit d'Avions et Marie son
épouse. Jehan Ledrus de Marœuil donnait en même
temps trois mencaudées de terre « pour Dieu et en
ausmône et pour partir as orisons et as bien fais de la
maison ». Les echevins de Marœuil sont donnés comme
témoins de cette donation. Aalis, dame de Louez, epouse
de Huon de Pas et Huès de Pas approuvent la vente
faite aux religieux de Marœuil par Gilles, châtelain
d'Arras et Marguerite sa femme, d'un manoir qu'ils tenaient d'eux à Louez « tenant, dit le cartulaire, de l'une
part à leaue labesse d'Estruem et de l'autre au mez
Pierron » (3).

<hr>

(1) Cart. CV, r° et v° Les témoins de cet acte intéressant sont :
« Bauduin de Sapigny, prestre de Sombrin, sir Jakemes de Bay, prestre
de Warluzel, sir Nichol de Haynau manans a Soncamp, canoine de
Marœuil, messire Robert de Warluzel chevalier, madame Maroie de
Warluzel, femme monseigneur Juan d'Asc, chevalier, par cui assen-
tement as echanges fu fais et gréés, Pierre Roussiau et Mehaus sa
fille et Symon le maire ses barons qui cette chose gréèrent et otrièrent
bonnement tant comme partie, Bernars de Warluisel, Waitiers Quo-
querons, Jehans ses frais, Jehan le sage, et plusieurs autres ». Deux
chyrographes furent dressés de l'acte, l'un scellé des « saiaus de l'abbé
de Marœuil, l'autre scellé du scel de Madame Maroie dame de Warluisel ».
(2) Cart. CXX, v° CXXI.
(3) Cart. CXIII, v° CXIV, r° et v°.

Les échevins de Marœuil étaient encore témoins à la donation faite par Pierre Delecourt, Denise sa femme et Marisens, mère de Pierre, de trois mencaudées de terre données à l'abbaye pour avoir part « à bien fais et orisons de l'église de Marœuil. »

En 1278 eut lieu entre l'abbaye de Marœuil et celle du Mont-Saint-Eloi, un échange d'une rente de six muids de blé contre quelques terres et terrages à Soncamp et à Warluzel.

Quels étaient les abbés de Marœuil qui présidaient à toutes ces donations ? Aucun document ne nous l'indique expressément. Nous pouvons conjecturer cependant que le siège abbatial fut occupé pendant les années qui vont de 1250 à 1292, par quatre abbés dont l'un est désigné par la lettre N. dans un acte de 1257.

Le catalogue des abbés ne donne qu'un abbé du nom de Nicolas, c'est Nicolas Hustin ; l'autre a dû porter le nom de Jacques, c'est le Jacques Ier du catalogue de Ferry de Locres et du P. Watelet. Dans un acte de 1292 nous trouvons, en effet, nommé un autre abbé du même nom, Jacques ou Jakèmes. D'autre part nous voyons à la date de 1265, Jacques de Bay, prêtre de l'abbaye de Marœuil, témoin dans un échange de terres sur Soncamp. Ce même Jakèmes de Bay nous est donné par le catalogue des abbés comme ayant tenu le siège abbatial en 1292. Il nous est permis d'inférer de là que Jacques Ier a régné dans les années qui ont précédé, c'est-à-dire dans la première moitié du XIIIe siècle.

Jacques Ier, dit M. Parenty (1), fut nommé visiteur des maisons de l'Ordre, au chapitre tenu à Arrouaise en 1255, pour les abbayes de Sainte-Marie et de Saint-Wulmer de Boulogne, de Clairfaix, de Phalempin, et de Saint-Nicolas de Tournay. Un changement important dans le régime des religieux s'introduisit, par suite de cette assemblée. Il y fut statué que tous les profès s'abstiendraient d'aliments gras depuis la saint Martin d'hiver jusqu'à Noël et depuis la Septuagésime jusqu'à Pâques. Le pape Alexandre IV sanctionna cette résolution en 1257, en autorisant l'Ordre entier à manger de la viande dans les autres temps trois jours par semaine,

____

(1) Page 71.

auxquels il sera permis d'ajouter ceux de la dédicace de l'église abbatiale, des fêtes de saint Augustin et du patron de chaque monastère.

En 1264, dit M. Parenty, (1) Pierre, abbé de Marœuil, est nommé dans les actes du chapitre général tenu à Arrouaise. Le Cartulaire ne rapporte aucun titre émané de ce prélat, c'est lui sans doute que les catalogues appellent Pierre de Marchienne.

Le chanoine Théry cite, dans son *Répertoire du Chapitre d'Arras*, une bulle du pape Grégoire X de 1271, par laquelle le doyen et deux chanoines de Laon sont délégués pour connaître de la cause d'appel au Saint-Siège contre l'Evêque d'Arras, Pierre, deuxième du nom, pour avoir bénit l'abbé de Marœuil hors de l'église cathédrale, sans le consentement des chanoines. Il est présumable, dit M. Parenty, qu'il s'agissait de Jean Brochard que nous ferons succéder au précédent, vers cette époque. L'officialité de Reims le contraignit par jugement à prêter au Chapitre, dans l'église de Notre-Dame d'Arras, le serment de *révérence et obédience*, auquel les abbés et abbesses du diocèse étaient tenus lors de leur avénement. L'abbé Brochard fit, en 1278, une commutation de quelques biens avec Etienne de Fermont (2), abbé du Mont-Saint-Eloi, du consentement de l'évêque d'Arras (3).

En 1280, l'abbé de Marœuil fit reconnaître par le clerc *Joannes de Atrio*, le droit de dîme de l'abbaye sur les terres que ce clerc avait achetées à Gosnay.

(1) Page 75.

(2) Ce prélat, dit M. Parenty, qui était docteur en théologie, aimait les gens de lettres et encourageait les hautes études. Il fit subir à plusieurs de ses religieux les épreuves du doctorat, notamment à Servais, qui devint son successeur ; assista en 1274, au deuxième Concile général de Lyon, et refusa l'évêché d'Arras, après la démission de Pierre, deuxième du nom. Ce fut lui qui fit ceindre de murs le vaste parc de l'abbaye. On cultivait alors avec succès la vigne, au Mont-Saint-Eloi : car Nicolas de Condé, qui avait épousé Catherine de Carency, prenait dans ce monastère le vin nécessaire à sa consommation durant le séjour qu'il faisait au château de ce lieu ; on le voit, par un acte de 1280, passé entre ce seigneur et l'abbé Etienne de Fermont. Il reconnaît que cette fourniture s'accorde par pure grâce et que le prélat demeure libre de la refuser quand bon lui semblera. Etienne de Fermont mourut, selon les auteurs du *Gallia Chrêstiana* le 15 mars 1291.

(3) Cart. f. XL et XLI.

Le Cartulaire rapporte à la même année une convention paroissiale passée, par l'entremise de l'official d'Arras, entre l'abbaye et les paroissiens de Sombrin. Dans le patronat des religieux de Saint-Amand de Marœuil, il y a deux églises, dit le diplôme : l'une est située au milieu de Sombrin et porte le vocable de Saint-Vaast; l'autre est située entre la propriété du chevalier Gilles, seigneur de Sombrin et la maison presbytérale. Dans cette église se trouvent les fonts, les cloches et tous les ornements sacerdotaux. C'est dans cette église que se célèbrent les offices et que les paroissiens du village reçoivent les sacrements. Or le prêtre, curé du village de Sombrin, refusait de célébrer dans Saint-Vaast. Ce refus rendit nécessaire l'intervention de l'abbaye dans la difficulté que soulevèrent le chevalier Gilles et avec lui toute la commune de Sombrin. L'affaire fut portée devant l'official et voici l'arrangement qui fut conclu. Les funérailles se célébreront suivant la coutume. Mais à Noël la seconde messe, à Pâques la première, le jour des âmes au lendemain de la Toussaint, à la nativité de la sainte Vierge Marie, à la Purification, à la fête de la relation de saint Vaast (1ᵉʳ octobre) la messe sera célébrée à Saint-Vaast. De même les premières et les secondes vêpres de la relation de saint Vaast, si le prêtre peut le faire commodément.

Les parties se sont accordées également à statuer que les curés de Sombrin seraient tenus d'administrer à leurs frais l'église de Saint-Vaast, de fournir et d'entretenir les ornements sacerdotaux, les livres, le calice, les vêtements, le luminaire, tout ce qui est exigé par l'autel et l'église. De leur côté les paroissiens sont tenus, pour l'autre église, de fournir tous les ornements, le calice, les vêtements sacerdotaux, les fonts, les cordes des cloches, le luminaire, les livres, la chasuble, les aubes, le rochet, l'encensoir, les burettes pour le vin et l'eau et tout ce qui est nécessaire au service de l'église.

C'est dans l'église qui est près de la maison du prêtre, que les paroissiens seront tenus de recevoir les sacrements; les abbés et couvent de Marœuil pourvoiront à l'entretien convenable de l'église, fourniront l'encens et entretiendront à leurs frais la lampe dans le sanctuaire. Les deux parties s'obligent solennellement à tenir avec fidélité la convention ainsi conclue.

En 1282, l'abbé prit, ainsi que toute sa communauté, l'engagement de célébrer à perpétuité l'anniversaire de l'évêque d'Arras, Pierre, deuxième du nom, et celui de Robert son oncle, doyen de la Cathédrale, en reconnaissance des six mencaudées de terre que le prélat avait achetées à Gosnay, de la nièce de maître Michel de Marœuil et de Gauthier de Boulogne, et qu'il avait données à l'abbaye de Marœuil. Sur les vingt livres parisis que valait cet héritage, vingt-cinq sous étaient appliqués chaque année à la célébration de l'anniversaire. « Si nous manquons à notre engagement, l'évêque pourra nous y contraindre par la censure ecclésiastique (1). »

L'abbé Jean Brochard conclut, en 1287, un accord avec l'abbé d'Hénin-Liétard à propos d'une terre possédée par la léproserie d'Hénin et sur laquelle les abbayes de Marœuil et d'Hénin avaient un droit de dîme. La même année les deux abbés, avec plusieurs autres prélats, assistèrent à Arras à la translation de la sainte Manne dans une nouvelle châsse.

L'année suivante, l'abbaye prend de nouveaux et solennels engagements pour la célébration de services religieux. Les héritiers de Wibert, de Douai, avaient donné deux cents livres parisis « *pro remedio animæ ipsius* ». Les religieux s'obligent à prier pour lui et sa famille et à le faire participer aux prières de nuit et de jour faites dans le monastère. Les religieux s'obligent de plus, à perpétuité, d'offrir chaque jour, ou au moins quatre fois la semaine, le saint sacrifice de la messe pour le donateur défunt ; un des chanoines de l'abbaye doit célébrer cette messe ou la faire célébrer par un autre prêtre.

Le couvent s'oblige à réserver aussitôt qu'il le pourra une rente de vingt livres parisis, laquelle devra être appliquée à augmenter la pitance suivant l'engagement qui est pris. Si l'abbaye manque à son engagement, l'évêque peut la forcer soit par le séquestre de ses biens, soit par la censure ecclésiastique.

(1) Cart. fº LXXXIII rº et vº.

A cette époque, comme le fait remarquer l'historien d'Arrouaise, on cessa de recevoir à Marœuil, comme dans les autres maisons de l'Institut, le même nombre de frères convers, et cette mesure fit naître la nécessité d'affermer les terres. Les évêques s'en plaignirent dans divers Conciles provinciaux. Jusqu'alors les religieux avaient amélioré le sol et triplé ses produits partout où ils s'étaient établis : ils avaient défriché les bois qui couvraient en grande partie le pays que nous habitons et desséché nos marais ; c'était donc là une grave atteinte portée au progrès, jusqu'alors croissant, de l'agriculture (1).

Un abbé du nom de Jacques était, d'après le cartulaire, à la tête de l'abbaye en 1290. Cet abbé doit être, nous l'avons dit, celui que les catalogues désignent sous le nom de Jacques de Bay. Le cartulaire nous rapporte un acte par lequel, au nom de son couvent de Marœuil, il établit un arrangement avec le curé de Vendin (2). Un acte conservé dans les archives de Marœuil signale l'abbé Jacques, comme arbitre, avec Jean, doyen de l'église sainte Marie d'Arras, Hugues de Bapaume, archidiacre d'Ostrevent, et Guillaume doyen de chrétienté d'Arras, entre Saint-Vaast et le Mont Saint-Éloi, dans quelques différends à propos de dîmes.

L'année suivante, Engherrans de Gosnay « vend à l'abbaye VII mes (manoirs), pour pieux (pire) marquier esqiver » ; la vente est approuvée par Guillaume de Fontaine dont dépendent les susdits manoirs.

Quelques années plus tard, en 1295, Jacques, sire de Pas, reconnaît qu'il doit « vingt sols de Paris » à l'abbé et au couvent de Marœuil pour quatre mencaudées de terre, que l'abbaye possédait au milieu des terres du chevalier (3).

L'abbé était appelé vers le même temps (1298) à recueillir une donation faite par « messire Symons de Lecourt, prêtre de Camblain et demiselle Marie, sa sœur », à condition de célébrer chaque année un obit pour les donateurs.

(1) Parenty, page 78.
(2) Cart. fº CXXII, Rº et Vº, et Cart. CXXIII, rº.
(3) Cart. fº CI, vº
(3) Archives Marœuil, 2ᵉ livraison 1290.

Le treizième siècle finissait, lorsque Gilles succéda à Jacques de Bay sur le siège abbatial. Déjà les malheurs des temps rendaient difficile l'administration de l'abbaye, car nous trouvons au cartulaire une vente importante de terres faite par l'abbé à un clerc appelé dans le contrat de vente « *Magister Petrus de minoricuria* ». La transaction porte sur trente-deux mencaudées situées sur le terroir de Marœuil et divisées en plusieurs lots. Ces terres avaient été données par Anselin dit le « Cambrelone » et Pierre son fils, à condition qu'ils en auraient conservé l'usufruit leur vie durant. L'abbaye avait fourni annuellement à ces deux donateurs quarante mencauds de blé et vingt d'avoine, lesquels devaient être transportés, aux frais de l'abbaye, à Arras ou dans tout autre lieu au choix de Pierre (1).

Quelques années plus tard une fondation d'obits rendait à l'abbaye de Marœuil des ressources qui lui étaient précieuses. En 1310 un acte des archives nous montre l'abbé de Marœuil reconnaissant « que Margherite li Boutillière de Maroel a donné au couvent cent livres de paresis pour Dieu et en pardurable aumosne pour l'âme de li, de Robert jadis sen mari et de leurs anchisseurs (ancétres) en la rémission de leurs péchés ». La donation est faite à la condition pour l'abbaye de « célébrer une fois l'an l'obbit de le dite Margheritaine et une autre fois l'an l'obbit du dit Robert. A condicion aussi de livrer, allumer et ardoir au grant autel de nostre église à le élévation une torce de 4 livres pesant de chire, telle qu'elle dure toute l'année. L'obbit doit être à noef leçons, as vigiles et messe à note en convent. Nous, convens dessusdit, devons avoir cascun jour de tous les jours qui sont et seront junavles en l'an, un lot de vin à la mesure de Maroel en acroisant la collace de nostre dit convent. »

La même année, la vente fut confirmée par Gérard, évêque d'Arras.

Les ravages de la guerre, après avoir pesé sur les Flandres s'étendaient à la province de l'Artois. Robert II comte d'Artois, ayant été tué en 1302, à la bataille de

(1) Qui mencaldi vehendi sunt Atrebato, vel ubicumque maluerit Petrus ubi biga possit duci sive quadrigari. Cart. f. LIX-LX.

Courtrai, Mahaut, sa fille, devint héritière du comté. Les Flamands y firent aussitôt irruption et mirent tout à feu et à sang. Le comte de Namur établit ses quartiers au Mont Saint-Eloi.

Le roi de France, Philippe le Bel, humilié de cette défaite, fit lever des taxes extraordinaires et bientôt quatre-vingt mille hommes vinrent camper sous les murs d'Arras. L'Artois eut à supporter tous les malheurs de la guerre. Quatre-vingts villages détruits par le feu réduisirent, dit l'historien Hennebert, la contrée des Atrébates en solitude. Après une trève qui ne dura que peu de mois, le roi de France descendit en Flandre à la tête de soixante-deux mille hommes, tout le pays fut dévasté depuis Arras jusqu'à La Bassée. La défaite des Flamands à Mons-en-Pévèle, fut suivie d'un traité de paix par lequel le roi Philippe réunit à la France presque toute la Flandre wallonne, c'est-à-dire Lille, Douai, Orchies, Béthune et les autres places situées en deçà de la Lys.

Les plaies faites au pays étaient à peine cicatrisées, lorsqu'en 1314 les hostilités recommencèrent entre la France et Robert, comte de Flandre. On n'avait rien récolté cette année à cause de l'intempérie des saisons ; la misère fut donc extrême, et elle engendra une peste qui mit le comble à la désolation de la contrée.

Des dissensions intestines vinrent ajouter à ce déplorable état de choses. Mahaut, comtesse d'Artois, avait porté atteinte aux privilèges de la province. Elle s'aliéna, par suite, une partie de la noblesse, et des troubles éclatèrent. Le roi de France, Louis X, ayant inutilement tenté d'apaiser les séditieux, se vit contraint de les réduire par la force. Les uns furent bannis du royaume, d'autres tués ou brulés dans leurs châteaux (1316).

La peste affligea de nouveau le pays en 1321.

L'insoumission des Flamands ralluma le feu de la guerre en 1328. Une armée considérable vint envahir Arras et ses alentours au mois de juillet et les moissons furent détruites à cette occasion sur divers points de la province. Tels furent les préludes de la fameuse bataille de Cassel, où Philippe VI, après avoir vaillamment payé de sa personne, soigna les blessés sur le champ de bataille pendant quatre jours.

Après la mort de Mahaut, comtesse d'Artois, en 1329, le comté échut à Jeanne de Bourgogne; mais Robert, comte de Beaumont, qui n'avait cessé de prétendre à ce comté, durant tout le règne de Mahaut, outré de s'en voir frustré, alla se jeter dans les bras de l'Angleterre. Il parut, en 1339, à la tête d'une armée de quarante mille hommes, causa dans le pays de graves désordres, particulièrement dans le bailliage de Bapaume, et fit mettre le feu à plusieurs bourgs et villages. Telle fut l'origine de nos funestes dissensions avec les Anglais, lesquelles durèrent plus d'un siècle, et dont nos pères eurent tant à souffrir.

Ces premiers désastres furent suivis d'une peste qui sévit en 1342 avec une telle violence qu'à peine trouvait-on moyen de faire enterrer les morts. Un grand nombre de villages ou de petites villes furent entièrement dépeuplées.

Après la funeste journée de Crécy (1346) l'armée française se retira aux environs d'Arras, où elle fit un long séjour et causa une extrême pénurie. Ce malheureux état de choses s'accrut deux ans après par la peste qui désola l'Europe entière.

Par suite de tant de calamités, dit l'abbé Doresmieux, l'ignorance devint le partage de toutes les classes de la société. Ce fut à tel point, ajoute cet historien, qu'à grand peine se trouvait-il un homme qui pût apprendre aux enfants leurs rudiments et les premiers commencements de la grammaire.

En 1356, on imposa les abbayes, les prieurés et tous les bénéfices ecclésiastiques pour la rançon du roi Jean fait prisonnier à la bataille de Poitiers.

Le roi d'Angleterre, Edouard III, ayant débarqué le 30 octobre 1359, amenant une flotte de mille vaisseaux, divisa en trois corps son armée qui était de cent mille hommes. Le duc de Lancastre commença par ravager une partie de l'Artois, et vint au Mont Saint-Eloi où il passa quatre jours durant lesquels ses troupes se mirent à piller aux environs. De son côté Edouard alla investir la ville de Reims, ayant la folle prétention de s'y faire sacrer roi de France. Les ravages qui se commirent à cette occasion furent tels qu'il se passa trois ans sans qu'il fût possible de récolter (1).

Par suite du traité de Brétigny (1360), il y eut trêve d'hostilités dans le pays pendant quelques années. Mais la guerre s'étant de nouveau déclarée entre la France et l'Angleterre en 1368, Robert Knolles ravagea d'abord le comté de Fauquembergues, se porta devant Thérouanne qu'il osa attaquer, traversa le comté de Saint-Pol, vint incendier les banlieues d'Arras, prit ensuite ses quartiers au Mont Saint-Eloi. C'était au mois de juillet et ses gens détruisirent toutes les récoltes. Il fallut une levée considérable d'argent pour l'éloigner du pays.

Trois ans plus tard, le duc de Lancastre traversa l'Artois avec quarante mille hommes en plein mois d'août, fit un séjour de plusieurs semaines au Mont Saint-Eloi, et causa des maux incroyables ainsi que l'armée française qui le suivait.

On conçoit qu'au milieu des menaces et des ravages incessants de la guerre, les religieux de Marœuil comprirent la nécessité de se créer un Refuge dans la ville d'Arras. Ils ne firent d'ailleurs que suivre l'exemple de toutes les autres communautés d'hommes et de femmes dont les monastères étaient situés au milieu des campagnes.

L'abbaye de Marœuil possédait quelques maisons dans le quartier des rues Saint-Christophe, Saint-Maurice à Arras, près de l'hôpital. Quelques acquisitions complétèrent l'ensemble nécessaire à l'établissement de la communauté, et les religieux s'y réfugièrent dans toutes les occasions où leur vie dans le couvent de Marœuil n'était plus en sécurité. Ces occasions, nous l'avons vu, furent nombreuses dans tout le siècle dont nous faisons l'histoire. Lorsque les armées approchaient Arras, surtout lorsque l'ennemi ou même les Français établissaient leurs quartiers au Mont Saint-Eloi, Marœuil n'était pas moins exposé que le Mont Saint-Eloi lui-même. L'abbaye était laissée sous la garde de serviteurs de confiance, d'un religieux, curé de la paroisse, et le reste de la communauté se transportait à Arras.

(1) Parenty, p. 83.

Le Refuge de Marœuil avait son entrée sur la place Quincaille, que les actes appellent la place *Quinquart* ou *Quinquant*. La porte gothique subsista jusqu'à ces dernières années. Elle se trouvait près de la rue Saint-Christophe. En entrant on trouvait à gauche une salle ayant vue sur la cour et servant de réfectoire. A côté se trouvaient la cuisine et l'office. Le haut renfermait les chambres des religieux. Le centre était occupé par la chapelle, suffisante à peu près pour contenir les religieux. A côté de la chapelle, le Père abbé avait son appartement prenant vue sur la cour. Le Refuge s'agrandira au siècle suivant ; au début les religieux durent se contenter du strict nécessaire.

La rue dans laquelle se trouvait le Refuge des religieux de Sainte-Bertille prit bientôt le nom de rue du Refuge-Marœuil. Elle conserve encore ce nom à notre époque, bien que depuis une vingtaine d'années rien ne reste des bâtiments de ce Refuge. L'hôpital Saint-Jean a établi, sur son emplacement, des maisons où logent de pauvres femmes assistées.

Nous ne connaissons avec certitude que quelques noms des abbés de Marœuil à cette époque. Ferry de Locres, le P. Watelet, M. Parenty nomment, sans fixer de dates, Antoine de Longville ou d'Allongeville, Antoine de Caverne, Eustache de Risto, François de Bécourt, Jean Chevalier, Gérard, Hugues, Nicolas Hustin. Les actes du Cartulaire, les pièces d'archives de l'abbaye ne nous ont donné que trois noms au cours du XIV° siècle. En 1326, l'abbé Pierre de Rebreuves donne en arrentement des terres que l'abbaye possédait à Bray, hameau dépendant d'Écoivres, près de Mont-Saint-Éloi (1).

En 1349 « Leurens de Baillon et Maroye sa femme pour estre es bien fais et prières de l'église de Marœuil » donnent une mencaudée de terre, « séant deseure les *lieulettes*, tenant d'un lez à la terre Jehan Oston frère, Monseigneur l'abbé de Marœuil, les autres, au fief condit Ste Bertille se doit terrage à Monseigneur l'Evesque ». De cet acte nous pouvons inférer qu'en 1349 le siège abbatial était occupé par un abbé portant le

____

(1) Arch. dép. Fonds de Marœuil, liasse 2°.

13

nom d'Ouston. Est-ce Nicolas Hustin ou Eustache de Risto que nous avons trouvés au catalogue des abbés? est-ce un abbé dont le nom, comme celui de Pierre de Rebreuves, a été omis par les historiens? c'est la question qu'il nous est impossible de dirimer, les documents nous faisant défaut. Nous pouvons dire au moins que cet abbé était de Marœuil; il est fort probable en effet que si sa famille n'eût pas été originaire de Marœuil son frère n'aurait point possédé de terre sur le terroir de ce village (1).

Malgré les difficultés des temps, l'abbaye reçut encore quelques dons de terres, de rentes ou de dîmes. Elle fit approuver quelques unes des donations précédentes, elle vendit une maison à Arras, acheta quelques terrages ou fit quelques échanges, à Gosnay en particulier.

En 1353, l'abbaye obtint, après jugement des délégués apostoliques, confirmation de la rente des harengs dûe par l'abbaye de Sainte-Marie de Boulogne (2).

Le Cartulaire (3) rapporte en l'année 1387 un acte de Jean Odoul (4) ou Nodoul, abbé de Marœuil, donnant en rente une partie des terres de Lestrem. Jean Nodoul avait été chanoine régulier de Mont-Saint-Eloi et receveur de ce monastère.

L'année suivante, le même abbé signait, avec « Fretiaulx ou Fretel sire de Sombrin et demiselle Perrine sa femme », une convention par laquelle le seigneur de Sombrin reconnaissait la juridiction vicontière possédée par les religieux curés de Sombrin, à condition que les religieux célèbreraient chaque année sept obits pour le seigneur Fretiaulx et sa famille. Le seigneur de Sombrin constate que l'église « nommée Notre-Dame de Sombrin, séans devant sa maison », possédée par sa famille et donnée aux religieux avec certaines terres,

______

(1) Cart. LXXVIII, r° et v°. Nicolas Hustin ayant probablement régné comme nous l'avons vu, au siècle précédent, nous inclinons à penser qu'il s'agit plutôt de Eu-tache de Risto, dont le nom a été défiguré par les historiens.

(2) XX, v° XXI r°.

(3) LXXXVI v°.

(4) On voit par cet acte l'erreur du P. Watelet qui écrit que Jean Nodoul était abbé en 1329.

est ruinée à cause de la misère des religieux. Il ajoute :
« Et pour ce est-il que le dit Fretiaulx a eu pitié et
compassion. Aians avis et consideracion de la povreté
et misère que lidit religieux ont au temps présent, s'est
espargnies et espargne de poursieur les dis religieux
et faire contraindre de la réfection de la dite église et
les en a quittiés et quitte à toujours, par condicion que
lidits religieux sont et seront tenus de clorre ou de faire
clorre la dicte église et circuité d'ycelle si souffisamment que bestes ne gens ne puissent habiter ne conserver par manière d'empirement ne corrupcion du dit
lieu, liquely lieu est bénis, mais doit demeurer clos de
muraille souffisamment » (1).

Une réclamation des abbés et religieux de Marœuil,
présentée à l'évêque d'Arras, Martin Porée, en 1409, dit
que Jean Nodoul avait diminué les revenus des terres
jusqu'à la moitié de leur valeur précédente, à cause des
guerres qui avaient forcé de les laisser incultes (2).

On trouve, dit M. Parenty (3), l'abbé Jean Nodoul
remplacé en 1410 par Etienne de Vienne. C'est à cet
abbé qu'il faut rapporter sans doute la conclusion d'un
arrangement entre Robert de Warluzel, « les Magliseurs
(marguilliers) parrochiens habitants et communauté de
la dicte ville et parroche de Warluzel » et les religieux
de Marœuil, sur la question de savoir à qui appartenaient les oblations faites à la relique de la « Made-
laine ». Des procureurs furent constitués de part et
d'autre (4). Les arbitres, Michel, abbé de Mont-Saint-
Eloi, Jean de Bay religieux du même monastère, Druon
du Camp (*Drogo de Castro*) religieux receveur de Saint-
Vaast, prononcent que les aumônes appartiendront pour
deux parts aux religieux, et pour la troisième aux paroissiens de Warlusel. Un tronc à deux serrures sera
établi pour les recevoir. L'évêque d'Arras approuva
l'arrangement.

L'abbé Etienne obtint de Charles XI le privilège pour

(1) Cart. f. CXIII.
(2) Cart. LX et LXI.
(3) P. 84.
(4) Pour l'abbaye : Nicolas Delayens, Jean de Longueval, Jacques
David, religieux Pour Warluzel : Robert de Warluzel chevalier,
Jehans Caveroïs et Jehans Mantel magliseurs. Cart. CVII.

l'abbaye de Marœuil de n'envoyer « en l'armée du roy ni car, ni queval ». Cette exemption fut accordée aux abbayes de Saint-Eloi, Marœuil et Aubigny, en raison, dit le privilège, « des pertes subis de par les gens d'armes »(1). Il défendit de même en plusieurs occasions les droits et les biens de l'abbaye. Les ressources que son administration habile lui procura permit alors d'agrandir le Refuge que l'abbaye s'était créé à Arras. En 1416, en 1418, 1421, nous le voyons acheter des maisons dans ce but. En 1416, c'est « la maison et le jardin appendant en la ruelle par laquelle on va à la rue St Maurisse de soubs le pont St Vaast, aboutans d'une part à la maison demiselle Marie de Rue dit le clergesse, et d'autre part aboutant au Crinchon. » L'acte qui constate cet achat nomme l'abbé Etienne « de Rêne », et détermine les droits que cette maison doit payer tant aux abbayes du Vivier et de Saint-Vaast qu'à la ville. L'abbé de Marœuil n'était pas considéré comme bourgeois d'Arras (2). En 1418, le Refuge s'agrandit « d'une place non amasée se tenant en la rue de l'hospital St Mahieu, tenant d'une part audit hospital, et d'autre part à l'encontre Pierre de Grincourt et par derrière au Crinchon et devant sur la rue dudit hospital » (3). En 1421 l'abbaye entre en possession de la moitié de la maison de l'angle de soubs le pont St Vaast, tenant d'une part à l'irétage des IIII fieulx Emont, et d'autre part à l'héritage de la vesve Thomas le maire. L'autre moitié est achetée « par Jacquemont du beuf saïetteur ». Cette partie de maison lui venait de Jacques de Gorre, chanoine régulier de Marœuil lequel, suivant le privilège accordé par le Saint-Siege aux religieux de sainte Bertille, l'avait héritée de ses parents (4).

Plusieurs actes du cartulaire et des archives de l'abbaye nous montrent quel soin l'abbé Etienne mit à défendre les intérêts de son monastère. Dieu lui accorda un règne assez long ; un titre de 1424 nous le montre encore donnant en arrentement une pièce de terre au lieu qu'on dit le *Mont-Diu*, sur le terroir de Marœuil.

(1) Cart. f° VII et VIII.
(2) Cart. f° XI et XII.
(3) Cart. f° XII.
(4) *Ibid.* f° XIII et XIV, Parenty, p. 85.

Le fléau de la guerre s'était apaisé pour quelque temps. L'abbé Étienne sut mettre à profit ce moment d'accalmie pour réparer les ruines du passé, et préparer un Refuge plus convenable pour l'avenir qui apparaissait toujours redoutable.

Ses successeurs, Pierre de Marchiennes, Renauld et Robert, n'ont laissé à la postérité aucun acte de leur administration. On trouve dans le catalogue des doyens de la Cathédrale d'Arras, que l'un de ces abbés vint prêter dans l'église de Notre-Dame le serment accoutumé, après avoir reçu dans la chapelle de l'évêque la bénédiction abbatiale. Ce fut, selon le P. Ignace, en 1431. Ce doyen devait être, d'après l'histoire du Chapitre d'Arras, Jean Aloyel, et on peut penser, d'après cette même histoire, que l'abbé était Renauld ou Renold. Il est rapporté, en effet, que cet abbé ayant été bénit dans la chapelle de l'évêché, fut obligé de se rendre immédiatement après dans la Cathédrale pour y prononcer le serment de fidélité et y présenter son offrande d'argent et de cire (1).

Une autre prestation de serment eut lieu d'après le chanoine Théry en 1443. Elle nous paraît relative, dit M. Parenty (2), à l'avènement de Gilles Legrand, qui fit établir en 1445 de nouvelles stalles dans le chœur de son église et fit peindre un tableau pour le maître-autel (3). Il se trouvait à Arronaise en 1457, lorsque Jean Bréton, l'un de ses religieux, nommé abbé d'Hénin-Liétard, prêta serment au général. Un acte donnant en arrentement à Jehan Grardel les 28 mencaudées de terre d'Érvillers, nous le montre administrant les biens de l'abbaye en 1462 (4).

Les évêques d'Arras mirent, eux aussi, à profit les années de paix du milieu du XVe siècle, pour restaurer le château de sainte Bertille devenu, nous l'avons vu, leur propriété. Fortigaire de Plaisance, qui monta sur le siège épiscopal d'Arras en 1438 et l'occupa l'espace de quatorze ans, commença cette réfection. La chronique

(1) L'abbé Fanien, *Histoire du Chapitre d'Arras*, pp. 223 et 242.
(2) Page 85.
(3) Ferry de Locres, p. 304 ; le P. Watelet, p. 90.
(4) Arch. dép. Fonds de Marœuil, 5e liasse.

des évêques d'Arras dit, en effet, que Fortigaire fit réparer à grands frais les édifices appartenant à l'évêché d'Arras, le palais épiscopal, le château de Marœuil et les fermes de Brebières et de Bronnes. La chronologie Belge de Jean-Baptiste de Castillion le dit à peu près dans les mêmes termes. Pierre de Ranchicourt qui, dix ans après la mort de Fortigaire, occupa le siège d'Arras, continua l'œuvre de son prédécesseur. La paix ayant été rendue à son église, dit la chronique que nous avons citée plus haut, il répara magnifiquement et somptueusement le château de Marœuil « *cum, pace redditâ, castrum Mareoli magnifice et somptuose reparasset* ».

De ces magnificences et de ces somptuosités rien n'est resté, à part peut-être quelques pans de murs dont la forte construction frappe encore le visiteur qui se met à la recherche des vestiges des anciennes constructions. Nous pouvons cependant nous faire une idée de ce qu'était ce château, par des visites dites « de réparations à faire », dont nous avons retrouvé les procès-verbaux dans les archives de l'ancien évêché. Ces visites ont été faites après la mort des évêques Guy de Sève de Rochechouart en 1726, et de Baglion de la Salle en 1752. Bien que, d'après le P. Ignace, Guy de Sève, qui, en plus de cinquante années d'épiscopat, n'y a rien bâti ni réparé, ait laissé entièrement tomber ce château, cependant nous pouvons encore, d'après ces procès-verbaux, nous faire une idée de son importance.

L'entrée du château, du côté du moulin, était défendue par un pont-levis. Ce pont fut brûlé en 1690. Il n'en restait que des vestiges en 1727. Une chaussée avec parapets en pierre couverts de dalles de grès permettait d'arriver au pont. A droite, la rivière amenait les eaux dans les fossés qui entouraient le château ; à gauche s'étendait, dit le procès-verbal de 1727, un réservoir « à mettre du poisson, qui est entièrement ruiné de temps immémorial. Au dit ancien réservoir il reste encore plusieurs parties de murailles menaçant ruine ». La porte était construite en pierre blanche « avec piètement et arcade de grais et au-dessus était anciennement une chambre qui est aujourd'hui à usage de colombier couvert de tuiles, dont le plancher est sur voûte avec sommier, carrelé par dessus en briquettes (1) ». Une fenêtre en lucarne s'ouvrait au-dessus de la porte.

Au-delà du pont-levis, au milieu de constructions destinées aux serviteurs, un passage établi sur un autre pont en briques conduisait à la basse-cour de la ferme. Cette ferme annexée au château était elle-même, dit encore le procès-verbal, entourée de fossés. A la seconde grande porte (2) nous avons remarqué qu'il y avait des anciens vestiges de pavé, tant à l'entrée de la dite porte qu'à trente-cinq pieds plus loin, et d'environ dix sept pieds de large.

« Nous avons fait fouiller des deux côtés pour reconnaître des pierres de grès posées par assises qui formaient des murs fort bien construits, ce qui nous a fait connaître que c'était une chaussée pour faciliter le passage de la dite cour dans la campagne, de dix-sept pieds de large, attendu qu'il y avait des fossés au pourtour de la dite ferme ou basse-cour, et par les anciens procès-verbaux que l'on nous a fait voir, nous avons reconnu qu'il y avait une arche que nous n'avons pu voir, attendu que le tout est comblé. »

Aussitôt après, le visiteur constate de nouveau « qu'il a aussi remarqué qu'il y avait un fossé entre l'ancien mur du château et la dite basse-cour, de vingt-trois pieds de large environ, revêtu de pierres, dont partie des murs subsiste encore ».

De la ferme, « nous sommes passés dans la cour du château dont nous avons mesuré la face sur la dite cour de 172 pieds (3) de long, et celles sur la dite basse-cour sont de pareille longueur ou environ, lesquels murs de face et murs de refend subsistent encore dans leurs plus grandes parties, à plus de 35 pieds de haut ou environ, et il y a plusieurs pointes de pignons qui subsistent aussi sur lesquelles nous avons remarqué des combles de charpentes couverts en paille, savoir une partie de 49 pieds de long, et l'autre, sur la porte, de 36 pieds, dont les couvertures sont entièrement ruinées et quelques parties de charpente en mauvais état.

(1) Procès-verbal de visite de 1752.
(2) Cette grande porte existe encore ; elle porte la date de 1748.
(3) On sait que trois pieds équivalent à un mètre.

« Et nous avons reconnu que le dit bâtiment avait 35 pieds de largeur et qu'il y a la plus grande partie des entablements sur les murs de face qui subsistent encore, et les parties sur lesquelles il y a des charpentes et couvertures de paille sont à l'usage du fermier. »

Le procès-verbal de 1752 décrit en ces termes les ruines que le visiteur avait sous les yeux : « Au retour... est un vieux et très ancien édifice où soulait être l'ancien château, situé entre la cour et basse-cour, construit en pierre blanche et piètement de grès, actuellement mis à usage de grange par le feu seigneur évêque de la Salle, étant d'une très ancienne construction qui peut néanmoins subsister encore nombre d'années pour l'usage que l'on en fait. »

Le procès-verbal de 1726 est peut-être plus expressif dans sa brièveté. « A droite de la basse-cour sont les murailles de l'ancien château, de la longueur de 170 pieds entre les deux retours, sur 35 pieds de largeur, élevées de 30 pieds environ, toutes lesquelles sont en ruine sans porte, fenestres, plancher ny couvertures, sinon une partie couverte de paille que le fermier nous a dit lui appartenir. »

A la suite du château vers le levant était une place, anciennement le *four*. Elle avait de longueur 23 pieds, sur 17 de largeur. Elle était aussi, dit le procès-verbal de visite, de très ancienne construction.

Au-delà du four vers le couchant « est un édifice sous lequel est une grande porte de communication de la cour du château dans celle du fermier, étant aussi de très ancienne construction, et ayant de longueur 36 pieds sur 16 de large. Tenant à la porte de communication est un édifice de 20 pieds de longueur sur 16 de largeur, de très ancienne construction, néanmoins en bon état. »

Dans la cour du château, tenant à la porte de communication, s'étendaient encore des constructions anciennes en pierre blanche avec piètement de grès dont la longueur était de 66 pieds sur 23 de large.

Un mur de clôture faisant face au château renfermait la cour du côté des champs. « Ce mur, dit le procès-verbal, est en pierre et grès de très ancienne construction, néanmoins peut encore subsister longtemps. » Il est continué par un mur de clôture de pierres et briques avec piétement de grès lequel a près de deux cents pieds de longueur et aboutit « à la vieille chapelle ».

Le procès-verbal de 1727 se termine par cette dernière constatation : « Nous avons veu et visité tous les murs au dehors du château, court et basse court, au pourtourre desquels nous avons trouvé dix-neuf pilliers bouttans dont partie dégradés dans la graisserie par le pied, d'autres dans le corps, et d'autres dégradés dans leurs fermetures et glacis, et avons aussy trouvé pareilles dégradations dans les dits murs sans que cela leur puisse porter aucun préjudice, et nous avons veu les anciens vestiges de plusieurs pilliers bouttants contre le mur du jardin du côté de la seconde grande porte, dont il ne reste plus rien des dits pilliers que les fondements et arrachements au dit mur, et avons remarqués qu'il y avait des fossés au pourtourre du dit château et bassecour qui sont plus des trois quarts et demie comblés ». Vingt ans plus tard le procès-verbal de visite constate que les fossés sont comblés « passé longues années et même plusieurs parties se labourent. »

Les notes que nous venons de lire nous donnent bien l'idée des ruines que la négligence de Mgr Guy de Sève laissa s'accumuler au château de sainte Bertille, mais elles nous font comprendre aussi les magnificences et les somptuosités dont parle la chronique des évêques d'Arras. Le château de Marœuil, restauré par Fortigaire et Pierre de Ranchicourt, était une demeure seigneuriale dans toute la force du terme ; elle était château-fort en même temps que palais épiscopal, largement édifié, grandement construit. Le château était pourvu de tout ce qui pouvait en faire un séjour agréable et sûr au milieu des alarmes et des guerres du XVᵉ siècle. La ferme destinée à la culture des terres et à la collection des dîmes n'avait pas été moins que le château l'objet de l'attention des évêques : elle était préservée contre les attaques des coureurs ennemis comme le château lui même. En considérant tous ces avantages réunis, nous ne serons pas étonnés de voir des évêques, au siècle suivant, faire de Marœuil leur demeure habituelle. L'un d'eux même y rendra son âme à Dieu.

Gilles Legrand occupa longtemps le siège abbatial de Marœuil.

Le 7 juillet 1481, Pierre de Ranchicourt faisait solennellement la consécration de l'église cathédrale d'Arras et plus spécialement de l'autel de Notre-Dame de Toussaint. Le récit de cette consécration donne comme assistants les abbés de Mont-Saint-Eloi, l'abbé Gilles de sainte Bertille de Marœuil (1). Si l'abbé ainsi mentionné n'est pas Gilles Legrand, il faut en conclure qu'il a eu un successeur du même nom, que les catalogues n'ont pas mentionné.

Thomas, premier du nom, et Walleran succédèrent à Gilles Legrand sur le siège abbatial. Le monastère essuya de nouveaux désastres dans les dernières années du XVᵉ siècle. Les troupes de Louis XI pénétrèrent en Artois au mois de juin 1475 et s'avancèrent sous les murs d'Arras, tandis que le duc de Bourgogne, Charles le Téméraire, était occupé au siège de Nuits. Les villages de Dainville, Habarcq, Duisans, le Pont-du-Gy, Marœuil et autres lieux voisins devinrent la proie des flammes (2).

L'armée se faisait suivre d'une foule de gens munis de fauciles et de fléaux qui sciaient et battaient les grains, puis les transportaient en France.

L'année suivante, le duc de Bourgogne ordonna la levée d'un impôt extraordinaire qui contraignit les propriétaires d'aliéner une partie de leurs biens (3).

Le duc étant mort, le 5 janvier 1477, dans les plaines de Nancy, Louis XI dirigea aussitôt son armée vers le Nord de la France.

Elle vint camper à Doullens, et ce fut de là qu'il envoya sommer Arras de se rendre. Des conférences eurent lieu à Mont-Saint-Eloi, où Jean de la Vaquerie, conseiller pensionnaire de la ville d'Arras, répliqua à Philippe de Commynes que cette ville et tout le comté d'Artois appartenaient de plein droit à Marie de Bourgogne, et demanda le maintien de la trève signée entre Louis XI et Charles le Téméraire. L'assemblée se sépara

(1) Arch. départ. Chapitre d'Arras.
(2) Journal de Jean Robert, religieux de Saint-Vaast. Parenty, p. 86.
(3) Chronique de Doresmieux.

sans rien conclure ; mais on apprit bientôt que le roi de France voulait réunir à sa couronne tout l'héritage de l'infortuné duc de Bourgogne. Cette nouvelle répandit l'effroi dans la ville et ses environs. Il fut tel que le Chapitre se retira dans les endroits les plus cachés de la cathédrale, dit le P. Ignace, probablement, ajoute M. Parenty, dans les cryptes dont les derniers débris viennent d'être déblayés du sol qu'occupait cette ancienne basilique. Les habitants des campagnes se réfugiaient avec leurs bestiaux et ce qu'ils avaient de plus précieux, dans les souterrains qui ont retenu le nom de *muches* et qu'on découvre encore assez fréquemment dans les villages de Picardie et d'Artois « C'est dans ces profondes carrières, dit dom Gosse dans son histoire d'Arrouaise, qu'une partie de nos ancêtres se sont longtemps réfugiés, tandis que les troupes anglaises, françaises, bourguignonnes, saccageaient tour à tour et brûlaient tout ce qui se présentait sur la superficie.

Il existe à Vaux une de ces *muches* qui a l'air d'un hameau. On y voit des habitations séparées par des galeries, des étables, des écuries, un puits. Les souterrains d'Ervillers, ajoute M. Parenty, présentent ces dispositions. Ils ont été explorés par plusieurs antiquaires, et nous savons qu'on y retrouve des traces incontestables du séjour d'hommes et d'animaux.

Louis XI, maître de la Cité depuis quelque temps déjà (1), s'empara de la ville d'Arras au mois de mars 1477, et quitta cette ville peu de temps après pour faire la conquête d'Hesdin. Ce fut là qu'il fit mettre à mort les députés Arrageois qui avaient été envoyés à Marie, duchesse de Bourgogne, et qui furent arrêtés au Pont-à-Vendin.

Irrité de cette cruelle exécution, Arras se révolta et le roi quitta Hesdin pour le soumettre. Il signala son retour par de nombreux supplices et s'étant logé dans la Cité qui lui était restée fidèle, il entreprit le siège de la ville qu'il poussa avec une grande vigueur. Après la reddition de la place, plusieurs personnes devinrent encore victimes de la vengeance de ce prince. Quelques

(1) *Vanien. Hist. du chapitre d'Arras*, p. 255.

religieux de Saint-Vaast subirent la peine de l'exil. Ce n'était que le prélude de plus grands malheurs.

Un jour que Louis XI comptait surprendre la ville de Douai, les Arrageois en avertirent les Douaisiens et le projet échoua. Ce fut alors que ce prince, outré de colère, prit le parti extrême de chasser de la ville et de la Cité tous les habitants, puis il donna l'ordre d'y envoyer des colons de tous les points de la France et changea le nom d'Arras en celui de Franchise (1481).

Il est aisé d'apprécier combien fut grande la misère du pays sous un tel ordre de choses. Il avait été ravagé en 1479 par les troupes victorieuses de l'archiduc Maximilien après la bataille d'Enguinegatte. Le blé fut très rare l'année suivante et la peste vint ajouter à tous les maux qu'enduraient les populations.

Cependant Charles VIII, voulant réparer, du moins en partie, les désastres causés par son père, rappela les anciens habitants de la ville d'Arras et déchargea l'Artois de tout impôt durant l'espace de six ans. Quoiqu'il en soit, la domination française était odieuse au pays et notamment à la capitale de la province. Jean Lemaire dit Grisart, zélé partisan de la maison de Bourgogne, conçut le hardi projet de rendre à Arras ses anciens maîtres. Il fit fabriquer des fausses clefs, au moyen desquelles, aidé de quelques confidents, il ménagea, le 5 novembre 1492, l'introduction dans la ville d'un corps de Bourguignons qui contraignit la garnison française de se rendre. Il fut réglé le lendemain, que la ville paierait aux troupes trois mois de solde pour éviter le pillage. Mais la lenteur du recouvrement de cette taxe irrita les lansquenets ; cette milice indisciplinée se livra à tous les désordres, commit tous les excès. Le clergé fut en butte à ses rapines ; le vénérable évêque, Pierre de Ranchicourt, fut incarcéré, maltraité et mis à rançon. Il fut forcé de se retirer à Douai pour éviter de nouvelles violences. L'archiduc Maximilien mit un terme à ces scènes affligeantes en changeant la garnison. Les campagnes furent ravagées à cette occasion. Voici ce qu'on lit dans une chronique du prieuré d'Aubigny : « Parce que les Wallons et les Allemands de la garnison d'Arras n'estaient payés de leur solde, ils pillaient tous les bestiaux des bourgs circonvoisins.

Si furent lesdits allemands au bourg d'Aubigny, et comme les habitants s'estaient retirés en l'église pour la conservation de leurs personnes et meubles, ils furent assaillis de coups de canon qui firent ouverture. Mais par les mérites de saint Kilien iceux Allemands furent frappés tellement que ne sachant par où entrer, ils retournèrent sans rien emporter ». (1)

Le P. Watelet, dans son histoire manuscrite de sainte Bertille, a résumé l'état de l'abbaye de Marœuil dans ces lignes bien justifiées par tout ce que nous avons raconté jusqu'ici : « L'on ne doit pas se surprendre de tous ces désordres, non plus que du peu de connaissance que nous avons de l'estat de notre maison depuis le commencement du siècle treizième jusqu'au commencement du siècle seixième, puisque les guerres ont presque toujours reignées dans ces provinces pendant tous ces temps là entre les Français et les Flamants. Les églises, les couvents, les forts et les chasteaux y ont été ruinez, l'abbaye d'Arroage (Arrouaise) qui estoit le chef de notre congrégation, en a esté réduit dans un sy pitoyable estat qu'il fut impossible d'y faire le chapitre général qui désista l'an 1470, le vingt-deux de septembre, sous l'abbé et général Pascal, ayant commencé l'an 1121 sous Gervais premier abbé et général de la congrégation.

« Le chasteau même de Marœuil quoyque bien fournis de fossez et palais épiscopal, n'échapat point à la furie de la guerre, il est aisé de là à juger en quel estat estoit notre pauvre maison. »

Dieu profita des calamités dont Arras était accablé pour étendre ou du moins pour raviver au loin le culte de sainte Bertille. Nous avons dit au début de cette histoire que la dévotion à la sainte abbesse de Marœuil existait dans le diocèse de Liège de temps immémorial. Les relations de sainte Bertille avec saint Hubert le grand évêque de Maëstricht et de Liège, sont probablement, nous l'avons vu (2), la cause de la dévotion des habitants du Limbourg belge pour la sainte de Marœuil. L'expulsion des habitants d'Arras par Louis XI amena dans les pays Wallons des tisserands qui se réfugièrent

(1) Parenty, p. 90-92.
(2) Cfr supra, p. 73.

d'abord à Gand et ensuite aux environs de Liège. Avec eux ils portèrent la dévotion à sainte Bertille qu'ils avaient coutume de vénérer à Marœuil. Brusthem et Rosmeer conservent encore aujourd'hui des pèlerinages célèbres et très fréquentés à la sainte de l'Artois.

Brusthem est une paroisse du Limbourg Belge, à l'est de la ville de Saint-Trond sur les deux grandes routes qui mènent de cette ville à Liège et à Tongres. Elle compte environ 1,400 habitants. Il y a deux siècles, sa population avait beaucoup diminué, en raison des guerres et des calamités qui avaient accablé le pays.

Au XIVᵉ et au XVᵉ siècle, Brusthem avait une importance qu'il n'a plus retrouvée aux siècles suivants. C'était une ville fortifiée ; quelques vestiges de ces fortifications sont encore restées debout, entre autres une tour hexagone, haute de 25 mètres, large de 8 et solidement bâtie en grosses pierres blanches.

Brusthem est le lieu de naissance de sainte Christine dite « l'admirable » qui y vint au monde au XIIᵉ siècle. On y montre toujours la maison où elle est née. Brusthem est encore connu par la victoire que Charles le Téméraire y remporta contre les Liégeois révoltés à l'instigation de Louis XI.

L'église paroissiale de Brusthem fut donnée en 1232 par le comte de Looz à l'abbaye des Prémontrés d'Averbode près de Diest. Depuis cette époque jusqu'en 1822 tous les curés de Brusthem ont été des religieux de cette célèbre abbaye (1).

Outre, l'église paroissiale, Brusthem possède une très ancienne chapelle dédiée à saint Euchère et située à quelques centaines de pas de l'église. Au jugement des archéologues, cette chapelle, en style roman, peut dater du Xᵉ ou du XIᵉ siècle.

Au XIVᵉ et au XVᵉ siècle, après les malheurs des

(1) Dans un registre paroissial datant de 1690 à 1720, on lit : « Ecclesia de Brusthem est integra Ecclesia totius concilii Tridentini facile prima. Solebat habere circiter mille communicantes et modo ita depopulata est ut non habeat ultra 180 communicantes, qui ad tam minutum numerum ob tempora bellicosa et mortalitates decreverunt. Hanc ecclesiam cum jure patronatûs Ecclesiæ B. M. et Sti Joannis-Baptistæ in Averbodio donavit in perpetuum Arnoldus, Dei gratiâ comes Lossensis, anno 1232 ».

tisserands ou drapiers d'Arras et de Gand, par suite
des batailles que cette dernière ville eut alors à livrer
contre Louis de Nevers et les Français, une corporation
de ces tisserands vint s'établir à Brusthem, dans le voisinage de la chapelle de Saint-Euchère. Cette chapelle,
entourée d'un cimetière clos de murs, leur servit
d'église paroissiale, d'autant que l'église de paroisse
était fort petite à cette époque et qu'ils étaient considérés comme des étrangers. A cause de leurs démêlés
continuels avec les drapiers de Saint-Trond, ces tisserands se retirèrent plus tard dans la ville de Verviers
où ils purent exercer leur métier sans entraves.

Il est à penser, bien que les preuves historiques fassent défaut, que c'est à partir de la venue de ces tisserands que le culte de sainte Bertille prit un élan nouveau. Le registre paroissial ne contient à ce sujet que
ces renseignements (1) : « Dans la nef de cette chapelle,
un de nos prédécesseurs, probablement dom Engelbert
Scramme qui fut pasteur de Brusthem de 1639 à 1654,
plaça un autel en l'honneur de sainte Bertille. Pour le
recevoir il fit élever à grands frais et étendre le côté
droit de la nef. Les populations viennent en foule à cet
autel prier pour les enfants et aussi pour obtenir la
guérison des maladies qui atteignent les chevaux ».

Ce grand concours de peuple aux pieds de sainte
Bertille montre bien que la dévotion à la sainte de
Marœuil est ancienne, elle a précédé de beaucoup
l'érection de l'autel dont il est parlé ici, puisque déjà
auparavant les foules venaient implorer la sainte et lui
demander sa protection.

Rosmeer (2) est un village moins important que
Brusthem. Il est situé à une lieue de la route de Tongres à Maëstricht non loin de Bilsen station du chemin
de Liège-Tongres-Hasselt. Dans l'église de cette paroisse, le culte de sainte Bertille est regardé comme

(1) « Nota quod in navi hujus capellæ positum sit altare in honorem
Beatæ Bertiliæ per aliquem ex nostris prædecessoribus, putam per
dominum Engelbertum Scramme, qui fuit pastor in Brusthem ab anno
1639 ad 1654. In quem finem curavit elevari et extendi dexterum
latus navis non exiguis sumptibus et fit maximus populi concursus pro
infantibus et morbis equorum ».

(2) Prononcez Rosmir.

immémorial. « Depuis des siècles, dit une petite notice sur cette dévotion, sainte Bertille est invoquée en l'église paroissiale de Rosmeer. Des milliers de pèlerins viennent chaque année de toute la Belgique, et même de la Hollande et de l'Allemagne visiter son autel, qu'ils se plaisent à orner de magnifiques présents en reconnaissance des faveurs et des guérisons obtenues. Le grand pèlerinage a toujours lieu au mois de mai ».

La chapelle de sainte Bertille établie à l'extérieur du chœur de l'église rappelle d'une manière frappante la cellule que sainte Bertille s'est fait construire près du chœur de son église, où elle vécut en recluse et mourut à un âge très avancé. Les pèlerins ne peuvent pénétrer dans cette chapelle, ils y accèdent par le cimetière, et là, en plein air, sous l'avancée du toit assez bas qui les protège contre la pluie, ils s'agenouillent, font brûler des cierges et contemplent le buste de sainte Bertille, éclairé seulement par la lumière des cierges. Le spectacle est bien fait pour rappeler la sainte dans sa cellule et pour frapper l'imagination des pèlerins.

Sainte Bertille est invoquée à Rosmeer comme à Brusthem conjointement avec deux autres saintes, sainte Eutropie plus particulièrement honorée à Ryckel et sainte Geneviève honorée à Zepperen. Ces trois saintes sont appelées les trois saintes sœurs, sans doute parce qu'elles sont nées pour le ciel le même jour (3 janvier). Cette union des trois saintes dans la dévotion populaire, ne fait que confirmer ce que nous avons dit de l'origine du culte de sainte Bertille dans ces contrées : il remonte à saint Hubert lui-même et n'a fait que se développer dans la suite des siècles. Le culte de sainte Bertille paraît cependant plus étendu que celui de sainte Eutropie et de sainte Geneviève dans le diocèse de Liège.

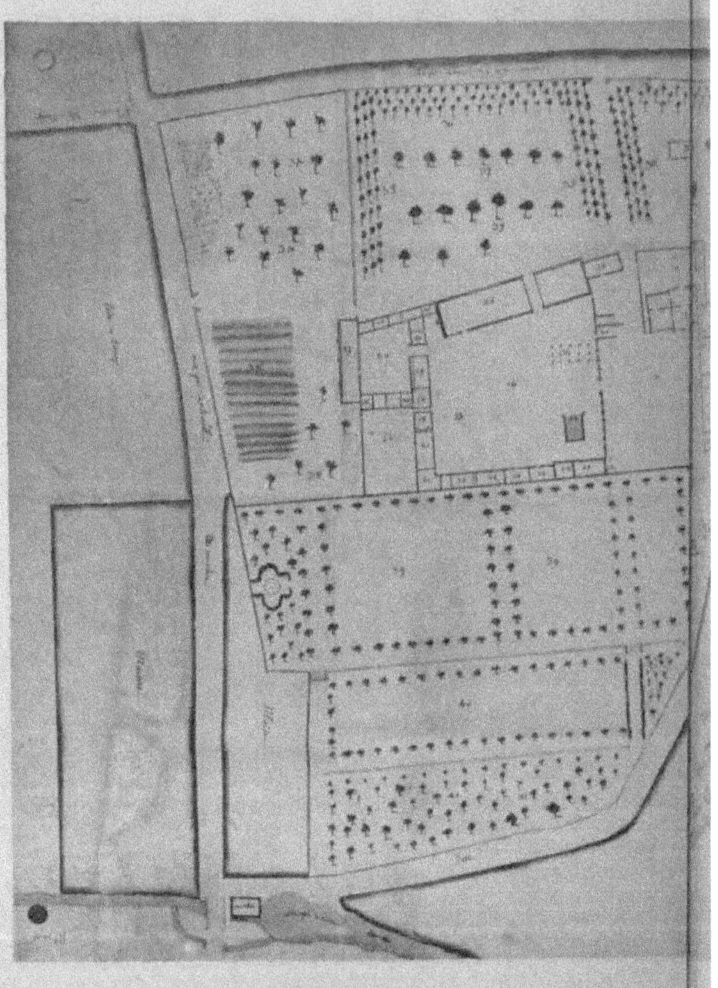

PLAN DE L'ABBAYE

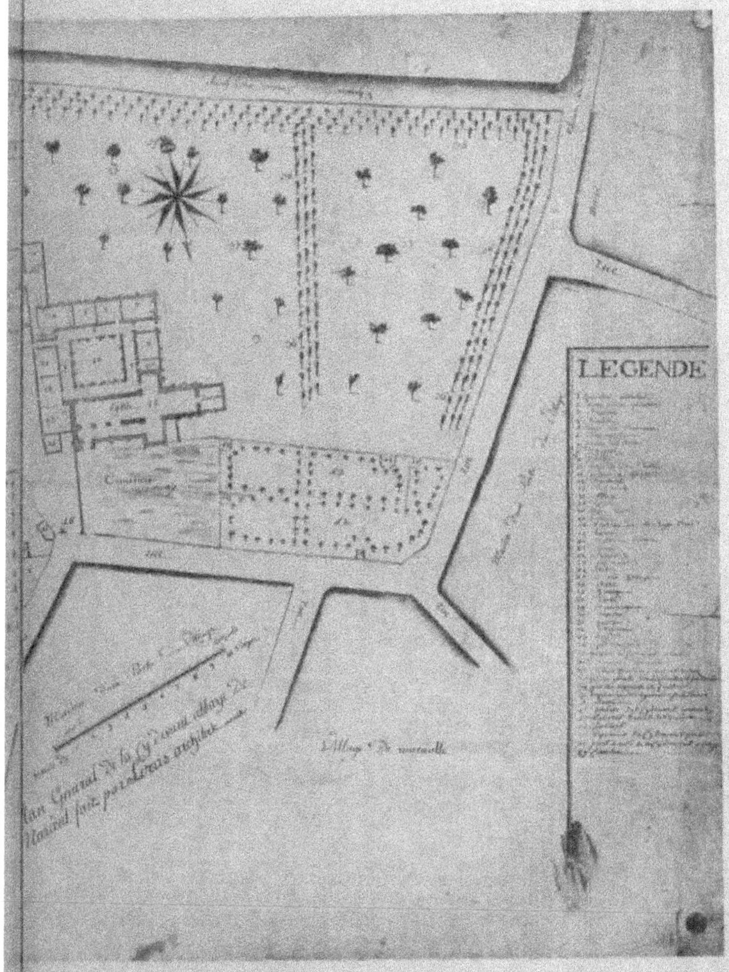

Phototypie J. Royer, Nancy.

E MARŒUIL EN 1794.

ALES DU PAS-DE-CALAIS,

N° 1805.

CHAPITRE XIX

L'ABBAYE DE MARŒUIL AU XVIᵉ ET AU XVIIᵉ SIÈCLE.

Robert Leroy abbé. — L'évêque Eustache de Croy : Le pré de la fontaine sainte Bertille et sa fondation — Pascal Cretel et Jean Brassart abbés. — Nicolas Liétard et la fin de la Congrégation d'Arrouaise. — L'Évêque Matthieu Moullart. — La Mairie de Marœuil. — L'abbé Lefébure. — Miracle. — L'abbé Jean de Saint-André. — Miracle. — La guerre. — Siège et prise d'Arras. — L'abbaye et le château ruinés — Mort de l'abbé Pailliart.

« Les choses estant un peu pacifiées, écrit le P. Watelet, l'évêque Rachicurius (Pierre de Ranchicourt) fit rebastir son palais épiscopal de Marœuil l'an mil quatre cent et nonante, et Dieu nous suscita un abbé environ ce temps là, nommé Robert Leroy fils du meunier de ce lieu, qui à l'exemple du zélé évêque racomoda et augmenta par son œconomie de beaucoup les bastimans et les meubles de cette maison (1) ».

Ces quelques lignes renferment à peu près tout ce que nous savons de l'abbaye de sainte Bertille au début du XVIᵉ siècle. Robert Leroy devait aimer particulièrement le séjour dans l'abbaye de Marœuil puisqu'il avait été élevé dans cette maison et que ses premières années s'étaient écoulées auprès des religieux. Marœuil renfermait sa famille naturelle : il devait chercher à y ramener la famille spirituelle de ses religieux. On n'est pas étonné de le voir diriger tous ses efforts vers la restauration de l'abbaye. Dieu lui accorda assez de temps pour exécuter ces travaux importants : il gouverna son

(1) P. 96.

abbaye environ trente-cinq ans. Il ne mourut en effet qu'en 1525.

Nos contrées furent encore éprouvées cependant durant le règne de cet abbé. En 1504 le tonnerre tomba le même jour sur dix-sept églises du diocèse d'Arras, de Cambrai et de Tournay. Un tremblement de terre qui dura, dit la chronique, l'espace d'un *Ave Maria*, eut lieu en même temps et causa l'ébranlement d'un grand nombre d'édifices. La gelée fut telle en 1513 que de lourdes voitures circulaient sur la Meuse : les mers de Flandre furent couvertes d'énormes glaçons.

En 1530, l'empereur Charles-Quint défendit aux congrégations religieuses d'acquérir aucun immeuble sans son autorisation. Malgré ces fléaux et ces entraves, Robert Leroy mena à bien l'œuvre qu'il avait entreprise.

L'abbaye trouva alors un protecteur puissant et dévoué dans le prélat qui monta sur le siège épiscopal d'Arras en 1524, nous voulons parler d'Eustache de Croy, nommé à cette époque évêque d'Arras. Il était fils de Fréderick ou Henri de Croy, comte de Rœux, chevalier de la Toison d'or, et de Lamberte de Brimeux. Il n'avait que vingt ans lorsqu'il fut élevé à cette dignité, mais les grandes qualités de son esprit et la pureté de sa vie faisaient oublier sa jeunesse et lui attiraient le respect des peuples. Avant d'être nommé à l'évêché d'Arras, il était prévôt de Saint-Omer et de Saint-Pierre d'Aire. Le Souverain Pontife Adrien VI l'avait nommé camérier ou prélat domestique.

Suivant plusieurs historiens, Eustache de Croy ne fit son entrée à Arras qu'au mois de décembre 1536, douze ans après sa nomination à l'évêché. Cependant dès 1534, d'après un contrat que l'on retrouve dans les archives de l'abbaye de Marœuil (1), l'évêque achetait « en son nom privé, moyennant trois sols à denier à Dieu, soixante sols de vin, et pour les principaulx deniers de deux cens cinquante livres de vingt solz monnaie courant en Artois la livre, (2) toute une maison manable

---

(1) Arch. dép. fonds de Marœuil, 3ᵉ liasse.
(1) La livre ne valait plus déjà alors que 4 francs environ de notre monnaie actuelle.

amazée de demeures contenant parmy le gardin une mencaudée d'héritage ou environ, tenant d'une part à l'héritage Guillaume Delallée et de tous aultres sens au flégard et rivière de Marœuil, terre de l'eschevinage de Behan, » (ainsi s'appelait la seigneurie de Marœuil).

L'année suivante, le 7 novembre 1535, l'évêque achetait de Guillaume Delalé le jardin « amasé de maison manable et cambre, contenant demi mencaudée d'héritage ou environ, tenant d'une part à l'héritage de mondit seigneur Monseigneur d'Arras qu'il a acquis à Nicolas Paillet et de tous autres sens au flégard et à la rivière courant de Marœuil ». Ces deux jardins et manoirs ont formé ce que l'on appelle le *Pré Sainte-Bertille*. Il est difficile de penser que l'évêque ait fait acheter ces terrains sans les avoir vus et sans avoir reconnu lui-même l'utilité qu'il y avait à les avoir en sa possession. Nous devons dès lors admettre qu'il avait, au moins dès 1534, pris en personne possession de son évêché, qu'il administrait son diocèse et même qu'il faisait sa résidence habituelle à Marœuil.

Quelle était donc l'utilité de ce pré de Sainte-Bertille. Le P. Watelet disait en 1719 : « il n'a plus aujourd'hui l'utilité qu'il avait autrefois », mais il n'explique point à quoi ce pré pouvait servir. Nous pouvons facilement le conjecturer. Ce pré était contigu à la fontaine de sainte Bertille qui en occupait un coin. Or les pèlerins, nombreux alors, ne manquaient pas de se rendre à cette fontaine « par dévotion, dit encore le P. Watelet, pour y prendre de l'eau, pour en boire et laver les parties affligées ». Il y avait avantage dès lors à pouvoir disposer des terrains qui avoisinaient la fontaine : on pouvait y donner entrée aux pèlerins, y faire des réunions pieuses, y établir, en un mot, comme un complément du pèlerinage principal, qui avait lieu au pied des reliques de sainte Bertille dans l'église de l'abbaye. L'évêque le comprit si bien qu'il fit entourer le pré d'un mur en pierres blanches, afin de l'isoler des enclos voisins et de le consacrer absolument aux pèlerins de sainte Bertille. Une sorte de chapelle fut construite au-dessus de la source. Le P. Watelet disait que de son temps l'on pouvait encore, par les vestiges qui en restaient, juger que « nos anciens ont pris grand soin à l'orner ». En

l'appropriant, comme il le faisait, l'évêque avait sans
doute l'intention de remettre ce pré entre les mains des
religieux. Cependant ce n'est pas lui qui fera cette donation.

Eustache de Croy mourut bien jeune. Il n'avait que
trente-trois ans lorsque, le 3 octobre 1538, dans le château de Marœuil qu'il affectionnait particulièrement, il
rendit son âme à Dieu.

En souvenir de son fils et de l'attachement qu'il avait
témoigné à Marœuil, pour continuer l'œuvre qu'il avait
commencée en faveur des pèlerins de sainte Bertille,
Lamberte de Brimeux, la mère désolée du jeune et pieux
évêque d'Arras, voulut offrir à l'abbaye le pré de sainte
Bertille. L'abbé de Marœuil fut heureux de l'accepter et
de promettre en retour, au nom de l'abbaye, la célébration d'obits annuels pour l'évêque défunt. Dès l'année
1533 ce don était fait par Lamberte de Brimeux. Cependant ce n'est qu'en 1554 qu'il paraît être devenu défini-
tif. Nous trouvons en effet dans les archives de l'abbaye,
une pièce constatant à cette date seulement la donation
de Mme Lamberte de Brimeux. « Robert Prévost, procureur postulant au Conseil d'Artois, garde du scel ordinaire establi par l'empereur pour sceller et confirmer
les contracts qui sont faits en la ville d'Arras, fait
savoir que par devant Jehan Doresmieulx et Philippe
de Hopenay notaires, Jehan Doresmieulx laisné procureur au conseil d'Artois, au nom de haulte et puissante
dame Madame Lamberte de Brimeux, comtesse douai-
rière de Rœux, donne aux religieux de Saint-Amand
et Sainte-Bertille de Marœul certain jardin, pourpris et
hyretage séant audit Marœul, qui faisaient paravant
trois manoirs qui avaient esté mis et réduictz en ung
seul manoir que ledit feu evesque d'Arras, Eustache de
Croy, fils de Madame Lamberte de Brimeux avait paravant son trespas acquis et faicts en partie clore d'un
mur de pierre blanche, qui tient d'une part à la rivière
dudit lieu et d'aultre à la fontaine sainte Bertille, Lequel
don faict à charge que les dits religieux seront tenus de
chanter et célébrer en l'église dudit lieu par chascun an
à perpétuité trois obits solennels à vigille, diacre et
soubdiâcre, l'un le troisième jour d'octobre auquel ledit
feu serait décédé de vie à trespas, et les deulx aultres

de quatre mois en quatre mois, et soubs aultres charges que lesdicts religieux auraient acceptées. L'admortissement est accordé par les officiers de l'evesque moderne d'Arras, à condition que les manoirs seront possédés par personne agréable et fidèle » Les trois obits seront annoncés par le curé de Marœuil les dimanches précédents. Madame de Brimeux se réserve de pouvoir placer dans l'église de Marœuil une plaque de cuivre ou de marbre pour conserver le souvenir de ces fondations.

Cette plaque de marbre existe encore dans l'église de Marœuil. Elle a été placée à l'entrée, sous la tour, et enchâssée dans le mur de gauche. C'est une œuvre d'art très soignée et bien conservée. Elle a 80 centimètres de large et 70 de haut. La partie du haut est occupée par deux anges soutenant une draperie au milieu de laquelle repose un cœur. Au-dessous se lit l'inscription constatant la fondation des obits. L'ensemble forme un motif de sculpture gracieux dans le style de la Renaissance. Le cœur porté par les anges est une allusion, sans doute, à l'affection que l'évêque éprouvait pour Marœuil. Il ne peut signifier qu'Eustache a laissé son cœur à l'abbaye, puisque le P. Ignace rapporte que « son corps fut transféré dans la cathédrale de Saint-Omer » où on lui éleva un tombeau de marbre, « mais son cœur fut enterré au milieu du chœur de la cathédrale d'Arras. »

C'est l'abbé Pascal ou Pasquier Cretel qui fut appelé à recueillir cette donation de l'évêque Eustache de Croy. Robert Leroy était mort en 1525. Jean de Bucquoy lui avait succédé. La guerre qui s'était déclarée en 1521 entre François I et Charles-Quint avait causé la ruine de l'abbaye d'Arrouaise. L'armée française avait pénétré en Artois par Bapaume. Le comte de Saint-Pol réduisit en cendres cette ville et un grand nombre de villages environnants. Arrouaise ne fut point épargné. C'est à partir de cette époque que la tenue des assemblées générales fut rendue impossible, si bien que les divers monastères de l'institut tendirent à s'isoler de la maison-mère. Sous Jean de Bucquoy, la province d'Artois cessa de relever de la couronne de France, par suite du traité de Cambrai, en 1529. Jean de Bucquoy mourut en 1533.

Pascal Cretel lui fut donné comme successeur. « Nos

archives, dit le P. Watelet (1) et Locrius (Ferry de Locres)
font de cet abbé une honorable mention. Il gouverna
cette maison l'espace de dix huit ans. Sa plus grande
occupation fut d'orner la maison de Dieu. Il n'épargna
ny la pourpre ny l'or, ny les broderies pour augmenter
son lustre » (2).

La guerre n'avait point cessé cependant de peser
lourdement sur l'Artois. François Ier avait rompu la paix
de Cambrai en 1536. Ses troupes se répandirent aux
environs d'Arras et se livrèrent au pillage. L'armée
impériale les poursuivit jusqu'à Saint-Pol.

La sécheresse devint telle en 1540, que le lit de la
Scarpe fut mis entièrement à sec. Il en fut de même de
la Lys et de plusieurs autres rivières de Flandre et
d'Artois. Il y eut par suite rareté de céréales, mais on
récolta, dit la chronique de Doresmieux, beaucoup de
vins, qui prirent le nom de *vins rôtis*.

L'abbé Pascal Cretel eut pour coadjuteur, en 1548,
dom Jean Brassart (3). Il mourut trois ans après, en
1551, et eut pour successeur son coadjuteur. L'année
suivante, Jean Brassart fut nommé abbé de Saint-Bertin.
Le Conseil d'Artois fit des représentations contre cette
nomination qui était contraire, disait-il, aux droits,
privilèges et au traité de pacification (4). L'abbé Brassart
ne fut pas longtemps à la tête de l'abbaye. Il mourut environ deux ans après. Avant de mourir, il lui fut donné
d'accepter définitivement, au nom de l'abbaye, la donation du pré de la fontaine, comme le constate le diplôme des archives de l'abbaye que nous avons cité plus
haut.

La guerre entre la France et l'Espagne était devenue
plus ardente que jamais. Les villes de Thérouanne et
d'Hesdin étaient, cette année même, ruinées de fond en
comble, par l'armée victorieuse de Charles-Quint.

La misère du peuple, celle même des abbayes les plus
riches, était à son comble.

---

(1) P. 27.
(2) Multa Ecclesiæ comparavit ornamenta aurea, byssinaque, quam
villosa, tum œqua et plana. Ferry de Locres ad ann. 1551 p. 617.
(3) Parenty, p. 96.
(4) Archiv. dép. : Regist. des actes du Conseil d'Artois.

Nicolas Liétard fut appelé à diriger le monastère dans ces tristes conjonctures. A peine était-il installé en 1554, que Jean de Conteville, seigneur de Willebon, pénétra dans les cantons voisins d'Arras à la tête de dix mille hommes. L'abbaye et le village de Mont-Saint-Eloi furent incendiés à cette occasion. Mais ce fut surtout à Aubigny que ce chef se montra cruel. Irrité d'avoir vu l'un de ses officiers frappé d'un coup de mousquet qui était parti du clocher, il fit massacrer vingt-sept personnes qui s'étaient réfugiées dans la tour et mit ensuite le feu à l'église, au prieuré et aux maisons du bourg sans qu'aucune fût épargnée (1).

En 1557, ces mêmes cantons furent une seconde fois ravagés après la prise de Lens par l'armée française, sous les ordres de l'amiral de Coligny. Cette fois on ne trouva plus à piller et à incendier les abbayes, on s'empara des religieux pour les soumettre ensuite à une rançon ; ceux de Saint-Eloi furent saisis et emmenés captifs. Rien ne prouve que les religieux de Marœuil aient subi le même traitement : mais leurs terres n'échappèrent point aux ravages de l'armée ennemie. Ces désastres furent suivis d'une peste qui mit le comble à la désolation de la province (2).

Pour ranimer dans les âmes le zèle pour la prière et la confiance en Dieu, les religieux de Marœuil obtinrent vers cette époque de Philippe II, roi d'Espagne, l'autorisation d'ériger dans leur église une Confrérie du Saint-Sacrement.

La congrégation d'Arrouaise se trouva éteinte sous l'abbé Liétard. Outre l'impossibilité où l'on s'était trouvé, depuis plus d'un siècle, de tenir régulièrement au chef-lieu les chapitres généraux, il survint un notable changement dans la manière de procéder aux élections auxquelles le général avait droit d'assister d'après les constitutions. Le gouvernement espagnol s'était fait autoriser à pourvoir à tous les bénéfices ecclésiastiques des Pays-Bas. Les religieux n'avaient plus dès lors la liberté du choix dans leurs élections. Ce coup porté à l'ancienne juridiction du général d'Arrouaise, joint à la difficulté

(1) Chronique de Doresmieux cité par M. Parenty, p. 97.
(2) Chronique de Doresmieux cité par M. Parenty, p. 97.

des temps, aux troubles de la guerre, à l'appauvrissement des communautés, qui la plupart avaient aliené ou donné à baux emphytéotiques la plus notable partie de leurs biens, détermina l'évêque d'Arras, François Richardot, à soumettre à sa juridiction immédiate toutes les maisons de l'ordre qui se trouvaient dans son diocèse. Cette soumission parut aux religieux d'autant plus naturelle, que leurs monastères, du moins pour la plupart, étaient placés, d'après leur fondation, sous le patronage des Ordinaires. L'évêque Richardot ne faisait qu'appliquer le droit canonique rappelé et renouvelé par le Concile de Trente. Il soumit l'abbaye d'Arrouaise elle-même, et plusieurs fois il en fit la visite.

Les dangers de la guerre avaient dispersé la plupart des religieux de la congrégation, et durant ces longs troubles, plusieurs s'étaient affiliés à d'autres ordres ou avaient pris charge d'âmes en divers lieux, d'autres s'étaient retirés dans leurs familles (1).

Le règne de Nicolas Liétard fut donc troublé par les luttes continuelles des gouvernements français et espagnol. Il défendit de son mieux les biens de l'abbaye. Les archives conservent les actes de complainte au Conseil d'Artois pour obtenir le paiement des arrérages de rentes dues à l'abbaye (1556-1561), ou des dîmes qu'elle avait le droit de percevoir (1566-1576-1586). Autant qu'il le pouvait, il renouvelait les actes par lesquels les biens étaient donnés en arrentement ou en fermage. Une preuve des difficultés de son administration nous est donnée dans les comptes présentés à l'abbaye par le receveur des terres de Merville, Lestrem, Rexponde et Bailleul en Flandre. Les revenus perçus sont par chaque année de 22 livres. Les frais faits par le receveur pour recouvrer ces revenus équilibrent souvent les dépenses et quelquefois les dépassent. Les tenanciers refusent de payer : il faut alors les faire avertir, les presser, faire une descente avec des hommes sur leurs terres, les appeler devant la cour de Gand.

Ces comptes sont approuvés par Nicolas de le Saulx, appelé coadjuteur de Marœuil.

L'abbé Liétard avait donc un coadjuteur à l'époque

(1) **Parenty**, p. 100 et seq.

de ces comptes, c'est-à-dire en 1570. Nous ne savons rien de ce coadjuteur, appelé dans d'autres actes de le Saulchy. Le P. Ignace, racontant l'entrée de l'évêque Mathieu Moullart à Arras, parle d'un coadjuteur de Marœuil, comme faisant partie de la suite de ce prélat. De le Saulx mourut avant l'abbé Liétard, car nous voyons, dans les dernières années de ce prélat, qu'il a pour coadjuteur Thomas Jacquard.

En 1579, l'abbaye était bien obérée de dettes. Un acte des archives nous montre l'abbé se présentant avec ses religieux « Nicolle de le Saulchy coadjuteur, Mathieu de la Rue prieur, Pierre Parisy, Flourent Haniot, Thomas Jacquart curé, Bonaventure Lefébure et Jehan Lefébure, tous prêtres, religieux profès de l'abbaye de Marœuil, devant Jehan Maurel, garde du sceau d'Artois, assisté de Jehan Lefort et Jacques Godez notaires, pour reconnaître « comme dois l'an XVC soixante et dix-huit, la dite maison et abbaye fut trouvée redevable envers plusieurs personnes de quatorze mille trois cens livres et plus, de quarante gros la livre, monnoie de ce païs d'Arthois, de debtes passives, sans y comprendre deux mil huict cens quatre vingtz douze livres quatorze solz dicte monnoie, constituées en rente paier ledit temps au prouffit de Robert Hapiot greffier du conseil d'Arthois, pour lesquelles debtes passives estaient lesdits comparants journellement exécutés et aultrement traictés en justice par leurs créditeurs. » Pour se décharger et payer les créanciers les plus pressés, les religieux empruntent à Nicolas Roussel, leur receveur, la somme de 1,200 livres « pour lesquelles ils lui constituent une rente annuelle et héritière de cent livres, rachetable par les religieux, qui s'engagent à la faire approuver par l'évêque dans les huit jours. Ledit Roussel doit rester comme devant receveur de l'abbaye ». Cette rente pèsera longtemps sur l'abbaye. En 1586, Nicolas Roussel la transféra à sa fille.

En 1582, par l'intermédiaire d'Antoine Richebé, archidiacre d'Ostrevent, vicaire général de l'évêque d'Arras, l'abbaye entre en arrangement avec le Chapitre d'Arras, au sujet des dîmes à percevoir sur les terres de Louez et de Marœuil.

Nicolas de le Saulx fut remplacé dans la coadjutorerie

par Thomas Jacquart. En 1586, nous trouvons un bail emphytéotique consenti par l'abbaye à Laurent Castelet de Neuville-Saint-Vaast. Moyennant le paiement de 187 livres dix sous, Laurent est mis en possession de neuf mencaudées de terres pour lesquelles il n'aura plus à payer « que cinq mencauds de blé, deux boisseaux mesure d'Arras et quinze sols par an ».

Le bail fut approuvé la même année par l'évêque d'Arras, Mathieu Moulart.

Ces terres avaient été données précédemment pour cent ans et un jour, en 1485, à Jehan Sauvaize, aussi de Neuville-Saint-Vaast (1).

Nicolas Liétard, d'après le P. Watelet et Ferry de Locres, termina sa vie en 1583. Après sa mort, le siège abbatial demeura vacant pendant cinq ans. Cependant l'acte précédent qui date de 1586, quoique la décharge de dette soit donnée par Thomas Jacquart, est fait au nom de l'abbé Liétard. C'est donc que cet abbé n'était pas mort à cette époque. Il ne mourut qu'en 1588 et la même année eut pour successeur Thomas Jacquart (2).

Rien de saillant n'a marqué le passage de Thomas Jacquart sur le siège abbatial de Sainte-Bertille. Son règne d'ailleurs ne fut pas long. Il mourut en 1594, après six ans d'une administration toujours troublée par les difficultés de l'époque, augmentées encore par les dissensions que causait le protestantisme.

Dans les jours de calme, Marœuil avait encore l'avantage de posséder dans son château l'évêque d'Arras. Les successeurs d'Eustache de Croy, Perrenot de Granvelle, plus tard le cardinal de Granvelle, et François Richardot, absorbés par leurs travaux d'hommes d'État, de théologiens, de prédicateurs, de controversistes et même, pour le dernier, de professeur à l'université de Douai, n'avaient pu habiter que très rarement le château de Marœuil.

(1) Arch. dép. Fonds de Marœuil, 3ᵉ liasse.

(2) Il faut vraisemblablement attribuer l'assertion du P. Watelet à une erreur de Ferry de Locres, qui dans son catalogue des abbés de Marœuil, fait mourir l'abbé Liétard en 1583 et ne lui donne un successeur dans sa chronique qu'à l'année 1588. Ce qui prouve que Ferry de Locres a fait erreur, c'est qu'il donne dans sa chronique Jean Brassart comme prédécesseur immédiat de Thomas Jacquart. Il oublie ainsi le règne de Nicolas Liétard.

Mathieu Moullart, qui occupa le siège d'Arras pendant vingt-cinq ans (1575-1600), montra une prédilection particulière pour Marœuil, il y résidait souvent. Le P. Ignace, dans son dictionnaire du diocèse d'Arras, raconte que Mathieu Moullart « faisait sa demeure habituelle dans le château de Marœuil, d'où il venait tous les jours à l'office à sa cathédrale. La cloche qui sonne tous les jours une heure avant l'office est une fondation qu'il fit pour être averti du temps où il devait partir pour arriver à son église justement au commencement de l'office (1).

Un document de cette époque nous fait connaître l'importance pour l'évêque d'Arras de la seigneurie de Marœuil, rien que par le dénombrement qui lui est présenté par le mayeur de la mairie de Marœuil. La mairie constitue « un fief et noble ténement » à soixante sols parisis de relief. « A cause duquel fief, dit le mayeur, j'ay de chascune pièce de terre disme à Dieu vendu audit eschevinage de Marœul seize deniers allencontre Damiens demeurant à Saint-Laurent auquel appartient l'autre moistié quy est aussy de seize deniers. Et sommes tenus, moi et ledit Damiens taire les saisines et adhéritement desdites terres (2) ; item ay pareillement de chascune pièce de vin, bierres et aultres breuvaiges vendu à broche audit echevinage, un lot ; item s'il y at aucuns brasseurs de cervoises ou aultres breuvaiges audit eschevinage, j'ay et dois avoir à cause de ma dite maierie de chascun brassin qu'il font ou brassent, un lot ; item que aucun ne peut ou doit faire clam (procès) ou arrest en icelluy eschevinage que moy ou ledit Damiens pour chascun desdits arrest j'ay et doibt avoir à la cause dit (à la fin du procès) douze deniers, et s'il est de nécessité de signifier tels arrests hors dudit eschevinage ay et dois avoir pour mon sallaire deux sols ; item ay et doibt avoir de chascune beste vendue et emmenée hors dudit eschevinage, exceptées moutons et brebis, une maille (demi-denier) et de chascun mouton ou brebis la moitié d'une maille. Item ay et doibt avoir de chascun chariot chargé de quelques denrées

(1) Tome III, p. 821, 822.
(2) Mettre en possession les héritiers.

que ce soit vendus et emmenés hors dudit eschevinage
deux deniers, de chascune charrette un denier, d'une
brouette une maille et de la charge d'une personne de
la moitié d'une maille. Item pareillement de chascun
chariot chargé de quelque chose que ce soit admené
vendue audit eschevinage deux deniers, de chascune
charrette un denier, d'une brouette une maille, et de la
charge d'une personne de la moitié d'une maille. Item
de chascun estals sur lequel serait vendus quelques
denrées que ce soit audit eschevinage, une maille ; item
de chascune amende de quinze sols jugées par les
eschevins dudit Marœul six deniers et quand il faut
faire bans à l'églize pour les rentes non payé, s'il y at
défaillans, ils escheront en amende de cinq sols chascun
vers mon dit seigneur d'Arras ; item j'ay et doibt avoir
à la cause dit six deniers et moyennant ce, moy et ledit
Damiens sommes tenus garder tous les prisonniers qui
sont prins audit eschevinage, pour quelque cas que ce
soit, chez nos prisons à nos périls et despens, en payant
par lesdits prisonniers leurs dépenses de bouche et
quattres deniers pour le lict de chascun jour ; item s'il
advenoit qu'il convint faire justice pour mettre à mort
quelque personne ou aultrement pour cas criminel
jugez par les eschevins dudit lieu de Marœul, le dit
seigneur réverendissime doibt et est tenu delivrer la justice, caïgnon, cordes et eschelles, et moy et ledit Damiens
devons livrer et payer le pœnteur (le bourreau) a chascun
par moitié. Tout lequel fief dessus declairé, moy dessus,
tiens et advoue tenire de mon dit seigneur Evesque
d'Arras à tel relief que dit est. Appartient aussy à mon
dit seigneur lorsque mon dit fief et mairie va de main
à aultre, par vente, don, transport pour drois seigneuriaux, le cinquiesme denier de la valeur comme les
aultres fiefs semblables et conformément à la coustume
génėralle d'Artois ».

Les centièmes exigés à la même époque par le roi de
France font connaître la valeur des biens possedés par
Marœuil. La commune n'a aucun revenu, mais la pauvreté
(on appelait ainsi le bureau de charité ou de bienfaisance
de l'époque), a des droits sur un grand nombre de maisons de Marœuil et perçoit 21 rasières de blé de revenu
annuel. En dehors de la ferme du château de Marœuil,

et de celle de l'abbaye dont nous connaissons l'importance puisqu'elles cultivent chacune environ quatre cents mesures de terre, le rôle établi par la perception du vingtième de 1569, constate que le village renferme dix-sept propriétaires exploitant eux-mêmes et possédant une maison et de 15 à 5 mencaudées de terre. Les propriétaires de maisons seulement sans terre à labour sont au nombre de 80. La ferme de l'évêché avait environ deux cents animaux de basse-cour, et celle de l'abbaye 150.

Bonaventure Lefébure succéda à Thomas Jacquart en 1595. La paix dont le pays jouissait à peine depuis quelques années fut de nouveau troublée par la guerre qui éclata entre Philippe II, roi d'Espagne, et Henri IV et dura quatre années, (1594-1598). Cette guerre causa en Artois de graves désastres. Le roi de France entreprit même en 1597 de surprendre Arras à la faveur d'une nuit obscure. Mais les habitants coururent sur les remparts. Ils y avaient été devancés par leur évêque Mathieu Moullart. « Les troupes de Henri IV furent repoussées, dit Gazet, et spécialement par la valeur des bourgeois de la Cité, encouragés et animés par la présence de cet évêque qui se trouva courageusement sur les remparts, encore qu'il fût de grand âge et assez mal habile de corps ».

L'année suivante, la paix ayant été signée à Vervins entre la France et l'Espagne, on la publia à Arras le 7 juin. De grandes réjouissances eurent lieu à cette occasion dans la ville d'Arras. Le Chapitre de la cathédrale organisa une procession générale qu'on appela *Meoppis* dans l'acte qui en fut dressé. A cette procession, on porta le Saint-Sacrement et on le fit accompagner des reliques de la Manne, de la sainte Chandelle, de saint Vaast, de saint Vindicien et de la sainte patronne de Marœuil. Les ossements de saint Vindicien et de sainte Bertille, à cause du malheur des temps, avaient été transportés de leurs monastères respectifs aux Refuges que possédaient à Arras l'une et l'autre abbaye. Doresmieux nous donne une idée de cette procession au chapitre V de sa Vie de saint Vindicien (1).

(1) V. Parenty, p. 108.

La châsse de notre saint patron, dit-il, était portée par six religieux de Mont-Saint-Eloi revêtus de riches dalmatiques, accompagnés des serviteurs de l'abbaye qui tenaient des flambeaux. L'abbé du monastère, Adrien Duquesnoy, les suivait de près, la mitre en tête et revêtu de ses ornements pontificaux. Quand le cortège fut arrivé à la cathédrale, la châsse fut déposée sur un autel où bientôt le peuple afflua, pour venir la baiser et la vénérer. Les mêmes hommages furent rendus aux reliques de sainte Bertille ; on se dédommageait de l'impossibilité où l'on s'était trouvé depuis longtemps de les vénérer à Marœuil.

Le Conseil d'Artois rendit contre l'abbé Lefébure un jugement pour le contraindre à prêter le serment accoutumé au Chapitre (1). L'abbé de Marœuil assista à la translation du corps de saint Hadulphe, de son ancien reliquaire dans une châsse d'argent. Cette cérémonie eut lieu en 1602 à Saint-Vaast, sous la prélature de Philippe de Caverel, abbé du monastère. Le P. Watelet, et après lui M. Parenty, dit que c'est seulement en cette année 1602 que l'abbé Lefébure fut promu à la dignité abbatiale. Cette assertion est infirmée par un acte des archives de l'abbaye dressé en 1599 et dans lequel l'abbé Lefébure opéra un transport de créance en son nom et au nom de l'abbaye de Marœuil. Dans cet acte, Lefébure s'appelle « humble abbé de l'église et abbaye de St Amand et Ste Bertille à Marœuil ».

« L'abbé Lefébure, ajoute le P. Watelet, fut accusé peut estre faussement, de peu d'économie pendant sa prélature » ; mais aussitôt le prieur de Marœuil excuse le prélat en rappelant les calamités de l'époque où il vécut : « Car que pouvait-il faire pour remettre une maison qui venait d'être presque entièrement consommée par la furie d'une longue guerre et si cruelle que Locrius (Ferry de Locres) remarque que les calamitez que l'Artois souffrit alors de la part des Français sont presque incroyables. Ils n'épargnèrent, dit-il, ny tours, ny chasteaux, ny églises, ny villages, tout servit de nourritures aux feux dans ces tristes et lamentables temps. *Incredibile est quantum id temporis calamitatum ab*

(2) Arch. dép. fonds de Marœuil, liasse III.

Gallis illatarum Artesia sustinuerit. Pagi, vici, agri, templa, turres, arces, evastata et incensa (1).

« Et qui peut douter que cette abbaye quy est si près d'Arras, qui estait pour lors le théâtre de la guerre, n'aye estée comprise dans ces malheurs. Il est vray que lorsque ledit abbé fut nommé, il y avoit desja quattre ans que la paix estoit publiée, mais qui ne scait la peine que l'on a après une si longue guerre à payer ses dettes, rétablir les églises et les maitairies (2) ».

Les pièces conservées aux archives de l'abbaye, en nous montrant l'abbé Lefébure dans l'exercice de sa charge beaucoup plus tôt que ne l'affirme le P. Watelet ne confirment pas l'accusation rapportée contre ce prélat. Elles semblent prouver plutôt qu'il a bien administré les revenus de l'abbaye dans des temps difficiles. Nous avons cité l'acte de 1599. L'abbé y constate d'abord la détresse de son monastère. « Comme nous serions redevables à M⁰ Jehan le Ricque, licentié ès drois, advocat au conseil d'Arthois, de notable somme de deniers, à cause du cours et arriérages de trois cents trente libvres seize sols de rente héritière que li debvons, à cause de demoiselle Isabeau le Grand sa femme et que es années passées nous n'aurions peu purger et acquiter, pour les grands affaires et nécessités en laquelle ladite abbaye s'est retrouvée, tant à cause de la guerre comme aultrement ». Pour donner ensuite à son créancier « quelque contentement et satisfaction », il lui cède une créance de sept cents florins que possède l'abbaye sur des cultivateurs de Marœuil et de Warlus. Ce transfert de créance parait être un acte de sage administration d'autant que l'avocat Jehan Lericque était plus à même de recouvrer cette créance que les religieux.

Les mêmes pièces d'archives nous montrent l'abbé Lefébure donnant les biens de l'abbaye en arrentement, réclamant « contre Jehan Caron, sergeant de l'évêque d'Arras, le droit de justice et seigneurerie vicontière sur les *douze metz* dans lesquels l'officier épiscopal avoit exploité sans l'agrément de l'abbaye » (1600). En 1608 il loue la dime et le terrage de Marœuil. Il fit si

(1) Ferry de Locres ad annum 1596.
(2) P. Watelet, p. 100.

bien que l'année suivante (1609) les mayeurs, échevins, bourgeois et commerçants d'Arras, ayant obtenu de l'archiduchesse Albert, l'infante Isabelle, l'autorisation d'emprunter cinquante mille francs pour rendre la Scarpe navigable d'Arras à Douai, l'abbaye de Marœuil prête la somme de trois cents livres de quarante gros chacune, à condition de recevoir une rente annuelle de dix huit florins quinze sous. Ce prêt n'indique-t-il pas que l'abbaye avait retrouvé quelques ressources. Une reconnaissance de dette est bien stipulée encore en 1616, mais ces dettes étaient anciennes, comme le constate la lettre de reconnaissance, et l'abbaye payait les rentes de cette dette (1).

En 1615, l'abbé Lefébure prit pour coadjuteur au temporel et au spirituel Jean Pailliart, chanoine régulier du Prieuré de Saint-André-lès-Aire. C'est à ce dernier dès lors qu'il convient de rapporter de nouvelles revendications des droits de l'abbaye, entr'autres un droit d'afore sur les boissons vendues par un cabaretier dans le quartier des *douze metz* (2). Jean de Saint-André ne faisait que continuer l'œuvre de l'abbé Lefébure.

Ce prélat vécut encore plusieurs années après la venue de son coadjuteur ; il ne mourut qu'en 1622. Il fut inhumé devant le siège abbatial de son église.

Le récit d'un miracle opéré par sainte Bertille nous est raconté par le P. Watelet comme étant arrivé en 1617, en la personne de Catherine Lansart âgée de dix-neuf ans (3). Bien qu'elle soit un peu longue, nous en donnons la narration tout entière, telle qu'elle est transcrite par le P. Watelet, d'après le certificat dressé aussitôt après la constatation du miracle.

(1) Un grès qui forme borne actuellement au coin de la maison des religieuses sur la rue du côté de l'église, porte sans doute les armes de l'abbé Lefébure. Il est taillé en colonne et paraît avoir servi de support à une forte tige de fer, peut-être une croix tombale. La date inscrite de chaque côté de l'écu est 1603. Les armes portent sur la fasce une croix de Jérusalem avec deux éperons en chef et un en pointe.

(2) « Pour toutes bières et deux pièches de vin consommées et débitées en son logis depuis la venue et administration dudit coadjuteur, deux ans et demi, pendant lesquels Hanart cabaretier n'avait rien payé ». L'acte est de 1617, 6 octobre. — Fonds de Marœuil, liasse IV.

(3) P. Watelet, p. 102. — M. Parenty, nous ne savons pourquoi, appelle la miraculée Catherine Laurent.

« Cejourd'huy vingt-deuxième de juin, Robert Lansart, marchand demeurant à Béthune, aagé de trente-
neuf ans, ayant espousé de dix-huit ans ou environ An-
toinette Tipré sa femme à présent saine et dispose en
tous ses sens spécialement aux yeux, à l'église de Sainte-
Bertille au village de Marœuil, à intention de remercier
laditte sainte Bertille, reconnaissant que à ses mérittes
et intercession ycelle Catherine aurait miraculeusement
receu entièrement la veue de huit à neuf ans, laquelle
elle avoit perdue de maladie de veroolles et autres accidens de fluxions et humeurs, lesquels irrémédiablement
luy avaient couvert les deux prunelles des yeux, en
sorte qu'elle ne voyoit aucunement, jugée, par le rapport du susdit père, parfaitement aveugle, et par les chi-
rurgiens en ce connaissant déclarée apparante aveugle,
incurrable, aux remèdes desquels elle empirait. Son
dit père à yceux dits ayant recours et n'apercevant
yceux de là aucun soulat pour leur dite fille, prirent
grande dévotion et espoir de guérison aux mérittes de
la ditte sainte Bertille, et à ces fins sont venus avec leur
ditte fille aveugle accomplir leur vœux et pèlerinage
plusieurs fois. A la fin, au troisième voyage, ycelle entendant en laditte église messe d'un sien oncle, maître
Antoine Lansart, prêtre pour lors trésorier de Monseigneur le Révérendissime d'Arras Ortemberg et pour le
présent deffunt, environ la consécration de laditte messe,
commença à voir et juger de la couleur de ses habits
et des ymages à elle présentées. Et ont remarqué ses
gens que de lors les prunelles de ses yeux ont commencé
à se découvrir peu à peu jusqu'à pleine et entière guérison, sans y appliquer aucun remède humain. En sorte
que la fille et ses dites gens, ont attribuez cette guérison
à la seule miséricorde de Dieu et crédit de sainte Bertille, à laquelle ils avaient conceu une singulière dévotion et confiance dont ils n'ont esté frustré ; de manière
que depuis lors ycelle fille n'a ressentie en sa dite veue
aucune débilité, mais en use journellement et paisible-
ment, sans aucun empêchement, en toutes menues ouvrages de fille sortable à son estat, comme lire, escrire,
coudre, faire des dentelles, et généralement tout ce
dont elle a besoin. Tout ce que dessus nous a esté déclaré, juré et attesté par laditte fille et son père accom-

pagné de Jean Guffroy aussy bourgeois dudit Béthune.
En présence de frère Jean de Saint-André coadjuteur
au temporel et spirituelle de la ditte église abbatiale de
Sainte-Bertille, aux interrogations duquel tout ce que
dessus a esté attesté et confirmé, en présence aussy de
sire Jean Corrier religieux, père et pasteur dudit lieu,
et Adrien de Bécourt lieutenant dudit Marœuil à ces
fins évequez, et icy soubsignez avec lesdits père et fille,
les jour et an que dessus. Estoit signé : Lansart avec
paraphe, Catherine Lansart, avec la marque de Jean
Guffroy, Jean Corrier pasteur dudit Marœuil, Adrien de
Bécourt, lieutenant, avec paraphe. Et ensuite : tous ce
que dessus avec les signatures apparentes ont estez
faittes en la chapelle de Sainte-Bertille en la ditte Eglise
abbatiale sous le témoin de mon nom icy tenu, certif-
fiant ce que dessus. Estoit signé : Frère Jean de Saint-
André, coadjuteur, avec paraphe. »

« Il faut remarquer, ajoute le P. Watelet, que Monsieur Paillyart a toujours retenu le nom de Saint-André,
au lieu de son surnom, à cause qu'il estoit religieux de
cette endroit. »

Le P. Watelet apprécie très favorablement l'administration de l'abbé Pailliart. « L'on ne sçaurait exprimer,
dit-il, les obligations que cette maison at à ce grand
homme. C'est de luy qu'elle a pour ainsy dire la con-
noissance du bien qu'elle possède aujourd'huy ; c'est à
ses mémoires que l'on a recours dans tous les doutes
d'affaires ; c'est à luy qu'elle doit son lustre; c'est à luy
qu'elle doit son estat, quoy qu'elle ait esté en péril de
sa perte après sa morte, contre son intention. »

Les actes de cette sage et habile administration n'ont
pas été conservés dans les archives. Nous n'avons retrouvé de l'abbé Pailliart que deux actes d'achat. L'un
de 1626 concernant un jardin incorporé dans le grand
jardin de l'abbaye, l'autre de 1628 portant achat « de
la maison de taincturie, pour agrandir » le Refuge d'Arras. Un petit plan accompagne le contrat d'achat. On y
voit le cours du Crinchon couvert, avec le détail des
constructions déjà faites. A ce plan est joint le sommier
des rentes qui doivent être payées, pour les maisons
enclavées dans le Refuge, à l'hôpital et à la chapelle
fondée dans la Cathédrale par Lambert, chanoine

d'Aire (1). En dehors de ces pièces, les archives n'ont conservé que des baux pour les terres d'Ervillers.

L'abbé de Marœuil fit exécuter le nouveau plan qu'il avait conçu pour le Refuge. Il fit de cette maison un vrai monastère en état de remplir la fin pour laquelle il était établi, c'est-à-dire qu'il pouvait répondre aux exigences du service divin et suffire à abriter les religieux qui ne pouvaient plus demeurer dans l'abbaye ruinée par les dévastations de la guerre et des incendies.

Les religieux ne furent pas seuls à reconnaître les mérites de l'abbé de Saint-André. Il fut élu membre des États d'Artois. La supériorité de son intelligence et la puissance de sa parole lui acquirent bientôt une autorité marquée dans les assemblées de la province. Il fut aussi député ordinaire à la cour de Bruxelles pendant vingt-cinq ans. Ces charges « lui donnèrent lieu, dit le P. Watelet, de faire paroistre son zèle, non seulement pour sa maison, mais aussy pour sa patrie. Sa piété, son éloquence faisaient incliner les princes à favoriser le pays d'Artois. »

En l'année 1628, l'église de Marœuil fut favorisée d'un nouveau miracle opéré par sa sainte patronne. Le récit, dit le P. Watelet, « en est tiré mot à mot du cer-tifficat. »

« Cejourd'huy premier de may, an 1628, Côme De-fossez et Anne Surelle sa femme, personnes de médio-cre condition demeurans à Crévecœur pays de Cam-bresys, agez l'un et l'autre de cinquante ans ou environ, sont venus à Marœuil déclarant et attestant conformé-ment ce que s'ensuit. Scavoir que laditte année, le 3ᵉ jour de janvier dernier, sur les huit heures du matin, estant en son jardin, fut atteinte et tombée par terre de soudaine apoplexy de tout son costé gauche et ensemble frappée de quelque espèce de manie, excluse de tous son sens et entendement, de sorte que remportée en son logis par quatre personnes, ycelle fut sitost administrée des derniers sacremens comme prochaine de prompte-ment mourir jusqu'à ce que ledit Cosme son mary estonné de sy soudain accident envoyât querir son frère Jean Detossez demeurant à Quéant. Sçachant cedit troisième

(1) Fonds de Marœuil, liasse IV.

de janvier estre la déposition de Madame sainte Bertille reposant à Marœuil, y promis sa voye et pèlerinage, requérant son dit frère de promptement y satisfaire, ce qu'il accomply le lendemain des Roys ; en sorte qu'ycelle sitost est retourné en son bon sens et entière jugement, amendée ainsy notablement de corps, sauf quelques débilités dont en fut guérie et remforcée peu après en quelques semaines sans employer d'aucunes médecines ou remèdes humain. Si bien qu'yceux Cosme et Anne se sentant extrêmement obligez à la ditte sainte Bertille, pour telle grâce et guérison receue à son intercession, la sont venu remercier, en l'église dudit Marœuil et en donnèrent volontairement la présente attestation en présence de sire François Vandeville prieur dudit lieu et l'a signé cy-dessous. »

Les deux miracles qui viennent d'être rapportés nous paraissent des plus importants. Les faveurs accordées sont grandes, les guérisons complètes et rapides. Ils résument en quelque sorte, les prodiges qui se sont opérés à Marœuil par la puissance de sainte Bertille.

L'abbé de Saint-André s'appliqua à faire revivre, parmi ses religieux, la discipline monastique. Il y parvint bien plus, dit le P. Watelet, par son exemple, par ses prières et ses larmes, que par ses paroles. Sa vie était si pure, dit encore le prieur de Marœuil, que l'on remarquait qu'il ne fixait jamais les regards sur les personnes du sexe ; « les anciens de ce lieu disent que même il ne connaissoit les fermiers de la maison que par la parolle. Il estoit si grand économe qu'estant obligez par honnêteté et bienséance de donner quelques repas qui estoient toujours fort frugals ; il mettoit en ses memoires qu'il falloit se retrancher d'ailleurs. C'est cette économie qui le fit payer des sommes très considérables que la maison devait ».

Cette économie aussi lui permit de rebâtir et d'agrandir le Refuge ; cela ne suffit point cependant à satisfaire son zèle. Voyant que ses religieux n'arrivaient point encore à la perfection qu'il souhaitait, il songea à rétablir l'abbaye de Marœuil pour y transporter le noviciat. C'était le moyen de faire refleurir l'observance parfaite de la règle et d'assurer l'avenir de son monastère.

La récolte ayant presque entièrement manqué en 1631, l'abbé de Sainte-Bertille s'imposa, de concert avec les prélats des abbayes voisines, de grands sacrifices pour le soulagement des pauvres. Les chroniques du temps font remarquer que, quoiqu'on fût alors en paix, les soldats n'étant point soldés parcouraient le pays et vivaient aux dépens du pauvre peuple des campagnes. En 1632, des troupes de bandits « entraient dans les métairies, attachant aux cheminées les censiers et leurs femmes, et les brûlant à petit feu pour savoir où était leur argent. Aucuns de ces brûleurs furent appréhendés en Arras et Béthune et punis exemplairement par supplices extraordinaires ». (1)

L'abbé de Marœuil parvint en 1633 à rebâtir « le grand quartier qui fait face à la cour de l'abbaye et la porte qui subsiste encore » (2). Ses novices n'y furent pas longtemps en paix. Quatre ans après, le 26 janvier 1637, le dortoir fut brûlé par accident, et presque aussitôt la guerre se ralluma entre la France et l'Espagne.

Le théâtre des évènements se porta d'abord en Flandre où les maréchaux de Châtillon et de Brézé, défirent le prince Thomas de Savoie, général de l'armée espagnole. L'année suivante, l'armée espagnole forte de quarante mille hommes et composée d'Allemands, de Hongrois et de Croates, pénétra en Picardie où ses succès furent tels qu'elle réduisit en cendres presque tout le pays en deçà de la Somme.

Ce fut au point que dans un grand nombre de villages, les terres ne purent être cultivées pendant plusieurs années. Pour se soustraire à la fureur des Croates, le peuple s'était retiré dans les villes ou dans les forêts. Au mois d'août, la peste sévit avec une telle intensité que, pour la distinguer des autres fléaux de ce genre on la nomma la *grande contagion*. Elle dura près de quatorze mois (3).

Le cardinal Richelieu avait résolu d'abaisser la maison d'Autriche en l'attaquant sur toutes les frontières de France. Le 23 mai 1640, Louis XIII écrivait de Soissons

---

(1) Parenty, p. 110.
(2) Le P. Watelet écrivait en 1749.
(3) Parenty, p. 111.

qu'il avait résolu le siège d'Arras. Il ordonna que les trois maréchaux, la Meilleraie, Châtillon et de Chaulnes joignissent leurs forces pour investir la place. L'armée de Châtillon s'établit sur les hauteurs du Mont-Saint-Eloi ; de Chaulnes prit ses quartiers à Bray, entre Ecoivres et Marœuil ; de la Meilleraie s'établit près de Vitry pendant que le comte de Rantzau se portait sur Wailly. Les Français, aidés d'une foule de paysans, travaillèrent aussitôt à la circonvallation de la place. En vingt-quatre jours, les lignes furent achevées, elles embrassaient un espace de cinq lieues.

Après bien des batailles livrées par les troupes espagnoles pour forcer les lignes françaises, après une foule d'escarmouches et d'attaques partielles, de sorties et d'exploits de la part des assiégés qui ne désespéraient pas de se voir secourus par le Cardinal infant à la tête de 30 000 hommes, les maréchaux de France firent sommer les habitants d'Arras de se rendre. Les assiégés ne voulurent pas capituler mais leur position devenait de plus en plus précaire. Le maréchal de Châtillon fit jouer, vers la porte de Saint-Nicolas, une mine avec tant de succès qu'elle ouvrit une brèche où pouvaient monter quarante hommes de front.

Le Conseil d'Artois s'assembla alors et résolut d'aller avec le magistrat de la ville consulter le commandant d'armes O'Neil et délibérer avec lui sur ce qu'il y avait à faire. « Comme le président achevoit son discours, raconte une chronique du temps, voici le prévost de Notre-Dame, Van Laureten, qui arrive tout en chaleur, et interrompant ledit président dit qu'il fallait accélérer l'affaire et que le péril estoit tel que lesdits chefs de guerre luy estoient venus assurer et au prélat de Marœuil que si les assiégeans donnoient l'assault, infailliblement ils emporteraient la ville, et bien qu'il y auroit encore quatre mille hommes d'eslite au dessus de ce qui estoit, ils ne voudroient entreprendre de deffendre la bresche ny promettre de garantir la ville de pillage et massacre.

« Ce qu'estant confirmé par ledit prélat de Marœuil qui survint lors, la résolution fut soudainement prise d'aller trouver ledit maistre de camp auquel effect les députés dudict conseil avec le corps du magistrat

s'estant transportés dans le blocus de Saint-Michel où
il estoit le supplièrent d'entendre à une capitulation
pour prévenir le saccagement de la ville et esviter une
assurée effusion de sang de tant de personnes qui
avoient témoigné tant de valeur et de fidélité durant le
dict siège.

« Le dict maistre de camp n'avoit encore donné
résolution, que voicy les abbés de Marœuil, prévost
Laureten président, le sieur de Souastre avecq le
mayeur de la ville, qui pressèrent de prendre une résolution promptement, rapportant que de moment à aultre
on venoit asseurer que l'affaire estoit à tel terme que
les assiégeans se disposoient à l'assault ».

Un tambour de la ville fut envoyé au maréchal de la
Meilleraie pour demander une suspension d'armes.
Tandis qu'on délibérait à l'abbaye de Saint-Vaast sur la
reddition de la place, les bourgeois se réunirent en
tumulte, protestant qu'ils aimaient mieux mourir que
d'abandonner ainsi la ville. Les femmes elles-mêmes
s'écrièrent qu'elles étaient prêtes à combattre sur la
brèche. L'abbé Pailliart crut devoir alors s'interposer
entre le peuple, la noblesse et le magistrat, faisant
observer qu'on devait avoir égard aux réclamations de
la bourgeoisie qui se montrait prête à s'imposer tous
les sacrifices. Il ne put être écouté.

Le 7 août 1640, on envoya des ôtages au maréchal
de la Meilleraie et l'on s'occupa activement de rédiger
les articles de la capitulation ; ils furent signés le sur-
lendemain à Blangy où était le quartier général du maréchal. La garnison fut conduite le 10 à Douai, et le duc
de Chaulnes entra dans Arras à la tête de six régi-
ments. On se dirigea vers la cathédrale où le *Te Deum*
fut chanté par l'évêque d'Auxerre. Le 19, les abbés de
Marœuil, du Mont Saint-Eloi, de Cercamp, se rendirent
dans le grand réfectoire de Saint-Vaast pour prêter
serment au gouvernement français au nom de tous les
monastères de la ville.

L'abbaye et le village de Marœuil avaient été entièrement ruinés pendant ce siège. Les religieux qui
étaient dans le monastère avaient été obligés de retourner dans le Refuge « sans espérance, dit le P. Watelet
de revoir le rétablissement de Marœuil. Il estoit plus

nécessaire de songer à faire subsister les religieux qui y estoient déjà qu'à en recevoir des nouveaux. D'ailleurs le changement de domination donna assez d'occupation à Monsieur Pailyart qui, comme nous l'avons desjà remarqué, estoit depuis quelques temps un grand homme d'Estat pour faire paroistre son zèl pour le bien de la patrie, ce qu'il a fait. »

« L'on ne vit après cela à Marœuil, continue le P. Watelet, que des tristes restes de ce qu'il avoit esté autres fois. Le château qui avoit aussy esté brulé par les accidens de la guerre, servoit de retraite au reste des habitants qui y avaient dressé des petittes barraques contre ses murailles pour y estre à l'abbry des insultes des soldats. D'autres se tenaient dans les mazures de l'abbaye où il ne restoit plus que deux places pour le logement du curé (1) ».

L'infortune poursuivit encore les malheureux habitants. Le 10 janvier 1649, le feu se mit dans le château et six « barraques » furent consumées. En même temps une femme et deux enfants furent écrasés par la chute d'une poutre et de pierres dans les masures de l'abbaye.

L'abbé Pailliart, en apprenant ces malheurs, comprit que s'il ne faisait consolider et couvrir promptement les murailles, tout menacerait ruine ; il mit tout en œuvre pour faire recouvrir au moins une partie des bâtiments. Par défaut de ressources, on dut se borner à placer sur les murs une couverture de paille : ce fut la cause d'un surcroît de malheur. « En l'an mil six cent cinquante quatre, continue le P. Watelet, un homme qui faisait le guet sur la tour afin d'avertir les paysans lorsque il voyoit des trouppes arriver, laissa imprudemment prendre le feu à la colle dont il se servoit pour faire des instruments, dont ne pouvant venir à bout, il jetta le tout par les fenestres de la tour, de quoy tombant sur les tois de pailles, le mit tout en feu. Les paysans s'empressent d'apporter du secours, chacun sort de sa petite logette, entre autres une femme sorte de sa maisonnette du chasteau sans prendre la précaution d'esteindre son propre feu qui estoit de paille, lequel gaigna sa barracque et causa la perte de tous les autres, ce qui

<hr>

(1) P. Watelet, p. 119.

fut le plus triste spectacle que l'on puisse s'imaginer. L'on ne voyoit plus à Marœuil que le reste de ce misérable feu ».

Les Espagnols tentèrent la même année de reprendre la ville d'Arras. Le prince de Condé que la Fronde avait jeté dans les bras des ennemis de la France, à la tête de l'armée espagnole forte de 45,000 hommes, vint former le blocus de cette place. En sept jours les travaux de circonvallation furent terminés et la tranchée ouverte. Turenne, chargé de secourir la ville, vint camper à Monchy-le-Preux. Outre les autres maux qu'Arras eut à souffrir pendant ce siège qui dura plus de six semaines, la peste y fit de terribles ravages. Enfin, durant la nuit du 24 au 25 août, Turenne força les lignes des Espagnols, et contraignit le prince de Condé d'abandonner l'entreprise et de se retirer vers Cambrai.

Ce nouveau siège d'Arras acheva la ruine des pays environnants. « On ne saurait douter, dit le P. Watelet, que ces accidents avancèrent les jours de Monsieur Pailyart, qui se trouvant aussy misérablement frustré de son grand désire, se contenta, pendant deux ans qui luy restèrent de vie, de former des règlements et statuts pour sa maison qui s'observent encore ».

L'abbé Pailliart mourut, plein de jours et de mérites, le 5 mai 1656, à Arras, au Refuge de l'abbaye. Il fut inhumé dans la chapelle du Refuge. On conservait, assure M. Parenty, son portrait à l'abbaye de Marœuil (1).

(1) Le P. Watelet nous a conservé l'épitaphe du tombeau de l'abbé Pailliart : Hic jacet Reverendus in Christo abbas, frater, Joannes à sancto Andrea qui ab anno 1615 abbatiam hanc sanctorum Amandi et Bertilliæ de Mareolo virginis, canonicorum regularium sancti Augustini, vigil ac strenuus rexit, in qua votis, præcibus et lacrymis continuis post multos annos ordinis canonici reformationem à Deo, ut spes est, nunquam defuturam, obtinuit. Abbatiam dudum ære alieno prægravatam exoneravit, luculentis ædificiis exornavit, quæ belli longioris nequitia plane fundavit, devastavitque. Refugium hoc emit, de novo in divini cultus, observantiæ regularis et fratrum usum integre edificavit, ordinibus Artesiæ deputatus generalis, egregiam et fidelem operam navavit. Deo in omnibus et super omnia spiritu et veritate placére semper studuit, in quo et pacifice requiescat. Amen.

Cy git révérend père en Jesus Christ, frère Jean de St André, abbé, lequel, dès l'an 1615 gouverna cette abbaye de St Amand et Ste Bertille vierge de Marœuil, des chanoines réguliers de St Augustin.

Sa devise, qu'il avait bien réalisée dans sa vie, était :
Spiritu et veritate.

Plein de vigilance et de courage, par ses supplications, ses prières et
ses larmes continuelles, après de longues années, il obtint de Dieu
une réforme de l'ordre des chanoines, qui, nous l'espérons, ne faiblira
jamais. L'abbaye était grevée de dettes anciennes, il l'en déchargea.
Il l'orna de belles constructions que l'injure d'une trop longue guerre
a complétement souillées et dévastées. Ce Refuge, c'est lui qui l'a
acheté et réédifié pour le consacrer au culte divin, à l'observance régulière et à l'usage des frères. Député ordinaire aux états d'Artois, il
donna aux affaires ses soins les plus fidèles. A Dieu en tout, par dessus tout, en esprit et en vérité, il s'attacha toujours à plaire. Qu'il repose en paix dans son sein. Amen.

CHAPITRE XX

L'ABBAYE ET LE CULTE DE SAINTE-BERTILLE DU XVIIe SIÈCLE A LA RÉVOLUTION.

Difficultés pour le choix d'un abbé. — Pierre Leroy. — Nicolas de la Tour — Du Houssoy. — Louis de Bresson. — Reconstruction de l'abbaye. — L'église de Sainte-Bertille. — La guerre. — Bernard Vanakre. — Charles Bayart. — Jubilé de Mgr Guy de Sève. — Chapelle de Sainte-Bertille. — Son église. — Son culte et son histoire. — Miracles en Belgique. — Dom Williart, abbé. — Les reliques de sainte Bertille. — Dom Eloi Dorlencourt — Son élection. — La Révolution. — Décrets contre les religieux. — La confiscation — Réunion et dispersion. — Les biens nationaux. — L'émigration. — A Hildesheim. — L'abbaye dépecée et vendue. — Le culte pendant la Terreur. — Châtiments.

La mort de l'Abbé Pailliart mit en danger l'existence même de la maison de Marœuil. Quelques semaines s'étaient à peine écoulées depuis les funérailles du vénérable prélat, lorsque, le 20 juin, Pierre Leroy, ancien chanoine de Saint-Victor de Paris devenu abbé de Mont-Saint-Eloi par la nomination du roi de France, obtint de la reine Catherine de Médicis, par le crédit du cardinal Mazarin, un brevet qui l'autorisait à prendre l'administration de l'abbaye de Marœuil. C'était l'introduction de la commende dans le monastère de Sainte-Bertille ; les effets malheureux ne devaient pas tarder à se faire sentir.

Neuf jours après, Philippe IV, roi d'Espagne, nomma à la prélature de Marœuil Nicolas de la Tour, chanoine régulier de l'abbaye de Cisoing. Mais comme Arras et ses dépendances appartenaient à la France par droit de conquête, de la Tour ne put se faire installer.

Pour justifier sa nomination à l'abbaye de Marœuil et faire ratifier par le Saint-Siège la commission que le roi lui avait accordée, l'abbé du Mont-Saint-Eloi s'adressa au pape Alexandre VII. Il représenta au Souverain Pontife le triste état du monastère de Sainte-Bertille : les murs ruinés, les cloîtres abattus, les logements des moines abandonnés, l'église même en partie démolie avaient rendu la clôture impossible. Comme son abbaye de Mont-Saint-Eloi était en meilleur état, l'Abbé Leroy promettait de travailler activement au rétablissement de la maison de Marœuil, s'il plaisait au Saint-Siège de lui en accorder l'administration. Il affirmait d'ailleurs que cette administration lui était dévolue canoniquement, l'élection d'un abbé n'ayant pas été faite dans le temps fixé par le concile de Latran. Le Pape eut égard à ces raisons d'apparence spécieuse, et il confia à Pierre Leroy la prélature de Marœuil pour dix ans, à la condition qu'il ferait serment de garder toutes ses promesses.

Les religieux n'acceptèrent pas l'ingérence de l'abbé du Mont-Saint-Eloi dans le monastère de Marœuil. Pierre Leroy ne semble avoir rien fait de son côté pour s'attirer la confiance des religieux. Il parut vouloir les traiter non pas en père, mais en maître impérieux, plus préoccupé de recueillir les revenus du monastère que de relever ses murs et d'y faire régner l'esprit religieux. Cet état pénible dura sept ans. Il ne restait que trois religieux dans l'abbaye. Le siège épiscopal était vacant lui aussi, à cause des difficultés provenant des nominations faites depuis la conquête d'Arras ; les vicaires généraux prirent le gouvernement du monastère. Ils reçurent quelques novices, mais ceux-ci, à défaut d'abbé légitime, ne pouvaient faire profession. On comprend de quels désirs les pauvres religieux souhaitaient l'arrivée de leur véritable pasteur.

Leurs vœux furent enfin exaucés en 1661. Il fut stipulé dans le traité de paix des Pyrénées (1659) que les abbayes et bénéfices auxquels le roi d'Espagne avait nommé des titulaires avant le traité, seraient légitimement pourvus. Nicolas de la Tour fit valoir ses droits et obtint d'être mis en possession de l'abbaye de Marœuil.

Il y rétablit la paix et les bonnes traditions religieuses, reçut plusieurs novices qu'il admit à la profession et qu'il anima d'un si bon esprit que quatre d'entr'eux furent dans la suite appelés comme abbés dans diverses maisons de l'ordre. L'Abbé de la Tour avait conservé la direction des religieux de son ordre à l'hôpital Saint-Sauveur de Lille ; il continua de les gouverner avec autant de zèle que de piété. C'était un homme de grand mérite, capable de briller, dit le P. Watelet, dans les plus hautes charges ; « mais son humilité et la modestie l'ont toujours éloigné des dignités ; et, s'il a consenti à estre abbé de Marœuil, ce n'a esté que pour avoir lieu de faire paroistre son courage pour le service de Dieu et la restauration de son église. En effet, ce zélé prélat eût sans doute achevé l'œuvre de M. Pailyart, sy Dieu l'eût laissé longtemps au monde, mais n'ayant été que cinq ans abbé de cette maison, il ne se trouva point en estat de faire autre chose que d'achepter quelques meubles pour l'église et pour la maison, et de recevoir des religieux pour former une communauté qui fût capable de remplir les bénéfices de la maison et de faire l'office divin comme nous y sommes obligés. Enfin il mourut le cinq de mai de l'an 1667, âgé de 57 ans. Il avait pour devise : *Turris fortitudinis unitas* ». (1)

L'Abbé de la Tour fut remplacé par Joseph du Houssoy, religieux et prieur de la maison de Marœuil. « Cette dignité, dit le P. Watelet, lui appartenoit comme une récompense de son zèle pour l'estat religieux et des peines qu'il avait essuyées pour la deffense de cette maison. Il fut six ans novice pendant le siège vacant, estant prêtre ; il ne se rebuta de rien pour soustenir les biens et les droits de l'abbaye. Enfin ayant surmonté tous ces travaux et ses ennemis mêmes, il fut fait prieur de la maison et nommé abbé par Louis le Grand, l'an

(1) Pag. 118. Nous n'avons retrouvé aux archives qu'une pièce datant du gouvernement de l'Abbé de la Tour. Elle est de 1662 et répétée pour les années suivantes. Elle renferme une déclaration de rentes foncières dues aux religieux de Marœuil par des maisons d'Arras. L'une est appelée : les *trois estriers d'or*, sise entre les marches, les autres font partie des couvents de Sainte-Agnès et des Louez-Dieu ; quatre autres sont comprises dans la maison nommée le *porcq de mer*.

1667. » Dans un procès plaidé devant le parlement en 1678, l'Abbé Pierre Leroy, du Mont-St-Eloi, déclare qu'à la mort de l'Abbé de la Tour, il avait le droit, d'après le traité des Pyrénées, de reprendre l'abbaye de Marœuil, mais qu'il y renonça, parce que la maison lui avait été onéreuse (1).

L'Abbé du Houssoy gouverna avec zèle son monastère pendant les trois premières années de sa prélature. Il s'occupa de restaurer le monastère et fit commencer les travaux, mais une maladie de langueur à laquelle il succomba, le 22 avril 1675, le mit hors d'état de réaliser le projet qu'il avait conçu. Sa devise résume bien sa vie : Plus fort que l'adversité : *fortior adversis* (2) Il laissait dans son abbaye onze religieux.

La même année, le roi Louis XIV nomma pour lui succéder Louis de Bresson, religieux et receveur de l'abbaye. Son brevet de nomination est du 7 janvier 1676. L'année suivante, il prêta serment au chapitre d'Arras. « C'est à ce digne prélat, dit le P. Watelet, que nous avons l'obligation du rétablissement de cette abbaye. Il faut voir l'estat dans lequel la maison est présentement et sçavoir celui où elle estoit lorsqu'il a esté nommé, pour concevoir les travaux qu'il a faits Il ne fut pas plus tôt nommé abbé qu'il regarda l'abbaye ruinée comme un travail que Dieu avait donné pour tâche de sa vie. Il n'estoit plus en repos qu'il n'y vit travailler. Tout son grand plaisir estoit de venir à Marœuil, et plus il y venoit, plus il avoit de désir de la voir rebastie. Il commença donc à remettre en estat une partie du grand quartier qui est au-dessus de la cour, afin d'y pouvoir loger avec ses religieux et abandonner absolument le Refuge : ce qu'il fit l'an 1679. Il n'avoit pour toute église qu'une petitte carolle de l'ancienne église qui se voit encore aujourd'huy, et qui servoit pour les religieux et pour la paroisse, qu'importe : Ils estoient contents, dans l'espérance de se voir en peu de temps mieux par l'économie du digne prélat ».

Un moment les religieux espérèrent pouvoir faire rendre à l'abbé du Mont-Saint-Eloi, Pierre Leroy, les

(1) Arch. dép. Fonds de Marœuil, liasse IV.
(2) Les archives de l'abbaye n'ont conservé de cette époque que des déclarations des terres d'Hervillers.

fruits qu'il avait, selon eux, injustement perçus pendant les sept années où il avait administré les biens de l'abbaye. Mais un arrêt du roi, du 20 Mai 1678, leur fit perdre cet espoir en déchargeant l'Abbé Leroy de toute obligation par rapport au passé (1).

Les religieux étaient à peine rentrés dans leur monastère de Marœuil qu'un nouvel incendie, causé par l'imprudence d'un domestique, dévora une partie de la basse-cour. « Le feu consuma tellement le tout, dit le P. Watelet, que le lendemain (de l'incendie) l'on ne trouvoit point de paille pour allumer le feu, et ce ne fut pas sans une disposition particulière de la providence divine que le petit quartier où demeuraient les religieux qui n'estoit encore que couvert de paille eschappa de ce feu. Mais c'estoit le temps que Dieu avait marqué pour son rétablissement, et il ne permit apparemment ce feu que pour esprouver davantage la constance de Messire de Bresson qui ne se rebuta point de cet accident, quoyque la perte fût très considérable, à cause que toute la récolte estoit encore dans les granges (1) ».

L'Abbé de Bresson trouva moyen de tout réparer et bientôt il s'occupa de la reconstruction de l'église. Les dettes ne laissaient cependant pas de peser encore sur l'abbaye. L'Abbé de Bresson obtint, en 1678, une diminution de la rente payée au chevalier de Beauffort, seigneur de Mondicourt, pour l'emprunt fait en 1573 à Nicolas Roussel (2). Il fallait veiller en même temps à faire rentrer les dîmes et revenus. Une ordonnance du Conseil d'Artois, du 6 juillet 1679, menace d'amende les cultivateurs « qui enlèvent les advestis sans avertir le fermier ou commis de l'abbaye (3). » L'Abbé de Bresson ne manquait pas d'ailleurs de s'acquitter de ses devoirs comme tenancier du fief de la Lance ou de Pascault à Lestrem (4) et il veillait à mettre les biens de l'abbaye entre les mains de bons fermiers (5). Il s'occupa même de faire régler la partie congrue du curé d'Etrun par les religieuses d'Etrun, le chantre de la cathédrale d'Arras et le curé de Duisans, de telle manière que l'abbaye de Marœuil n'eût aucune charge de ce côté (6).

(1) Arch. liasse IV.
(2) Ibid. liasse V. (3, 4, 5, 6) Ibid.

En 1691, l'église était enfin élevée à la hauteur du toit ; deux ans après on y dit la messe pour la première fois. La même année, Antoine Fauchison et Marie Claire Leblan sa femme firent donation à l'abbaye d'une pièce de terre séante « à la Tombelle ».

Mais de nouvelles restaurations s'imposaient à l'abbaye. En 1697, le 15 mars, le chapitre, qui se composait alors de dix religieux prend la résolution de réédifier la longue muraille qui renferme le jardin abbatial, « croullée et abattue, pendant l'hiver, à cause de son ancienneté. » Les religieux, pour rendre l'enclos régulier, offrent à Catherine Gourlan et Jacques Desplanques, en échange de leurs manoirs adjacents au jardin abbatial, « la même grandeur de manoirs dans le jardin nommé vulgairement le jardin à dimes, situé dans les douze metz de l'abbaye, en les dédommageant des bastiments qui y sont présentement, soit en les prenant par prix ou en faisant construire semblables bastiments. » Le chapitre déclare qu'il approuve cet échange, « parce qu'un jour il serait contraint de faire bastir sur ledit jardin à dismes ou du moins d'y faire des murailles pour le renfermer, lequel luy serait de grande dépense ; de plus que ledit jardin ne luy est pas seulement comme une place inutile, mais fort à charge, parce qu'elle servait de rendez-vous et de place d'assemblée aux garçons et aux filles quy s'y arrestoient à la sortie de l'église, après la messe et les vespres, pour y jouer et danser, et les enfants s'y arrestoient pareillement, pendant quoy ils jetoient des pierres aux vittres et couvertures de l'église et dans le jardin abbatial » (1). Quelques années plus tard, le jardin fut complété par un manoir de 23 verges que l'Abbé de Bresson acheta, à Jean Luc Lefebvre pour 12 messes pour le repos des âmes des fidèles trépassés, un louis d'or pour espingles à sa femme et la somme de 360 livres (2) ».

Le Refuge d'Arras avait aussi réclamé les soins de l'Abbé de Bresson. « Le grand bâtiment à deux étages attenant à la grande porte, d'un bout, et faisant face, d'un

(1) Arch., liasse V.
(2) Arch., liasse IV.

long, à la rue qui conduit du Pont de St-Vaast à la rue
St-Maurice, » dut être reconstruit. L'Abbé de Bresson,
par son habile administration. suffit à toutes ces acquisitions et à ces travaux considérables.

En 1702, l'Abbé de Bresson, de concert avec les abbés
d'Arrouaise, d'Hénin-Liétard, de Chocques et de Doudeauville, demanda la faculté de rétablir les assemblés
générales au chef-lieu de l'ancienne congrégation des
chanoines de Saint-Augustin, dans l'intérêt de la conservation de la discipline monastique. Cette démarche
faite auprès du roi Louis XIV, demeura sans résultat (1).

L'abbé de Marœuil travaillait encore à la restauration
de l'abbaye lorsque, en 1709, la guerre éclata de nouveau entre Louis XIV et l'empereur au sujet de la succession d'Espagne. L'Artois se vit en peu de temps
comme inondé par les armées alliées. Le 18 juillet, les
faubourgs de Ronville et de Sainte-Catherine étaient
incendiés et beaucoup de villages pillés. En toute hâte
l'abbé de Marœuil fit transporter le corps de sainte
Bertille au Refuge d'Arras et s'y enferma lui-même avec
ses religieux. La disette qui eut lieu cette année occa-
sionna une contribution en grains sur les abbayes (2).

« L'espace de cinq ans, dit le P. Watelet, nous nous
sommes trouvés toujours en péril de voir notre maison
ruynée. Mais Dieu l'a bien voulu conserver, quoyque
nous ayons eu le malheur de perdre deux de nos fermes
et entièrement nos revenus pendant quattre ans. »

Ces pertes et les craintes continuelles au milieu desquelles il vivait, « affligèrent tellement Messire de Bes-
son, ajoute le P. Watelet, qu'il y a bien de l'apparence
que cela luy avança ses jours. Il se trouvoit hors d'estat d'achever son pieux dessein ; il apprehendoit même
de ne pouvoir faire subsister ses religieux, tellement
qu'après une maladie de quelques mois, il mourut le
26° d'octobre 1712. âgé de 70 ans, ayant été religieux
pendant 50, ans dans lesquels il a esté 35 ans abbé.

« Il falloit un règne aussi long au fidèle administrateur pour faire ce qu'il a fait. Et malgré même cette
longueur, ses ouvrages ont esté et seront un sujet

(1) Parenty, p 122.
(2) Parenty, p. 122.

d'admiration à toutes les personnes d'esprit. Il avait pour sa devise : *Virtus illuminat*. Il faut en effet que la vertu l'aie illuminé et conduit en tout. Il estoit d'un naturel fort doux et fort tendre, d'une grande piété et d'un port qui inspirait du respect, de la crainte et l'amour en même temps à ses religieux ».

Ce bel éloge est d'autant plus significatif, sous la plume du P. Watelet, qu'il est écrit par un religieux qui a vécu avec l'Abbé de Bresson, l'a suivi dans ses travaux pendant plusieurs années, et a cherché à se former par ses exemples à la vie religieuse. Le prieur de Marœuil, auteur de la Vie manuscrite de sainte Bertille que nous citons ici souvent, est entré, en effet, à l'abbaye de Marœuil vers 1700 et a passé une douzaine d'années avec l'Abbé de Bresson.

Le corps de l'Abbé de Bresson fut transporté à Marœuil, où on l'inhuma dans le chœur de son église, du côté de l'Evangile.

Le prieur du monastère, Bernard Vanakre, de Lille, fut nommé abbé de Marœuil par brevet de Louis XIV du 21 décembre 1712, après avoir été unanimement élu par la communauté. Les archives de Marœuil n'ont conservé que deux actes de l'Abbé Vanakre : un dénombrement des terres d'Hervillers, présenté à «Dom Nicolas Pignatelly duc de Bissaccia, grand d'Espagne, père et tuteur légitime de Monseigneur François d'Egmont Pignatelly, prince de Gavre et du saint Empire, etc., héritier patrimonial des biens de la maison d'Egmont » (1) et un bail emphytéotique consenti à Philippe Pronnier de Marœuil (2). Le P. Watelet fait ainsi son éloge : « C'est un homme qu'on peut appeler véritablement religieux, que Dieu a élevé en cette dignité en récompense de ses travaux. Il a esté plus de vingt ans curé tant dehors que dedans la maison ; il a même esté prieur l'espace de dix-huit ans, pendant lesquels il a si bien contenté tous ses confrères, qu'il eut unanimement toutes les voix dans l'élection d'un abbé. Et cela avec d'autant plus de raison qu'estant un homme sobre et retiré des compagnies, il auroit, sy Dieu luy eût donné

(1) Arch. dép. Fonds de Marœuil. Liasse V.
(2) *Ibid.*

longue vie, comme nous le souhaitions, payé les debtes
que nous avions esté obligéz de faire, et qu'il eût achevé
cette maison qui, dans sa petitesse, sera une des plus
jolies et des plus régulières du pays ».

« Mais Dieu, continue le P. Watelet, de qui les juge-
ments sont toujours équitables, nous l'a enlevé après
quatre ans et demi de gouvernement. Nous ne mérit-
tions apparemment pas davantage ce grand religieux à
nostre teste. Ce fut en vain que nous élevasmes nos
vœux au ciel pour sa conservation, il ne nous reste que
la consolation de l'avoir vu mourir en saint au milieu
de nos larmes et de nos soupirs aussy bien que de tous
les étrangers qui assistèrent avec nous à sa mort. Il
trespassa le 18 de mars de l'an 1717.

« Il portait trois pensées à fond d'or avec cette belle
devise « *Humilibus dat gratiam* » (1).

Charles Bayart, prieur du monastère, n'obtint du
gouvernement que le 5 octobre 1718 ses lettres de pro-
visions, à l'effet de prendre possession de l'abbaye,
quoiqu'il eût été canoniquement élu immédiatement
après la mort de son prédécesseur. Le duc d'Orléans,
régent du royaume, « conseillé, dit le P. Watelet, par
certains esprits factieux conduits par l'ambition et l'ava

(1) Voici, d'après le P. Watelet, p 126, l'épitaphe de l'Abbé Vanakre
Hic sta Viator et lege. Jacet sub hoc marmore Reverendus admodum
Dominus Bernardus Vanakre hujus monasterii per quinque circiter
annos meritissimus abbas, iu quo misericordia in pauperes, benevo-
lentia ergà fratres, humilitas in omnes, nitoris domus Dei zelus, inde-
fessus rei communis procurandæ studium, in choro assiduitas, regularis disciplinæ observantia, una cum cæteris virtutibus, quamdiu vixit,
resplenduere ; Ob. 18 Martii ann. 1717, œtatis 60, professionis cano-
nicæ 38. Huic pie lector bene precare ut æterna quantocius requiescat
in pace. Amen.
Arrête-toi, passant. Sous ce marbre repose le T.R. Bernard Vanakre,
très digne abbé de ce monastère l'espace de cinq ans environ. La piété
pour les pauvres, la bonté pour ses frères, l'humilité envers tous, le
zèle infatigable pour la splendeur de la maison de Dieu, l'amour du
bien commun, l'assiduité au chœur, l'observance de la discipline régulière, avec toutes les autres vertus, ont eu dans sa vie un admirable
éclat... Il mourut le 18 mars 1717, à soixante ans, après trente-huit
ans de profession. Pieux lecteur, une bonne prière pour qu'il repose
au plus tôt dans la paix éternelle. Amen.
Un bénitier, taillé dans le granit, qui a servi à l'ancienne église
et se trouve aujourd'hui dans la cour du presbytère, porte l'écusson
de l'Abbé Vanakre.

rice », prétendait nommer de plein droit, sans avoir égard aux clauses du traité des Pyrénées qui autorisaient les abbayes d'Artois à présenter au roi trois candidats en cas de vacances, mais Louis XV, devenu majeur, eut égard aux représentations des religieux et nomma Charles Bayart, qui était l'un des trois élus.

« Ce fut le troisième d'octobre, écrit le P. Watelet, de l'an 1718, que nous eûmes ce bonheur. Dieu nous fasse la grâce d'en ressentir longtemps les effets. Ce vertueux abbé qui de sacristain, maître d'hostel, maître des novices, receveur et prieur, est parvenu, comme par degrés, à la charge abbatiale, n'est âgé que de quarante-sept ans : sa bonne santé nous en fait espérer une longue vie ; sa piété, sa régularité aux offices et son économie, un grand bien tant au spirituel qu'au temporel de cette maison. Il est natif de Camblain-l'Abbé, village situé à trois lieues de la ville d'Arras ; il porte pour ses armes un cheval ailé d'or, au champ d'azur, avec cette devise : « *sic currite ut comprehendatis* » (1).

L'Abbé Bayart, à peine en possession de la prélature, prit la résolution de libérer l'abbaye de la lourde dette qui l'accablait depuis longtemps. Le 10 juin 1719, il emprunta « à maître Antoine-Nicolas Pluquin prêtre et agent de l'abbesse d'Etrun, » la somme de quatorze cent livres, et il remboursa au seigneur de Mondicourt la dette contractée un siècle et demi auparavant par l'abbaye de Marœuil. Il savait qu'il n'aurait pas été longtemps à s'acquitter envers l'ami qui venait à son aide : en effet, quatre ans plus tard, le 20 février 1723, Nicolas Pluquin reconnaît qu'il a reçu de Charles Bayart, abbé de Marœuil « la somme de quatorze cents livres dix-huit sols qu'il avait prêtée audit sieur Abbé » (2).

A la fin de 1719, l'abbaye se mit en fête pour célébrer le jubilé épiscopal de l'évêque d'Arras, Mgr Guy de Sève de Rochechouart. Le P. Watelet nous a conservé le récit de cette fête, c'est la dernière page de son histoire manuscrite de sainte Bertille.

« L'an 1719, le 21 de décembre, messire Guy de Sève de Rochechouart, évêque d'Arras, fit la solennité de son

(1) P. Wavelet, p. 129.
(2) Arch. Fonds de Marœuil, Liasse V.

jubilé d'évêque dans notre église, assisté de messire Killien de la Cueillerie abbé de Mont-Saint-Eloy, Monsieur de Maucuit, doyen, chanoine d'Arras, Monsieur de Beaurains, chanoine, archidiacre official, Monsieur Forgeron, supérieur du Séminaire d'Arras, Monsieur Pluquin, chapelain des demoiselles d'Estrun, Monsieur Caron, chanoine de la Cathédralle d'Arras et aumônier de Sa Grandeur, messire Charles Bayart notre abbé suivi de tout son Chapitre, dans lequel temps Mgr reçeu l'agréable nouvelle de la Cour, que messire Guy de Sève, grand archidiacre, vicaire général et official d'Arras, son neveu, était nommé son coadjuteur, ce quy augmenta la joie et redoubla la feste » (1).

L'avenir, on peut en juger par ces paroles du prieur-curé de Marœuil, apparaissait tout radieux au vieil évêque et à tout son entourage. Ces espérances ne devaient pas se réaliser. Le coadjuteur nommé par le duc d'Orléans ne devait jamais obtenir ses bulles de Rome ; l'évêque eut beau donner sa démission en faveur de son neveu, sa renonciation n'eut d'autre effet que d'amener de grandes difficultés dans l'église d'Arras. En 1724, à la mort du Prélat qui avait gouverné le diocèse l'espace de cinquante-quatre ans, le siége épiscopal fut donné à Mgr de Baglion de la Salle.

L'année suivante, 1720, ne paraît pas avoir été aussi douce pour Marœuil et l'Artois que semblaient le promettre les fêtes que nous venons de décrire. Le P. Watelet qui, déjà en 1711, dans son registre de catholicité, avait écrit : « Les incursions et campements de deux armées, scavoir celle de la France et celle des alliés, nous ayant obligés de sauver non seulement nos effets, mais mesme toutes les choses qui appartenaient au culte divin, nous avons été obligé de mettre icy selon l'ordre alphabétique tous les morts dont nous n'avions pu tenir mémoire dans le temps de leur décès, » — le P. Watelet écrivait, au commencement d'un nouveau registre : « Cest livre a esté commencé la vingtième année du pontificat de N. S. P. le pape Clément XI, la 50ᵉ année de l'épiscopat de Guy de Sève évêque d'Arras, la seconde année de la prélature de messire Charles Bayart

(1) P. Watelet, p. 130.

abbé de Marœuil, dans la minorité de Louis XV roy de France, soubs la régence de Philippe de France duc d'Orléans, pendant laquelle le papier est devenu argent par la cruelle invention du billet de banque, et l'argent si rare qu'un escut valloit 12 francs, un louis 60, 72 et 90 livres, selon la différence de fabricque. Un sous marqua 3 sous et 1/2, un double 8 deniers, ce qui rendoit toutes les marchandises si chers que ce présent livre qui devoit naturellement coûter 30 sols, a coûté 4 fr. et 10 sols. D'un autre côté l'église estoit troublée par la faction appelante à la bulle *Unigenitus*, tellement que l'on peut dire que c'estoit véritablement un temps de misère et de calamité. *Ecce vidimus, vœ ab eis.* »

Le P. Watelet fut longtemps à la tête de la paroisse de Marœuil. La dernière signature de lui sur les registres est du 19 avril 1742. Le 20 janvier suivant il était remplacé par Joseph Williart, lequel ne fut curé que quelques mois. Le 29 septembre 1743, les actes sont signés : Paul Deretz, curé de Marœuil (1).

L'abbaye de Marœuil vit se réaliser les espérances formulées plus haut par le P. Watelet. Après avoir délivré sa maison des dettes qui la grevaient depuis si longtemps, l'Abbé Bayart entreprit d'achever les murailles qui devaient former la clôture du monastère. Il mena cette œuvre à bonne fin. Cette clôture qui existe encore aujourd'hui en grande partie, renfermait au-delà de six hectares de terrain.

C'est à cette époque que Jeanne, fille d'Antoine Le Blan (2) lieutenant de Marœuil, veuve de Julien Lemaire aussi lieutenant de ce village, fit bâtir, sur un terrain lui appartenant, à l'entrée de Marœuil, du côté d'Arras, une chapelle toute en pierres de taille, en l'honneur de sainte Bertille, sous le titre de Notre-Dame de Consolation.

Elle assigna en même temps un écu de rente sur ses biens pour l'entretien de cette chapelle. La fabrique de l'église paroissiale accepta cette fondation. Cette chapelle, construite avec soin dans le style néo-grec du

______

(1) Registres anciens de catholicité, à la mairie de Marœuil.

(2) P. Ignace (Dictionnaire du dioc. d'Arras, t. III, p. 821-822), dit Le Brun.

dix-huitième siècle, existe encore aujourd'hui en bon état de conservation. Elle porte encore cette inscription, sur marbre, dans le frontispice : *A la plus grande gloire de Dieu. A l'honneur de Notre-Dame de Consolation, Jeanne-Marguerite Leblan, fille d'Antoine, lieutenant de Marœuil et veuve de Julien Lemaire, a fait ériger et fondé cette chapelle en 1720.*

Quelques actes des archives nous montrent l'Abbé Bayart en difficulté avec le fisc. En 1729, le Conseil d'État avait porté un arrêt ordonnant que « les gens de main-morte de province seraient tenus de payer les droits d'amortissement en nouvel acquêt des maisons, bastiments et autres édifices qu'ils ont fait ou feront construire à neuf sur des fonds dont ils justifieront d'être en possession avant l'année 1681. Quant aux maisons construites aux lieu et place d'anciennes et sur les mêmes fondements, elles n'auront rien à payer, à moins qu'elles n'aient une plus grande élévation. »

En conséquence de cet arrêt, Jean-Baptiste Herman, régisseur général des droits d'amortissement et francs-fiefs de la province d'Artois, réclame aux religieux de Marœuil, « pour un grand bâtiment à deux étages qu'ils ont fait construire à neuf, en 1696, en leur Refuge à Arras, — attenant la grand'porte d'un bout et faisant face d'un long à la rue qui conduit du pont de Saint-Vaast à la rue Saint-Maurice, ledit bâtiment occupé par le sieur de Quevaussart, député du Tiers-État, au rendage de trois cents livres par an, » la somme de neuf cent quatre-vingt-treize livres. L'Abbé Bayart réclama contre ces prétentions du fisc ; il prouva par le témoignage des maçons de Marœuil qui avaient reconstruit cette partie du Refuge, que la reconstruction s'est faite sur les anciens fondements, que ce n'est là que la sixième partie du Refuge et il offre cent vingt livres pour acheter sa tranquillité. On arrive à transiger : l'Abbé paie enfin, en 1737, pour le Refuge et pour une coupe de pré à Marœuil achetée par les religieux, la somme de deux cent trois livres (1).

Dans un bail emphytéotique consenti par l'Abbé et son Chapitre en 1735 à Vendin, nous remarquons que

(1) Arch. dép. fonds de Marœuil, liasse V.

la cession de terre n'est faite « qu'à la condition que la maison à bâtir n'y sera point à usage de cabaret » (1). Les religieux signataires de ce contrat sont au nombre de douze. Leur nombre dans les années suivantes s'éleva jusqu'à dix-huit, y compris ceux qui desservaient les prieurés-cures, celui de Noyelles-Godaut, de Sombrin, de Warluzel et de Blavincourt. La prospérité matérielle répondait au développement des vocations religieuses dans l'abbaye. Le revenu des biens-fonds qui n'excédait pas six mille livres à la mort du prédécesseur de l'Abbé Bayart s'augmenta d'un tiers environ (2).

Sous l'administration sage de ce prélat, l'église abbatiale profita grandement de l'aisance des religieux : le chœur fut pavé en marbre, des lambris couvrirent les murs, des tableaux vinrent les décorer, l'installation de belles orgues acheva le mobilier de l'église. Le clocher fut terminé : trois cloches y furent placées ; l'abbaye retrouvait enfin la splendeur de ses beaux jours (3).

(1) *Ibid*.

(2) Un bail fait en 1729 pour les terres de Lestrem, lesquelles constituaient le fief de la lance, le prouve facilement. — Arch. liasse IV.

(3) Après avoir rapporté qu'en 1261, l'abbaye de Marœuil obtint un corps entier d'une des compagnes de sainte Ursule, le P. Watelet ajoutait que ce corps était encore, en 1719, gardé avec vénération dans une châsse de bois doré. « J'espère, continue-t-il que l'on ne trouvera pas mauvais, à l'occasion de cette relique, que je donne icy le mémoire des autres que possède cette ancienne église, pour faire voir combien elle est vénérable, quoyque nous ayons eu le malheur d'en perdre quelqu'une par les mains des méchants.

« L'an 1191, Pierre, évêque d'Arras fit la dédicace de cette église du temps de Martin II abbé des chanoines Réguliers de cette maison. L'obituaire de cette maison, escrit sur du vélin en lettres gothiques, dit que le dit évêque mit au grand autel des reliques des bienheureux Apôtres, Pierre et André, Philippe et Jacques, Barthélemy et Thadée.

« et des saints martirs Estienne, premier martir, George, Vincent, Eustache, Adrien, Firmin, Blaise, Leger, Denis, Théodore et Ranulphe et de la légion thébéenne.

« et des saints confesseurs Léon pape et Grégoire pape, Martin, Vaast, Vindicien, Killien, Julien, Médard, Benoist, Vaudrégésile, Honoré et Bénit.

« des cheveux de Ste Marie Magdeleine.

« des saintes vierges Bertille, Catherine, Emerentianne, Pélagie, Euphémie, Euphrasie et des vierges de Cologne.

« Dans une croix d'argent, il y a des reliques de la Ste Croix, de

Il était juste d'honorer celui qui avait si bien relevé l'honneur du culte divin dans l'abbaye de sainte Bertille. En 1742, le Souverain Pontife accorda à l'Abbé Bayart et à ses successeurs la faculté de porter la crosse et la mitre. Il était d'ailleurs le seul des abbés de la province qui ne jouît point de cet honneur.

Un an plus tard, le 18 juin 1743, l'abbé Charles Bayart mourut au Refuge d'Arras. Il était âgé de soixante-douze ans et avait gouverné le monastère l'espace de vingt-cinq ans.

En travaillant au relèvement de son abbaye, le digne et pieux prélat avait voulu aussi ranimer le culte de sainte Bertille. En 1715 un opuscule avait été publié sous ce titre « *Abrégé de la Vie de sainte Bertille, vierge, patronne du terroir et abbaye de Marœuil-en-Artois* », sans nom d'auteur. Il avait été composé par un religieux de l'abbaye, lequel promettait de donner au public une vie détaillée de la sainte. Le P. Ignace (1), en 1734, constatait qu'elle n'avait point encore paru. Cette

la Couronne d'espines, des cheveux de la Ste Vierge, mère du Seigneur.

« des reliques des apôtres, André, Philippe, Mathieu et Thadée.

« des saints martyrs Estienne le lévitte, Côme et Damiens, Estienne pape et martyr, George, Hypolite, Eustache et Maurice.

« des saints confesseurs Sylvestre pape, Basile, Godard, Gille, abbé.

« des saintes vierges et martires, Margueritte et Cécile.

« item, en d'autres reliquaires, de la Croix et des cheveux de N.S.

« des reliques de Ste Margueritte, vierge.

« du bois de la Croix de St Pierre et de sa chasuble.

« du bras de saint Grégoire, pape.

« de la poudre de St Jean-Baptiste, de la chasuble de St Amand, d'autres reliques de la légion thébéenne, de Ste Eustache, de saint André apostre, de saint Honoré, confesseur, de St Barthélémie, apostre, une dent de St Laurent.

« De toutes ces saintes reliques, la croix dont il est ici fait mention ne se voit plus, non plus que plusieurs autres reliquaires. Mais tout ce qui nous reste des reliques particulières sont enfermées, dans une chace de bois doré semblable à celle de la compagne de Ste Ursule, à costé du maître-autel, excepté une dent de St Laurent et une de St Blaise qui sont dans des reliquaires particuliers, et les reliques de St Hubert aussy dans un reliquaire particulier de cuivre doré que l'on pose sur l'autel au jour de sa feste avec office semi-double. »

(1) Dictionnaire, tom. I, p. 586 et suiv.

histoire plus étendue est restée manuscrite. Nous la
possédons, et, comme le lecteur a pu le constater, elle
nous a fréquemment servi dans cette étude. Elle a été
composée par le P. Joseph Watelet. Voici le titre de ce
manuscrit : « *La Vie de sainte Bertille, vierge et patronne du terroir et abbaye de Marœuil-en-Artois. —
Ses miracles, et l'histoire de son abbaye depuis son origine qui fut l'an six cent et 60 jusqu'à cette pâte année
1719, recueillie par sire Joseph Watelet prieur, chanoine-
régulier et curé dud. lieu.* Pourquoi ce travail n'a-t-il
pas été publié ? Nous ne le savons pas. A la vérité, nous
pouvons le conjecturer. Cette *Vie* de sainte Bertille
n'est ni assez étudiée, ni assez soignée dans sa composition; il y a peu de critique. Les archives, alors intactes,
de l'abbaye n'ont pas été suffisamment consultées, le
style n'est guère correct, comme il est facile d'en juger
par les extraits que nous avons donnés dans ce livre. Il
ne semble pas téméraire de penser que l'abbé Bayart
s'est rendu compte de ces défauts et qu'il a préféré
laisser le travail manuscrit, plutôt que de donner une
histoire trop imparfaite de son abbaye et de sa sainte
fondatrice. Nous n'en sommes pas moins redevables au
P. Watelet de beaucoup de faits intéressants concernant l'abbaye de Marœuil, et nous avons été heureux
souvent de mettre à profit, comme l'avait fait déjà
M. l'abbé Parenty, les détails recueillis par le pieux curé
de Marœuil.

Le culte de sainte Bertille n'était pas moins florissant
en Belgique que dans l'Artois. Brusthem a conservé le
souvenir de plusieurs miracles obtenus à cette époque
par l'intercession de sainte Bertille. Des *ex-voto* en
forme de tableaux représentant les faveurs obtenues et
placés dans la chapelle de la sainte, constituent des
preuves de ces miracles. Ces tableaux avaient environ
un mètre de haut sur 0^{m}80 centimètres de large. Des
inscriptions placées autour de la peinture, donnaient
les noms des heureux miraculés (1).

(1) Ces tableaux ne sont plus actuellement dans la chapelle de sainte
Bertille à Brusthem. À la restauration de cette chapelle (1875), ils ont
été relégués dans le grenier du presbytère. (Note de M. l'abbé
Grouwels, religieux prémontré, vicaire à Brusthem).

Un de ces tableaux représente une gentille enfant de dix ans, habillée en princesse ; il porte la date de 1728.

Un deuxième donne le portrait d'un jeune garçon à genoux et priant devant l'image de sainte Bertille. On peut lire encore, quoiqu'avec peine, l'inscription en flamand : *Lambert Deroolfs guéri, 1754.*

Une troisième peinture représente une jeune fille, vêtue avec élégance. Elle se tient aussi en prières devant la statue de sainte Bertille. L'inscription en flamand porte ces mots : *Servais Hermès et Gertrude Vinus dont la fille, Gertrude Hermès, prend son refuge auprès de sainte Bertille à Brusthem. 1732.*

Un autre tableau donne encore le portrait d'un enfant en prières devant la sainte. L'inscription porte le nom de l'enfant avec ces mots : *de Néerlinter, guéri le 16 avril par l'intercession de sainte Bertille.*

Un cinquième tableau représente un chevalier. Cet ex-voto, est en si mauvais état et tellement rongé par l'humidité, qu'il est impossible de lire l'inscription. Plusieurs autres tableaux paraissant être de la même époque ou même plus anciens, n'ont pu être reconnus, tant ils sont effacés par le temps.

Mais le plus beau et le plus ancien de ces tableaux est celui qui est placé aujourd'hui encore dans la chapelle de Brusthem, au milieu de l'arcade qui sépare la nef du chœur. Cette peinture paraît remonter au seizième siècle. Sainte Bertille y est représentée comme une protectrice puissante contre le plus grand nombre des maux qui affligent le genre humain. La sainte se trouve au milieu du tableau, elle paraît descendre des cieux, pendant que derrière elle, au loin, des religieux s'avancent, en longue file vers l'église du monastère. Elle tient en main une quenouille, tandis qu'un ange place sur sa tête une couronne précieuse. Dans le haut du tableau, paraît Dieu le Père, étendant sa main vers la sainte. A ses pieds, on voit des aveugles, des estropiés, des fiévreux, des enfants en convulsions, une mère qui présente son enfant. Sur le côté, on voit accourir un homme tenant par la bride un cheval malade, tandis que les éclairs déchirent les nuages annonçant la foudre et la tempête. Ce tableau résume bien l'ensemble des faveurs accordées par sainte Bertille dans les sanctuaires où les fidèles vont implorer sa protection.

Un mois ne s'était pas écoulé depuis la mort de l'abbé Charles Bayart, lorsque, le 11 juillet 1743, Vindicien Roussel, abbé du Mont-Saint-Eloi, de la Roque, lieutenant du roi, et du Moulin, procureur faisant par intérim, les fonctions d'intendant d'Artois, se rendirent à Marœuil en qualité de commissaires pour présider aux élections. Dom Williart, né à Arras, prieur-curé de Marœuil, eut la majorité des suffrages et fut agréé par Louis XV vers la fin du même mois. Il reçut en janvier 1744 la bénédiction abbatiale, dans la chapelle de l'évêché d'Arras, de Mgr Baglion de la Salle.

Elu, la même année, député ordinaire des Etats d'Artois, il fut envoyé en cour, au mois de mars 1746, avec le vicomte de Fruges pour la noblesse, et Lagneau, avocat, pour le tiers état, à l'effet d'obtenir la fixation des limites de la province contre les fermiers généraux (1).

Les archives de l'abbaye de Marœuil n'ont conservé que de faibles traces de l'administration de l'abbé Williart. A la fin de 1743, il donna à bail la ferme de l'abbaye avec les terres qu'elle possédait à Marœuil et le droit de dîme. Le fermier, pour neuf années, fut Pierre-Antonin Petit, de Gouy-lez-Artois et sa femme Marie-Madeleine Delosseux. Jean Defosseux, marchand demeurant à la Herlière, fut déclaré caution responsable. La ferme était louée « 200 razières de blé, 100 razières de scourgeon, 1500 livres monnaie d'Artois et 30 livres par an pour récréation le jour de sainte Bertille. Le preneur était tenu de plus à un pot de vin de 3000 livres, 40 livres aux quatre officiers religieux de l'abbaye et une récréation aux religieux pour la passation du présent bail ». Jusque là l'abbaye avait administré elle-même sa ferme ; nous ne savons pour quelle raison les religieux s'étaient résolus à la donner en location (2). L'abbé Williart eut à s'occuper encore des terres d'Ervillers et des terres de Lestrem. Les actes des archives le constatent.

(1) Parenty, p. 123.
(2) Fonds de Marœuil, 4e liasse.

« Nous n'avons pu découvrir, dit M. Parenty, la date
précise, de la mort de cet abbé ; mais nous le trouvons remplacé, le 23 janvier 1757, par Charles Blanchard, né à Arras et religieux profès de l'abbaye. »

Le bail concédé en 1758, par l'abbé Williart, de la
ferme de Merville à Robert-Charles Guillemant et Marie-
Jeanne Loridan, sa femme, (1) vient contredire cette
assertion de M. Parenty. Ce n'est qu'en 1761, le 21
juillet, que l'abbé Charles Blanchard prêta foi et hommage « pour le fief du Pascault, en payant 60 sols parisis
de relief, une lance et une paire d'éperons blancs » (2).
C'est donc que l'abbé Williart était mort depuis peu,
à la fin de 1760 ou même au commencement de 1761.
L'abbé Charles Blanchard ne fut élu par conséquent qu'à
l'une de ces deux dates.

Peu de documents nous sont restés sur son règne qui
dura jusqu'en 1788. Il édifia, vers 1767, le quartier abbatial qui existe encore aujourd'hui (3) avec ses jardins et
dépendances. En 1785, il fit procéder à l'ouverture de
la châsse de sainte Bertille.

M. Moreau de la Grave, docteur en théologie de l'université de Toulouse, chanoine d'Arras, vicaire général
et official du diocèse, se rendit à l'abbaye, accompagné
de l'abbé Mercier, secrétaire général de l'Evéché. Le
procès-verbal de cette visite que nous avons sous les
yeux, dit M. Parenty, (4) constate qu'on a trouvé alors
la charte rédigée en 1228 par Pontius, évêque d'Arras,
et que le reliquaire contenait le chef et les ossements
de la sainte, tels qu'ils se trouvaient énumérés dans cet
acte (5).

« Le village de Marœuil, dit encore M. Parenty, a

(1) Fonds de Marœuil, liasse 5.
(2) Ibid. Liasse IV.
(3) Il appartient à la famille de Becquincourt.
(4) Parenty, p. 125.
(5) *Procès verbal.* — L'an mil sept cent quatre vingt cinq, le vingt-
et-un du mois de mars, nous soussigné, prêtre, docteur en théologie
de l'université de Toulouse, chanoine de l'église d'Arras, vicaire général et official du diocèse, nous nous sommes transporté, accompagné de Messire Philippe-Joseph Mercier, prêtre, chanoine de ladite
église Cathédrale et secrétaire général du diocèse, à l'abbaye de Marœuil. Nous étant rendus à l'église, nous y avons trouvé une châsse
couverte de lames de cuivre doré, bien fermée, laquelle ayant été

conservé le souvenir des vertus de l'abbé Blanchard. Il s'était acquis l'estime et la vénération des habitants au milieu desquels il opérait beaucoup de bien.

Ce prélat mourut à la fin de 1787 ou dans les premiers jours de 1788, comme l'attestent les pièces concernant l'élection de son successeur (1).

Dès le 7 janvier 1788, les députés généraux et ordinaires d'Artois, par la plume d'Herman secrétaire, font connaître aux représentants de l'Artois à Paris la mort de l'abbé de Marœuil et demandent que l'abbaye ne soit pas chargée de pensions.

Ils annoncent en même temps, l'envoi prochain d'un état exact de ses revenus.

« Quelles que soient les dispositions de Mgr l'évêque d'Autun (2) à l'égard de l'abbaye de Marœuil, disaient les députés, toujours est-il vrai de dire que si cette maison doit subir le sort des autres, on ne peut pas s'empêcher d'avoir égard à sa situation. Or, sur ce point, Messieurs, vous savez comme nous combien elle est peu riche. L'état de ses revenus et de ses charges, que nous avons l'honneur de vous addresser est, à ce qu'on nous assure, parfaitement exact. On nous a observé de plus que différents baux ont été portés à un taux tel que les fermiers seront forcés d'en résilier. D'un autre côté, le village de Marœuil est infiniment pauvre, et pour peu que l'abbaye soit chargée, les aumônes tariront nécessairement. Enfin, Messieurs, nous ne pouvons que

par nous ouverte, nous y avons trouvé le chef et les ossements du corps de sainte Bertille, suivant le procès-verbal tenu en 1228 par Ponce, évêque d'Arras, parmi lesquels ossements nous avons pris celui déposé dans le présent reliquaire que nous avons fait fermer et sceller du sceau de l'Illustrissime et Révérendissime évêque Monseigneur Louis-François-Marc Hilaire de Conzié, évêque d'Arras. De tout quoi nous avons dressé le présent procès-verbal auquel nous avons fait apposer le sceau du dit seigneur évêque, les jour, mois et an que dessus.

Lieu du sceau.   Moreau de La Grave, vic. gén.
                                        Mercier, secrétaire génér.

(1) Arch. dép. série C. Etats d'Artois, Abbayes. n° 5, p. 8 du répertoire. Tout ce qui concerne l'élection de l'abbé Doriencourt, est tiré de ce fonds d'archives.

(2) Talleyrand, le futur ministre de l'empire, chargé sous Louis XVI de la feuille des bénéfices.

vous rappeler ici la résolution de l'Assemblée générale dernière prise sur l'article 27 du 1ᵉʳ chapitre du Raport. Elle est ainsi conçue : « Résolu de continuer les représentations et, en cas qu'elles n'aient point d'effet, en faire article dans le cahier qui sera présenté au roi cette année ».

« Nous ne connaissons pas la commande, sauf quelques exceptions relatives à certaines abbayes de fondation royale très riches. Les pensions sont des commandes en détail, donc elles sont contraires à nos privilèges » (1).

(1) Voici résumé l'état des revenus de l'abbaye de Marœuil, tel qu'il fut présenté à Talleyrand :

I. SONCAMP et SOMBRIN : 240 mesures sur Soncamp ; dîme de 1,123 mesures à Sombrin ; le tout loué au sieur Proyart, la somme de 3,800 livres. Le fermier supporte toutes les charges ordinaires. Observation : On a été obligé de réduire ce fermage de 800 livres par an attendu qu'il avait été porté trop haut et le fermier continue de demander même diminution.

II. WARLUZEL : 23 mesures de terre à labour, dîme sur 767 mesures, louées 1,160 livres.

III. BLAVINCOURT : 930 mesures de dîme louées la somme de 2,000 l.

IV. NOYELLES-GODAULT : 888 mesures de dîme et 16 mesures, deux coupes de terre à labour, louée 2,600 l.

V. VENDIN-LE-VIEIL : 2,115 mesures de dîme, 6 mesures de terre à labour, louées 4,000 l.

VI. WINGLES : 216 mesures de dîme dont les droits de l'abbaye sont de deux neuvièmes à l'encontre d'autres décimateurs ; louées 400 l. ; censives 304 l. ; charges particulières : 41 l. 12 s.

VII. BÉNIFONTAINE : 866 mesures de dîme dont les droits de l'abbaye sont de deux neuvièmes, louées 320 l.

VIII. MÉRICOURT : 1,200 mesures de dîme dont les droits de l'abbaye sont d'un sixième. 200 l.

IX. HERVILLERS : 28 mesures de terre à labour louées à Jean-Baptiste Proyart, 320 l.

X. HERLIES : 1,060 mesures de dîme dont les droits de l'abbaye sont de deux tiers, 2,000 l.

XI. MERVILLE, en Flandre : 130 mesures de terre à labour, nommées le Pascault, 1,200 l.

XII. REXPONDE, en Flandre : 24 mesures de terre à labour, 325 l.

XIII. ABLAIN-SAINT-NAZAIRE : 30 mesures de bois, 290 l.

XIV. MARŒUIL : L'abbaye y exploite 444 mesures à 10 livres la mesure = 4,440 livres. L'abbaye paye pour centièmes et vingtièmes 852 livres. Observation : On y a porté la mesure de terre à 10 livres, attendu qu'il y a trois qualités de terre, peu de bonnes, beaucoup de médiocres et mauvaises, même raison pour la dîme et le terrage ; les terres louées aux particuliers ne portent à la mesure que 9 l. 15 sols six deniers, ce qui prouve évidemment que les terres du terroir de Marœuil sont pour la plupart de médiocre qualité. Elle y

Dès le 29 janvier, le comte de Brienne écrivait à l'intendant de la province d'Artois, M. Esmangart, que le roi venait de permettre aux religieux de « procéder à l'élection de trois sujets parmi lesquels sa Majesté puisse choisir celui d'entre eux qu'elle

perçoit la dîme sur 2,300 mesures à 30 s. la mesure, 3,450 l. ; le terrage sur 31 mesures 1/2 à 30 s. la mesure, 46 l. 10 s. — Elle exploite un bois de 30 mesures 290 l. Les censives portent 300 livres.—Terres données à location à Marœuil 66 l. — 13 mesures à Anzin : 130 l.

Charges particulières de la maison.—L'abbaye paye annuellement la somme de 4,330 l. 10 s. tant pour la portion congrue et vestière des prieurs curés que pour l'entretien des chœurs, des sacristies, ornemens, linges, vases sacrés et maisons presbytérales, savoir : Au prieur de Sombrin 700 l. pour portion congrue, 200 l. pour vestière et 150 pour l'entretien du chœur, sacristie, etc... A celui de Warluzel, les mêmes sommes ; — à celui de Blavincourt aussi les mêmes sommes ; — à celui de Noyelles-Godault 200 l. pour vestière, 150 pour entretien du chœur, etc... Au curé de Vendin 100 l. pour entretien du chœur, etc... Au curé de Wingles 50 l. pour la part de l'entretien du chœur, etc... Au curé de Bénifontaine 50 l. pour pareil entretien ; — à celui de Méricourt 20 l. pour la quote-part d'entretien ; au vicaire d'Herlies 312 l. 10 s. pour sa portion congrue et logement et 300 l. pour réparations du chœur, etc.. ci : 4,330 l. 10 s. — Celle de 9,961 l., savoir : 300 pour les oblats, 21 pour le Séminaire d'Arras, 1,800 pour les réparations à faire à l'église, au chœur et aux bâtiments de toute la maison, 1,000 l. pour l'entretien de la sacristie, pain, vin, cires, ornemens, vases sacrés et la paroisse, y compris la portion du clerc ; 2,600 pour le vestière de la Communauté, 360 pour la lessive des religieux, 160 pour les officiers de la maison, 1,500 pour les gages des domestiques en raison de 100 l. chacun, 700 l. pour grand bailli, avocat, procureur, médecin et chirurgien, etc.

360 pour les aumônes dans les endroits où l'abbaye est décimatrice à l'exception de Marœul, 360 pour l'abonnement des fermes sur les boissons et 800 l. pour les aumônes du village de Marœul. — Plus il se trouve à reconstruire à Marœul l'église, plusieurs parties de la basse-cour, les murailles, en partie, du jardin; à la ferme de Soncamp deux granges ; à la ferme de Merville, tous les bâtiments à l'exception du corps de logis et l'écurie ; la maison presbitérale du prieur de Sombrin. — On observe que les biens sont loués outre leur valeur, qu'ils n'ont été portés au taux où ils sont que pour pouvoir payer les dettes qu'avait laissées le prédécesseur du feu sieur abbé, réparer les batimens de la maison, bâtir le quartier abbatial et en outre former les batimens d'une basse-cour pour, par la partie, exploiter les biens qui étaient à leur portée.

Récapitulation : Le montant des revenus est de : 26,635 l., celui des charges n'est que de 15,143 l. — Partant il reste 11,492 l.

Fait et reconnu véritable par les prieurs et religieux de l'abbaye de Marœul soussignés le 12 janvier 1788.

Signé : H. Mehay, prieur, J.-B. Truffier, Bultez receveur.

jugera à propos de nommer abbé de cette maison ».
Le roi chargeait en même temps l'abbé de Saint-Eloi,
le sieur de la Combe, lieutenant du roi à Arras, et
le sieur de Cauchy, subdélégué de l'intendant dans
la même ville, d'assister à cette élection en qualité
de commissaires royaux. La préséance était donnée à
l'abbé de Saint-Eloi sur le sieur de Cauchy. L'intendant
fit des représentations sur la préséance ainsi accordée
à l'abbé de Saint-Eloi, et, pour empêcher l'effet des
lettres du ministre, résolut d'assister lui-même à l'élection. Il alla plus loin : dans le but d'éviter une querelle
de préséance avec M. de la Combe, lieutenant du roi,
il prit avec lui le commandant de Lille, officier général,
qui, en raison de son grade, avait nécessairement la
préséance, et il se rendit le 19 mars à Marœuil. Dom
Eloi Dorlencourt fut élu « éminament le premier »,
disent les députés ordinaires des Etats d'Artois. et, le
13 avril suivant, il recevait son brevet de nomination
royale, mais avec la charge de payer environ 7,000 l.
de pensions.

« Sans doute, c'est beaucoup trop, écrivaient les
députés de la cour, aux Etats d'Artois, mais nous
croyons devoir vous observer à cet égard que la conduite qu'a tenue dernièrement l'abbaye d'Eaucourt a
beaucoup nui à celle de Marœuil. M. l'évêque d'Autun
a sçu que M. l'abbé d'Eaucourt avait demandé aux fermiers de son abbaye de se charger en sus des prix de
leurs baux de payer les nouvelles pensions, et qu'ils y
avaient consenti. Il en a conclu que les abbayes avaient
toujours des ressources prêtes pour supporter leurs
charges et il s'est conduit d'après cette idée relativement
à l'abbaye de Marœuil. » (1).
Dom Eloi-Fidèle-Joseph Dorlencourt qui devait être
le dernier abbé de Marœuil, naquit à Anzin, en 1750, d'une

<hr>

(1) Pensions imposées à l'abbaye de Marœuil : 1° au sieur de Seys-
sel, vicaire général du diocèse d'Arras une pension annuelle de
2,400 l. — 2° au sieur de Gantès, sous-diacre du même diocèse
1,500 l. — 3° au sieur Yvon, chanoine de Coutances 1,260 l. — 4° au
sieur Guilloux, prêtre du diocèse de.... 1,260 l. — 5° enfin au sieur
Roubaud de Tresséol, prêtre du diocèse de.... 800 l. Interrogé sur les
diocèses auxquels appartenaient les deux derniers pensionnés, l'abbé
Verdolin, secrétaire de la feuille à l'abbaye Saint-Germain répondit
qu'ils habitaient ordinairement Paris.

honnête famille de cultivateurs (1). Il se fit remarquer, dès sa première jeunesse, par un goût prononcé pour l'étude et les exercices de piété. Il dut ces heureuses inclinations à la présence des Pères Jésuites qui avaient, dans le lieu de sa naissance, une maison de campagne. Après avoir reçu au sein de sa famille, les premiers principes de la langue latine, il entra dans le collège que ces Pères dirigeaient à Arras, et quand il eut terminé ses humanités, il se fit recevoir dans la maison de Marœuil. Ses directeurs remarquèrent en lui, pendant le noviciat, une grande douceur de caractère et une parfaite rectitude de jugement ; et, à peine était-il profès qu'il devint le modèle de la communauté. Les religieux jetèrent donc les yeux sur lui. Après le dépouillement du scrutin, sa surprise fut égale à sa douleur ; car malgré l'unanimité des suffrages, il ne pouvait se consoler, prévoyant les difficultés sans nombre qu'il aurait à surmonter à une époque où déjà l'horizon politique se chargeait de nuages, chaque jour plus menaçants. Il fut bénit dans la cathédrale d'Arras par M. de Conzié. Cette solennité, la dernière de ce genre qui eut lieu dans l'antique basilique de Notre-Dame, se fit avec la plus grande pompe. Tous les prélats de la province avaient voulu y assister : on y compta onze mitres. Les notabilités civiles et militaires avaient aussi pris part à cette cérémonie.

Son administration fut celle du plus tendre et du meilleur des pères. On racontait encore naguère, écrivait M. Parenty en 1847, (2) dans le village de Marœuil, des traits touchants de son inépuisable charité. C'est ici, disaient les anciens de ce lieu, qu'il se promenait pour trouver occasion de distribuer ses aumônes aux indigents. Ce fut là qu'un jour il abandonna une partie de ses vêtements pour couvrir un pauvre lazare. Les malheureux ne frappaient jamais en vain à la porte du monastère.

Malgré cette sorte de profusion à l'égard des pauvres, l'abbé Dorlencourt sut mettre tant d'ordre dans l'administration du temporel de sa maison qu'il trouva moyen

(1) Nous suivons ici M. Parenty qui a connu M. Dorlencourt.
(2) P. 127.

de faire quelques économies qui furent distribuées entre
lui et ses religieux avant le départ pour l'exil.

La Révolution française ne tarda pas en effet à dé-
chaîner la tempête qui devait ruiner encore une fois
l'abbaye de Sainte-Bertille. Le 25 mars 1789, les habitants de la commune de Marœuil étaient convoqués
pour formuler leur cahier de doléances à présenter aux
États-Généraux. Ces doléances comprennent 24 articles
se rapportant tous à l'administration générale du
royaume et à l'égalité de l'impôt, à la diminution des
dîmes, aux abus qui entravent la marche de la justice.
Quelques articles ont trait à l'administration de la province. Un seul se rapporte à la religion. Il est ainsi formulé : « 22. Que les abbayes ne soient plus donné en
command ; et que les pensions auxquelles sont tenues
les dites abbayes ne soient plus donnés aux bénéficiers,
mais servent aux soulagements et entretiens des pauvres. » Les habitants de Marœuil ne faisaient dans cet
article que formuler de nouveau les doléances de l'abbaye contre les pensions que l'Etat lui avait imposées à
l'élection de l'abbé Dorlencourt. Ils montraient ainsi leur
parfait accord avec l'abbaye, et ils laissaient entendre
leur estime pour les religieux et la confiance qu'ils
avaient dans la charité de l'abbé Dorlencourt envers les
pauvres de Marœuil. Le cahier est signé de cinquante-et-
un noms d'électeurs (1).

Les États-Généraux ne tardèrent pas à commencer
leur œuvre de révolution. Dès le 10 août, ils suppri-
maient toutes les dîmes, « sauf à pourvoir aux moyens
de subvenir d'une autre manière à la dépense du culte
divin, à l'entretien des ministres des autels, au soulagement des pauvres, aux réparations et reconstructions
des églises et presbytères, et à tous les établissements,
séminaires, écoles, collèges, hôpitaux, communautés et

(1) Voici ces noms : Laigle, Caron, Legay, Bize, Déplanque, Frion,
Duquesnoy, Herbet, Renard, Mathieu, Goubé, Wavelet, Sevin, Ba-
raffe, Finet, Lantoine, Hannebicque, Delame, Lesecq, Randoux, Finet,
Nicolas Herbé, Tailler, Poché, Merville, Déplanque, Clercq, Herbet,
P. Dhoudain, Locquet, Pierre Poché, Godin, Jean Hic, P. F. G. Le-
febvre, Tailliandier, Pochet, Lavoine, Coint, Pierre Hanat, Delvoy,
Delomme, Wavelet, Mayeur, Damiens, Dumont, Hanart, Delale,
Mayeur, Wevelet, Taliès, Augustin Cagin. — LORIQUET : Cahier des
doléances de 1789. T. I, p. 395 et seq.

autres, à l'intention desquels elles sont actuellement affectées. » Quelque temps après, pour subvenir à la disette croissante du trésor public où ne rentraient plus les impôts qu'on refusait de payer, l'assemblée décréta que les églises seraient dépouillées de toute l'argenterie qu'elles possédaient. Le 28 octobre, les vœux monastiques étaient suspendus C'était un acheminement à la spoliation des monastères. Enfin, le 2 novembre, l'Assemblée, déjà sous le coup de la terreur organisée par les clubs de Paris, bien qu'elle eût été forcée de reconnaître que les biens du clergé n'étaient en aucune manière la propriété de la nation, décréta que les biens du clergé étaient « à la disposition de la nation, à la charge de pourvoir, d'une manière convenable, aux frais du culte, à l'entretien de ses ministres et au soulagement des pauvres. « La spoliation était dissimulée sous ces termes hypocrites, le brigandage légal allait commencer.

« L'Etat, a dit M. Taine, dans son histoire de la Révolution (1), s'emparait de tous ces biens, pour combler le déficit de ses propres caisses, pour les engloutir dans sa propre banqueroute jusqu'à ce qu'enfin. de ce trésor amassé pendant quarante générations pour les enfants, pour les infirmes, il ne reste plus de quoi payer une maîtresse dans une école, un desservant dans une paroisse. une tasse de bouillon dans un hôpital. »

Pour arriver à l'exécution de ce plan, le 9 novembre, il fut décrété qu'on ne donnerait plus de successeurs aux bénéficiers qui disparaîtraient, les curés exceptés, et que l'on imposerait à tous les titulaires des bénéfices et à tous les supérieurs des établissements ecclésiastiques l'obligation de présenter un état de situation de leurs biens, avec l'obligation d'affirmer que rien n'avait été soustrait. Le 5 février 1790. l'on décidait qu'on ne laisserait qu'un couvent de chaque ordre dans les villes qui en auraient plusieurs. Le 13 du même mois, l'assemblée décréta que la loi constitutionnelle ne reconnaîtrait plus à l'avenir les vœux monastiques ; de plus les religieux et les religieuses étaient libres de sortir de leurs couvents. Les femmes avaient seules le droit de finir en-

____

(1) T. I.

semble leurs jours dans les bâtiments qu'elles habitaient;
quant aux hommes, on leur indiquerait ultérieurement
les maisons où ils devaient se réunir. Le 20 mars, les
officiers municipaux furent chargés de liquider la situation financière des couvents et de recevoir la déclaration des religieux qui désireraient rester dans les couvents ou en sortir. Enfin, le 20 avril, il fut décrété que
dorénavant, à partir du premier janvier 1790, le traitement de tous les ecclésiastiques serait payé en argent.

Entre temps, les administrations nouvelles s'étaient
constituées par des élections où l'esprit qui avait guidé
l'Assemblée constituante, eut une grande part.

Le département s'était donné un directoire, les dis-
tricts (1) avaient choisi leurs administrateurs et les com-
munes s'étaient donné des Conseils électifs sous le nom
d'officiers municipaux (2).

En exécution des décrets, dès le 11 juin 1790, la municipalité de Marœuil se transporta à l'abbaye, pour
dresser l'inventaire de tous les meubles et biens des
religieux, et, le 8 décembre, Pierre-Joseph Dubron, administrateur du district d'Arras, assisté d'un commis
secrétaire, en fit le récolement.

« Introduits dans le quartier de M. l'abbé, dit le procès-verbal, y avons trouvé M. Dorlencourt abbé et
tous les religieux de la maison ». Lecture est donnée
des décrets et instructions, puis le récolement commence
par l'église et la sacristie.

Après avoir noté, sans spécifier, les effets et ornements, l'argenterie et le linge, on passe à la bibliothèque sur laquelle on place les scellés. Au quartier abbatial
récolement des meubles, tant dans les places basses que
dans les chambres hautes.

« Sur quoi, il nous a été observé, dit le procès-verbal,
par M. l'Abbé, que quoiqu'il eût laissé inventorier lesdits meubles et effets existants dans son quartier abba-

(1) Arras, Béthune, Saint-Omer, Calais, Boulogne, Montreuil, Saint-
Pol, Bapaume.
(2) Marœuil avait pour maire Philippe Dhondain ; pour procureur
Louis Petain, pour officiers municipaux René Covillier, Joseph Del-
hommel, Guislain Forrestier, Xavier Delattre, Pierre-Ignace Lautoine
et Nicolas Frion, secrétaire greffier.

tial, il espère de la sagesse de l'administration qu'elle voudra bien les lui conserver, lui étant personnels comme à chacun des religieux les meubles de sa chambre ». On parcourt ensuite le réfectoire, la cuisine, la brasserie, le quartier des étrangers, la salle des archives, la basse-cour et la ferme. On constate « la présence de douze chevaux de labour, deux de carrosse pour M. l'Abbé ». Le procès-verbal se termine par l'énoncé d'une mesure qui devait être bien pénible aux religieux : « Desquels effets, avons fait distraire ceux que nous avons jugé absolument inutiles à l'usage journalier des religieux et avons fait mettre lesdits effets distraits dans une place au-dessus du quartier de M. le curé, ayant deux croisées dormantes sur la porte d'entrée de ladite abbaye, sur lesquelles fenêtres avons mis le scellé ou cachet du district scellé sur la porte de ladite chambre.

« Quant aux tableaux existans dans ladite maison et qui ne peuvent être déplacés, les avons laissés à la garde desdits religieux, ainsi que les scellés apposés sur la porte de la bibliothèque et de la chambre au-dessus du logement de M. le curé. »

L'argenterie de l'abbaye fut envoyée à la Monnaie de Lille. Le compte des revenus de l'abbaye pour 1790, présenté par l'Abbé Dorlencourt le 4 août 1791, porte que l'abbaye a tiré, pour son argenterie, de la Monnaie de Lille, « un récépissé portant 3816 livres 17 sous 9 deniers ; elle a escompté ce récépissé pour des assignats qui ont servi à acquitter les dépenses. »

L'inventaire du Refuge à Arras n'eut lieu que le 22 mars 1791. « La place à manger avec son tableau au-dessus de la porte et une vieille tapisserie de mouquette bleu ». La cuisine avec ses pots et ses fourneaux, jusqu'à « la plaque de cheminée et la porte de fer du four », l'office avec « son armoire à quatre portes et son petit garde-manger », les chambres avec leur pauvre mobilier, la chapelle avec ses trois tableaux, ses « six petits pots de faïence », l'appartement « de M. l'Abbé ayant vue sur la basse-cour, avec sa cheminée à la prussienne, deux chenets à boules de cuivre, une pelle, une pincette, une tapisserie de papier sur toile, neuf chaises à fonds de jonc, une table avec un tiroir couverte de toile

cirée, » tout passe sous les yeux des officiers municipaux d'Arras, Albert Hazard et Théodore Forgeois,
accompagnés de Dom Bultez receveur de l'abbaye.

Quelques jours avant cet inventaire, le 18 mars, les
religieux avaient donné le meilleur gage de leur fidélité
à leur sainte vocation, en déclarant tous devant les officiers municipaux de Marœuil qu'ils voulaient, dit le
tableau dressé par le secrétaire greffier, « vivre en commun dans la maison qu'ils ont épousée » (1). Les religieux
étaient au nombre de huit, non compris l'Abbé Dorlencourt et dom Dehay, curé de la paroisse. Monsieur
Méhay, longtemps prieur et curé, n'avait fait qu'entrevoir sur la terre les débuts de la tourmente qui devait
anéantir sa chère abbaye : il était mort, le 6 juin 1790, à
l'âge de 72 ans.

Un peu après, les pensions des religieux furent fixées
par le directoire du département à 1200 livres, pour les
trois religieux qui avaient plus de cinquante ans d'âge,
dom Bultez, dom Dehée et dom Dumortier. Les cinq
autres devaient recevoir 900 livres. L'Abbé Dorlencourt
ayant justifié, dans un nouveau compte, d'un revenu
pour son abbaye de 22,000 livres, une pension de 6,000
livres lui fut assignée. Ces pensions ne devaient pas être
payées longtemps.

Le 6 juin, la vente du mobilier de l'abbaye commença
par les animaux de la ferme et des instruments de culture. Un mois après, un ouragan violent causait des
dégâts importants aux bâtiments de l'abbaye. Les religieux n'étant plus les maîtres de leur monastère, durent
solliciter du district la visite d'un architecte et demander
la réparation des dégâts. Les administrateurs décidèrent
de faire les réparations nécessaires : nous ne savons si
elles furent exécutées.

Les religieux, en effet, devaient quitter l'abbaye. Le

(1) Voici les noms de ces huit religieux : Albert J. B. Bultez, né le
24 avril 1732, profès le 16 juin 1754. — Emmanuel-Flor. Dehée, né le
13 juin 1735, profès le 19 novembre 1758. — J.-B.-Florentin Dumor-
tier, né le 3 avril 1736, profès le 19 nov. 1758. — Augustin-Joseph
Cresson, né le 15 janvier 1745, profès le 21 avril 1767. — Eustache
Dom. Debret, né le 20 mars 1749, profès le 19 août 1770. — Ferdinand
Beaucourt, né le 2 juin 1758, profès le 11 mars 1781. — Luc-F.-J.
Quintin, né le 19 octobre 1759, profès le 11 mars 1781. — Aubert-
Joseph Tamboise, né le 18 mars 1761, profès le 7 avril 1782.

directoire du département leur avait fixé Saint-Eloi comme lieu de retraite. Ils devaient s'y trouver pour le 1er avril. La date fut ensuite reculée jusqu'au 1er juillet. Dom Bultez se trouvait encore à l'abbaye le 18 août : c'est lui qui accompagna l'architecte Gayant dans sa visite après l'ouragan.

Le curé de Marœuil, dom Dehay, de son côté, avait refusé énergiquement de prêter le serment exigé par la constitution civile du clergé ; il fut remplacé le 6 juin par un prêtre qui n'avait pas eu les mêmes scrupules, Bocquet, curé d'Athies.

Le 15 août, le département changea de nouveau la destination des religieux. Au lieu de Saint-Eloi, il choisit Arrouaise pour centre de réunion, et il y envoya les religieux de Marœuil avec les bénédictins de Saint-Bertin de Saint-Omer

A la fin du mois, le dépouillement complet de l'abbaye s'effectua sous la direction des officiers municipaux. Une première voiture chargée de tables, de fauteuils, de chaises et de tableaux, fut envoyée à Saint-Vaast. Elle y arriva le 30 août, mais allégée des sept tableaux qu'elle contenait. Trois autres voitures furent chargées des meubles de la cuisine, des literies, etc. En deux jours tout fut entassé dans l'abbaye de Saint-Vaast devenue le dépôt des meubles enlevés aux couvents.

On avait été plus vite dans la confiscation des immeubles soit de l'évêché, soit de l'abbaye. Dès le 11 décembre 1790, la vente des terres était commencée. Le 16 mars, le moulin était vendu au meunier, le 16 avril le château des évêques, avec une partie des terres, était adjugé pour 116,000 francs à Laurent-Just Fornier de Douai. Henri Lallart, négociant à Arras, Joseph-Marie Dourlens, Pierre-Philippe Duquesnoy d'Arras en achetaient de leur côté pour 60,000 francs. La vente se poursuivit plusieurs années. Les terres furent vendues par lots plus ou moins importants, souvent suivant les indications des acheteurs. On sait d'ailleurs combien il était facile d'acheter ces biens que l'on disait nationaux. La vente avait lieu à Arras, et il suffisait pour se rendre acquéreur d'être en état de payer dans les quinze jours 30, 20 ou 12 pour cent du prix d'achat. Le reste du paiement ne devait être effectué que dans l'espace de douze ans, en payant un intérêt de trois pour cent l'an. Douze ans, c'était un temps bien long, et beaucoup oublièrent de s'acquitter complètement D'ailleurs le paiement se faisait en assignats et la valeur de ce papier-monnaie ne tarda pas à baisser considérablement. Dès 1790, l'assignat de cent livres ne valait plus que 96 ; l'année suivante, il descendit à 82 ; en 1792 à 79, en 1793 à 58, en 1794 à 28 ; en août 1795 il valait 5 livres, en février de l'année suivante 7 sous 1/2 et en mars 2 liards. On présume que la solde des biens nationaux se fit à bon compte. On put voir sans difficulté une ferme et toutes les terres qui en dépendaient payées à peine le prix d'un animal de basse-cour.

Les religieux avaient pris le chemin d'Arrouaise. Avec la douleur des fils qui sont forcés de quitter leur père et leur maison de naissance, ils avaient dû se séparer de l'Abbé Dorlencourt et de leur chère abbaye. Il leur semblait pourtant que la séparation n'était point complète, le père continuant de rester dans son abbatiale : on espérait malgré tout des jours meilleurs. Le 5 septembre, fête de saint Bertin, la plupart des religieux étaient à Arrouaise, avec ceux d'Hénin-Liétard, de Ruisseauville et de Saint-Bertin. Dom Verdevoye, bénédictin, chanta la messe, ensuite il fut élu supérieur. Les exilés pensaient vivre tranquilles dans cette retraite, sous une règle fort sage qu'ils s'étaient donnée le 28 décembre 1791, « avec trois mois de vacances pour alléger les charges de la vie commune, » jusqu'à la fin de 1792. Mais au commencement de juillet, des bandes de brigands vinrent à plusieurs reprises les molester. Ce fléau augmentant, ils durent prendre la fuite et se retirer où ils purent. « Pour lors, conclut l'auteur du grand Cartulaire de Saint-Bertin, les brigands pillèrent et saccagèrent à leur aise (1) ». Le 17 août 1792, l'Assemblée législative décrétait elle-même l'évacuation de toutes les maisons encore occupées par des religieux ou des religieuses, sous prétexte « de les faire jouir de la liberté qui leur était assurée par les lois précédemment faites », en réalité pour éteindre dans le royaume toute

(1) Mgr Deramecourt. — *Le Clergé du diocèse d'Arras pendant la Révolution*, t. II, p. 25.

vie monacale, et pour mettre à l'encan les monastères eux-mêmes après avoir dilapidé leurs biens. Les pauvres, la classe ouvrière se plaignaient amèrement de la suppression soudaine des ressources et du travail dont ils profitaient ; mais l'impiété révolutionnaire restait sourde à tous ces gémissements, il fallait renverser la religion et l'arracher du cœur de la France.

Ce n'était qu'avec la plus grande peine que les honoraires même du médecin des pauvres, étaient payés par le département. Ce médecin était depuis 1783, M. Bize, chirurgien. Mgr de Conzié lui assurait 50 livres chaque année, l'abbaye lui donnait la même somme, à condition qu'il soignerait les pauvres sans exiger d'autre rétribution. En mars 1791, il n'avait pas encore reçu les cent livres qui lui étaient dues pour 1790. Nous avons les lettres par lesquelles il réclame au directoire du district et à celui du département la somme à laquelle, il avait droit. Malgré les avis favorables des officiers municipaux de Marœuil, de Boussemart représentant de Mgr de Conzié, de l'abbé de Marœuil, et même d'un administrateur du district, le directoire du département, le 20 juin 1791, « considérant, dit l'arrêté, que ledit sieur Bize ne représente aucun titre à l'appui de sa demande, et que les biens ecclésiastiques sont déclarés être à la disposition de la nation par un décret de l'Assemblée nationale du 2 novembre 1789 ; considérant aussi qu'aucun décret n'autorise les corps administratifs à disposer des dits biens dans le cas où se trouve ledit sieur Bize, déclare que la demande dudit sieur Bize relative à la somme de cent livres qu'il prétend lui être due ne peut être accueillie (1) ».

La charité généreuse de l'évêque et de l'abbaye, avait fait place déjà à l'arrogance d'une administration qui ne connaissait aucun sentiment de justice : les pauvres ne faisaient que commencer à l'éprouver. Quelques mois encore, et l'on ne connaîtra plus que la violence et le sang.

Le 26 août 1792, l'Assemblée législative porte ce dé-

---

(1) Documents communiqués par M. l'abbé Mayeur curé de Parenty, arrière petit-fils du chirurgien Bize, lequel était fils de l'organiste de l'abbaye.

cret publié le 30 dans le département du Pas-de-Calais :
Art. 1er. Tous les ecclésiastiques assujettis au serment,
qui ne l'ont pas prêté ou l'ont rétracté, seront tenus de
sortir, sous huit jours, des limites du district et du département de leur résidence, et dans quinzaine hors du
royaume... — Art. 3. Passé ce délai de quinze jours, les
ecclésiastiques non sermentés qui n'auraient pas obéi à
la loi seront déportés à la Guyane française... Art. 5.
Tout ecclésiastique qui ne sera pas sorti ou rentrerait,
sera condamné à 10 ans de réclusion.— Art. 6.Tous les
autres ecclésiastiques, prêtres ou non, non soumis au
serment, seront soumis aux mêmes lois quand ils auront occasionné quelque trouble, ou que leur éloignement sera demandé par dix citoyens du département ».

Ce décret, c'était l'exil pour tous les prêtres fidèles.
Les religieux, ne remplissant pas les fonctions cu-
riales, n'avaient pas été astreints au serment que les
curés prêtaient à la constitution civile du clergé : mais
toute distinction entre le clergé fidèle des paroisses et les religieux était effacée par cette loi de persécution déclarée. Les bons prêtres n'avaient plus qu'à se
cacher ou à gagner la frontière, d'autant que le con-
ventionnel Le Bon allait arriver dans le département
pour mettre à exécution cette loi de sang, et inaugurer
le règne de la Terreur.

L'Abbé Dorlencourt était resté à Marœuil jusqu'à ce
moment critique; il habitait même encore son abbatiale,
gardien de la solitude désolée de son monastère. L'affection des habitants le protégeait; elle le défendait
contre les attaques du curé assermenté Bocquet, lequel
ne rêvait qu'une chose : quitter le logement trop étroit
occupé par l'ancien curé dans l'abbaye et prendre possession du quartier abbatial. Cependant le séjour de
Marœuil n'était plus sûr : « On eut de la peine à lui
persuader, dit M. Parenty, qu'il était signalé à la haine
des sbires de cette époque, lui qui n'avait pris aucune
part aux affaires politiques, s'occupant uniquement du
régime intérieur de son monastère et du soulagement
des pauvres. Quoiqu'il en soit, on préparait à Arras son
cachot et l'on avisait aux moyens de se saisir de sa personne, lorsqu'un ange de charité, Mme Dubois de Fosseux, le fit prévenir en toute hâte qu'il était extrêmement urgent qu'il prît la fuite. »

Si nous en croyons un billet de dom Oblin, Abbé de Dommartin, l'Abbé Dorlencourt, avant de partir en exil et de laisser s'éloigner ses religieux, leur aurait partagé les reliques de sainte Bertille. Voici en effet, ce qu'a écrit l'Abbé Oblin pour authentiquer une relique de la sainte pieusement conservée dans l'église de Fampoux (1) : « Relique de sainte Bertille, dont le corps reposait en l'abbaye de Marœuil près d'Arras, et qui fut partagé par les différents religieux qui composaient cette maison, lors de la Révolution de France. Cette partie des reliques de la dite sainte fut donnée au soussigné par M. Dorlencourt dernier Abbé de cette abbaye, à Arras, en 1804 — *f. g.* OBLIN, dernier Abbé de Dommartin près d'Hesdin en Artois ».

L'Abbé Dorlencourt se dirigea alors vers Tournay ; de là il se rendit à Gand où un respectable négociant, M. Boulanger, lui procura la plus généreuse hospitalité. Toutefois le chagrin qu'il éprouvait de se trouver isolé de ses frères et loin de son monastère, lui causa une maladie qui le mit aux portes du tombeau. A peine était-il rétabli, que le voisinage des armées françaises le contraignit de s'éloigner.

Parvenu jusqu'à Hildesheim en Allemagne, il trouva un refuge dans la célèbre abbaye de Grandhof où l'Abbé lui permit de porter les insignes de sa dignité. Cette gracieuse retraite que lui avait ménagée la Providence lui procura l'occasion de lier connaissance avec plusieurs sommités du clergé français, notamment avec M. de Talleyrand-Périgord, depuis cardinal et archevêque de Paris, l'évêque de Soissons et plusieurs autres dignitaires. Il eut la consolation de voir arriver dans ce monastère deux de ses religieux, dom Ferdinand Beaucourt

______

(1) Cette relique a été reconnue par Mgr Meignan, évêque d'Arras. Le reliquaire porte aujourd'hui un cachet en cire aux armes de ce prélat. La relique paraît être la phalange d'un des doigts de sainte Bertille. Cette phalange est entière et a de deux à trois centimètres de longueur. M. Oblin donna cette relique à M. Pétain curé de Magnicourt-en-Comté. Après la mort de M. Pétain (1877), sa nièce, Mᵐᵉ Ledru, en fit don à M. Hanot curé d'Averdoingt. A son départ pour Fampoux (1881), M. Hanot fit diviser la relique en deux parts : l'une pour Averdoingt, l'autre pour Fampoux. M. Proyart, vicaire général, authentiqua ces deux reliques.

et dom Eustache Debret, qui y reçurent comme lui l'hospitalité (1).

Dom Beaucourt a raconté, dans ses notes d'exil, qu'en arrivant à Hildesheim, le 9 mai 1795 « sans autre compagnie que son sac et son bâton, et après avoir fait trente lieues à pied en quatre jours » il trouva dans cette ville, assez grande et pas fort belle, « un trésor fort rare : C'est le digne prélat qui en occupe le siège épiscopal. Cet homme charitable, ajoute le narrateur, évêque de Paderborn, évêque et prince d'Hildesheim, donnait à tous les prêtres qui passaient à Paderborn deux couronnes de France, et à Hildesheim cinq thalers du pays, c'est-à-dire vingt livres de France, que je reçus aussi en baisant et bénissant la main qui me les donnait ».

« Ma bonne fortune, continue dom Beaucourt, m'y fit rencontrer le général de la congrégation de Windelheim, chanoine régulier de Saint-Augustin. Ce bon et généreux père me reçut comme un de ses enfants et me dit aussitôt que mon Abbé était dans sa maison avec M. Debret, ce que j'ignorais, et, malgré le grand nombre d'émigrés qu'il avait chez lui, il me fit naître l'espérance d'y être reçu, me disant :

— Il faut que vous veniez voir votre Abbé, et là nous verrons ce que nous ferons de vous.

« Je restai quelques jours à Hildesheim pour me délasser des fatigues du sac qui n'avait pas quitté mes épaules une minute. Je visitai la ville... et j'arrivai le 16 mai à Grandhof où je trouvai mon Abbé et M. Debret bien portants et bien contents. »

Huit jours après, dom Beaucourt était admis, lui dix-neuvième émigré, dans cette maison hospitalière. Il y demeura avec l'abbé Dorlencourt et dom Debret jusqu'à ce que le retour en France fût rendu possible par les événements (2).

Le plus jeune des religieux de Marœuil, Aubert Tamboise, ne quitta la France que plus tard. Longtemps il se tint caché chez un habitant de Willerval. Il ne partit pour l'exil qu'au moment où il ne lui fut plus possible de se dérober à ses persécuteurs.

(1) Parenty p. 129.
(2) Deramecourt. T. IV, p. 256-257.

Le curé de Blavincourt, religieux chargé de cette paroisse qui dépendait de l'abbaye de Marœuil, parvint aussi, malgré son âge, (il était né en 1732), à quitter la France. L'exil lui sembla trop pénible sans doute, car il ne tarda pas, aussitôt que la tempête parut un peu apaisée, à rentrer en France. Il se fixa à Coulemont. Mais il avait compté sans les dernières rigueurs d'une administration toujours inspirée par l'impiété révolutionnaire, il fut arrêté le 28 septembre 1799 et incarcéré à l'ancienne abbaye du Vivier à Arras.

Dom Bultez, l'économe de l'abbaye de Marœuil et dom Dehée avaient été encore moins heureux. Le 9 novembre 1793 nous les trouvons détenus au Vivier avec de nombreux prêtres et religieux malades ou infirmes. Dom Crescent et dom Quentin parvinrent à se dérober à toutes les recherches.

Nous n'avons pu savoir comment les autres religieux, dom Dehay et dom Dumortier, avaient passé les funestes jours de la Terreur. Ont-ils pu se cacher ? se sont-ils exilés ? nous l'ignorons.

Pendant que les religieux et les prêtres étaient ainsi poursuivis par la haine furieuse, les lieux saints étaient profanés, dépouillés, mis à l'encan. L'église de Sainte-Bertille ne pouvait échapper aux nouveaux Vandales. Les objets les plus sacrés du culte avaient dû être abandonnés à la dilapidation du trésor public. Les ornements, les calices, les statues, les châsses furent confisqués ; deux des trois cloches de l'église furent fondues. La plus petite seule fut laissée au clocher, inutile d'ailleurs, puisque le culte se trouvait violemment interrompu.

En livrant la châsse de sainte Bertille, on parvint à n'abandonner que les métaux qui recouvraient le bois, cuivre, or et argent. On rapporte que six chevaux furent attelés au char qui devait emporter les saintes reliques avec les dépouilles de l'église. Les animaux refusèrent d'avancer. Il fut impossible de mettre le chariot en mouvement jusqu'à ce que les reliques en eussent été descendues. On brisa alors le reliquaire, et on enleva les métaux qui recouvraient le coffret en chêne dans lequel les ossements précieux étaient placés. Le coffret fut déposé dans une grange et enterré dans le sol. Il y de-

meura pendant dix ans, protégé d'ailleurs par M. Bocquet devenu maire de la commune, après complète abju-
ration de ses fonctions sacerdotales. C'est ainsi que les
reliques furent sauvées.

L'église fut vendue le 27 vendémiaire an VIII, 19 octobre 1799. Elle fut achetée pour la somme de 135,100 frs.
payable en assignats, (1) par Etienne Lemaire portefaix
à Arras. Aucun habitant de Marœuil n'avait voulu se
rendre acquéreur de cet édifice sacré. L'église fut démolie à l'exception du chœur et de la sacristie. La chapelle de Sainte-Bertille, celle qui est au milieu du village, fut d'abord vendue pour 780 livres à un plafon-
neur, Guislain Delrue, mais la vente fut cassée et le
4 janvier 1801, elle fut adjugée à Pierre Joseph Vidoc-
que pour la somme de 12,100 frs. Cette belle chapelle a
été heureusement conservée ; c'est un des précieux souvenirs des monuments anciens de Marœuil.

Pour vendre l'abbaye, comme le morceau tout entier
était un peu gros, on résolut de la partager en vingt
lots, qui seraient mis en vente séparément.

La division fut opérée par l'architecte Leras. Pour
faciliter l'achat des différents lots, une rue fut ouverte
au centre de l'enclos du monastère. Cette rue, qui est
actuellement la rue du presbytère et de l'église, passe
sur le lieu même où s'élevaient les cloîtres de l'abbaye (2).

(1) On se rappelle qu'à cette époque les assignats étaient absolument dépréciés.

(2) Voici la description des différentes parties de l'abbaye, telle
qu'elle est faite par l'architecte Leras à la date du 27 novembre 1793.
ART. 1ᵉʳ, QUARTIER, cy devant ABBATIAL, construit dans le genre moderne, en grèz, blanc et brique. Le rez-de-chaussée bien distribué,
une partie des cheminées en marbre, les places en partie lambrissées
en bois de chêne, plancher et pavé, un escalier en bois de chêne.
L'étage de ce bâtiment est aussi bien distribué avec une partie des
cheminées en marbre et lambris. La charpente en bois de chêne, en
bon état, la couverture en ardoises où il se trouve quelques réparations.

ART. 2. — Quartier à droite tenant à l'église de paroisse, composé
de six places au rez-de-chaussée, un escalier en bois de chêne qui
conduit aux deux étages et au-dessus de l'église, pour communication
au clocher et aux orgues.

ART. 3. — Cuisine avec une pompe et son balancier en fer, lavoir y
tenant, une descente de cave et un escalier en bois de chêne qui
conduit aux étages et grenier.

La vente commença le 26 prairial an II, 14 juin 1794. Le quartier abbatial fut acheté pour 11,600 frs. par P.-Joseph Bocquet. Les plus gros lots furent adjugés à des négociants d'Arras.

Nous avons dit que la religion comme ses ministres était proscrite par les sectaires de la Révolution, sous le prétexte, sans cesse proclamé, d'établir la liberté. Deux prêtres parvenaient encore cependant, malgré tous les dangers, à administrer les sacrements. L'un, nommé Leclercq, était un ancien bénédictin de France. Il avait prêté le serment à la constitution civile du clergé, que le Souverain Pontife avait condamnée. Il refusa toujours de violer les vœux qu'il avait faits aux pieds des autels. A cause du serment qu'il avait fait, les fidèles refusaient de recourir à lui.

Un autre prêtre, natif de Marœuil et non assermenté, remplissait presque toutes les fonctions du ministère sacré, c'était M. Dubois. Le bon prêtre se cachait à Marœuil, y disait la messe le plus souvent qu'il pouvait,

Art. 4. — Cloître. 17 croisées avec ses tablettes en marbre, le chapitre y tenant, avec lambris en bois de chêne.

Art. 5. — Réfectoire avec lambris en bois de chêne, cheminée de marbre et tablettes en marbre aux croisées, chauffoir avec cabinet y tenant.

Art. 6. — Dortoir composé de 20 cellules, le corridor pavé en carreaux en terre cuite

Art. 7. — Charpente du bâtiment de droite composée de 9 fermes sur poutres en bois de chêne, la couverture d'ardoise, charpente du dortoir et réfectoire composée de 14 fermes, couverture d'ardoise.

Art. 8. — Basse-cour. La maçonnerie construite en grès et blanc, tenant au jardin, bergerie, pigeonnier et autres bâtiments y tenant, charpente avec bois de chêne, couverts en ardoise, les écuries y tenant avec un bâtiment à usage de logement, charpente en bois de chêne, la couverture en tuiles, grand'porte, charpente et couverture d'ardoise, les autres bâtiments y tenant avec la grande grange, charpente en bois de chêne, la couverture en paille.

Art. 9. — Arrière-cour. Une grange avec les étables couvertes en paille.

Art. 10. — Brasserie en maçonnerie grès et blanc, couvert en tuiles, hangar dans le pré en charpente, couverture en paille.

Art. 11. — Jardin potager divisé en trois parties renfermé de mur, contenant environ 900 arbres fruitiers, et un autre jardin derrière la basse-cour avec une houblonnière et arbres fruitiers. — Pré contenant environ 800 pieds d'arbres tant fruitiers que montants.

Art. 12. — Le clos de la maison contient en tout environ 14 mesures de terres fermé d'une muraille constante de grès et de blanc dans tout le pourtour dudit clos.

poursuivi bien des fois, mais échappant toujours quand
les envoyés du tribunal révolutionnaire, les vingt-deux
sous et demi, comme on disait, se présentaient pour
l'arrêter. Le maire, qui était alors Nicolas Frion, ancien
clerc de l'église et instituteur payé par l'abbaye, en les
voyant arriver chez lui, prétextait toujours quelque occupation pressée pour les tenir quelques moments dans
sa maison. Pendant ce temps, il faisait avertir la famille
du prêtre qui ordinairement le cachait.

« Nous avons vu nous-même, rapporte un témoin et
examiné chez M. Déplanque, petit-neveu de M. Dubois,
la chambre et l'autel où le prêtre célébrait le saint Sacrifice, où dans les plus mauvais jours se rendaient en
cachette de pieux fidèles qui ne pouvaient résister au
saint désir d'assister à la messe. »

Les frais que le prêtre devait faire, toutes ses dépenses
étaient supportées par sa famille. Jusqu'au rétablissement du culte, en 1802, il reçut ainsi de sa famille la
plus généreuse hospitalité. M. Dubois est mort curé de
Foncquevillers.

Les dangers du ministère sacerdotal qu'exerçait M.
Dubois étaient souvent partagés par un autre prêtre
aussi de Marœuil, M. Coutiaux. Le vicaire général de
Mgr de Conzié lui avait donné des pouvoirs comme à
M. Dubois.

Malgré les visites de ces deux prêtres, on était quelquefois obligé de porter à Arras soit à M. Dubois, soit
à M. Coutiaux qui s'y retiraient de temps en temps, les
enfants qu'on voulait faire baptiser. Il n'était guère possible d'ailleurs, pour les prêtres, d'administrer d'autres
sacrements que le baptême. Si près d'Arras, il était trop
dangereux de réunir les enfants pour la première communion ; il était même souvent très difficile de porter
aux malades les dernières et suprêmes consolations de
la religion.

Dieu fit sentir à Marœuil comme partout, sa puissance
et sa justice. Quelques hommes se montrèrent plus
exaltés que les autres et plus impies : ils furent sévèrement châtiés. Dans l'église profanée, une malheureuse
osa monter sur l'autel et figurer la déesse Raison : elle
mourut misérablement. De ceux qui organisèrent les
danses autour de cette déesse et se firent les meneurs

de ces orgies d'impiété, les uns sont morts de mort violente, les autres sont devenus aveugles, paralytiques, d'autres sont tombés dans la misère après avoir possédé des biens importants. L'un d'eux apercevant une statue de la sainte Vierge dans une niche pratiquée dans la muraille qui fermait le cimetière, s'écrie :

— Elle est donc encore là cette mendiante !

Deux ans plus tard, il avait vendu tous ses biens, et se traînait de porte en porte, sollicitant la charité publique. Tous les membres de sa famille furent punis comme lui. Sa femme perdit la vue, son fils mourut subitement à Arras, et ses enfants furent tous idiots.

On dit aussi que l'un de ces révolutionnaires, après avoir brisé les bras et les jambes d'un Christ à un calvaire voisin, à peine rentré chez lui, ressentit des douleurs si violentes dans les bras et les jambes qu'il s'écriait qu'on lui broyait tous les os. Il mourut dans d'atroces souffrances (1).

M. Bocquet, le curé constitutionnel, infidèle à tous ses serments, mourut noyé dans la rivière.

Au milieu de cette longue tourmente, si bien appelée la Révolution, les fidèles si confiants en sainte Bertille, cessèrent de venir à Marœuil. La dévotion à la sainte abbesse n'en restait pas moins au cœur de tous ceux qui avaient aimé à venir la prier, qui avaient été favorisés de sa protection ou qui avaient vu ses miracles. Lorsque le calme reviendra, ils s'empresseront de reprendre le chemin de Marœuil, et le culte de sainte Bertille se relèvera avec son église et la religion.

(1) Ces traditions ont été recueillies par M. l'abbé Mayeur, curé de Parenty, arrière petit-neveu de M. Dubois. — M. Topart, ancien maire de Marœuil, décédé presque octogénaire en 1898, nous a lui-même confirmé beaucoup de ces faits.

CHAPITRE XXI.

LE CULTE DE SAINTE BERTILLE DE LA RÉVOLUTION A NOS JOURS.

L'Abbé Dorlencourt à Marœuil.—Ses dernières années. — M. Quentin, le culte rétabli. — Miracle. — Reconnaissance des reliques. — La châsse. — Mgr Parisis. — Miracles. — Reconstruction de la chapelle de Sainte-Bertille à Brusthem — Reconstruction de l'église à Marœuil. — Restauration du culte. — Miracles : guérisons diverses et nombreuses. — Conclusion.

Le Concordat de 1801 rouvrit aux prêtres émigrés les portes de la France. L'abbé de Marœuil, dom Eloi Dorlencourt, revint en France avec dom Beaucourt et dom Debret. Il se mit aussitôt, ainsi que ses religieux, à la disposition de Mgr de la Tour d'Auvergne-Lauraguais, récemment nommé évêque d'Arras, et ne sollicita pour lui que la modeste succursale de Marœuil. Il acceptait ainsi, dans son humilité et sa charité, de vivre comme simple desservant dans la paroisse où il avait autrefois porté la mitre et la crosse. Une seule pensée le dirigeait : se rendre utile aux habitants de Marœuil qui n'avaient point cessé d'être chers à son cœur. Il n'y resta que quelques mois. M. l'abbé Dubois, vicaire général du diocèse, lui fit observer que l'autorité supérieure ne pouvait souffrir de le voir dans son ministère si inférieur à son ancienne dignité. Marœuil n'avait plus d'église ni de presbytère, et il avait fallu créer une habitation pour le curé dans une dépendance de la ferme de l'abbaye, en face du moulin de l'ancien château, en attendant qu'on la transférât dans une des bergeries de l'ancienne abbaye. L'abbé Dorlencourt consentait à inaugurer cette modeste demeure, lorsque Mgr l'évêque d'Arras le comprit parmi les chanoines honoraires, à la création du Chapitre de sa Cathédrale, le 30 octobre 1802. Le 20 février suivant, il le nomma chanoine titulaire, puis vicaire général.

Dans les quelques mois que l'Abbé Dorlencourt resta à Marœuil, il eut le temps de replacer dans une autre châsse le coffret en bois qui contenait les reliques de sainte Bertille. La châsse était bien pauvre, elle était en fer blanc, mais le curé lui-même comme la paroisse était pauvre. Ce fut un grand bonheur, pour le vénérable Abbé, de recevoir de M. Bocquet, maire de Marœuil, le cher trésor que celui-ci, malgré ses défaillances, s'était fait un devoir de garder, et de pouvoir le remettre en honneur.

M. l'abbé Parenty a fait un bel éloge de M. Dorlencourt, en terminant son *Histoire de sainte Bertille*. Le lecteur nous saura gré de mettre sous ses yeux cette page édifiante qui fait bien connaître le dernier abbé de Marœuil. « L'Abbé Dorlencourt était l'un de ces hommes qui ne peuvent se soustraire à aucune fonction, quelque pénible qu'elle soit, quand il s'agit de prêter secours à l'humanité. Il y avait en lui quelque chose qui tenait de la charité de saint Vincent de Paul. Assurément, s'il est dans l'Eglise catholique un ministère qui coûte à la nature, c'est celui des prisons : se trouver en présence du crime, presser une main qui a fait verser le sang, aller chercher au fond d'un cachot des malfaiteurs pour les ramener à Dieu, telle est la pénible mission d'un aumônier de nos maisons d'arrêt. Eh bien ! l'abbé de Marœuil s'y dévoua tout entier. Les prisons d'Arras regorgeaient, sous l'empire, de détenus parmi lesquels se trouvaient un grand nombre de déserteurs. Chaque jour il les visitait pour les encourager et les consoler. De concert avec Mlle d'Aix qui, après avoir été captive elle-même pendant la révolution, se voua depuis, jusqu'à sa mort, à l'œuvre des prisons, il érigea une modeste chapelle où il célébrait la messe les jours de dimanche et de fêtes. Chaque fois, il adressait aux prisonniers une instruction qui s'accommodait à leur situation. Il procura, en outre, à côté de la chapelle, l'établissement d'une infirmerie, où les malades trouvaient, dans les froides et humides nuits d'hiver, un lit et du feu. C'était dans cette infirmerie que les condamnés à la peine capitale se disposaient au départ pour l'échafaud. C'était de là que le pieux aumônier partait avec eux pour les accompagner jusqu'au lieu du supplice. Les habitants d'Arras se souviennent encore d'avoir vu plusieurs fois ce vénérable vieillard luttant contre sa sensibilité naturelle pour s'asseoir sur la fatale charrette à côté des condamnés, relever leur courage en leur montrant le crucifix et leur parlant du bonheur du ciel.

« L'Abbé Dorlencourt ne bornait point aux prisonniers les consolations de son ministère. Se faisant tout à tous, à l'exemple du grand apôtre, il trouvait du temps pour s'occuper de la direction des personnes les plus recommandables de la ville et d'un bon nombre de jeunes théologiens du grand Séminaire. Ces derniers étaient ses enfants de prédilection. Quand ils étaient promus au sacerdoce, il ne les laissait jamais s'éloigner de lui, ceux surtout qui étaient moins favorisés de la fortune, sans leur donner quelque gage de son affection et de sa générosité. Chaque année aussi, il se faisait un bonheur de se rendre au milieu des habitants de Marœuil, pour entendre les confessions au temps de Pâques.

« Lorsqu'advint, en 1814, le gouvernement de la Restauration, diverses personnes de tous les ordres reprirent les signes et emblèmes honorifiques de l'ancien régime. Le Chapitre d'Arras réunissait alors quatre abbés réguliers, savoir : de Dommartin, de Marchiennes, d'Eaucourt et de Marœuil. Ils obtinrent l'autorisation de reprendre la croix pectorale qu'ils n'avaient point osé porter sous l'empire. La Révolution, en effet, avait bien pu anéantir nos anciens monastères ; mais ses violences n'avaient pu s'étendre jusqu'à effacer l'espèce de caractère qu'avaient reçu les abbés dans leur bénédiction. Ces hommes vénérables reparurent donc, à la grande satisfaction du Chapitre et des fidèles, avec la croix d'or pectorale et l'anneau abbatial.

« Il est digne de remarque que dans l'Eglise catholique, les honneurs et les distinctions viennent souvent trouver ceux qui ne les recherchent ni ne les désirent. L'Abbé Dorlencourt qui se serait contenté de la succursale de Marœuil, vit venir à lui toutes les dignités capitulaires et diocésaines. Nommé successivement grand pénitencier, doyen du Chapitre et vicaire général, il se montra toujours dans ces charges diverses un homme de paix et de bon conseil.

« En qualité de doyen du Chapitre, il officiait à la cathédrale aux principales fêtes de l'année. On ne pouvait voir à l'autel ce beau vieillard, sans se sentir attendri et pénétré. Mais Dieu avait montré assez longtemps à la terre ce modèle des bons prêtres. Il voulut l'appeler à lui sans lui faire subir les infirmités de la vieillesse. Trompé par son excellente santé, l'abbé de Marœuil ne se ressouvint plus de son âge de soixante-douze ans, lorsqu'on lui proposa de faire une procession du saint Sacrement dans la paroisse d'Etrun, au fort de l'été et par une chaleur excessive. Il en ressentit une telle fatigue que, rentré à Arras, il se mit au lit pour ne plus se relever. Il mourut, le 18 août 1822, après avoir reçu les Sacrements de l'Eglise avec les marques de la piété la plus vive (1).

Le successeur de M. Dorlencourt à la cure de Marœuil fut M. Quentin, ancien religieux de l'abbaye. Dom Cressent devint curé de Courset. Il se retira ensuite à Ivergny. Dom Debret et dom Beaucourt, les compagnons d'exil de l'abbé de Marœuil, acceptèrent l'un la cure de Berguette, l'autre celle de Haute-Avesne, puis celle d'Oignies et enfin celle de Duisans. C'est dans cette paroisse que dom Beaucourt mourut. Dom Tamboise, rentré lui aussi d'Allemagne, se fixa quelque temps à Vimy, où il eut l'occasion de défendre devant le juge de paix, contre les enfants du maire, celui-là même qui l'avait caché durant les jours de la terreur. Les plus âgés des religieux de Sainte-Bertille n'avaient pu survivre aux souffrances et aux privations des prisons révolutionnaires. Ils étaient morts dans ces jours de persécution. Nous sommes amenés à cette conclusion par les recherches infructueuses que nous avons faites pour retrouver leurs noms parmi les survivants de la Révolution. Dom Bultez, dom Dehée, dom Dumortier, dom Dehay, curé de Marœuil peuvent être considérés comme des victimes de la persécution.

(1) Parenty, p. 130-134.

Marœuil a vu aussi de ses enfants frappés par les décrets révolutionnaires : Augustin Frion, curé de Monchy-Breton, après avoir lutté dans sa paroisse, qui était alors chef-lieu de canton, jusqu'à la fin de 1793, dut enfin, pour se soustraire à un danger trop imminent, s'arracher à sa paroisse et partir pour l'exil. Il rejoignit les religieux de Marœuil et vécut des maigres émoluments qu'il put se procurer comme professeur.

Son frère, plus jeune de quelques années, fut moins heureux, ou, mieux, obtint plus vite sa récompense : il mourut en émigration.

Ces deux prêtres étaient les frères de Nicolas Frion, clerc de l'église de Marœuil. Leur père avait été également attaché comme chantre à l'église de Sainte-Bertille.

M. Quentin à Marœuil dut s'occuper de reconstruire l'église. Il fallut s'y prendre à deux fois. L'ancienne sacristie avait été rachetée par un habitant de Marœuil, M. Caron, et cédée à la commune, avec les ornements sacerdotaux de l'Abbé Dorlencourt. Elle servit de chœur pour la nouvelle église avec ce qui restait de l'ancien sanctuaire. On construisit une moitié de la nef et il fallut la couvrir en chaume, tant les ressources manquaient ; l'autre partie fut achevée au moyen d'une souscription. M. Quentin mourut en 1829, à l'âge de 70 ans.

Cependant les foules reprenaient peu à peu le chemin de Marœuil ; sainte Bertille continuait de les attirer par des faveurs.

Vers 1830 ou 1835, on vit souvent venir à l'église, auprès de la châsse de la sainte, un pauvre aveugle. Il arrivait, conduit par son chien, par le chemin de Neuville, et, sans que rien fût capable de l'arrêter, il se dirigeait vers l'église de Sainte-Bertille, puis, il allait à la source miraculeuse. Un jour, on le vit traverser Marœuil, la joie sur le visage, disant à tous son bonheur et célébrant les gloires de sainte Bertille. Il était guéri. La vue lui avait été rendue par la sainte qu'il invoquait avec tant de confiance depuis plusieurs années. On ignore le nom de ce miraculé.

En 1835, Mgr de la Tour d'Auvergne fit procéder à la reconnaissance des reliques de sainte Bertille. L'évêque voulait s'assurer de l'état dans lequel se trouvaient ces précieux restes. Depuis la Révolution, aucune reconnaissance n'avait été faite, et l'évêque, dans son zèle pour le culte des saints, comprenait la nécessité de reprendre la vérification de tous les titres anciens et de toutes les reliques qui avaient pu traverser la tourmente révolutionnaire. M. Herbet, vicaire général, fut chargé de visiter la châsse de sainte Bertille. Il se fit assister de M. Capron, curé de Marœuil, et de M. Lanvin, curé d'Etrun. « Nous avons trouvé ladite châsse, écrit-il dans son procès-verbal, bien et dûment fermée. Nous l'avons ouverte avec soin et révérence, et nous y avons vu le chef de ladite sainte enveloppé dans une étoffe de soie, et les ossements du corps, parmi lesquels ossements nous avons pris celui qui est joint au présent procès-verbal et muni du sceau épiscopal. Après quoi nous avons fait fermer et sceller dudit sceau la susdite châsse de sainte Bertille ». L'ossement extrait de la châsse fut désigné par un officier de santé comme étant l'humérus gauche de la sainte. L'évêque l'avait fait retirer de la châsse, afin d'en enrichir sa cathédrale et de pouvoir donner des reliques de sainte Bertille aux églises de son diocèse qui sont placées sous l'invocation de cette sainte. « Je me félicite fort, ajoutait Mgr de la Tour d'Auvergne, dans une lettre qu'il écrivait au curé de Marœuil, d'avoir fait visiter le sépulchre de cette sainte, et de m'être assuré que son corps y repose presqu'entier ».

Il résulte clairement de cette reconnaissance, que les religieux de Marœuil, en partant pour l'exil à la Révolution, n'emportèrent pas le corps de sainte Bertille comme l'a dit dom Oblin, abbé de Dommartin (1). Il faut entendre son attestation dans ce sens que les religieux emportèrent les petites reliques de la sainte qui avaient été tirées de la châsse en 1785 ; mais le corps presqu'entier resta dans le coffret qui était renfermé dans la châsse. Il paraît d'ailleurs bien invraisemblable que les religieux aient pu penser à emporter les grandes reliques, quand leur fuite à l'étranger était rendue si difficile par la persécution violente qui les bannissait.

____

(1) Cfr. page 225.

C'est à M. le curé Bodelot (1) qu'était réservé l'honneur de replacer ces précieux restes dans une châsse moins indigne de la patronne de Marœuil.

La première œuvre de M. Bodelot fut la reconstruction de la chapelle qui se trouve au-dessus de la fontaine Sainte-Bertille. Cette reconstruction fut entreprise avec le concours de la municipalité et de tous les paroissiens. Un M. Dauchez-Lagny devenu propriétaire du terrain dit le *Pré de Sainte-Bertille*, était sur le point de le vendre à M. le baron Fouant de la Tombelle ; mais il mettait pour condition qu'il en distrairait la parcelle où surgissait la source, et qu'il en ferait l'abandon à la Fabrique de l'église de Marœuil. Il s'agissait d'environ deux mètres cinquante centimètres de terrain en carré. Le marché fut ainsi conclu. Toutes les formalités tant civiles qu'ecclésiastiques étant remplies, Mgr Parisis, le 20 septembre 1852, autorisa l'édification d'un oratoire sur la source. Cet oratoire existe toujours. C'est une petite chapelle très simple, avec autel surmonté d'une statue ancienne qui n'est pas sans valeur artistique. Directement au-dessus de la source, on a établi une grille qui peut s'ouvrir dans l'intérieur de la chapelle. La source reste ainsi à découvert et jaillit dans la chapelle même.

Mgr Parisis accorda quarante jours d'indulgence à perpétuité, pour chaque fois, mais une fois seulement par jour, aux fidèles de l'un et de l'autre sexe, qui, le dimanche, ou le mercredi, ou le vendredi, visiteront la chapelle, pourvu que, vraiment repentants de leurs fautes, ils y récitent dévotement *cinq Pater* et *cinq Ave*, ou bien leur prière, soit du matin, soit du soir, à quelque jour que ce soit.

La translation solennelle des reliques suivit de quel-

(1) Voici la suite des successeurs de M. Quentin à la cure de Marœuil : MM. Capron, de septembre 1829 à mai 1836. — Daniel de mai 1836 au 1er août 1840 — Lanvin, d'août 1840 au 1er janvier 1845. — Bodelot, de janvier 1845 au 29 juin 1868. — Gruel, du 9 juillet 1868 au 26 novembre 1871. — Goidin, du 27 novembre 1871 au 14 mai 1877. — Pierre Juin, du 29 juillet 1877 au 31 octobre 1883 — Hippolyte de Longueval, du 13 novembre 1883 au 10 avril 1888. — Paul Crinon, du 10 avril 1888.

ques années. Elle eut lieu en 1856. Le jour de Pâques de cette année, M. le curé Bodelot fit appel à la générosité de tous les habitants de Marœuil, pour mettre à exécution le désir de tous les cœurs et l'acte de reconnaissance que l'on voulait accomplir envers la sainte, en transportant ses restes glorieux dans un reliquaire qui fût digne de ce dépôt sacré.

Il s'agissait d'une dépense de neuf cents francs. Une allocation du Conseil municipal et les dons recueillis dans toutes les familles pauvres ou riches concoururent, avec les propres sacrifices de M. le curé, à compléter la somme nécessaire pour faire confectionner une belle châsse de style gothique en bronze doré.

Tout étant préparé, le 28 septembre, jour fixé par l'évêque, eut lieu la translation solennelle. Dès le matin, M. Lequette, vicaire général, se rendit à Marœuil, pour procéder à la reconnaissance des reliques et chanter la grand'messe, à laquelle il fit une instruction sur le culte des saintes reliques.

Après la messe il procéda à la reconnaissance des reliques en présence de M. le Curé, du maire et des membres du conseil de Fabrique. Après avoir brisé les sceaux, on ouvrit le coffret, et on trouva le corps presqu'entier de sainte Bertille. Il ne manquait que l'humérus gauche extrait par Mgr de la Tour d'Auvergne, et un bras. Le chef de la sainte était intact. Tous les ossements étaient enveloppés dans de la soie, comme le portaient les procès-verbaux des reconnaissances de 1785 et de 1835.

Tous les ossements furent ensuite enveloppés dans une soie neuve, le chef dans un morceau distinct de la même étoffe qui avait été brodée par Mme la baronne Fouant de la Tombelle. Le tout fut lié au moyen d'un ruban sur lequel on apposa le sceau épiscopal ; un procès-verbal relatant tous les faits, rédigé sur parchemin en triple exemplaire, et revêtu du sceau épiscopal et des signatures des principaux témoins, fut joint aux reliques, et on replaça le dépôt précieux dans un coffret neuf en bois, revêtu de velours rouge. Le coffret lui-même fut déposé dans la châsse qui devait être comme

le trône où reposerait perpétuellement l'incomparable
trésor de Marœuil (1).

L'après-midi, Mgr Parisis vint présider la cérémonie,
chanter les vêpres pontificalement et prêcher sur le
culte que l'on doit aux reliques des saints, en particulier
des saints que nous avons le bonheur d'avoir pour pa-
trons, et sur les avantages précieux que nous pouvons
en retirer. La procession qui suivit fut une véritable
fête pour tout Marœuil. De nombreux arcs de triomphe
dans les rues, des allées plantées d'arbres sur la route
où devait passer la procession, l'église splendidement
décorée, témoignaient de la joie générale. Une foule
immense suivait le nombreux clergé à la tête duquel
marchait le grand évêque, Mgr Parisis. Tous les dignitaires ecclésiastiques d'Arras, les administrateurs civils
de Marœuil et des environs, faisaient un cortège magnifique à la châsse de sainte Bertille. Cette cérémonie fut,
à six cents ans d'intervalle, un digne pendant, une
parfaite reproduction de la première translation solennelle, présidée par l'évêque d'Arras, Pontius, en 1228.

Sainte Bertille ne tarda pas à récompenser la confiance que les fidèles montraient toujours en sa puissante protection. Le 25 septembre 1858, une femme,
Françoise Lomand, épouse d'Edouard Combeau, se présentait à l'église de Sainte-Bertille, avec sa fille, Victoire, âgée de dix ans. L'enfant avait fait à pied le
voyage d'Ecoust-Saint-Mein, près Croisilles, à Marœuil.
C'était cinq grandes lieues qu'elle avait dû parcourir, et
elle ne paraissait ressentir aucune fatigue. La mère
venait remercier la sainte patronne de Marœuil de la
guérison de son enfant, obtenue depuis un an par l'intercession de sainte Bertille. L'enfant avait perdu la vue
à l'âge de sept ans. Pendant deux ans, les parents dé-

(1) Bien que le procès-verbal n'en dise rien, de petites reliques ont
été, à cette occasion, extraites de la châsse. M. Lequette, suivant
l'attestation d'un témoin, Madame Henriette Baude, petite nièce de
M. Dubois, desservant de Marœuil pendant la Révolution, en prit une
pour une église, M. Bodelot put se procurer une parcelle attachée à
la soie verte qui renfermait les ossements ; de cette parcelle il fit plusieurs fragments, qu'il donna, entre autres, à Madame Henriette Baude
et à M. Louis Mayeur. Le coffret qui renferme actuellement les reliques
a été fait par M. Louis Mayeur.

solés avaient consulté tous les médecins, mais inutilement. On leur indiqua alors le pèlerinage de sainte Bertille à Marœuil.

La mère n'eut rien de plus pressé que de s'y rendre, elle emporta de l'eau de la fontaine et elle promit de revenir avec sa fille, si elle guérissait. Huit jours après, la petite Victoire était entièrement guérie. Depuis lors elle n'a plus souffert des yeux; personne ne soupçonnerait, dit le procès-verbal de 1858, que l'enfant a été aveugle pendant deux ans.

En 1860, la châsse de sainte Bertille quitta Marœuil pour deux jours, ce qui n'était pas arrivé depuis le retour des saintes reliques à Marœuil, à la fin du XVII⁰ siècle, après les guerres qui les avaient fait transporter au Refuge de l'abbaye, à Arras. Elle devait former avec le cortège que la paroisse de Marœuil lui faisait, un groupe de la grande procession organisée pour les fêtes de la béatification du B. Benoit-Joseph Labre. La châsse fut reçue avec tous les honneurs, à l'église du faubourg Sainte-Catherine, et introduite processionnellement dans la ville. Dix-huit notables de Marœuil se faisaient un honneur de la porter, et quatre-vingt-dix jeunes filles richement costumées lui faisaient cortège. A la suite de cette fête, Mgr Parisis accorda l'autorisation de faire une procession solennelle en l'honneur de sainte Bertille, pendant l'octave de sa fête, le dimanche qui suit le 8 octobre. Cette procession a lieu chaque année à la grande satisfaction des habitants et des pèlerins.

Presque chaque année, dès lors, fut marquée par quelque miracle de sainte Bertille.

En 1861, une jeune fille de Paris, aveugle depuis dix ans, après avoir consulté les médecins spécialistes et recouru à tous les remèdes, entendit parler de sainte Bertille. Elle écrivit au curé de Marœuil pour lui demander de l'eau de la fontaine miraculeuse. La neuvaine terminée, elle était guérie.

Une jeune fille de neuf ans, aveugle de naissance, faisait la désolation de sa mère inconsolable de penser que son enfant ne verrait jamais la lumière.

— Dussè-je me traîner sur les genoux à la fontaine de sainte Bertille, disait cette pauvre mère, j'obtiendrai la guérison de ma fille.

Elle vint donc à Marœuil, en 1866, prit de l'eau de la fontaine, fit une neuvaine et revint bientôt avec sa fille, en actions de grâces. La mère et la fille se présentèrent toutes deux pieds nus à l'autel de sainte Bertille. Elles l'avaient promis et elles étaient trop heureuses d'accomplir leur promesse.

Cette même année, une jeune fille de Quéant fut guérie, par le même remède surnaturel, d'une grave et douloureuse ophtalmie. En reconnaissance, ses parents firent placer dans l'église de cette paroisse, une belle statue de sainte Bertille.

A Marœuil, une enfant de neuf ans (1) était menacée de perdre la vue. Ses yeux étaient si faibles qu'ils ne pouvaient supporter ni l'air ni la lumière. Une tache s'était déclarée dans un œil ; tous les remèdes avaient été tentés, on avait même recouru à des pratiques superstitieuses, on l'avait pansée *du secret*, suivant le terme employé pour désigner ces sortes de pratiques ; tout avait été inutile. La mère nourrice commença une neuvaine à sainte Bertille, et, malgré les eaux qui couvraient la route, chaque jour elle se rendit à la fontaine pour y prendre de l'eau miraculeuse. Le dernier jour de la neuvaine la tache disparut et la guérison fut complète.

Le miracle suivant est raconté par M. L. Gruel, chanoine de Notre-Dame de Paris, l'auteur d'une *Notice sur sainte Bertille*, qui a paru en 1863. L'écrivain dit lui-même « qu'il a été surtout engagé à ce travail (la publication de la *Notice*), par une guérison dont il a été témoin, arrivée à Paris le 11 août 1869, en faveur d'une demoiselle de vingt-quatre ans, nommée Bertille F..., malade d'une petite vérole très douloureuse, dont les yeux et toute la figure boursouflée annonçaient une cécité complète. Il avait rapporté de l'eau du *Prédit* de sa patronne, sans rien savoir de la maladie ; il apprend son état, lui envoie cette eau, l'exhortant à la prière et au récit des Litanies, et le soir même sa vue lui est revenue. Aucune trace autour des yeux, elle s'écrie : « je vois, je vois ; je suis guérie ! »

(1) Le nom de l'enfant ainsi guérie est bien connu. La discrétion nous oblige à ne pas le transcrire ici.

Le récit détaillé du miracle suivant, fera bénir sainte Bertille, nous en avons la persuasion, par tous ceux qui ont confiance en la sainte de Marœuil.

En 1879, une jeune fille de Douvrin, alors âgée de seize ans, était en danger de perdre la vue. Des taches se formaient dans ses yeux ; un traitement au nitrate d'argent les faisait disparaître, il est vrai, mais pour peu de temps ; à peine le traitement avait-il cessé que les taches se reformaient, envahissaient les yeux de plus en plus et rendaient nécessaire une nouvelle intervention de l'art médical. Toute l'année 1879 se passa dans ces alternatives de lutte contre un mal toujours renaissant. Au mois de janvier 1880, la famille m'ayant parlé de ses anxiétés, je (1) l'engageai à faire une neuvaine en l'honneur de sainte Bertille, devant une relique de la sainte que je lui prêtai à cet effet, puis à se rendre en pèlerinage à Marœuil. La neuvaine se termina le 23 janvier 1880; le pèlerinage eut lieu peu de jours après. A la suite de ces pieux exercices, les taches disparurent définitivement. Voilà plus de onze ans écoulés depuis lors, la guérison s'est maintenue. Jamais à aucune époque, ni dans l'un, ni dans l'autre œil, aucune tache ne se reforma.

« D'autres faits se sont produits dans ma paroisse, ajoute le curé, qui témoignent du pouvoir de sainte Bertille dans les maladies des yeux. Mais je n'en connais pas d'aussi remarquable que celui dont je viens de raconter le détail, et que je vous livre pour la gloire de sainte Bertille.»

Le culte de sainte Bertille a reçu, dans ces dernières années, une impulsion nouvelle, par l'embellissement ou la réédification de ses sanctuaires.

Brusthem en Belgique a donné l'exemple. Il y a une quinzaine d'années, la chapelle consacrée à la sainte abbesse, menaçait de tomber en ruines. M. Jean-Louis Blavier, curé de Brusthem, entreprit de la restaurer complètement. Cette restauration a été faite avec goût. La Fabrique de l'église n'a pas reculé devant de lourds

----

(1) Le récit est de M. l'abbé Fanien, curé de Douvrin, dont la mort encore récente est une perte non seulement pour le ministère paroissial mais aussi pour la science ecclésiastique.

sacrifices. La chapelle telle qu'elle est aujourd'hui, fait vraiment honneur à Brusthem.

Construite entièrement en pierres dures du pays, elle est surmontée d'un clocher tout ajouré. Douze fenêtres richement coloriées lui font une belle ornementation. L'intérieur a été peint avec beaucoup de goût ; les plus riches couleurs, l'or et l'argent n'ont pas été épargnés. Le mobilier, conforme au style, est digne de l'église. La chapelle, dans son beau style roman, peut-être regardée comme un véritable bijou d'architecture, aussi gracieux que solide.

Il est consolant de le constater : si le culte de la sainte de Marœuil à Brusthem remonte à une époque très éloignée, il faut avouer qu'il ne fait que s'étendre d'année en année. Le sanctuaire est fréquenté non seulement par les fidèles de Brusthem et du voisinage, mais il l'est surtout par de nombreux pèlerins qui s'y rendent de toutes les provinces de la Belgique et même d'au delà des frontières. On peut dire sans témérité qu'après les grands sanctuaires où l'on vénère Notre-Dame, il n'y a pas dans toute la Belgique, de pèlerinage plus fréquenté que celui de sainte Bertille à Brusthem, conjointement avec celui de sainte Eutropie à Ryckel, et de sainte Geneviève à Zepperen ; Ces trois saintes sont appelées, comme nous l'avons dit déjà, *les trois saintes sœurs* Rosmeer n'a cessé de marcher à la suite de Brusthem et nous apprenons que la sainte de Marœuil est honorée aussi avec une piété confiante à Heppeneert-lez-Maeseych.

Marœuil a suivi de si beaux exemples. Depuis longtemps, la commune comprenait l'obligation où elle était de reconstruire son église. Mais l'importance d'une telle œuvre lui en rendait la réalisation impossible. Une famille aussi noble que généreuse, la famille de Becquincourt, qu'il faut nommer pour la reconnaissance qui lui est due, est venue à son secours par un don que l'on peut appeler princier. En effet, sur une dépense évaluée à 110,000 fr., elle en a donné 80,000. Ne s'arrêtant pas là, elle a voulu y ajouter plusieurs verrières, le maître-autel et toute sa garniture. D'autres donateurs sont venus libéralement se grouper autour d'elle, et ont fait don, les uns d'une verrière et d'une cloche, les autres d'une horloge monumentale et des stations d'un très beau chemin de croix. Dans ces heureuses conditions, l'église se trouva presque complète au lendemain de sa consécration, 3 octobre 1881.

L'église est dans le style ogival du XIII° siècle. Elle a la forme d'une croix latine, avec deux bas-côtés. Le clocher est à l'entrée ; le chœur, au chevet de la croix, est éclairé par de grandes et belles verrières peintes ; l'autel est richement décoré.

Quand on entre dans l'église de Marœuil, on est frappé de l'élévation des voûtes et des vastes dimensions de la nef principale. L'ensemble apparaît grandiose en même temps que riche. Les voûtes sont en lambris de sapin verni et rehaussé de quelques filets qu'une décoration d'ensemble doit rattacher aux murailles.

Depuis vingt ans les premiers bienfaiteurs de l'église n'ont cessé d'embellir leur œuvre. Verrières riches aux deux rosaces du transept, statues du Sacré-Cœur, de la sainte Vierge, de sainte Marguerite, lampes, mobilier dans le style de l'église, ces dons généreux forment une décoration qui va chaque jour se complétant.

En 1881, la paroisse tout entière se mit en fête pour la bénédiction de la nouvelle statue de sainte Bertille. Une grande procession fut organisée. Sous de riches costumes, les jeunes filles reproduisirent la communauté de vierges instituée et gouvernée par sainte Bertille. Tous les corps de métiers tinrent à occuper leur place dans cette manifestation grandiose.

M. l'abbé Crinon a poursuivi avec succès l'œuvre de ses prédécesseurs.

C'est sur ses instances, avec son concours, et grâce aux nombreux et précieux documents qu'il a fournis, que l'étude sur la vie et les miracles de sainte Bertille, en même temps que sur son abbaye, a été reprise par l'auteur de ce livre. Préoccupé de faire rentrer son église en possession de ses trésors d'autrefois, il a fait restaurer les reliquaires anciens qui renfermaient des reliques de saint Amand, saint Hubert, saint Crescent, saint Victorin, et a fait reconnaître par l'autorité épiscopale l'authenticité

____

(1) M. Crinon, p. 96.

des belles reliques de ces grands saints que possédait l'abbaye de Marœuil. Ces reliquaires qui faisaient autrefois partie intégrante de l'autel de l'abbaye, lequel est aujourd'hui dans la chapelle de Notre-Dame de Lorette à Ablaing-Saint-Nazaire, avaient été cachés à la révolution dans le jardin occupé aujourd'hui par l'école des sœurs de la Providence. Ils sont maintenant placés dans le transept de gauche, à côté de l'autel de la sainte Vierge. On y a ajouté les reliques de sainte Philomène et de saint Nicolas, saint Paul de la Croix, saint Benoît Labre, saint Dominique et saint Maur.

Un Christ attaché au milieu d'un tableau artistement sculpté avait été relégué dans les combles de l'ancienne abbatiale. Il fut soigneusement restauré et reporté avec honneur à l'église en 1895. Il forme aujourd'hui un bel ornement du transept de gauche.

Mgr Williez, évêque d'Arras, a tenu à encourager les pèlerins qui reviennent plus nombreux à sainte Bertille. Plusieurs années, en 1894-1895 et 1897, il voulut, à l'exemple de ses plus nobles prédécesseurs, présider la belle et pieuse procession de la fête de sainte Bertille.

Les chapelles, celle de la fontaine et celle de la rue d'Arras, ont été restaurées et embellies ; elles ont reçu des statues nouvelles en 1898, grâce à la généreuse souscription de tous les paroissiens.

La piété des fidèles trouve aussi satisfaction dans les images qui sont comme le résumé de la vie et des miracles de sainte Bertille, dans les médailles frappées à l'effigie de la sainte.

L'abbaye autrefois faisait instruire les enfants à ses frais : Le clerc-chantre payé par elle, tenait l'école en même temps qu'il prêtait son concours à l'office divin. La charité de la noble famille qui a reconstruit l'église de Sainte-Bertille a voulu reprendre cette œuvre si intéressante et si utile. Elle entretient des religieuses qui, dans leur école libre, réunissent les jeunes filles et s'appliquent à les former à la piété, en même temps qu'elles leur donnent une instruction solide.

L'œuvre de sainte Bertille se trouve donc aujourd'hui rétablie, dans sa partie principale, la basilique construite par la sainte de Marœuil. Quand la religion verra-t-elle relevée l'autre partie de l'œuvre de notre sainte, complément de sa basilique ? Quand verra-t-elle une maison religieuse s'établir auprès du sanctuaire pour le desservir comme autrefois et chanter les louanges de sainte Bertille ? C'est le secret de Dieu, de sainte Bertille et des nobles âmes que la sainte de Marœuil a faites comme les héritières de ses vertus et de ses richesses.

Sainte Bertille, si pieusement et si généreusement honorée, n'a pas manqué de multiplier ses faveurs dans ces dernières années.

A Douvrin, il y a environ dix-huit ans, une femme était malade des yeux, au point de ne pouvoir plus se livrer au commerce qui la faisait vivre. C'était la misère pour elle. Elle s'adressa à sainte Bertille, fit le pèlerinage de Marœuil et obtint sa guérison complète.

Plus récemment, dans la même paroisse, une famille toute entière souffrait d'une maladie des yeux qui menaçait de faire perdre la vue au père et aux trois enfants. La mère seule était épargnée. On fit vœu d'aller prier sainte Bertille à Marœuil. Au premier voyage, aucune amélioration sensible. Le mal fut enrayé cependant. Au second voyage la guérison fut complète.

La paroisse de Fampoux dont l'église conserve une relique de sainte Bertille fut favorisée de deux guérisons. Une jeune fille, M. T., souffrait depuis de longues années d'une grave ophtalmie. Elle avait constamment des taches et des abcès dans les yeux. Incapable de supporter la lumière, l'enfant voyait à peine. De cinq à treize ans, ce ne fut pour la jeune fille que douleurs continuelles. Les médecins ordonnèrent des compresses à l'eau filtrée, certaines pommades, le tout inutilement. En 1889, la mère vint à Marœuil. Elle emporta de l'eau de la fontaine Sainte-Bertille et commença une neuvaine pendant qu'elle mettait sur les yeux de sa fille des compresses de l'eau miraculeuse. Le dernier jour de la neuvaine l'enfant voyait parfaitement. La mère avait promis de revenir au pèlerinage chaque année ; elle oublia une fois sa promesse. Les douleurs de sa fille recommencèrent. Au plus fort des souffrances, elle se rappela qu'elle avait conservé de l'eau de Marœuil. Elle en lava de nouveau les yeux de son enfant : aussitôt le mal s'adoucit. L'année suivante, le pèlerinage ne fut plus oublié ; on le fit avec une nouvelle ferveur. Depuis cette époque la jeune fille n'a plus souffert des yeux. En reconnaissance, un beau reliquaire fut offert à l'église pour la relique de sainte Bertille.

Ce n'est pas seulement à la jeunesse que notre sainte prodigue ses faveurs, c'est encore à la vieillesse la plus avancée. Témoin Clotilde Tanchon, âgée de quatre-vingt sept ans, aussi de Fampoux, et guérie par l'intercession de sainte Bertille. Clotilde souffrait des yeux d'une manière intolérable depuis plusieurs semaines, et le médecin déclarait qu'elle perdrait fatalement la vue. Son fils, un brave journalier vivant seul avec sa mère, était au désespoir, en face de cette nouvelle épreuve qui s'ajoutait aux souffrances ordinaires de la vieillesse et de la pauvreté. Il recourut à la charité d'une personne pieuse qui avait habituellement de l'eau de la fontaine de Sainte-Bertille. On commença une neuvaine et on appliqua des compresses sur les yeux de la malade. Après les premières lotions, dès le lendemain matin, la pauvre femme était soulagée, et peu de jours après elle avait retrouvé la vue si parfaitement qu'elle pouvait enfiler son aiguille.

« Il est touchant, raconte un témoin, d'entendre dire au fils, comment pendant ses rudes labeurs de la moisson, les invocations des litanies de sainte Bertille lui revenaient sans cesse sur les lèvres, qu'il les savait par cœur, sans hésiter, après les avoir entendues deux ou trois fois, tant il s'unissait de cœur à la neuvaine qui se faisait pour sa mère. »

La reconnaissance conservera dans cette famille la dévotion à notre bien-aimée sainte. Ce fut d'ailleurs la dévotion privilégiée de Clotilde Tanchon et elle la tenait de sa mère. Quelques années avant cette maladie où elle faillit perdre la vue, comme le curé de sa paroisse la pressait de revenir au bon Dieu, à l'occasion du devoir pascal quelque peu négligé.

— Oh ! oui, répondit-elle, mais il faut aussi avoir confiance en sainte Bertille.

Je me souviendrai toujours du pèlerinage de Marœuil que j'ai fait avec ma mère, étant encore toute jeune. Elle m'a recommandé de prier sainte Bertille, et je n'ai cessé, depuis, de dire en son honneur un *pater* et un *ave* tous les jours.

Clotilde est restée aussi fidèle au Bon Dieu qu'à sainte Bertille.

Plusieurs guérisons ont eu lieu à Harnes par l'intercession de la sainte patronne de Marœuil. Nous rapporterons seulement les faveurs obtenues par deux familles plus privilégiées.

En 1887, deux jumeaux naquirent à Charles Hocq, journalier de cette commune. À l'âge de sept mois, les deux enfants furent atteints d'un mal d'yeux qui parut immédiatement dangereux. L'un des enfants fut seize jours sans pouvoir ouvrir les yeux ; on craignait beaucoup que les deux enfants ne devinssent aveugles. « C'est alors que je me suis rappelé, raconte le père, que ma belle-sœur nous avait dit que l'on allait *servir* sainte Bertille à Marœuil pour les yeux, que beaucoup s'y rendaient en pèlerinage. Seulement j'avais oublié le nom de sainte Bertille et je me trouvais ainsi empêché de promettre d'aller la servir. Un jour, étant dans les champs, je promis d'aller à Marœuil, bien que je n'eusse pas retrouvé le nom de sainte Bertille. Quand je rentrai, à midi, des champs, ma femme me dit que le petit Jean avait ouvert les yeux. C'était le plus malade. Un instant après, la pensée me vint de demander à quelle heure il avait ouvert les yeux. — A dix heures, répondit la mère. C'était l'heure même à laquelle j'avais promis d'aller à Marœuil. Le dimanche suivant, mon frère et moi, nous étions à Marœuil, et quinze jours plus tard, nos deux enfants étaient complètement guéris. Nous avons fait une neuvaine à sainte Bertille et lavé les yeux de nos enfants avec de l'eau de la fontaine que j'avais rapportée ».

Trois ans plus tard, le dernier enfant de la même famille, âgé d'un an, était atteint, lui aussi, d'un mal d'yeux auquel d'abord les parents ne firent pas grande attention. Beaucoup d'enfants étaient malades comme lui ; on croyait que le mal se serait passé au bout de quelques jours. On s'aperçut bientôt que l'enfant était plus sérieusement attaqué. Un abcès semblait se déclarer dans un œil. On s'empressa alors de porter l'enfant à la consultation de M. Decourtieux, chirurgien-oculiste, attaché à la Compagnie des mines de Courrières, à Méricourt. Quand le docteur eut vu les yeux de l'enfant, il déclara qu'un œil était entièrement perdu, qu'il ne pouvait plus y rien faire. Il n'y avait plus qu'à essayer de guérir l'autre, et le docteur commanda de lui porter l'enfant tous les deux jours.

Les parents ne se contentèrent pas de cette démarche. Le même jour, ils se mirent à prier sainte Bertille et commencèrent une neuvaine. L'enfant fut porté régulièment au docteur. La cinquième fois, le praticien constatait, à son grand étonnement, que l'œil perdu était en voie de guérison. Il ne pouvait en croire ses yeux.

— Vous avez fait quelque neuvaine, dit-il à la mère, je crois au miracle.

— Oui, répondit la mère, nous avons beaucoup prié.

Le père vint quatre fois à Marœuil, prier et prendre de l'eau de la fontaine. L'amélioration alla toujours en grandissant. On porta encore l'enfant à Méricourt, pendant une quinzaine de jours. « Mais voyant, dit le père, que la providence était au dessus de la science, nous avons gardé notre enfant et notre argent ». Un mois après, l'enfant était bien guéri.

En reconnaissance, ses parents lui font ajouter chaque soir à sa prière, cette simple et confiante invocation : « Sainte Bertille, vous m'avez guéri ; ô sainte Bertille, conservez-moi bien la vue ».

En 1885, Victor Bocquillon, de la paroisse d'Harnes comme les enfants dont nous venons de parler, souffrait tellement des yeux qu'il n'avait pu les ouvrir depuis deux ans. On eût dit qu'il était aveugle. Le médecin lui avait en vain prodigué tous ses soins; les parents avaient consulté les oculistes les plus en renom. Tous avaient déclaré que les yeux étaient éteints et qu'aucun remède ne pouvait rendre la vue au malheureux enfant. Cependant le petit malade souffrait de plus en plus. En 1887, le père entendit parler du pèlerinage de sainte Bertille. Aussitôt il se mit en route vers Marœuil et rapporta de l'eau de la fontaine. L'enfant s'en lava les yeux tous les jours en récitant cette prière : « Sainte Bertille, accordez-moi de voir clair ». Quinze jours s'étaient à peine écoulés que l'enfant était guéri. Depuis 1887, l'heureux enfant redit chaque soir cette invocation : « Salut, ô sainte Bertille, conservez-moi toujours la vue ». Chaque année il assiste au pèlerinage de Marœuil avec son père ou sa mère. En octobre 1895, il offrit en *ex-voto* une belle statue de la sainte Vierge, hommage de sa reconnaissance.

En février 1891, Mme Saudemont, de Saudemont, canton de Vitry, se trouva subitement atteinte de douleurs graves à l'œil droit. Elle crut d'abord qu'elle n'avait qu'une simple névralgie et se soigna peu. Un mois plus tard, la douleur devint aiguë. L'œil était en feu, le mal se déclarait fort grave. Le médecin qui fut appelé, réclama l'assistance d'un oculiste. Une opération fut immédiatement décidée : on coupa les fibres qui font communiquer l'œil droit avec l'œil gauche. Une congestion était imminente, le cerveau était menacé. Les médecins parlèrent d'enlever l'œil droit. Sur les instances de la malade, on remit l'opération à plus tard. Dans l'intervalle, Mme Saudemont s'était adressée par la prière à sainte Bertille, elle avait demandé des neuvaines, elle récitait les litanies de la sainte patronne de Marœuil. En même temps elle se lavait les yeux avec de l'eau de la fontaine sainte Bertille, et priait tous ses amis d'invoquer avec elle la protection de la sainte. Plusieurs mois encore l'œil resta douloureux. Après la neuvaine solennelle de sainte Bertille, qui se célèbre du 8 au 17 octobre, Mme Saudemont écrivait à un ami : « C'est à sainte Bertille que je dois la conservation de mon œil. J'ai évité la terrible opération qui devait me l'enlever. C'est à sainte Bertille que je dois la grâce d'avoir conservé ma vue et même ma vie. Plusieurs neuvaines, des lotions avec de l'eau de la fontaine, les messes dites en l'honneur de sainte Bertille m'ont sauvée. »

Augustine Beugnet n'avait pas encore deux ans en 1867, lorsqu'une fluxion de poitrine la mit aux portes du tombeau. D'après le médecin, il n'y avait pas de guérison possible. Sa mère écrivit à l'une de ses sœurs de Marœuil, la suppliant de faire une neuvaine à sainte Bertille. La neuvaine terminée, la tante va voir l'enfant à Liévin.

— Vous arrivez, lui dit la mère, pour la voir mourir.

Cependant tout à coup l'enfant ouvre les yeux. Des larmes coulent de ses yeux.

Est-ce l'agonie et la fin qui approchent ? Non, l'enfant

renait à la vie, l'enfant regarde sa tante, remue ses bras. Le lendemain tout danger avait disparu.

Marœuil n'a pas été oublié dans la distribution des faveurs de sainte Bertille. Augustine L... a été favorisée d'une guérison qu'elle n'hésite pas à raconter souvent. Elle avait depuis deux ans une sorte d'épanchement d'eau à la tête. Cette eau coulait sans cesse par les yeux. Le médecin déclara qu'il y avait péril de mort, si on n'arrivait pas à arrêter le mal. Il appliqua des sangsues qui n'apportèrent aucune amélioration Le mal augmenta pendant les hivers de 1890 et 1891. Augustine ne voulut pas tarder plus longtemps à recourir à sainte Bertille. Un mois durant, elle se lava les yeux, quatre fois le jour, avec de l'eau de la fontaine Sainte-Bertille ; pour compresses, elle employait des herbes cueillies à la source, qu'elle faisait bouillir. En mai 1892, elle était guérie.

Madame Montagne, de Lens, vient depuis dix-huit ans faire chaque année son pèlerinage à sainte Bertille. En 1881, menacée de perdre la vue, elle fut guérie par l'intercession de la sainte. On rapporte la même faveur obtenue par Madame Hocquet aussi de Lens.

En 1887, un homme de Neuville-Saint-Vaast avait sous le bras une grosseur très développée. Depuis plus d'un an les médecins l'avaient en vain soigné, la tumeur grossissait toujours. Durant neuf jours, il vint à la fontaine de Sainte-Bertille. Chaque jour le mal allait en diminuant. Il disparut entièrement à la fin de la neuvaine. Heureux d'avoir été ainsi guéri, cet homme a souvent parlé de sa guérison et il engage ses amis à prier la sainte de Marœuil.

Henriette Dilly, de Souchez, canton de Vimy, raconte ce fait. En 1888, une paille de scourgeon pénétra dans son œil gauche. Il fallait, d'après le docteur, une opération pour lui enlever cette paille. La pauvre femme se soumit avec courage et résignation. La pupille de l'œil dut être ouverte et le cristallin arraché. L'œil était perdu. Mais bientôt l'œil droit fut menacé à son tour. Cette fois, Henriette eut recours à sainte Bertille. Elle vint chercher de l'eau à la fontaine de la sainte et s'en lava les yeux presque tous les jours. La douleur disparut bientôt, et depuis dix ans qu'elle fait chaque année le pèlerinage de Marœuil, elle n'a plus ressenti aucune douleur.

— Sans le secours de sainte Bertille, dit-elle, je serais certainement aveugle. Je désire que ma guérison soit publiée et connue partout.

Henriette Dilly a maintenant 76 ans.

En 1889, Monsieur Huret, décorateur à Arras, souffrait depuis un an d'un kyste à l'œil. Il avait subi plusieurs opérations sans aucun succès. Enfin il prit de l'eau de sainte Bertille, fit une neuvaine et le kyste disparut en peu de temps.

En juin de l'année suivante, M. L., d'Arras, avait un enfant de quatre ans souffrant cruellement des yeux. Une sorte de tumeur semblait se développer sur une de ses paupières. L'oculiste déclara que l'ablation de la tumeur s'imposait.

En voyant la mère plongée dans la désolation à cette annonce, une amie lui demanda si elle avait confiance en sainte Bertille.

— N'en doutez pas, reprit Mme L., je ferai tout pour guérir mon enfant.

Quelques jours après, on lavait les yeux du petit malade, chaque matin, avec l'eau de la fontaine de Sainte-Bertille. Au bout de quinze jours, à la fin d'une neuvaine, l'enfant était complètement guéri.

Une petite fille de Simencourt ne pouvait faire un pas à deux ans. Son père, Constant Lecornet, eut la pensée de faire un pèlerinage à sainte Bertille en juillet 1892. Il commença une neuvaine. Au neuvième jour la petite Zoé faisait ses premiers pas. En novembre suivant le père écrivait : « Ma fille marche fort bien maintenant et court comme les enfants de son âge. »

« Gloire à Dieu dans ses saints, écrivait le 12 octobre 1892, une personne d'Arras. Il y a un an, voyant ma nièce et filleule, âgée de quatre ans, souffrant depuis deux mois d'un mal d'yeux rebelle à tous les remèdes, j'eus la pensée d'invoquer sainte Bertille et de faire un pèlerinage avec la petite malade. Parties d'Arras à pied, nous sommes arrivées à l'église de Marœuil dans la matinée. Agenouillées au pied de la statue de sainte Bertille et devant ses reliques, nous avons invoqué avec ferveur celle qui daigne écouter la prière des petits. Nous nous dirigeâmes ensuite vers la fontaine, en suppliant sainte Bertille de nous exaucer. Je fis laver les yeux de ma chère petite nièce. L'amélioration se fit sentir le jour même. La guérison fut bientôt complète, et, depuis, l'enfant n'a plus ressenti aucune douleur. Je promis à sainte Bertille de venir chaque année à Marœuil pendant la neuvaine, en actions de grâces pour la faveur obtenue. »

En mai 1893, la mère d'un prêtre d'Arras était menacée de perdre la vue. Ses souffrances étaient cruelles. On lui procura de l'eau de sainte Bertille. Elle s'en lava les yeux, et récita chaque jour les invocations à sainte Bertille. La neuvaine terminée, le mal avait disparu sans laisser de traces.

La même année, au mois de juin, une enfant d'Harnes, X. Verdielle, souffrait des yeux depuis cinq mois, elle avait consulté inutilement des oculistes, le mal ne faisait que s'aggraver. Une personne lui procura de l'eau de sainte Bertille ; elle s'en lava les yeux, et ses parents firent deux fois le pèlerinage de Marœuil avec la petite malade. Le 15 octobre 1893, la mère et la fille assistaient à la procession, proclamant la guérison complète obtenue par la confiance en sainte Bertille.

La même année encore, Angélique Sauvage, âgée de sept ans, d'Hénin-Liétard, avait depuis un mois les yeux remplis de pustules très douloureuses. Elle était dans l'impossibilité de soulever ses paupières. Le médecin, M. Ducourtieux, proposa de les ouvrir par une opération de chirurgie. Les parents s'y refusèrent et, le dimanche 9 juillet, ils se rendirent à Marœuil. Ils assistèrent à la sainte messe, allumèrent des cierges devant la statue de sainte Bertille et l'enfant se lava longtemps les yeux à la fontaine. La mère emporta de l'eau pour continuer les lotions commencées. Pendant le retour, l'enfant se trouva mieux ; elle continua ses prières et ses lotions. Quatre jours après elle ouvrait les yeux et recouvrait la vue. Toute trace du mal avait disparu. En octobre les parents et l'enfant se retrouvaient à Marœuil pour demander une messe d'actions de grâces.

En 1895, un enfant encore, Jean-Baptiste Legay de Marœuil, âgé de trois ans, tomba d'une table sur le pavé. Huit jours après, un des yeux qui avait été blessé était complètement fermé. Les paupières semblaient s'être retournées, la pupille sans vie. Des pustules se formaient sur l'œil. Inquiets, les parents consultèrent un oculiste distingué et habile. Pendant quinze jours, ils s'efforcèrent de cautériser la plaie, mais sans aucun succès. L'autre œil même semblait atteint. La grand' mère de l'enfant découragée s'écria :

— Nous avons assez fait souffrir l'enfant. Plus de médecins, c'est inutile.

Durant trois mois, elle eut le courage de porter chaque jour, par le froid, la pluie, la neige, le petit malade à la fontaine de Sainte-Bertille.

Un jour enfin, au printemps, l'enfant avait pu se traîner jusqu'au jardin du voisin. Tout à coup il dit, comme s'il s'éveillait soudain :

— Que faites-vous ? Vous plantez des pois ?

A cette question le voisin surpris appelle la famille de l'enfant:

— Mais il voit, votre enfant. Il vient de me dire ce que je fais : c'est donc qu'il l'a vu.

Une lueur subite avait réellement brillé dans les yeux du pauvre petit aveugle. Mais aussitôt les yeux s'étaient refermés et, pendant trois jours, il fut impossible à l'enfant de les ouvrir. Cependant la grand'mère s'était mise à espérer. Elle redoubla ses prières et eut la joie de les voir bientôt exaucées. Peu à peu, les yeux de l'enfant s'ouvrirent. Quinze jours après, la guérison était complète.

L'année suivante, à Tourcoing, un jeune homme atteint de myopie voyait chaque jour le champ de sa vue se rétrécir. Après bien des consultations inutiles, il demanda à M. l'abbé Noël, curé d'Etrun, de l'eau de sainte Bertille. C'était en 1896. Depuis cette époque la myopie a disparu et les souffrances se sont évanouies.

Madame Givert, Delphine Lemaire, de Lens, souffrait depuis ses premières années d'une inflammation des paupières. Après la naissance de son premier enfant, le mal s'aggrava. En 1896, elle se rendit à Marœuil, se lava les yeux à la fontaine, emporta de l'eau. Trois semaines plus tard elle était guérie.

Madame Depret, de Fouquières-les-Lens, avait perdu déjà deux enfants. Sa dernière petite fille, Eugénie, était menacée de perdre la vue. M. Dujardin, le célèbre oculiste de Lille, lui avait fait plusieurs opérations très douloureuses, et sans effet appréciable. Les parents se refusèrent à présenter encore leur enfant aux hommes de l'art. Ils mirent leur confiance en sainte Bertille et le 8 octobre 1896, la pauvre enfant, les yeux enveloppés d'un bandeau noir, conduite par sa mère, assistait à la messe célébrée en l'honneur de sainte Bertille, recevait les évangiles et se lavait les yeux à la fontaine. Sa foi et ses souffrances excitaient la compassion de tous les assistants. Le jour même l'enfant se sentit soulagée. Le 19 octobre, elle revenait à Marœuil parfaitement guérie. Ceux qui l'ont vue si malade ne peuvent croire que ce soit la même enfant.

Une dame de Saint-Omer, (nous taisons son nom, parce qu'elle l'a expressément demandé), écrit le 20 juillet de cette année 1899.

« A la suite d'un grand chagrin ressenti dans le courant de l'été 1895, je commençai à éprouver une gêne dans l'œil droit. Cette gêne ne fit que s'accentuer, et en novembre de la même année, je me décidai à aller consulter un spécialiste de Lille. Le traitement ordonné fut rigoureusement suivi, mais le mal ne fit que progresser. Une seconde consultation eut lieu par le même spécialiste. Le traitement fut changé, mais le résultat resta le même. Le mal ne faisait que s'aggraver. Sur l'avis du médecin de ma famille, je résolus de m'adresser à un autre spécialiste. A Lille encore, je fus présentée à une sommité médicale qui fait sa spécialité de traiter les maladies des yeux. Autre traitement et même profit. Mon œil droit était couvert de larges taches blanches qui éteignaient ma vue : on parlait d'opération grave et difficile. Mon état général se ressentait sérieusement des souffrances que j'endurais à la tête. Nous commencions à désespérer, lorsque j'eus le bonheur de m'entretenir à plusieurs reprises avec l'une des jeunes filles chargées des commissions chez les dames de Sion. Impressionnée de l'état dans lequel elle me voyait, cette jeune fille parla de moi à ces dames. Prises de compassion, elles m'envoyèrent une bouteille d'eau de sainte Bertille avec les litanies, en me faisant dire qu'elles commençaient le même jour une neuvaine, que je devais m'unir à elles et me servir de cette eau pour mon œil malade. Je suivis leurs recommandations, et, de ce jour, graduellement, les taches disparurent et, insensiblement, mon œil revint à son état normal. De toutes ces taches, il ne reste plus la moindre trace, et, dans le courant de l'été 1896, je n'avais plus de ce mal qui m'avait tant épouvantée, que le souvenir. Je rends grâces de nouveau à sainte Bertille et la remercie de tout mon cœur de sa protection si puissante. »

Madame Weppler, de Paris, fait connaître, cette année 1899, les faveurs qu'elle a obtenues de sainte Bertille. « Il y a vingt-deux ans, écrit-elle, j'étais très gravement malade, à la suite de la naissance de l'un de mes enfants. Après bien des remèdes et de grandes dépenses, j'eus le bonheur de rencontrer une paroissienne de Marœuil qui me dit : Vous feriez bien de prier sainte Bertille. Je promis un pèlerinage à Marœuil, mais comme je devais partir à l'étranger, sans avoir pu accomplir ma promesse, une de mes sœurs se chargea de me remplacer. Est-ce oubli ou défaut de ressources ? Toujours est-il que ma sœur ne fit jamais ce pèlerinage. Cependant à partir du jour de ma promesse, un mieux se déclara. Le médecin avait affirmé qu'une opération était indispensable : elle fut évitée. Depuis longtemps, je vaque à mes affaires, je ne souffre plus. J'ai la conviction que ma guérison est due à sainte Bertille. Depuis cette première faveur, chaque fois qu'un membre de ma famille est souffrant, j'ai recours à cette puissante protectrice et j'ai toujours été favorablement exaucée. » Madame Weppler a été heureuse de faire enfin son pèlerinage à sainte Bertille en 1892 et de lui exprimer elle-même toute sa reconnaissance.

Que ces récits de guérisons merveilleuses, appuyés sur les témoignages les plus sérieux, servent à faire pénétrer dans les cœurs et à développer la confiance en sainte Bertille ! Que l'histoire de sa vie porte les âmes à l'imitation de ses vertus, qu'elle leur inspire les sentiments religieux qui l'animaient. C'est ce que nous sollicitons de Notre-Seigneur Jésus-Christ, par la pieuse et puissante intercession de sainte Bertille.

DOCUMENTS

I

Privilegium Alvisi epi Atrebaten.

Quum divinæ jussionis censura et pastoralis sollicitudinis cura premonemur ut qui in præsentia manentem civitatem non habentes, docente apostolo futuram inquirimus, sanctam ecclesiam quæ futuræ typum gerere noscitur, pro juribus nobis divinitus collatis provehere pacique ejus providere studeamus, fratrum nostrorum in hujus mundi exilio Deo militantium piam peticionem fraterno affectu complere debemus quatinus adversantium temeritas pontificali autoritate pellatur et divino cultui tranquillitas conferatur. Eapropter beati Amandi de Mareolo ecclesiam omni fere religionis vigore destitutam et inhabitantium clericorum insoleucia, domus Dei vigore calcato pessumdatam, in religionis statum et decorem debitum reformare curantes, clericos regulares in ea constituimus qui, secularibus abjectis secundum instituta beati Augustini sine intermissione Deo deserviant et pro Atrebatensium episcoporum salute omnique fidelium remissione debita vota persolvant. Nos igitur, karissime frater Balduine, ibidem Deo auctore abbate constitute paci et tranquillitati tue providere volentes, eamdem ecclesiam et ipsius custodiam et omnia que antiquitatis jure eidem ecclesie adtinere noscuntur tibi successoribusque tuis perpetuo possidenda concedimus. — Addimus etiam huic liberalitati mansum qui dicitur episcopalis et redditius XII curtilionum juxta atrium jacentium ita tamen ut nobis successoribusque nostris in cena Domini duo solidos persolvas. — Addimus etiam decimas molendinorum nostrorum in eadem villa jacentium et navim in vivario nostro sicut et nobis ad herbam colligendam — Adjungimus etiam altare de Noella juxta Beal. Ut autem hec nostræ institutionis pagina sigilli nostri impressione roborata firma et inconvulsa perhenniter maneat, fidelium testium præsentiam annotare curavimus.

Signum : Domni Hugonis Atrebatensis archidiaconi. Signum Dni Roberti Ostrevandensis archidiaconi. Signum Dni Petri prepositi. Signum Dni Nicholay decani. Signum Dni Thomæ Cantoris Signum Dni Basilii Canonici et presbyteri. Signum Dni Roberti filii Theobaldi Canonici

et subdiaconi. Signum Dni Corvini Aquicinensis Abbatis.
— Signum Dni Absalonis abbatis Sti Amandi   Signum
Dni Hugonis Hanoniensis abbatis. Signum Ursonis abbatis
sti Dyonisii Remensis. Signum Dni Hugonis abbatis de
Monte Sti Eligii. Signum Johannis abbatis Sti Martini de
Henin.

Ego Alvisus Dei miseracione Attrebatensis eps hoc
libertatis donativum relegi, subscripsi et in nomine patris
et filii et Spiritus sancti propria manu confirmavi.

Actum Atrebati in sinodo in basilica beate Mariæ semper virginis Dominæ nostræ Anno videlicet Dei Christi
M. Cᵒ XXXᵃ VIIIᵒ indictione V, kl. octobris. Anno autem
pontificatus Dmni Alvisi Atrebatensis epi VIIIᵒ.

Cartulaire de Marœuil, fol. 1, rᵒ et vᵒ.

II

Privilegium Lucii papæ.

Lucius episcopus servus servorum Dei, dilectis filiis
Martino abbati et Canonicis ecclesiæ Mareolensis tam
præsentibus quam futuris regularem vitam professis in
perpetuum. Pie postulacio voluntatis effectu debet prose-
quente compleri ut devotionis sinceritas laudabiliter
enitescat et utilitas postulata vires indubitanter assu-
mat. Eapropter dilecti in Duo filii vestris justis postula-
cionibus clementer annuimus et præfatam ecclesiam in
qua divino estis obsequio mancipati cum omnibus pertinenciis suis sub Beati Petri et nostra protectione susci-
pimus et præsentis scripti privilegio communimus, in
primis siquidem statuentes ut ordo Canonicus qui secundum divi et beati Augustini regulam in eadem ecclesia
institutus esse dinoscitur perpetuis ibidem temporibus
inviolabiliter observetur.

Propterea quascumque possessiones, quæcumque bona
eadem ecclesia in presentiarum juste et canonice pos-
cidet aut in futurum concessione pontificum largitione
regum vel principum oblacione fidelium seu aliis justis
modis Deo propicio poterit adipisci firma vobis vestrisque
successoribus et illibata permaneat. In quibus hæc propriis duximus exprimenda vocabulis : locum ipsum in
quo prefata ecclesia sita est cum omnibus pertinenciis
suis ; altare de Mareolo cum suis appendiciis ; curtem de
Soncamp cum suis appendiciis ; partem decime de Salti ;

altare de Sombrin; altare de Wingles cum suis appendiciis tam in mansis et hospitibus quam in aquis et marisco; altare de Bono fonte; curtem de Menreville cum
suis appendiciis; terram de Bailoel pro qua dantur sub
annuo censu pondera butiri; curtem de Rikespoit cum
suis appendiciis tam in aquis quam in marisco; allecia
quæ in Boloniensi provincia ecclesie vestre debentur. —
Antiquas vero et rationabiles consuetudines, libertates
quoque et immunitates ab archiepiscopis et episcopis
ecclesie vestre indultas et hactenus observatas ratas habemus easque futuris temporibus manere decernimus
illibatas. Inhibemus insuper ne quis in vos et ecclesias
vestras sine manifesta et rationabili causa excommuni-
cationis vel interdicti sententiam audeat promulgare.
Sane novalium vestrorum que propriis manibus vel
sumptibus colitis seu de nutrimentis animalium vestrorum nullus a vobis decimas extorquere præsumat. Liceat-
que vobis clericos vel laicos a seculo fugientes liberos
et absolutos ad convercionem vestram recipere et eos
absque ulla contradictione aliqua retinere. Cum autem
generale interdictum terrefuerit, fas sit vobis, clausis
januis, exclusis excommunicatis et interdictis, non pul-
satis campanis, submissa voce divina officia celebrare.
Prohibemus etiam ut infra fines parochiæ vestræ nullus
sine assensu diecesani episcopi et vestro, capellam seu
oratorium ædificare præsumat, salvis privilegiis roma-
norum pontificum. Cum autem in vestris parrochialibus
ecclesiis canonici fuerint instituti, diocesanus episcopus
eos pro jure et cura parrochiali conveniat et castiget,
vobis quoque ipsos pro suis excessibus liceat regulari
subdere discipline.

Sepulturam quoque loci ipsius liberam esse decernimus
ut eorum devocioni et extreme voluntati qui se illis sepe-
liri deliberaverint, nisi forte excommunicati vel interdicti sint, nullus obsistat, salva tamen justicia illarum
ecclesiarum a quibus mortuorum corpora assumuntur.—
Obeunte vero te nunc ejusdem loci abbate vel tuorum
quolibet successorum, nullus ibi qualibet surrepcionis
astucia seu violentia proponatur, nisi quem fratres communi consensu vel pars consilii sanioris secundum Dei
timorem et beati Augustini regulam providerit eligen-
dum.   Decernimus ergo ut nulli omnino homini liceat
præfatam ecclesiam temere perturbare aut ejus possessiones auferre vel ablatas retinere, minuere, seu quibus
libet vexationibus fatigare sed omnia integra conser-
ventur eorum pro quorum gubernacione ac sustenta-
cione concessa sunt usibus omnimodis profutura, salva

Sedis Apostolicæ auctoritate et diocesiani episcopi canonica justicia. Si qua igitur in futurum ecclesiastica secularisve persona hanc nostræ constitucionis paginam sciens contra eam temere venire temptaverit secundo tertiove commonita nisi reatum suum digna satisfactione correxerit potestatis honorisque sui dignitate careat reamque se divino judicio existere de perpetrata iniquitate cognoscat et a sacratissimo corpore ac sanguine. Dei et Divi Redemptoris nostri Jesu Christi aliena fiat atque in extremo examine divinæ ulcioni subjaceat. Cunctis autem eidem loco sua jura servantibus sit pax Dni nostri Jhesu Christi quatinus et hic fructum bone actionis percipiant et apud districtum judicem præmia æternæ pacis inveniant. Amen. Ego Lucius catholice eps ecclesie. Ego Theodimus Portuensis et s. Rufine sedis eps. Ego Henricus Albanensis eps. Ego Petrus presbyter Cardinalis tituli Ste Suzanne. Ego Bibianus presbyter tituli Sti Stephani in Celio monte. Ego Laborans presbyter cardinalis Ste Marie trans Tyberim. Ego Rainerus presbyter Cardinalis sanctorum Johannis et Pauli. Ego Pander presbyter Cardinalis tituli basilice XII Apostolorum. Ego Jacinthus dyaconus Cardinalis storum martyrum Cosmæ et Damiani. Ego Ardicio dyaconus Cardinalis Sti Theodori. Ego Bobo dyaconus Cardinalis Sti Angeli. Ego Cofredus dyaconus Cardinalis Stæ Mariæ in via lata. Ego Albinus dyaconus cardinalis Sanctæ Mariæ novæ. Datum Veletri per manum Alberti Stæ Romanæ ecclesiæ presbyteri et Cardinalis et Cancellarii. III kal. Maii, indictione Iᵃ, Incarnationis dominicæ anno Domini Mᵒ Cᵒ LXXXᵒ IIIᵒ, pontificatus vero domni Lucii pp. III anno IIᵒ.

Cartulaire de Marœuil, fol. II rᵒ et III rᵒ et vᵒ.

III

Privilegium Lotharii regis Francorum.

In nomine sanctæ et Individuæ Trinitatis. Divina præordinante gratia francorum rex Lotharius. Si in divinis cultibus Ecclesiam Dei ad summum sanctæ religionis statum sustollere conamur ab ipso omni bonorum remuneratore confidimus fore nobis recompensandum. Igitur notum esse volumus omnibus Sanctæ Dei Ecclesiæ fidelibus præsentibus scilicet et futuris, quum nostræ dignitatis præsenciam dilecta conjux nostra Emma adiens nobis re-

tulit dolendo quoddam cenobium a venerabili Fulberto
præsule sub regulari canonicorum norma nobiliter secus
Atrebatum super Satis fluenta olim constructum fuisse
quod est situm in villa quæ dicitur Mareolum, nunc vero
penitus destructum per violenciam sæcularium et nimiam
cupiditatem Teudonis epi, remotis ibidem omnibus quæ
prædictus Fulbertus ejusque successores tradiderunt
canobio Scti Amandi et Sctæ Bertiliæ ad opus fratrum ob
remedium animarum suarum nostrorumque antecesso-
rum.Quocirca prælibata conjux nostram reverenter expe-
ciit munificenciam ut concessas res præcepti nostri munimine jam dicto monasterio corroborare dignaremur.
Nos vero interventu dilectæ conjugis nostræ Emmæ fide-
lisque Dudonis ob spem divinæ remuneracionis pro statu
et incolumitate regni nostri piæ peticioni assensum præ-
buimus et jam dictas res canonicis prælibati monasterii
reddi præcipimus scilicet mansum indominicatum quod
Fulbertus eps dedit eis in ipsa villa Mareolo usque in fluvium Satis, in ipsa villa molendinum unum cum area in
qua extat a Berengario præsule mansum unum situm
coram manso ecclesiastico ; et decimas quatuor molendinorum quos præsul Ingramnus eis contulit. Simili modo
mansa duo in jam dicta villa et sedes duas cum terra
arabili ac bonaria viginti quatuor ad opus fratrum ipsius
loci. Medietatem etiam cammæ datam ab Andremaro
præposito ipsius loci, ut habeant firmiter et perpetuo,
nemine inquietante, possideant, ea scilicet racione ut
cunctis diebus vitæ eorum pro nobis et totius regni statu
militare jugiter satagant. Et ut hæc nostræ corrobora-
cionis concessio plenissimum obtineat stabilitatis vigorem
manu propria subterfirmavimus et annuli nostri impressione assignari jussimus.

Datum Lauduni Clavati anno Domini incarnacionis
D CCCC LXXVII.

Cartulaire de Marœuil F. III.

IV

Privilegium Symonis de Oysi.

In nomine Patris et Filii et Spiritus Sti...

Ego Symon de Oysi notum facio tam futuris quam præsentibus quod eleemosynam quam pater meus Hugo et
mater mea Heldiardis pro redempcione animarum suarum ecclesie de Mareolo contulerunt, ego et uxor mea

Ada et filii nostri Hugo et Petrus et filiæ nostræ Heldiardis et Mathildis et sponsi eorum Andreas et Ratzo, concedimus et concedendo confirmamus, adjicientes etiam pro salute animarum nostrarum et filii nostri Egidii, ut quidquid curtilionum infra ambitum murorum abbatiæ de Mareolo continetur ab omni censu et districtu liberum fratres in perpetuum teneant. Excepto quod si latro infra hos terminos captus fuerit mihi aut famulo meo in introitu atrii reddatur, nec aliquis major me super me manum apponere non potest. Si autem malefactor curiam aut domos vestras intraverit, apud vos contra me non retineatur. Ut autem hec dona sint firma et inconvulsa permaneant, sub testimonio hominum nostrorum sigilli nostri impressione confirmamus. Testes hujus rei sunt Guido canonicus, Engelramus frater ejus, Ratzo gener meus, Balduinus de Hunniaco, Godefridus patrinus ejus, Balduinus Wago miles, et omnes scabini de Mareolo. Actum apud Crevecuer, anno dominice Incarnacionis Mᵒ Cᵒ LXᵃ Vᵒ, indictione XIII.

Cartulaire de Marœuil, fol. IV. rᵒ.

V

De decimis de Menricourt.

In nomine sancte et individue Trinitatis.

Ego Frumaldus Dei gracia Atrebatensium dictus eps tam futuris quam præsentibus in perpetuum. Quæ pro salute animarum ecclesiis ad sustentacionem serviencium Deo in eleemosynam dantur necessarium duximus litterarum monimentis annotari et sigillo nostro muniri et testibus corroborari ne vento oblivionis dispersa et a memoria elabantur et per posteritatem malignam maliciose distrahantur Notum itaque facimus tam futuris quam præsentibus quod Sagualo Hukedeu emit a Wicardo de Roveroi tertiam partem decimæ de Menricourt. Quam cum libere haberet in potestate sua per secundum et tercium dominum ad quos spectabat decima illa, dedit eam in eleemosynam templaribus Atrebaten, et ecclesie de Mareolo, sub hoc videlicet et deliberacionis obtentu, quod singulis reciperent annis illius tercie partis decime templares prescripti medietatem, et ecclesia de Mareolo medietatem equaliter distributam. Cum itaque sic deliberasset prædictus, scilicet illam terciam partem decimæ de Menricourt, nobis reddidit et nos assignavimus templaribus Atrebaten et ecclesie de Mareolo eo tenore qui superscriptus est possidendam. Hujus donacionis et eleemosyne sunt testes sacerdotes hii subscripti Petrus decanus, Willelmus de Eversem, Hybertus capellanus, Gillebertus templariorum presbyter, Hugo presbyter de Bitunia, Balduinus Rufus dyaconus, Alelmus frater Hugonis sacerdotis subdiaconus, Gualterus carboneaus acolitus, et laici, Hugo camerarius, Revo nepos Claremb. archyd., Arnulfus et Jacobus. Actum anno Dni mº cº lxx vº. Mense octobris, comite Flandriæ et Viromand. Philippo Balduino de Gandario templarium magistro, Eustachio provisore parisien. Renero Atrebaten. Martino abbate de Mareolo.

Cartulaire de Marœuil, fol. LXXXVII, rº e. vº.

VI

Fragment de la Chronique de Marœuil (1).

Quomodo Dominus Alvisus Episcopus Atrebatensis restauravit hanc ecclesiam.

Prædecessorum nonnulli memores dierum antiquorum meditantes in operibus manuum summi opificis quæ secundum misericordiam et judicium ipsius gesta cognoverunt apicibus assignantes posteris cognoscenda transmiserunt. Quorum diligentia si tantum sibi scire contenta fuisset omnia fere præterita vos in æternum velut animalia bruta latuissent. Nos quoque quemodo, quo tempore vel quibus auctoribus hæc nostra Mareolensis ecclesia de manibus sæcularium canonicorum ad statum religionis in melius mutata transierit, quæ vidimus et audivimus etsi sermone simplici et impolito, per omnia tamen veridico, ad successorum notitiam transmittere curavimus ut cognoscat generatio altera.

Igitur anno Verbi incarnati Mº Cº XXXIIº, Ludovico adhuc sicambris regnante Theodorico patre Philippi Flandriis principante, Alvisus, prius abbas Aquinensis, sedis Atrebatensis præsulatum tenebat. Qui vir quantæ religionis et circa Dei cultum devotionis extiterit cæteris ejus bonis omissis, nostra testatur Ecclesia.

(1) Tiré du Cartulaire de l'abbaye de Marœuil dont cette chronique forme, pour ainsi dire, la préface.

Præsulatus enim ejus anno duodecimo ibidem canonici
sæculares militabant. Quorum stipendia modica quidem
erant et ipsi nihilominus negligenter serviebant. Quæ
omnia Dominus episcopus perpendens et dignitatem Ecclesiæ considerans corrigenda, si quo modo posset, de
manu laicorum clericorum ad viros religionis transfe-
renda proposuit. Contigit interim ut quidam capellanus
ejus, Casywalo nomine, nescio quid facturus eamdem
ecclesiam visitaret et dum missa celebraretur interesset.
Dum autem minister qui solus ex omnibus presbyter erat,
sacris insisteret, vidit capellanus quod mus nimis urba-
nus ad urceolum cooperculo carentem ex quo liquor
calici infundebatur adveniens, clam biberet, clamque
discederet. Ipse vero calix argenteatus, reliquus ornatus
in libris, in vestimentis et cœteris quampauper et indecens
fuerit, quia ex præfictis perpendi potest, scribere super-
sedebo. Ipsi quoque parietes ecclesiæ rimis non modicis
hiantes timorem in ea psallentibus quasi mox ruituri
incutiebant. Hæc omnia prædictus Capellanus attendens
pontifici retulit et ei velut equo currere cupienti, calca-
ribus additis, corrigendi fervorem incitavit. Ipse vero
episcopus sicut homo domum ædificare sibi cupiens sa-
pientem architectum inquirit, idoneum ad hoc opus inci-
piendum, accersivit tandem dominum Odonem Aelcurtis
abbatem rogans ut intra quindecim dierum spatium
dominum Balduinum de Bailleul virum tunc bonæ opinionis sibi transmitteret. Ipse enim Furnis in ecclesia
beati Nicholai præfuerat, sed insolenciam et sediciones
incolarum detestans discesserat et apud prœdictum
abbatem manebat. Contigit autem ut infra prædictos dies
episcopi domus succenderetur. Abbas igitur, hoc cognito,
rediit ad Episcopum conquerens et dicens nunc illud
propositum propter recens infortunium esse differendum.
Ad quem constanter Pontifex : « Immo nunc, inquit,
accelera mittere virum quem postulo. Credo enim quod
quia hominis opus nimis distuli, divino damnum hoc contigisse judicio. » Quid plura ? redit abbas, mittitur homo
sæpedictus, inthimat ei prœsul propositum suum, rogans
et exhortans ut ad hoc opus perficiendum se viriliter
accingat. Ille privatim et quiete vivere desiderans diffi-
cultatem operis, paupertatem loci, raritatem reddituum
considerans, quantum poterat resistere conabatur. Sed
tandem prœces, auctoritas et instantia præsulis prœva-
luerunt. Accessit ad vicum, sed ubi requiesceret, in tota
ecclesiæ possessione, vel saltem equus suus stabularetur,
non repperit. In domum igitur Episcopi divertens ibi die
manebat, nocte vero in domo cujusdam juxta ecclesiam

manentis ut matutinis interesse valeret, quiescebat. Omnipotens Deus sua ineflabili bonitate et maxime meritis Beatæ Bertiliæ volens ecclesiam de Mareolo relevare in qua Dei cultus ita ad nihilum redactus erat quod pudor sit dicere, anno Verbi Incarnati millesimo centesimo quarto qui est annus primus Episcopatus Alvisi episcopi, assumpsit de claustris..... Idem episcopus Balduinum, bonæ memoriæ virum, satis reluctantem et eamdem ecclesiam regere præcepit. Idem vero episcopus Mareolum veniens quarto kalendas Maii prædictam Ecclesiam de manu Clericorum suscepit et Balduino tradidit. Qui eidem ecclesiæ ordinatus, relatione quorumdan fidelium didicit quod Balduinus Calderons teneret allodia patrimonii beatæ Bertiliæ, videlicet quartam partem territorii de Soncampo quodque clerici per negligentiam requirere negligebant. Episcopus vero et abbas Balduinus Balduino Calderon ut eadem allodia Ecclesiæ redderet præceperunt. Qui voluntati eorum libentissime favens non solum allodia reddidit, sed ut domus ædificaretur eidem loco adjutorium impendit. Et post annos aliquos capellam ligneam quam Balduinus Abbas magna paupertate construxerat destruere præcepit et eam quæ nunc est propriis expensis pene totam ædificavit. Altaria de Blavincourt et de Warluzel ab antiquitate magna tenuerat ecclesia. Altare vero de Sombrin, Alvisus Episcopus donavit. Altaria de Noella, de Wingles et de Bonofonte prædictus Episcopus donavit. Altare vero de Wendin Godescalcus Episcopus eidem Balduino prœbuit. Ea quæ habet Ecclesia apud Riskepont partim ex patrimonio prædicti Balduini et fratrum ejus scilicet Walteri et Frumauldi, Lamberti parentumque ipsius Balduini fuerunt. Et ea quæ apud Merville possidemus pene totum idem Balduinus emit. Butyrum quod apud Baillœul habemus, neptes ipsius Balduini nobis dederunt. Allodia quæ in territorio Bolloniæ possidemus ex dono Willelmi de Eisnes canonici nostri diaconi possidet ecclesia. Hæc et alia multa ecclesiæ acquisivit. Post hoc ad meliora vocatus, reddens terræ quod suum est, quarto idus Martii ab hac vita discessit, anno Domini millesimo centesimo septuagesimo primo.

Quo sepulto antequam personæ quæ ad sepeliendum eum convenerant recederent a communitate, consilio prædictarum personarum, absque ulla contradictione Dominus Martinus prior in abbatem eligitur et in proximo festo annunciationis dominicæ a Domino Andrea Episcopo benedicitur. Qui multa bona ecclesiæ acquisivit scilicet partem decimæ quam habemus apud Mericourt, et partem decimæ de Salti pro qua habemus decimam et terragium quæ canonici Sctæ Mariæ Atrebaten. in territorio Mareolensi tenere solebant. Et decimam de Herlies etc... et alia multa quæ longum est enarrare. Cum quibus omnibus ecclesiam pene totam a fundamentis œdificavit. Quam Petrus Atrebatensis Episcopus ipso impetrante nono kalendas Julii dedicavit. Eodem die dedicationis dixit idem Martinus abbas uni ex fratribus nostris se ulterius nolle vivere, ex quo videbat ecclesiam suo tempore et labore dedicatam. Qui duodecimo die transacto id est quarto nonas Julii vitam finivit, anno Domini millesimo nonagesimo primo.

Eodem die quo sepultus est, sicut de alio superius diximus. communi consensu Dominum Walterum elegimus in abbatem. Qui à Petro Atrebatensi Episcopo benedictionem accepit et ecclesiam nostram decem annis gubernavit Qui non bono acquiescens consilio à prædicto Episcopo depositus quinque annis supervixit. Anno vero Domini millesimo ducentesimo sexto tertio decimo Kalend. Februarii, nos autem consilio ejusdem Petri Dominum B. qui abbatiam Arroasiæ sancte demiserat, accepimus in abbatem. Qui cum ecclesiam nostram per unum annum rexisset iterum in abbatem Arroasiæ eligitur atque assumitur

Post quem in gubernatione ecclesiæ nostræ successit Dominus Petrus natione Anglicus, Arroasiæ canonicus, prius abbas de Dondelvilla et de Valencenis. Tempore istius contulit Ecclesiæ nostræ in eleemosynam Domina Margareta Liefrande decimam de Blavincourt quam a Domino Matthæo de Ausy milite emerat sicut in cartis nostris super his confectis plenius continetur Iste abbas cum nostram Ecclesiam per quatuordecim annos rexisset spontaneâ voluntate abbatiam dimisit atque ad locum professionis suæ rediit atque in eodem loco paucis vivens annis, emeritus in senectute bonâ. in pace quievit senex et plenus dierum.

Post egressum ipsius successit in ecclesiæ nostræ regimine Dominus Petrus canonicus noster et prior. natione Atrebatensis. in festivitate beatæ Benedictæ virginis, in abbatem et patrem nostrum eligitur, et postera die in solemnitate sancti Dionysii martyris quæ dominicâ die habebatur, à venerabili R. Atrebatensi Episcopo in Ecclesiâ Sctæ Mariæ Atrebatensi in abbatem benedicitur. Cujus diebus bona Ecclesiæ nostræ ampliata sunt et multiplicata. Nam multi clerici et laici pias et largas eleemosynas nobis porrexerunt inter quos præcipue claruit quidam civis Atrebatensis nomine Sagalo Hakelins qui nobis

contulit in eleemosynam centum et quadraginta libras
parisienses annui redditûs, videlicet mansum de sancto
Albino cum suis appendiciis tam in aquis quam terris
et molendinum unum pro quo habemus duodecim
libras parisienses annui redditus apud sanctum Vedastum,
et omnes redditus quoscumque habebat in civitate Atrebatensi tam in mansis quam denariis et caponibus, et
multa alia dedit nobis quæ longum est enarrare. Tempore
prædicti abbatis quidam Capellanus de Estrun, Radul-
phus nomine, decimam de Baudricourt nobis dedit et
magister Robertus de sancto Paulo, decanus de Basseia,
terram quam habemus apud Noiellam. Post acquisitionem
triginta sex mencaldarum nemoris sitarum in territorio
de Ablain, post emptionem decimæ de Wendin et post
comparationem multarum terrarum et annuorum reddituum, cum venerabilis pater noster prædictus abbas fere
per viginti octo annos ecclesiam nostram rexisset ad
meliora vocatus decimo Kalendas Augusti migravit ad
Dominum atque in Ecclesiâ nostrâ octavo Kalendas ejusdem, ante majus altare, cum maximo mærore et dolore
astantium est sepultus

Post cujus mortem fratribus qui propter debiti oppres-
sionem per diversa loca fuerant dispersi in unum aduna-
tis in festivitate sancti Ypoliti martyris Dominus Michæl,
Mareolensis natione, in abbatem eligitur, canonicus
noster, atque crastinâ die in vigiliâ beatæ Virginis quæ
dominicâ die habebatur a Domino Assono episcopo in
capella ejusdem pontificis benedicitur anno millesimo
ducentesimo quadragesimo quarto, in anno quo Papa
Innocentius quartus fugiens persecutionem Frederici
imperatoris devenit in Franciam.

Post decessum bonæ memoriæ viri prædicti nos in unum
congregati ad electionem abbatis faciendam, sicut juris
est, elegimus omnes Dominum Johannem dictum Wain-
gnart, de Calviacensi natione ortum, et canonicum pro-
fessum ecclesiæ de Falempin in nostrum Abbatem pariter
et in patrem, primo tamen vitam ejus atque famam
cognoscentes coram omnibus sanctam, morosam et hones-
tam Qui in regimine nostræ ecclesiæ erga suos subditos
præbens sanctæ religionis exemplum et in suis operibus
gestans viscera pietatis omnibus se amabilem exhibuit.
In cujus tempore bona nostra ampliata sunt prout vitam
brevi tempore quo regnavit suscipere potuerunt incre-
mentum. Nam Dominus qui sui famuli istis mundialibus

caducis et fallacibus honoribus vitam nollens ulterius
implicari vocavit eum de lacu miseriæ hujus mundi et
nobis tantum suæ dulcedinis per biennium præbens præsentiam paternalem. Sepultus est enim in nostra ecclesiâ
cum suis patribus ante majus altare cum mærore astantium et angustia cordis Dominique incarnationis anno
millesimo ducentesimo quadragesimo octavo.

His itaque piê consummatis per omnia sicut justum
fuit, honnestum elegimus dominum Evrardum Bertel
canonicum nostrum et de cujus Atrebatæ est prosapia, per
consilium Reverendissimi in Xº patris ac domini domini
Jacobi dicti de Dinant tunc temporis Epi Atrebatensis
functi consilio Quem præfatus pontifex confirmavit et in
capella suà apud Atrebatum benedixit Qui cum sentiret
se propriâ libertate potiri, relicto bonorum consilio,
statim se exposuit illecebris delectationum hujus mundi
de quibus non est multum recitatio profiscua nec honesta.
Erat in eo tamen....

VII

OFFICIUM SANCTÆ BERTILIÆ [1]

PATRONÆ NOSTRÆ

IN DIE

DEPOSITIONIS EJUS, TERTIA JANUARII.

Duplex Primœ classis
Ad Vesperas
Ant. Virgo mitis et Serena etc. de Laudibus
Psalm. de communi virg. Capit : Fratres, qui
gloriatur etc. etiam de communi

HYMNUS

Christi virgo Bertilia,
virginitatis præmium
sortita jam in curia
supernorum concivium
Audi præces aure pia
quas tibi læti fundimus
dum tua patrocinia
toto corde deposcimus.
Quæ reddis cæcis lumina
mira Dei potentia
nostræ mentis illumina
tenebras tua gratia
Hostem confunde sæculi
tuo potenti brachio
dum sumus in hoc seduli
devotique servitio.
Præces quas tui famuli
fundunt. fer in sublimia
quæ nostri vincis œmuli
virtutem et imperia.
Virginitatem eligens
electa es à Domino
sursumque mentem erigens
regnabis absque termino.
Virtus, honor, laus, gloria
Deo Patri cum Filio
Sancto simul Paraclito
in sæculorum sæcula. Amen.

V. Specie tua et pulchritudine tua
R. Intende, prospere procede et regna.
Ad Magnificat, ant.

(1) Tiré de la Vie manuscrite de sainte Bertille, par le P. Watelet.

O laudanda virgo Bertilia, quæ te Christo subjecisti, hostis mundo facta, præces nostras sursum porta, ut sit patens cœli porta, nobis data requie.

Oratio

Exaudi nos Deus salutaris noster, ut sicut de beatæ Bertiliæ virginis quæ in hac requiescit ecclesia festivitate gaudemus, ita piæ devotionis erudiamur affectu. Per Dnum etc

AD MATUTINUM

Invitatorium

Virginis in festo, laudemus virgine natum. Venite exultemus etc.

Hymnus

Christi virgo etc. ut in vesperis.

IN PRIMO NOCTURNO

Ant. Admirabile est nomen Domini, qui virginitatem beatæ Bertiliæ integram conservavit.

Psalm. Domine Deus noster, cum reliquis de com. Virg.

Ant. De sponso virginum sibi ab infantia fecit Bertilia sponsum.

Ant. Quæsivit Dominum Bertilia virginitatem suam Christo ab infantia consecrando.

V. Specie tua et pulchritudine tua.

R. Intende, prospere procede et regna.

Lectiones I nocturni. De virginibus præceptum Dni non habeo sed etc. ut in Communi virginum.

Resp. 1um. — Veni electa mea et ponam in te thronum meum quia concupivit rex speciem tuam.

Vers. Specie tua et pulchritudine tua, intende, prospere procede et regna, quia etc

Resp. 2um. — Dilexisti justitiam et odisti iniquitatem, propterea unxit te Deus, Deus tuus oleo lætitiæ.

Vers. Propter veritatem et mansuetudinem et justitiam propterea etc.

Resp. 3um. — Regnum mundi et omnem ornatum sæculi contempsi propter amorem Domini mei Jesu Christi, quem vidi, quem amavi, quem credidi, quem dilexi.

V. Eructavit cor meum verbum bonum, dico ego opera mea regi, quem vidi etc. Gloria Patri, quem vidi.

IN II° NOCTURNO

Ant. Dilexisti justitiam et odisti iniquitatem propterea Deus suam tibi gratiam impertivit.

Ant. Adjutor in tribulationibus nostris esto, Domine, qui Bertiliæ virtus et refugium semper extitisti.

Ant. Quia gratum Deo habitaculum in te præparasti, beata Bertilia, ideo te Christus in excelso habitaculo collocavit.

V. Adjuvabit eam Deus vultu suo.

R. Deus in medio ejus non commovebitur.

Lectio 4ª. — Beata Bertilia virgo sanctitate et sæculi natalibus clarissima, Dagobertum Francorum regem habuit sibi propinquum, patrem vero Rigomarum Artesiæ comitem, matrem Gertrudem fæminam religiosissimam, cujus potissimum cura et sollicitudine ab ipsis incunabulis viam Domini ingressa, omnem ejus ætatis lævitatem fugiebat, et natalium suorum oblita ex humilitate pauperibus seipsam ancillam exhibebat. Studebat præterea in diebus ad ecclesiam convolare, quatenus verbum Dei audire valuisset: unde nimio audiendi amore summopere flagrabat, et quod aure corporis audiebat, in alta cordis sui memoria recondebat. Præter hæc virtutum insignia quibus Bertilia effulgebat, etiam corporis sui pulchritudine alias antecedebat, erat enim alloquio blanda, facie decora, aspectuque pulcherrima ; quibus permotus juvenis quidam nomine Guthlandus superbi sanguinis generositate præclarus, bonis etiam moribus maxime comptus, eam a parentibus sibi in uxorem dari summis præcibus efflagitavit. Sed jam ita beatæ Bertiliæ cuncta labantia subter erant ut tantum connubium Dei amore succensa recusare non dubitaverit.

Resp. 1ᵘᵐ. — Juvenis quidam, Guthlandus nomine, post multam instantiam a parentibus virginis virginem accepit in uxorem.

V. Non ut illecebris carnis deserviret, sed ut ex ea Deo placituram sobolem procrearet, a parentibus etc.

Lectio Vª. — Parentes autem ejus videntes juvenem sæcularis eminentiæ pompa sublimatum, et maximis fundorum possessionibus ditatum, valde posse familiæ suæ prodesse, cæperunt in dies animum præfatæ suæ puellæ suavibus blandisque exhortationibus ad consensum Guthlandi attrahere qua in re cum diutius inaniter tempus terissent, tamen Bertilia eorum, non dicam præcibus, sed præceptis victa, consensit juvenem ex obedientia et ex amore Dei non causa exercendæ libidinis, in maritum suscipere. Quapropter Deus ita nuptiis ejus benedixit, ut non solum virginitatem non amiserit, sed etiam maritum ad continentiam cohortatum ad sanctitatis apicem perduxerit. Quis enim per ordinem enarrare sufficeret quantæ religionis uterque fuerit. Erant enim ambo hospitalitate præcipui, castitatis amatores ferventissimi : visitare infirmos, alere egenos, vestire nudos eis quotidianum erat, ita sane ut de eis vere dici posset, dispersit, dedit pauperibus, justitia ejus manet in sæculum sæculi. Deus itaque volens reddere Guthlando mercedem laborum suorum, eum inter angelos, quorum virtutem in terris positus imitaverat collocavit, beatæ Bertiliæ majora certamina relinquendo.

RESP. 5um. — Celebrato igitur matrimonio inter se convenerunt unanimiter inspirati, ud quandiu viverent castitatem conservarent.

Vers. Et hoc Beatæ Bertiliæ meritis et præcibus faetum est, ut quandiu etc.

LECTIO VI. — Sancta igitur Dei famula à conjugii vinculo liberata, almificam suam castitatem Deo ex toto corde iterum devovit, et omne bonum quod prius mente conceperat, post omnimodis implere, sategit, omnia enim patrimonia quæ ejus dominio ex morte matris et mariti devenerant, diversorum locorum canonicis, monachis et sanctimonialibus delegavit, præter unum solummodo fundum usu fructuario sibimet reservatum qui Mareolum dicitur, in quo propriis largitionibus basilicam condidit, ibique aram statuit in honore beati Amandi. Atque ut suavius liberiusque ibidem contemplativæ vitæ intenderet cellulam parietibus ipsius basilicæ hærentem sibi construi curavit. Quæ lingua unquam dicere sufficeret quàm sancte inibi vixerit ? Ab oratione nequaquam cessabat, corpus jejuniis et vigiliis macerabat, mentem vero Sponso conjunctam in cœlestia semper habebat, ità sane ut angelicam vitam in terris agere videretur. Quâdam autem die cum Sponsi amore vehementius accenderetur, et plus solito orationi vacaret, durâ corporali molestiâ corripitur et languore in dies ingravescente sacramentis præmunita hoc vile cænum dereliquit, et anima ejus, in cælis semper victura, supernorum collegio est sociata. Venerabile corpus ejus in Mareolensi Ecclesià tumulatum à fidelibus summo honore habetur, ac solemni multorum veneratione recolitur, qui sanctæ Bertiliæ meritis optata sapius beneficia obtinuerunt.

RESP. 6um. — O vere venerabilem virginem quæ se supra sexum fragilem extollendo dum adhuc esset in terris posita angelicam jugiter vitam duxit.

Vers. Usumque naturæ oblita penitus mundum cum delectationibus suis sprevit. Dum adhuc etc. Gloria Patri etc. Dum adhuc etc.

IN III° NOCTURNO.

Ant. Non auro textis vestibus, non ornamentis induta pretiosis, Bertilia Deo studebat potius placere quàm mundo.

Ant. Nec die, nec nocte ab oratione cessabat, sed totum tempus in creatoris servitio expendebat.

Ant. Quia Deum noverat castitatis amatorem ideo ipsi in castitate voluit famulari.

V. Elegit eam Deus et prælegit eam.
R. In tabernaculo suo habitare facit eam.

Lectiones ex homilià S⁰ Gregorii ut in communi virg.

Resp. 7ᵘᵐ. — Propter sexûs fragilitatem noluit eremum petere, sed de consilio prudentum juxta basilicam quam fundaverat sibi cellulam fecit.

Vers. In quà diebus ac noctibus orationi devotissime incumbebat. Sibi cellulam etc.

Resp. 8ᵘᵐ. — Quàdam die cum plus solito orationi vacaret et jejuniis ac vigiliis corpus macerasset, videns eam Deus fideliter vigilasse, de medio evòcavit.

Vers. ut virginitatis suæ præmium tribuens ipsam cum prudentibus virginibus coronaret. De medio etc. Gloria Patri. De medio etc.

Te Deum.

AD LAUDES ET PER HORAS

Ant. Virgo mitis et serena, virgo cæli rore plena, in hac valle non amœna, gressus nostros dirige.

Psalmus. Dominus regnavit, cum cæteris

Ant. Jesu pie, Jesu bone in hujus festo patronæ, aures tuæ sint huc pronæ et nos sursum erige.

Ant. Deo placens et devota, elegisti mente pura tua Deo dare vota, beata Bertilia.

Ant. Plaudunt Deo cœli cives, in æternum quia vives, omni bono facta dives in æterna gloria.

Ant. Omnes Deo laudes demus, Christi sponsam commendemus et gaudentes celebremus ipsius solemnia.

Capit. Fratres, qui gloriatur de communi Virg.

HYMNUS

Dum sacro-sanctæ virginis
Bertiliæ solemnia
omni anno recolimus
absistat immunditia.

Mente simul et corpore
  nos emundet confessio
  quos intus et exterius
  prava fœdavit actio.
Mundari debent merito
  mundumque derelinquere
  qui se tam mundæ virginis
  festo volunt inserere.
Et nos qui tantæ virginis
  exultamus præsentia
  ei reddamus gratias
  prorsus vitantes vitia.
Namque cœcos illuminat
  ægris dat beneficia
  sanitatis : et fulmina
  fugat et quæque noxia.
Deo Patri sit gloria
  ejusque soli Filio
  cum Spiritu Paraclito
  in sæculorum sæcula. Amen.

V. Diffusa est gratia in labiis tuis
R. Propterea benedixit te Deus in æternum.

Ant. Ad Benedictus.

Gaudens in cœlis, prudens virgoque fidelis, semper peccantum votis assiste præcantium, proque tuis ora, mortis cum venerit hora, ut mors vitetur, æternaque gloria detur.

Oratio

Exaudi nos etc., ut in Vesperis

In 2ᵃ Vesperis.

Omnia dicuntur sicut in primis vesp.
V. Diffusa est gratia in labiis tuis
B. Propterea benedixit te Deus in æternum.

Ant. ad Magnificat.

Virgo prudens quæ jam vivis, sponsi consors et concivis, nos clementer juva tuis apud Deum præcibus, ut nos purget a peccatis, et expertes vetustatis, post hanc vitam vanitatis jungat cœli civibus.

Oratio

Exaudi nos Deus salutaris noster ut sicut de beatæ Bertiliæ virginis tuæ, quæ in hac requiescit ecclesia, festivitate gaudemus ita piæ devotionis erudiamur affectu, per Dmum nostrum, etc.

IN TRANSLATIONE
SANCTÆ BERTILIÆ VIRGINIS

Duplex primæ classis
cum octava.

Officium ut in ipsius depositione,præter ea quæ hic propria assignantur.

Oratio.

Propitiare quæsumus, Domine, nobis indignis famulis tuis per beatæ Bertiliæ virginis tuæ, quæ in hac requiescit ecclesia, merita gloriosa, ut ejus pia intercessione ab omnibus semper protegamur adversis. Per Dominum.

AD MATUTINUM

Invitatorium.

Regem virginum, etc. Venite exultemus, etc.

LECTIO IVᵃ. — Cum gloriosum sanctæ Bertiliæ corpus, diutius in terra conditum, Dominus vellet sublimari, et ipsius reliquias tanquam aliorum sanctorum, publice et solemniter in ecclesia venerari ; de mandato speciali piæ recordationis domini Gerardi quondam Cameracensis episcopi, sed non sine multa deliberatione et magna discretione, elevationi beatæ Bertiliæ virginis præfixa est dies exaltationis sanctæ crucis. Ad quam venerabiles viri non pauci, et religiosi abbates, ad mandatum prædicti Pontificis qui infirmitate detentus præsentaliter interesse non potuit, convenerunt. Qui pariter congregati, ad locum in quo beatæ Bertiliæ corpus jacebat devote et humiliter accesserunt, ipsumque exinde propriis manibus, sicut decebat, extrahentes in quodam vase ligneo, auro et argento protecto, quod ad hoc præparatum fuerat, recluserunt.

LECTIO Vᵃ. — Porro cum per centum et quadraginta septem annos beatæ Bertiliæ virginis corpus in vase illo in quo primum fuerat, jacuisset : cœpit vas illud argento suo et auro medio tempore per quosdam fures sacrilegos spoliatum vetustate nimia demoliri, ita ut omnibus hoc videntibus, dedecens videretur quod tam sanctæ virginis pretiosæ reliquiæ in tam inhonesto et veteri vase minus honorifice clauderentur. Quod videntes bonæ opinionis et laudabilis vitæ viri Petrus abbas de Mareolo et qui cum eo erat conventus, vas aliud de novo non sine magnis sumptibus fabricari fecerunt protectum argento, superius deauratum ac diversis imaginibus et sculpturis ab omni parte nobiliter insignitum : in quo gloriosum beatæ Bertiliæ corpus data opportunitate et habito prudentum consilio postmodum honorabilius collocarent.

Lectio VI². — Novo igitur vase facto, prænominati domini, abbas scilicet et conventus ad venerabilem dominum Pontium Atrebatensem episcopum accesserunt cum tota cordis devotione unanimiter supplicantes, ut piis eorum desideriis quod habebant de beatæ Bertiliæ virginis corpore transferendo, gratum et benevolum præstaret assensum qui devotis eorum petitionibus pio affectu tanquam pastor benevolus annuit postulatis : promittens quod si posset ipse tantæ solemnitati vellet præsentaliter interesse, præcepitque statim diem nominatum præfigi et predici octavo idus octobris, in quo sæpe dictorum abbatis et conventus Mareolensis feliciter pia desideria complerentur.

Lectiones 3' nocturni et in communi virg.

Per totam octavam habet tantum commemorationem propter alia festa occurentia.

IN DIE OCTAVÆ

Beatæ Bertiliæ virginis

Duplex.

Lectiones I' nocturni de Scriptura occurrente.

Lectio IV². — Adveniente ergo translationis die, fecit Deus, qui sanctis suis nescit deesse, magnam aeris serenitatem, licet ante diem illam et etiam postea pluviosum tempus plurimum extiterit : quod beatæ Bertiliæ virginis meritis et præcibus contigisse multi fide digni, quia pium est firmiter crediderunt. Venit ad solemnitatem præfixam, sicut promiserat, pontifex Pontius ; factaque solemni processione ab ipso et qui cum eo erant prælatis et clericis ; erectus fuit quidam scataldus in curia beati Amandi apud Mareolum, cortinis tapetis et pannis variis pulcherrime ornatus quem pontifex venerandus et qui cum eo erant prælati pariter ascenderunt ; ibique a magistro Assone canonico Atrebatensi eleganti sermone ad populum facto incepta est solemnitas.

Lectio V². — Præcepit pontifex antedictus, omnibus his qui ad solemnitatem convenerani cum cordis devotione, indulgentiam fieri spiritualem triginta dies, de injunctis sibi pœnitentiis misericorditer relaxando ; adjungens etiam quod quadraginta dies hujusmodi indulgentia perduraret. His actis introductum fuit coram episcopo vas illud antiquum in quo adhuc gloriosum beatæ Bertiliæ corpus recumbebat. Caput quod est membrum hominis præcipuum et ossa grossiora, (majora insignia) universis tam clero quam populo apertissime demonstravit. Demum omnia fideliter colligens et pannis sericis circumligans et involvens, omni choro « Te Deum laudamus », concinente, in vase illo novo quod ad hoc præparatum fuerat interclusit.

Lᴇᴄᴛɪᴏ VIᵃ. — Intromisit etiam in illo vase litteras suas proprio sigillo munitas, in quibus tota rei series continetur et nomina prælatorum, qui cum eo adfuerant, subnotantur. His omnibus rite peractis prænominatus pontifex ad ecclesiam processionaliter regrediens in honore beatæ Bertiliæ virginis missam, cujus introitus est, Gaudeamus, solemniter celebravit, qua completa et populo licentiato, unusquisque ad propria cum gaudio remeavit. Durante vero tempore indulgentiæ episcopalis fuerunt reliquiæ beatæ Bertiliæ expositæ omni die in ecclesia extra chorum ut venientibus ad indulgentiam memoratam liberior pateret accessus. Ubi quamplures gravibus et diversis infirmitatibus occupati ad invocationem nominis Christi per intercessionem beatæ virginis Bertiliæ fuerunt plane liberati.

Lectiones 3ⁱ Nocturni de homilia sancti Gregorii super evangelium de decem virginibus ut in communi Virg. Vel ut notantur in Octavario.

IN SEMIDUPLICIBUS ET SIMPLICIBUS
pro commemoratione sanctæ Bertiliæ

Ad Laudes.

Bertilia sponsa Christi accipe coronam quam tibi Dominus præparavit in æternum.

V. Elegit eam Deus et præelegit eam.

R. In tabernaculo suo habitare facit eam.

Ad Vesperas.

Virgo Bertilia nescivit thorum in delicto, habebit fructum in respectione animarum sanctarum.

V. Elegit eam etc.

R. In tabernaculo etc.

Oremus.

Da quæsumus omnipotens Deus ut qui beatæ Bertiliæ virginis tuæ, quæ in hac requiescit ecclesia, memoriam colimus, ejus apud te patrocinia sentiamus. Per Dominum.

Fit singulis diebus Mareoli
post completorium commemoratio
de beata Bertilia
hoc modo :

Bertilia, sponsa Christi, accipe coronam quam tibi Dominus præparavit in æternum.

V. Ora pro nobis beata virgo Bertilia.

R. Ut digni efficiamur promissionibus Christi.

21

Oremus.

Propitiare quæsumus Domine nobis indignis famulis tuis per beatæ Bertiliæ virginis tuæ, quæ in hac requiescit ecclesia, merita gloriosa, ut ejus pia intercessione ab omnibus semper protegamur adversis. Per Dominum.

LITANIÆ Sⁱ BERTILIÆ

Kyrie, eleison. Christe eleison. Kyrie, eleison.
Christe audi nos. Christe, exaudi nos.
Pater de cœlis Deus.
Feli Redemptor mundi Deus.
Spiritus Sancte Deus.
Sancta Trinitas unus Deus. — *Miserere nobis.*
Sancta Maria, ora pro nobis.
Sancta Bertilia.
Sponsa Christi fidelissima.
Electa Christi.
Imitatrix Mariæ.
Amatrix castitatis.
Virgo de numero prudentum.
Virgo Sapiens.
Virgo formosa.
Guthlando nupta.
Exemplum casti matrimonii. — *Ora pro nobis.*
Religionis propagatrix.
Cæcorum lux confidentium.
Atrebatensium solatium.
Mareolensium gloria.

Agnus Dei qui tollis peccata mundi, parce nobis Domine.
Agnus Dei qui tollis peccata mundi, exaudi nos Domine.
Agnus Dei qui tollis peccata mundi, miserere nobis.

V. Ora pro nobis beata virgo Bertilia.
R. Ut digni efficiamur promissionibus Christi.

Oremus.

Deus qui in nomine tuo per merita beatæ Bertiliæ cæcis reddis usum oculorum, quæsumus ut a cordibus nostris omnem repellas cæcitatem et ea igne amoris tui illuminare digneris, qui vivis et regnas cum Patre et Spiritu Sancto in sæcula sæculorum. Amen.

TABLE DES MATIÈRES

CHAPITRE V

Sainte Bertille perd son époux. — Son retour à Marœuil (655).

CHAPITRE VI

Sainte Bertille à Marœuil (655-660).

CHAPITRE VII

Sainte Bertille fonde l'abbaye de Marœuil (660).

CHAPITRE VIII

Les vingt années de vie religieuse de sainte Bertille (660-680).

CHAPITRE IX

Sainte Bertille élève un autel à saint Amand et lui consacre son abbaye. — Sa donation à saint Vindicien (684).

CHAPITRE X

Sainte Bertille recluse. — Sa mort (684-687).

CHAPITRE XI

Marœuil et les ravages des Normands.

CHAPITRE XII

Élévation des reliques de sainte Bertille.

CHAPITRE XIII

Les chanoines réguliers de Marœuil (1138).

CHAPITRE XIV

Reconstruction de l'église de sainte Bertille (1191).

CHAPITRE XV

Translation des reliques de sainte Bertille (1228).

CHAPITRE XVI

Miracles obtenus par l'intercession de sainte Bertille.

CHAPITRE XVII

La vie religieuse dans l'abbaye de sainte Bertille (1244).

CHAPITRE XVIII

L'abbaye et le culte de sainte Bertille du XIIIe au XVe siècle.

DOCUMENTS

FIN

Arras — Imp. Vve Schoutheer-Dubois, rue des Trois-Visages, 53.

OUVRAGES DE M. L'ABBÉ NICQ

VIE DU R. P. SIMÉON LOURDEL, premier missionnaire catholique de l'Ouganda (Afrique Équatoriale), in-8° écu. Beau volume de 675 pages. 1re édition épuisée.

En préparation : Seconde édition illustrée.

Ouvrage honoré d'un prix par l'Académie des Sciences morales et politiques.

SAINTE BERTILLE. — Son histoire, son culte, ses miracles. Petit in-18 de 184 pages, franco 0.75.